経済学入門

第3版

Kaneko Akihiko　Tanaka Hisatoshi　Wakatabe Masazumi
金子昭彦・田中久稔・若田部昌澄
［著］

東洋経済新報社

はじめに

経済は大事，経済学も大事

　この本を手にとったみなさんは，経済学を勉強しようと思った人でしょう．なぜ経済学を勉強しようと思ったのでしょうか．大学の講義で教科書として指定されたため，何となく経済学は重要だと思ったから，社会人になって経済学をしっかりと学ぶやる気が出てきたから，とさまざまかもしれません．

　最初にいっておきます．経済学はとても大事です．その前に，経済はとても大事です．誰でも生きているかぎりは，衣服を着て，食事をし，どこかに住むことになります．このどれにも経済はかかわります．また，学校で勉強をし，会社につとめたり自営で店を開いたり，結婚をして子どもを育て，そして老後を考える，という生活を送るのにも経済はかかわります．どういう教育を受けられるのか，会社に就職できるのかどうか，自分で起業をしたり自営したりできるのか，ということには経済状況が非常に大きくかかわります．本書の第Ⅱ部「マクロ経済学」で見るように，景気が良いのか悪いのか，経済が成長しているのか停滞しているのかは，みなさんの生活に大きな影響を及ぼします．

　経済が大事なことを示す格好の例が日本です．日本は，1858年の開国によって外国との貿易を本格的に再開し，また第二次世界大戦中の一時期を除くと基本的に市場経済を維持してきました．江戸時代から経済発展を成し遂げ，1950年代後半から1970年頃までは年間実質経済成長率が平均して8%という高度成長を達成しました．高度成長によって日本人の生活水準は飛躍的に向上し，平均寿命は長くなり，また健康状態も改善しました．世界を見渡すとまだまだ貧しい国がたくさんあるにもかかわらず，日本が豊かな生活を享受できるのは経済成長の賜物です．その反面，公害に代表される環境汚染も経験しました．

　さらに，1990年頃から現在に至るまで，多少景気が良くなった時期はあっ

たものの，長期にわたる停滞が続いています．この停滞によって失業率は上昇し生活水準の向上も停滞しています．景気の悪い時代に就職活動を迎えた人たちは多くの苦労を強いられます．市場経済の恩恵と，そしてその問題点をともにくぐり抜けてきました．

　なぜこうしたことが起きるのでしょうか．できればこうしたさまざまな経済問題を解決することはできないのでしょうか．こう考えると，経済を理解するための「リクツ」が必要になってきます．ただ，そうした「リクツ」は，きちんとした論理と実際の経済現象を説明するだけの実証性を兼ね備えていなければなりません．経済学とは，これまで人類が築きあげてきた経済を理解するための「リクツ」です．

　けれども経済学はむずかしい，という印象を持っている人も多いと思います．まず何よりも専門用語が多くて，わかりにくいと感じる人も多いと思います．この本は教科書ですので，いわゆる一般向け啓蒙書のように，専門用語を用いずに経済学を解説するということはしません．この本では専門用語をきちんと学び，経済学の「考え方」を学ぶことを目的としています．ですので，この本は時間をかけて少しずつ学んでいくことをおすすめます．

　なお，普通に生活している人にとって，経済学は大事だとしても，生活に直結する話ではないと感じられるかもしれません．それでも民主主義のもとでは，原則として有権者が政治家に投票し，政策を決めていきます．市場経済とはいえ，日本にはさまざまな規制があります．また外国貿易についても関税が定められています．どのような規制があるかによって，私たちは何をすることができ，何をしてはいけないかが決められます．規制が行き過ぎても，規制がまったくなくても市場経済の良い点は失われてしまいます．また，不況のときに政府が不況を放置，あるいは促進する政策をとると不況がひどくなります．反対に好況のときに景気が行き過ぎてしまうのも良くないでしょう．

　このようにして決まる経済政策は普通の人々の生活に大きな影響を及ぼします．政治家は官僚や経済学者にしっかりと意見を聞いているから大丈夫という人もいるかもしれません．けれども，残念ながら政治家も官僚も経済学者も間違えることがありますし，監視が有効に働かない権力は機能しません．もちろん，有権者も間違えることがあります．だからこそ，基本的な経済学を学んで

おく理由があるわけです．経済問題はきわめて重要なので経済学者だけにまかせておくわけにはいかないのです．

経済学の勉強には時間がかかりますが，反面実りも大きいのです．

政治経済との違い

ここで，高校までの「政治経済」を勉強した人に，「政治経済」と経済学との違いについて述べておきます．「政治経済」では，日本や世界の経済問題や制度や歴史的事実について多くを学んだと思います．そうした知識は重要です．けれども，もっと大切なのは何が経済問題であるかを自分で見つけ出すこと，そしてそれを解決するためにはどうすればよいかを考えることです．これから学ぶ経済学では，経済についての知識よりも経済についての「考え方」を重視します．ですので，単に暗記しなくてはならない事項はむしろ「政治経済」よりも少ないと思いますが，その反面，積み上げが重要になってきます．途中をつまみ食いするのではなく，ステップを追ってください．それと，自分の理解度を確認するために演習問題を解いてください．

このようにいうと，経済学はいわゆる「理系」の学問に近いと感じるかもしれません．その感覚は間違っていません．むしろ，経済学は社会科学と呼ばれる学問のなかでも，現在もっとも自然科学に近い位置にあります．具体的には，数学が用いられますし，統計学が用いられます．それよりも重要なのは，モデルを組み立て，それを現実に応用し，データでもって実証してみるという姿勢，学問の方法論です．こうした傾向は近年，ますます強くなっています．映画『スター・トレック』（J・J・エイブラムス監督，2009 年公開）では，銀河系随一の科学知識を誇るヴァルカン星人の子弟が数学，物理学と並んで経済学を学ぶ様子が描かれています．ひょっとしたら遠い将来の経済学は数学，物理学に並んでいるかもしれません．とはいえ，現状では数学，物理学にくらべれば経済学はまだまだ違いもありますし，経済学の基礎概念の多くはそれほど複雑ではありません．入門段階の経済学は「理系」的な学問が苦手な人にも理解できると思います．

第 3 版の特色とねらい

本書は，2007 年に刊行された石井安憲・永田良・若田部昌澄編著『経済学入門（第 2 版）』の改訂版です．この本は 2000 年に初版が出てから，今日まで版を重ねてきました．改訂版とはいえ，第 3 版はかなり全面的な変更を加えています．

第 1 に，執筆陣が大きく変わり，全面的に書き直しています．第 I 部のミクロ経済学と第 II 部のマクロ経済学をそれぞれ 1 人の執筆者が担当することで，より読みやすくなりました．

第 2 に，第 2 版とくらべて，以下のように内容が変わっています．

○経済学を学ぶ（序章）：インセンティブなど，経済学の基本的な考え方を具体的に解説しています．
○ミクロ経済学とは何か（第 1 章）：経済学においてもっとも重要な概念の 1 つである比較優位を最初に導入し，市場における交換の利益を説明しました．また「市場主義」の例を挙げることで，親しみやすさを増しています．
○企業と家計の分析（第 2 章・第 3 章）：企業と家計を別の章で論じるのではなく，2 つの章で同時に論じています．これによって，企業と家計の行動原理が 1 つにつながっていることを示しています．
○完全競争市場（第 4 章）：厚生分析をくわしく説明しました．
○不完全競争（第 5 章）：クールノー均衡，シュタッケルベルク均衡，寡占市場と完全競争市場の関係まで分析しました．
○市場と情報，外部性・公共財（第 6 章・第 7 章）：第 2 版では 1 章だった「市場の失敗」の解説を 2 章に分け，それぞれをくわしく分析しました．
○長期モデル（第 9 章）：これまでは短期モデルしか扱ってこなかった第 II 部「マクロ経済学」については，長期モデルと，中期モデルを取り入れました．
○物価決定要因と貨幣数量説（第 10 章）：これまで中級の教科書にまかせていた物価決定要因については，長期モデルの一環で貨幣数量説を取り上げました．

○マンデル゠フレミングモデル（第12章）：これまで45度線分析の応用にとどまっていた開放経済の分析を IS-LM モデルに拡張しました．
○総需要・総供給モデル（第13章）：物価決定に重要な役割を果たす中期モデルを加えました．
○経済成長（第14章）：経済成長の基本となるソロー・モデルの解説を加えました．

　これらを加えたことで，本書によって入門段階の経済学はかなりの部分まで学ぶことができます．また残りの章も全面的に書き改められています．

　第3に，コラムを全面的に刷新し，とくに日本の話題を多く取り入れました．現在みなさんが学ぶ経済学の大部分は西欧社会で生まれたものです（終章を参照のこと）．そこから，経済学は日本には当てはまらない，という人もいます．けれども，コラムで見るように，この教科書で学ぶ経済学は日本の事例をよく説明することができます．

本書の利用の仕方

　本書は，1年間を通しての通年講義（春学期15回，秋学期15回）に対応しています．30回分あれば，本書の大部分の内容を取り上げることができるでしょう．また用途に応じて適宜，省略することが可能です．ミクロだけ，マクロだけを取り上げるという場合には，第I部，第II部を使うことができます．それ以外にも次のような使い方ができるでしょう．

1. 15回，教養としての経済学（ミクロ重視）
   序章，第1章〜第4章（ただし3.4節は除く），第5章〜第7章のうち1つ（ただし5.4節は除く），第8章，第11章．
2. 15回，教養としての経済学（マクロ重視）
   序章，第1章，第4章，第5章〜第7章のうち1つ（ただし5.4節は除く），第8章，第11章，第12章，第14章．

謝辞

　本書の第3版への改訂企画が出たのは，2012年4月でした．このときに少数の執筆者による全面改訂の方針が決まりました．ただ，当初の計画では2014年春学期の講義に間に合うよう改訂を完了する予定でしたが，読み合わせを重ねたために3年かかってしまいました．その間，東洋経済新報社出版局の中山英貴さん，伊東桃子さんには辛抱強く打ち合わせと読み合わせに参加していただき，数々の助言をいただきました．この場を借りて感謝申し上げます．

　2015年2月

執筆者を代表して　若田部 昌澄

経済学入門 (第3版) ◎目次

はじめに iii

序章 経済学を学ぶ 1

0.1 経済学とはどのような学問か 1
経済学の対象／経済学の方法——モデル／経済学の方法——データ

0.2 モデルの基礎となる考え方 4
経済モデルの「あらすじ」／インセンティブ／希少性／機会費用／合理的経済人／均衡／効率性／「ミクロ」と「マクロ」

0.3 経済分析の道具 14
グラフと関数／平均と限界／微分係数・導関数／1次関数／2次関数／ルートを含む関数／知識を「積み上げる」

第 I 部 ミクロ経済学 25

第1章 ミクロ経済学とは何か 27

1.1 市場 27
中央集権と分権／財とサービス／経済主体／家計／企業／価格と政府／さまざまな市場

1.2 簡単な市場のモデル 33
市場の利点／モデルの設定／自給自足経済／市場の導入／市場の原動力／価格の重要性

1.3 市場主義 38
市場主義／市場主義の問題点／市場が機能するための条件／ミクロ経済学の使命

■本章のまとめ 46
■本章のキーワード 46

ix

■演習問題 47
【コラム】日本人は自由競争も弱者救済もきらい？ 49
【コラム】日本の開国は自由貿易の模範例だった？ 52

第 2 章　企業と家計　　　　　　　　　　　　　　　55

2.1　生産関数　55
労働と資本／企業の合理性と利潤最大化／生産関数／短期と長期／生産関数の形状／収穫逓減の法則／長期分析と収穫一定／生産関数の例

2.2　費用関数　63
生産関数と費用関数／計算による方法／費用関数の形状／利潤と粗利潤／利潤最大化

2.3　便益関数　71
家計による需要／最大支払い額／便益関数／純便益／家計の合理性と純便益の最大化

■本章のまとめ　77
■本章のキーワード　77
■演習問題　78

第 3 章　供給と需要　　　　　　　　　　　　　　　79

3.1　企業の行動(1)──限界生産力と利潤最大化　79
この章の目的／平均生産力／限界生産力／限界生産力逓減の法則／グラフによる説明／限界生産力と総生産量／限界生産力と利潤／利潤最大化条件／供給量の決定

3.2　企業の行動(2)──費用関数と利潤最大化　91
平均費用／限界費用／限界費用逓増の法則／限界費用と可変費用／限界費用と利潤最大化／利潤最大化条件／費用関数と供給曲線／生産者余剰／生産者余剰の図示

3.3　家計の行動　103
限界便益／限界便益の総和／最適な消費水準の決定／純便益最大化条件／便益関数と需要関数／消費者余剰

3.4　供給と需要の計算　112
離散と連続／連続的な労働投入／限界生産力／具体例の計算／連続的な生産

量の変化／限界費用の計算／生産者余剰／連続的な消費量／限界便益と純便益最大化／需要曲線と消費者余剰／計算結果のまとめ

■本章のまとめ　125
■本章のキーワード　125
■演習問題　126
【コラム】なぜ価格を縦軸にとるか　127

第4章　完全競争市場　129

4.1　完全競争市場とは　129
完全競争市場とは／一物一価の法則／完全競争市場はいつ成立するか

4.2　市場の均衡　132
供給曲線の水平和／生産者余剰の和／需要曲線の水平和／価格調整

4.3　価格規制　138
政府の導入／市場介入が行われないとき／価格規制／死重的損失／厚生分析／低すぎる価格の弊害／価格を引き上げた場合／生産者価格と消費者価格

4.4　租税と補助金　147
税の分類／補助金／供給曲線のシフト／課税による余剰の変化／租税の転嫁／租税転嫁率の決定要因／補助金による余剰の変化／一括税

4.5　完全競争均衡の効率性　156
数量規制／完全競争均衡の効率性／政府の役割

■本章のまとめ　158
■本章のキーワード　158
■演習問題　159
【コラム】増税すると増収になるのか　160

第5章　不完全競争市場　165

5.1　不完全競争市場とは　165
市場の分類／企業数と市場の効率性

5.2　独占市場　167
具体例の設定／独占企業の「売り惜しみ」／独占市場の均衡／独占市場の非効率性／独占企業の限界収入／限界収入の公式／独占利潤の最大化／独占均衡の様子／独占市場への介入／独占禁止法／新規参入／自然独占

5.3 複占市場　181
同質複占／企業のライバル関係／「同時手番」と「逐次手番」／企業 A の意思決定／最適反応／最適反応の計算方法／最適反応関数の傾き／企業 B の意思決定／予想の修正／クールノー均衡の決定／クールノー均衡の計算方法／逐次手番の場合／リーダー企業の意思決定／シュタッケルベルク均衡の計算／「後出しじゃんけん」は有利か／クールノー均衡とシュタッケルベルク均衡

5.4 寡占市場　193
同質寡占／各企業の意思決定／寡占市場におけるクールノー均衡／企業の数がさらに多いとき／企業数と価格支配力

5.5 価格競争　197
数量競争と価格競争／独占市場の場合／同質複占市場の場合／ベルトラン均衡の性質／価格の力／財の品質／情報の非対称性

■本章のまとめ　204
■本章のキーワード　204
■演習問題　205
【コラム】「ザクとうふ」に学ぶ成功企業の条件　207

第 6 章　市場と情報　209

6.1 期待値　209
情報の非対称性／期待値／期待便益／期待利潤

6.2 レモン市場　216
モデルの設定／市場均衡／逆選択／重要なのは非対称性／逆選択の解消法

6.3 保険市場　222
保険市場における情報の非対称性／モデルの設定／フェアな契約／保険市場における逆選択／情報が非対称な場合の均衡／タイプ別契約／モラルハザード

6.4 労働市場　228
モデルの設定／情報の非対称性／タイプ H の意思決定／タイプ L の意思決定／シグナルとしての「学歴」／教育の効果／タイプ H の意思決定／タイプ L の意思決定／均衡／教育の効果／高い学費の必要性／社会常識／市場の失敗

■本章のまとめ　240
■本章のキーワード　240
■演習問題　241
■補論　ゲーム理論の初歩　243
【コラム】人事が学歴にこだわる理由　246

第7章 外部性，公共財と政府の役割　249

7.1 外部性と公共財　249
外部性／競合性と排除性／公共財と準公共財／政府の役割

7.2 外部性　253
市場と公害／モデルの設定／均衡／政府の介入／社会的に最適な生産量／社会的費用と私的費用／ピグー税／ピグー税の効果／家計への課税／コースの定理／政府の役割

7.3 公共財　265
モデルの設定／利得表／$C < 10$ であるとき／フリーライダー／$C > 10$ であるとき／政府の役割／公共財の数量が連続的である場合／最適な供給水準の決定／最適な供給水準／フリーライダー，ふたたび／なぜフリーライドが生じるのか／市場と政府

■本章のまとめ　275
■本章のキーワード　275
■演習問題　276

【コラム】いつまでうな丼は食べられるか――共有地と日本の漁業の悲劇　278

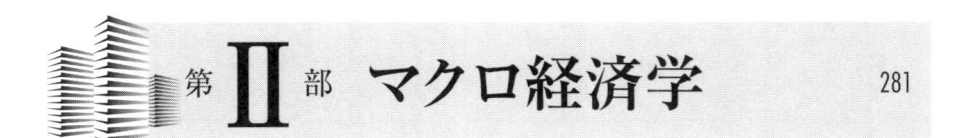

第II部 マクロ経済学　281

第8章 マクロ経済学とは何か　283

8.1 マクロ経済学の目的　283

8.2 マクロ経済学の重要な概念　285
フローとストック／国民と国内／名目と実質

8.3 マクロデータ概観　287
国内総生産（GDP）／生産面から見た GDP／分配面から見た GDP／支出面から見た GDP／国民総所得（GNI）／失業率／国際収支統計／物価水準／GDP デフレーター／消費者物価指数

■本章のまとめ　303
■本章のキーワード　303

■演習問題　304
【コラム】失業のコスト　306

第9章　長期モデル　309

9.1 長期モデルとは　309
9.2 生産　310
9.3 総需要　312
　　　消費／投資／政府支出
9.4 財・サービス市場の均衡　318
　　　実質利子率と政策の関係／長期モデルの特徴
9.5 開放経済　322
　　　名目為替レートと実質為替レート／開放経済における財・サービス市場の均衡条件／小国開放経済／開放経済における政策分析
9.6 実質利子率と名目利子率　332
■本章のまとめ　335
■本章のキーワード　335
■演習問題　336
【コラム】「短期」「長期」は実際にはどれくらいの長さか　338

第10章　貨幣と物価水準　341

10.1 貨幣とは　341
　　　貨幣の機能／価値尺度機能／交換手段機能／価値貯蔵機能／貨幣の範囲
10.2 物価水準の決定　345
　　　貨幣数量説
10.3 貨幣需要　349
　　　取引需要／資産需要／予備的需要／貨幣需要関数
10.4 貨幣供給　354
　　　信用創造／貨幣乗数
10.5 中央銀行　360
　　　中央銀行の目的／中央銀行の政策手段

10.6　インフレーションとデフレーション　363
予期されたインフレの弊害／予期せぬインフレの弊害／予期されたデフレの弊害／予期せぬデフレの弊害

■本章のまとめ　368
■本章のキーワード　369
■演習問題　370
【コラム】人口減少や外国からの低価格品輸入がデフレの原因か　372

第11章　短期モデル (IS-LM モデル)　377

11.1　価格の硬直性　377
11.2　財・サービス市場　378
乗数効果／財政政策の効果／政府支出増加／減税政策の効果
11.3　資産市場　389
債券とは／割引現在価値と債券価格／債券市場と貨幣市場／貨幣市場均衡／資産市場の均衡調整メカニズム／金融政策の効果
11.4　IS-LM 分析　397
IS 曲線／LM 曲線／IS-LM 分析／ケインズ経済学／財政政策の効果／金融政策の効果／流動性の罠／ポリシー・ミックス／財政政策と金融政策の比較

■本章のまとめ　411
■本章のキーワード　411
■演習問題　412
【コラム】「流動性の罠」の新しい解釈がアベノミクスの生みの親？　414

第12章　短期開放経済モデル (マンデル゠フレミングモデル)　417

12.1　外国為替市場と為替相場制　417
外国為替市場／変動為替相場制／固定為替相場制
12.2　開放経済における財・サービス市場の均衡条件　421
開放経済における乗数効果／開放経済における IS 曲線
12.3　開放経済における資産市場の均衡　426
変動為替相場制下での資産取引／固定為替相場制下での資産取引
12.4　マンデル゠フレミングモデル　429

変動為替相場制におけるマンデル＝フレミングモデル／変動為替相場制下での政策効果／財政政策の効果／金融政策の効果／貿易政策の効果／固定為替相場制におけるマンデル＝フレミングモデル／固定為替相場制下での政策効果／財政政策の効果／金融政策の効果／名目為替レート変更の効果／貿易政策の効果

■本章のまとめ　446
■本章のキーワード　446
■演習問題　447
【コラム】貿易収支・経常収支赤字は「悪い」のか　449

第13章　総需要－総供給モデル (AD-AS モデル) 453

13.1　総需要曲線と総供給曲線　453
13.2　総需要　454
総需要曲線のシフト
13.3　総供給　458
総供給曲線の導出／フィリップス曲線とオークンの法則／なぜ，総供給曲線は右上がりの部分を持つか／名目賃金の硬直性と右上がりの総供給曲線／総供給曲線のシフト
13.4　物価水準と国民所得の決定　464
13.5　インフレーションやデフレーションの要因　466
13.6　期待インフレ率とフィリップス曲線　469

■本章のまとめ　474
■本章のキーワード　474
■演習問題　475
【コラム】フィリップス曲線は日本の形をしている？　477

第14章　経済成長　479

14.1　データで見る経済成長　479
14.2　経済成長の源泉　483
労働／資本／技術
14.3　伝統的な経済成長理論　488
新古典派生産関数／新古典派成長理論（ソロー成長理論）／貯蓄率の変化／技

術進歩／なぜ1人当たり GDP が異なるのか
14.4　新しい経済成長理論　497
継続的な経済発展の要因／経済発展を促進するには／政府の役割
14.5　さまざまな成長の要因　501
文化／地理的要因
■本章のまとめ　504
■本章のキーワード　504
■演習問題　505
【コラム】ゼロ成長は望ましいのか　507

終章　今後の学習のために　511

1　経済と経済学の歴史　511
生誕／確立／挑戦と反応／転換／20世紀／歴史から未来へ
2　入門以後の学習　526
「教養としての経済学」を身につけたい人／経済学部・経済学科卒業を目指す人／卒業後，大学院を目指す人

さらに学習するための読書案内　531
索引　551

演習問題の解答は，下記アドレスからダウンロードできます。
http://store.toyokeizai.net/books/9784492314562

PROLOGUE

序章

経済学を学ぶ

　この序章では，経済学を初めて学ぶみなさんのために「経済学」という学問の性質や，それを支える基本的な考え方を紹介します．また，本書を通じて用いることになる数学的な道具（関数，グラフ，導関数）について簡単に説明します．この章の内容は後の章でも何度も参照されますので，一度は目を通しておいて下さい．

0.1　経済学とはどのような学問か

■ 経済学の対象

　経済学は人間社会で観察されるさまざまな現象を幅広く分析する学問です．たとえば次の問題はいずれも経済学の対象になりえます．

- a　コンビニエンスストアで売られているパンの価格はどのようにして決まるのか？
- b　円とドルの交換比率はどうやって決まるのか？
- c　教育制度の充実は一国の豊かさにどのような影響を与えるのか？
- d　プロスポーツ選手はどんなときに八百長するのか？

たとえばaやbについては，それが経済学であることに疑問を持つ読者は少ないでしょう．どちらもビジネスやお金に関係していて，経済ニュースなどでも頻繁に取り上げられるような問題です．しかしcのように，少しお金とは縁の遠いように思える教育制度を扱っている問題や，さらにはスポーツや八百長のように経済とはまったく無関係に思える問題までもが経済学なのだといわれれば，不思議な感じがするかもしれません．

　しかし，これらの問題は，いずれも人間の生活に深くかかわっています．それが人々の暮らしに関係しているかぎり，どんな現象であっても経済学の対象になりうるのです．

1

■ 経済学の方法 ── モデル

　ところで，法学や経営学といった社会科学の他の分野もまた人々の暮らしと社会のかかわりを分析するための学問です．経済学を他の社会科学から切り分けている特徴は何なのでしょうか．

　たとえば問題 a について考えてみましょう．コンビニエンスストアがどのように商品の価格を設定しているのかという問題を経営学の方法で考えるならば，たとえばフランチャイズ方式を分析したり，本社営業部の経営戦略を企業別に比較したりするのではないかと思います．また法学的な手法を用いるならば，会社法の条文を詳細に解釈したりするのではないでしょうか．

　それに対して，経済学の方法で問題 a を考えるのならば，最初にやるべきことはコンビニエンスストアの**モデル（model）**をつくることです．

　現実世界における「コンビニエンスストア」という現象は，さまざまな要素のからみあう複雑なものです．店長やアルバイト，本社や店を訪れる多くの客たちの意思決定が 24 時間途切れなく互いに影響し合っており，そのすべての要素を同等に考慮するのは極めて困難でしょう．それに，販売されている商品の価格だけを分析の対象にするのであれば，現実のコンビニエンスストアにかかわるすべての要因を同等に取り扱う必要はありません．アルバイトの賃金や，パンの原材料である小麦粉の価格，あるいは小麦粉からパンを製造するのにかかる費用などは，どれもパンの価格を決定する重要な要因であるでしょうが，アルバイトの制服の色や店舗のデザイン，あるいは店主の身長体重などの要素は，まったく考慮する必要はないでしょう．

　経済学が社会現象を分析するときには，その現象を構成している多様な要因のうちから重要と思われるものだけを抽出し，非常に単純化されたモデルをつくることから分析を始めます．現実の複雑な現象をそのまま正面から扱うよりも，現実の本質をうまくとらえた単純な「おもちゃ」で遊んだほうが，その現象の背後で働くメカニズムをかえってすっきりと理解できるのです．すべての情報が描き込まれた縮尺 1 分の 1 の巨大な地図よりも，目立つ建物と大きな通りだけが描かれた 5000 分の 1 のポケット地図のほうがずっと使いやすいのと同じことです．

経済学がある現象をモデル化するに際して用いる情報を，**経済変数** (economic variable) といいます．それらの経済変数が相互に影響する仕組みがモデルであり，そして複数のモデルを論理展開の順序に応じて整理した体系が経済理論です．たとえてみれば，みなさんがこれから学ぶ経済学とは，腕利きの職人たちが長い時間をかけてつくり上げた「おもちゃ」が綺麗に整頓されて納められている，大きな箱のような学問なのです．

■ 経済学の方法 ── データ

　経済学者が実際にモデルをつくるに際しては，彼らはどのようにして経済変数を選び出しているのでしょうか．

　これはとてもむずかしい問題ですが，あえて答えるならば，経済学者は「経験と勘」によって経済変数を選びます．たとえば先の問題 a であれば，経済学者は現実のコンビニ業界を詳細に観察することから始めます．問題 b を解く場合には，過去の国際ニュースや為替レートの推移を注意深く眺めるわけです．そのうえで，いちばん重要と思える要因を選んで，それを経済変数としてモデルを組み立てて分析します．

　しかし，経験と勘によってモデルをつくって分析するだけでは，経済学は分析者のただの思い込みと区別がなくなってしまいます．経済学が科学の一員であるためには，選ばれた経済変数が本当に重要なものであることを現実に基づいて確認しなくてはなりません．

　その際に用いられるのが**データ** (data) です．データとは現実に発生した現象を記述した客観資料のことで，その多くは過去数年の商品価格や為替レートなどといった数量データですが，場合によっては歴史的な出来事についての記述資料であることもあるでしょう．これらのデータとモデルを照らし合わせることにより，モデルの信ぴょう性が客観的に検証されます．

　たとえば問題 c を考えるときには，各国政府の教育予算や国民1人当たりの所得水準などの経済変数を用いてモデルをつくります．そのモデルを分析した結果として「政府が義務教育にあてる予算が多いほど国民1人当たりの所得が高い」という結論が得られたとしましょう．この結論の正しさは，各国の教育予算と1人当たり所得のデータを見つけてくれば客観的に判定できます．も

し，モデルの結論とデータのあいだに整合性があれば，このモデルは正しいものであると考えられます．データとの整合性がないのであれば，そのときには経済変数を選択し直して，新しいモデルをつくらなくてはなりません．

データを用いて経済モデルの確からしさを確認するための方法を研究する分野を，**計量経済学**（econometrics）といいます．みなさんが本書によって学ぶのは理論経済学の入門ですが，理論経済学と計量経済学は互いに支えあう車の両輪の関係にあります．経済学をより深く理解するためには，経済学の理論的側面だけではなく，計量経済学の方法を身につけることも必要です．

0.2 モデルの基礎となる考え方

■経済モデルの「あらすじ」

「経験と勘」によって経済変数を選んだ経済学者は，それらの変数を以下のような指針に従って組み立ててモデルをつくり，結論を導きます．
(1) まず，対象となっている経済現象に参加している人々や企業など（それらをまとめて**経済主体**（economic agent）といいます）のリストをつくり，彼らの行動を導く**インセンティブ**（incentive）を見きわめます．
(2) 次に，彼らの行動に課せられた制約を**希少性**（scarcity）と**機会費用**（opportunity cost）の観点から明らかにします．
(3) 経済主体は常に与えられた制約のなかで最善の選択をする**合理性**（rationality）を備えているものと仮定して，彼らの行動を予測します．
(4) 各経済主体の行動が決まれば，それらの行動が**均衡**（equilibrium）した状態として社会の状態が定まります．

以上の(1)から(4)までは，すべての経済モデルに共通しているあらすじです．この節では，このあらすじを理解するために必要となるキーワード「インセンティブ」「希少性」「機会費用」「合理性」そして「均衡」について，説明することにします．

■ インセンティブ

インセンティブとは，経済主体を特定の行動に駆り立てる原動力のことです．前節の例でいえば，コンビニにパンを販売するインセンティブを与えているのは，パンを売ることによってコンビニが得る売り上げです．また客にとってコンビニでパンを買うことのインセンティブになっているのは，パンの美味しさや栄養価，それがもたらす満腹感などです．

インセンティブという言葉の意味をより明瞭に説明するために，ダッガンとレヴィットという2人の学者によってなされた面白い経済学の研究事例を紹介しましょう．彼らは本章冒頭の問題dを考えるために，日本の大相撲を分析しました．そして彼らは，大相撲においてしばしば「八百長試合」が発生する原因は，力士たちの収入が決定されるルールにあると結論したのです（Mark Duggan and Steven D. Levitt（2002）"Winning Isn't Everything: Corruption in Sumo Wrestling," *American Economic Review* 92（5））．

日本で開催されている大相撲は，年間6回の「場所」から成り立っています．各場所において，力士はそれぞれ15回の試合をします．そのうちの過半数である8試合以上に勝利すれば，「格付け」とよばれる力士のランキングが上昇し，それにともなって収入も増えます．その一方で勝利数が8回に届かなかった力士の場合には，格付けは下がり収入も減ります．このような昇格の仕組みが力士たちの戦績にどのような影響を与えているのかを知るために，レヴィットたちは過去に行われた6万試合以上のデータを入手し，それを詳細に分析しました．

その結果が図0.1です．横軸は各場所における勝利数を示します．全勝であれば15，全敗ならば0です．縦軸は各勝利数の相対頻度を示しています．実線で示されているグラフが実際の観察データです．このグラフから，7勝8敗で場所を終える力士は全体の12％程度であることがわかります．また25％以上の力士は8勝7敗で場所を終えていることも読み取れます．

同じグラフに点線で示されているのは，統計学的な手法によって計算された各勝利数の自然な出現頻度です．とくに7勝8敗で場所を終える力士，および8勝7敗となる力士は，統計学的な予測によれば全力士の20％程度であるは

図 0.1 大相撲各場所における勝利数の頻度

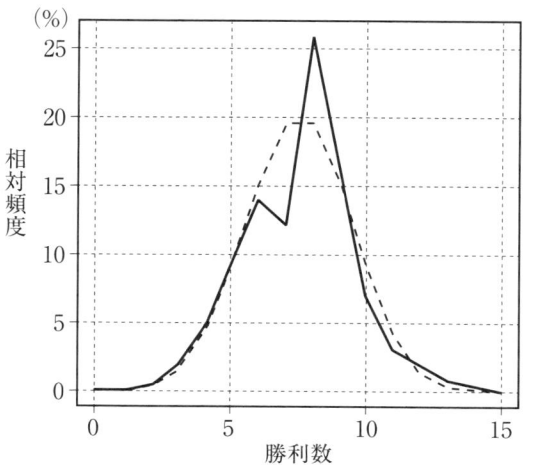

（出所）Duggan and Levitt (2002) "Winning Isn't Everything: Corruption in Sumo Wrestling," *American Economic Review* 92(5).

ずなのです．したがって，7勝8敗で場所を終える実際の力士の数は，統計学的な予測値よりもずっと少なく，逆に8勝7敗で千秋楽を迎える力士の数は不自然なくらいに多いということになります．

　つまりはこういうことです．全15試合の半分以上に勝つかどうかで格付けが上下する大相撲のシステムを前提とすれば，ちょうど7勝7敗で千秋楽を迎えた力士たちにとって，最後の一戦に勝つことの価値は非常に大きくなります．なにしろ，その一戦に勝てば昇格，負ければ降格なのです．ということは，最終日にまだ7勝しかしていない力士たちは，どんな手段を使ってでも試合に勝ちたいと思っていることでしょう．その結果として「八百長」に手を染めてしまう者もいるかもしれません．言い換えれば，大相撲の昇格制度は力士たちに「八百長」をするインセンティブを与えているのです．

■ 希少性

　人々に与えられたインセンティブを見きわめたならば，次にするべきことは，その人々のとりうる行動に課せられた制約条件を明らかにすることです．

人々の行動にいかなる制約も課されていないのであれば，人々は己のインセンティブの導くままに，特定の行動を好きなだけ繰り返すことができます．たとえば消費者は好きなだけコンビニのパンを食べ散らかし，コンビニの側も大量の発注を繰り返して無限大のパンの在庫を確保するでしょう．入門してから引退するまで，すべてを八百長試合ですます力士もいるかもしれません．

　しかし現実には，そのような無制限の行動は生じません．それには次の2つの理由があります．第一は物理的な制約です．たとえば，無限大の量のパンを生産することは物理的に不可能です．現実に存在する小麦粉の量は有限であり，それを焼いてパンにするためのかまども人手も限られています．このように，それを欲している人たち全員に行き渡るだけの量がないことを**希少性**といいます．

　希少性を持つものについては，それを人々のあいだでどのように分け合うかについてのルールが必要になります．たとえば，大相撲の各場所における勝利数は，最大でも15勝までしかありません．しかも，ある力士が1勝を手に入れれば，そのときには他のある力士が必ず1敗することになります．すべての力士は勝利を欲していますから，大勢の力士たちのうちの誰がどれだけの勝利を手に入れるかについて（できれば八百長以外の）何らかのルールが必要となります．そのような場合に，社会にとっていちばん望ましいルールを提案することは，経済学に期待される役割の1つです．

　希少性の概念を説明する有名な例として，「水とダイヤモンドのパラドックス」といわれるものがあります．人間を含むすべての生き物にとって，水は生命維持のために欠かすことのできない貴重な物質です．その一方で，生きるためにはダイヤモンドは必要不可欠というほどではありません．しかし世の中では，生きるために必要な水よりも，あってもなくてもいいようなダイヤモンドのほうがはるかに高価なのです．これは，よくよく考えると不思議な現象です．

　このパラドックスを解くカギは希少性にあります．少なくとも先進国においては水の希少性はそれほど高いものではありません．しかしダイヤモンドには希少性があり，それを手に入れることができる人の数はごく少数です．ダイヤモンドの高い価格は，生きるための必要性ではなく，その希少性を反映したものなのです．

希少性を持つ存在が，パンや洋服のように実体を持つ有形のものであれば，それは**財**（good）と呼ばれます．散髪や教育のように実体のない無形のものであれば**サービス**（service）といいます（ここでいうところの「サービス」は，特価品や無料贈呈品などを指す「サービス品」等とは意味が異なります）．そして希少性があるがゆえに，財・サービスは**価格**（price）を持ちえます．逆に，価格がついているものすべてには何らかの希少性があるのだともいえます．

■ 機会費用

　人々の自由な行動を制限する第二の要因は，**機会費用**と呼ばれるものです．たとえばみなさんがお昼時にコンビニに出かけ，棚に並んだ食品のなかから今日のランチを1つ選ぼうとしていると考えましょう．もしみなさんがサンドイッチを選んだならば，みなさんはサンドイッチの代金をレジで支払わねばなりません．さて，このときみなさんが失ったのは，サンドイッチの代金だけでしょうか．

　通常，ランチを食べる機会は一日につき1回です．その1回の機会にサンドイッチを食べることにしたのであれば，それ以外の食事はできません．みなさんがサンドイッチを選んだときには，その代金だけではなく，ラーメンやおにぎりやその他もろもろの食品を選ぶ機会も同時に失っているのです．このように，ある選択肢を選んだ結果に失われる，それ以外の選択肢を指して機会費用といいます．

　他の例として大学進学を考えましょう．みなさんが大学に進むことを選択したときに失うのは大学の授業料だけではありません．高校を卒業してすぐに働くことで得られていたはずの，4年分の給与所得も機会費用として失っているのです．

　このような機会費用まで考慮に入れれば，インセンティブに駆られる人々の行動にも自然と制限が掛かります．八百長試合を繰り返せば力士は名誉を失いますし，いくら安くてもコンビニのパンばかりを食べていては他のものが食べたくなるでしょう．

■合理的経済人

　インセンティブは人々を特定の行動に駆り立て，希少性と機会費用はそれを押しとどめる働きをします．この相反する力がバランスしたところで，人々の行動が定まります．つまり，希少性と機会費用によって制約された選択肢のなかから，人々は自分たちが「もっとも良い」と感じるものを選ぶのです．この考え方を**「合理的経済人の仮定」**といいます．経済学では，人々は可能なすべての選択肢のなかから最善のものを選んで行動するものと仮定するのです．

　合理的経済人の仮定は非常に強いものです．世の人々は，たとえば未成年喫煙をしたり，飲酒運転をしたり，授業をさぼって遊びに行ったりといった非合理的としか思えない行動をしばしば選択します．しかし経済学の分析においては，これらの行動もすべて合理的な判断に基づいて選ばれているものと考えます．たとえば前出の大相撲の分析をしたレヴィットは，飲酒運転が原因の死亡事故の発生確率と，酔っ払った人が深夜の大通り沿いで車にはねられて死亡する確率とをアメリカのデータを用いて算出しました．その結果，前者は後者よりも小さいことを発見しています．つまり，深夜のバーで酒を飲んで酔っ払ってしまったら，大通り沿いを歩いて帰るよりも車を運転して帰ったほうが死亡事故は起こりにくいわけです．したがって，盗人にも三分の理かもしれませんが，飲酒運転にもある程度の合理性があるといえるのかもしれません．

　合理的経済人の仮定は，場合によってはあまりに強いものにも思われます．しかし，人々に合理性を想定することによって，見通しのよいシンプルな経済モデルをつくることが可能になるのです．そこで経済学では，とりあえずは経済主体はみな合理的経済人であるものと仮定することから分析を始め，必要に応じて仮定を緩めるというやり方で現実の社会現象に接近するというアプローチをとっています．

　近年さかんに研究が行われている**実験経済学**（experimental economics）の分野では，さまざまな社会状況を実験室内に人工的につくり出し，被験者たちがそこでどのように振る舞うのかを観察することで合理的経済人の仮定がどの程度まで妥当であるのかを検証しています．その結果，多くの興味深い現象が発見されていますが，その詳細は実験経済学の講義に譲りましょう．

■ 均衡

　インセンティブによって人々の行動に方向性が与えられ，希少性と機会費用によってその行動が制限され，合理的経済人の仮定によって1つの行動が選ばれます．このようにして経済学は個人の行動をモデル化し予測します．しかしながら，それはあくまでも個人の行動の分析であって，社会全体の状況を記述するには至っていません．

　社会は数多くの経済主体から構成されています．彼らが自分たちの行動を決定すれば，その結果として社会の状態が定まります．このように，個々の経済主体の行動の結果として最終的に実現する社会状態を**均衡**といいます．経済学では，社会は常にある種の均衡状態にあるものと考え，分析を行います．

　実例として，アメリカのワシントンDCにある，キャピトル・ヒルという町に住んでいるスウィーニー夫妻が体験したエピソードを紹介しましょう．子どもが生まれたばかりの夫妻は，キャピトル・ヒルの町の「ベビーシッター協同組合（Baby-Sitting Co-op）」に参加することにしました．これは組合員同士が互いの子どもを子守りしあう互助組織です．この組合に参加すれば，自分たちが外出するときには，他の組合員に子どもを預けることができます．

　特定の組合員ばかりが子どもを預けて外出してしまう不公平を生じさせないように，この協同組合はクーポン制度を採用していました．組合の理事会は，参加者全員に，一定の枚数のクーポン券を配布していたのです．ある夫婦が子どもを他の組合員に預けて外出するときには，そのクーポンを相手に渡さなければなりません．逆に子どもを預かればクーポンを手に入れることができます．

　ところが，まさにそのクーポン制のために，キャピトル・ヒル協同組合は機能を停止しつつありました．話を簡単にするために，この協同組合では，各夫婦につき2枚のクーポンが配られていたものとしましょう．つまり，各組合員は平均して月に2回は子どもを預けて外出し，残りの2回は他の組合員の子どもを預かることになる枚数です．しかし各組合員にとって，平均して月に2回の外出ではあまりに不十分でした．いつ急な外出の必要が生じるかなど誰にもわかりません．不安に思った組合員たちは，十分な枚数のクーポンを獲得するまで，しばらくは外出を控えようと考えました．

その結果，組合員たちはクーポンを使わなくなりました．誰もクーポンを使わないので，組合員たちはいつまでたっても十分な枚数のクーポンを確保できません．このようにして，キャピトル・ヒル協同組合は，誰も外出しないがゆえに誰も外出できないという悪循環に陥ってしまったのです（Joan Sweeney and Richard James Sweeney (1977) "Monetary Theory and the Great Capitol Hill Baby Sitting Co-op Crisis," *Journal of Money, Credit and Banking* 9 (1)）．

　この実例において人々は，それぞれが合理的に判断したうえで外出を控えるという選択肢を選んでいます．そして各人の合理的な判断の結果として，最終的にクーポンの流通がストップするという望ましくない均衡状態が生じているわけです．

■ 効率性

　キャピトル・ヒル協同組合の理事会は，人々がクーポンを使用したがらないという問題を解決するためにさまざまな方法を提案しました．その1つは，「すべての組合員は少なくとも月に1回は外出すべし」というようなルールを定めることでした．しかし，このルールはあまりうまく行かなかったようです．他の人々は外出しないのに自分たちだけがクーポンを使用して外出しても，それによってクーポンの流通が活性化するとは考えられません．したがって，ルールに従って外出しても，自分たちばかりが損をしてしまいます．組合員たちが合理的経済人であるならば，自分が損をする行動を選択することはありません．

　このように考えていけば，協同組合が次にとるべき手段はほとんど自明に思えます．クーポンを追加印刷して全員に配ればいいのです．そうすれば，誰も傷つくことなしに，組合員の全員が得をします．人々は安心してクーポンを使って外出するようになり，問題はすべて解決するでしょう．

　クーポンの枚数を増やすことによって，協同組合は「誰も外出できない」という望ましくない均衡状態を脱して，「外出できる」という望ましい均衡状態に到達できます．注目すべきは，その過程において誰も傷ついていないということです．一部の参加者の犠牲によって組合は苦境を脱したのではないのです．

このように，社会の参加者をただ1人も傷つけることなく，参加者のすべてにとってより望ましい均衡へと社会を変化させる政策を，社会の**パレート的改善**（Pareto improvement）と称します．パレートとは，経済政策の望ましさの評価に関してパイオニア的な研究を行ったイタリアの経済学者，**ヴィルフレド・パレート**（Vilfredo Federico Damaso Pareto，1848～1923）のことです．

しかしながら，クーポンの枚数を増やしすぎれば別の問題が生じます．たくさんのクーポンを獲得した組合員たちは誰もが外出したがるようになるでしょう．その一方で，家にとどまり子守を引き受ける組合員の数は減るでしょう．やがて組合は，子どもの預かり手が見つからないゆえに誰も外出できないという状態に陥ってしまうでしょう．

したがってクーポンの総数には，何らかの最適な水準があるものと考えられます．組合員のあいだを流通するクーポンの枚数がその水準に保たれている場合には，外出したい夫婦は子守を引き受けてくれる夫婦を見つけることができますし，クーポンを手に入れたい夫婦は大きな苦労なく外出したい夫婦を見つけることができるでしょう．流通するクーポンの総数がそれ以上でも，それ以下でも，社会の状態は望ましさを減じることになるでしょう．いい換えれば，クーポンの総数が最適な水準に到達しているときには，さらなるクーポン総量の調整によるパレート的改善はもはや不可能となるのです．このようなとき，社会は**パレート効率的**（Pareto efficient）な状態であるといいます．

より一般的に定義すれば，パレート効率的な状態とは，「誰かの状態をより良いものにするためには，他の誰かの状態を悪化させるしかない」というところまで無駄を省いた状態のことです．たとえば，2人の姉妹が1つのケーキを分け合う場面を想像して下さい．まずはケーキを3つに切り分け，そこから1切れを姉に，1切れを妹に与えます．残った3分の1のケーキは捨てます．さて，このケーキの配分法はパレート効率的でしょうか．いいえ，残った3分の1のケーキを捨てずに分け合えば，姉も妹もどちらも満足度が高まります．つまり，パレート改善が可能であったわけですから，3分の1のケーキを捨てる配分方法はパレート効率的ではありません．

その一方で，ケーキを2人で半分ずつ分けあっていれば，その配分法はパレート効率的になります．この場合には，姉の取り分を増やすためには妹の分

を減らすしかありませんし，妹の取り分を増やすには姉のケーキの一部を妹に与えるしかありません．したがって，ケーキを余さず半分ずつに分けている状態はパレート効率的です．

世間一般には，「効率」という言葉はどことなく非人間的で冷酷な印象をもって受け止められています．たとえば企業が経営を「効率化」するときには，それは暗に一部従業員の解雇や下請け企業との契約停止を意味します．しかし経済学における意味においては，解雇される従業員や契約を打ち切られる下請け企業の犠牲によって企業の収益が改善しても，それは「効率化」とはみなされません．経済学で用いられる「効率」という言葉は，むしろ人間的で温かい性質のものなのです．

■「ミクロ」と「マクロ」

個々の経済主体のインセンティブを整理するところから始めて，均衡によって社会を記述し，最後にその均衡の効率性を点検するというあらすじは，ほぼすべての経済分析に共通するものです．ただし，そのモデル化の方法には「ミクロ」と「マクロ」という異なる流儀が存在します．それぞれの詳細については本書の第1章と第8章において説明することにして，ここでは両者の違いを簡単に説明するにとどめます．

ミクロ的な方法では，社会現象のモデル化に際して，その社会に存在する個々の経済主体の行動から分析を始めます．そして，それらの行動を社会全体で集計し，均衡状態を記述します．このような方法に基づいて経済分析を行う理論体系を**ミクロ経済学**（microeconomics）と称します．

それに対して，問題によっては，最初から集計された量を用いて社会現象の記述を始めるほうが適していることもあります．たとえば，この章の冒頭に挙げた4つの問題のうちのbについては，日本とアメリカに住むすべての個人の行動をくわしく分析することから始めるよりも，日本全体，アメリカ全体を大雑把にモデル化して，その2国間の均衡状態を考えたほうが簡潔な説明を提示することができます．このように，一国レベルの視点に立って経済モデルをつくる手法を**マクロ経済学**（macroeconomics）といいます．本章の冒頭に掲げた4つの問題のうち，bとcはマクロ経済学の方法で分析することができま

序章　経済学を学ぶ　　13

す．またaとdは，ミクロ経済学の方法で分析するのに適しています．

0.3 経済分析の道具

■ グラフと関数

　経済モデルを記述し，分析するための道具はグラフと数学です．経済学は，私たちの日常の暮らしを分析の対象とします．しかし，私たちはそれらの分析対象に日頃から接しており，その対象をよく知っている（と信じている）ために，かえって客観的な分析ができなくなっているおそれがあります．また，経済モデルには多くの経済変数が含められ，それらが複雑な相互依存の関係にあるため，日常の言葉を用いてモデルを記述すると複雑で読み難いものになるでしょう．したがって経済学ではグラフと数式を用いることで，客観的で見通しのよい記述と分析を可能にしています．

　経済分析においては，とくに**関数**（function）の考え方が重要になります．経済学の講義には，たくさんの関数が登場します．経済モデルが経済変数間の因果関係を表現するものであり，因果関係を記述する最適な方法は関数であるからです．

　たとえば，ある経済分析の対象となっている現象を Y とします．その現象を説明するために重要と思われる経済変数をすべてまとめて X とします．このとき，X を現象の**説明変数**（explanatory variable），Y を**被説明変数**（explained variable）と称します．説明変数 X が変動すれば，その結果として Y の値も変わります．このように，2つの変数 X と Y のあいだに，X を原因，Y を結果とする因果関係があることを，

$$Y = f(X)$$

と書き表し，「Y は X の関数である」といいます．この関数関係 $Y = f(X)$ によって，さまざまな社会現象が経済モデルとして記述されるのです．

　具体例として，とある会社員のAさんが毎月どれだけのお金を使うのかを分析する場合を考えましょう．被説明変数 Y として「Aさんが月々に使う金

表 0.1　Aさんの収入額（X 万円）と支出額（Y 万円）のあいだの関係

収入額（X）	0	10	20	30	40	50
支出額（Y）	10	15	20	25	30	35

図 0.2　Aさんの収入額（X 万円）と支出額（Y 万円）のあいだの関係

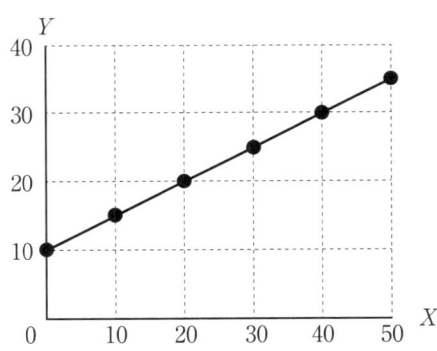

額（単位：万円）」を選びます．説明変数としては X =「毎月の収入額，携帯の基本使用料の額，サンドイッチの価格，電車・バスの運行料，……」などが考えられますが，そのうちもっとも重要であるのは毎月の収入額であるとして，それ以外の要因は考えないことにしましょう．したがって X =「毎月の収入額（単位：万円）」とします．このようにして選択した Y と X のあいだの因果関係を $Y = f(X)$ と表現します．Aさんの毎月の収入額が15万円であるならば，毎月の消費額は $f(15)$ と表されます．収入が30万円であれば，同じように $f(30)$ と書けばよいわけです．

　関数の中身をさらに具体的に指定するには3つの方法があります．その第一は表を使うものです．変数 X に具体的な値を代入し，その結果の Y を表にまとめれば，たとえば表 0.1 のようになります．この表の数字は，あくまでも例として適当に与えたものです．この表を見れば，Aさんは収入が $X = 0$ 円であれば（誰かに借金をして）$f(0) = 10$ 万円を支出し，$X = 50$ 万円であれば $f(50) = 35$ 万円を支出して，残りの15万円を貯金することがわかります．

序章　経済学を学ぶ　　15

第二の方法はグラフです．横軸に X の値をとり，縦軸に Y の値をとれば，表 0.1 を図 0.2 のように表すことができます．このグラフから，収入が増えるにつれて支出も増加する様子が見て取れます．

また同じグラフから，A さんの消費行動は切片が 10，傾きが 0.5 の直線によって記述できることもわかります．したがって，とくに一般の X に対応する Y の値は $Y = 0.5X + 10$ によって計算されます．このように，数式を用いることによっても，A さんの消費行動を記述することが可能です．

数表，グラフ，数式の 3 つの方法にはそれぞれに利点があります．本書でも，これら 3 つの方法を場合によって使い分けながら，経済学に現れるさまざまな関数を表現することになるでしょう．

■ 平均と限界

ある社会現象が関数 $Y = f(X)$ によって記述されているとき，その行動をより深く分析するために，経済学ではしばしば**平均**（average）と**限界**（marginal）という 2 種類の派生概念を用います．平均と限界は，どちらも X と Y の「関係の強さ」を測る尺度です．簡単にいえば，Y を X で割った大きさが平均であり，X を 1 単位増加させたときの Y の増加量が限界です．

具体例として，とある大学生 B 君が，経済学の定期試験に備えて勉強を始めたところを想像しましょう．B 君はこれまでまったく試験勉強をしておらず，前日になってあわてて準備を始めたものとします．B 君がテストでとるであろう点数を Y に，また勉強時間を X とします．このとき，関数 $Y = f(X)$ に対応するグラフが図 0.3 のようになるものとしましょう．

もし B 君が前日に $X = 3$ 時間だけ試験勉強をするのであれば，期末テストの点数は $Y = 50$ 点になります．この状態は図 0.4 中の点 B によって表されています．ということは，B 君は勉強 1 時間当たり平均 $\frac{50}{3}$ = 約 17 点を獲得したわけです．これが平均量の典型的な例であり，その大きさは図では $\angle AOB$ の大きさによって示されています．

ここで，B 君がさらに 1 時間多く勉強することを決意したものとしましょう．その場合には，総勉強時間は $X = 4$ 時間となり，期末テストの得点は $Y = 55$ 点に上昇します．したがって B 君は，勉強時間を 1 時間追加することにより，

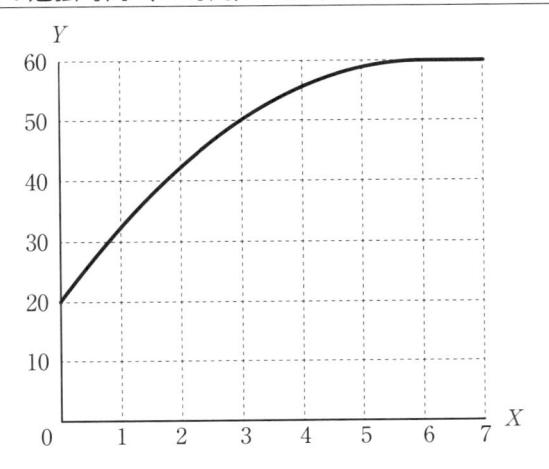

図 0.3　B君の勉強時間（X時間）と期末テスト（Y点）のあいだの関係

図 0.4　点Bにおける平均量と限界量

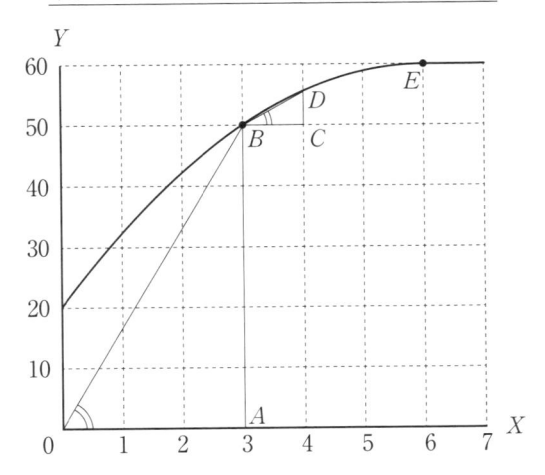

得点を 55 − 50 = 5 点追加できたのです．この追加の 5 点分が限界量です．その大きさは図 0.4 では∠CBD によって示されています．

　同様に考えれば，B君が 6 時間勉強したときに得られる得点の平均量は 1 時間当たり 10 点，6 時間からさらに 1 時間多く勉強することによって得られる得点の限界量は 0 点となることも図 0.4 から読み取れます（点E）．1 日 6 時

序章　経済学を学ぶ　　17

間も勉強したあとで，さらに1時間多く勉強しても，すっかり疲れてしまったB君の得点はもはや変化しないというわけです．

■ 微分係数・導関数

平均と限界は，どちらもXとYの関係の強さを測るための方法です．どちらも重要な概念ですが，経済学ではとくに限界的な効果に注目してさまざまな分析を行う場面が多く現れます．図0.5には，一般の関数$Y = f(X)$のグラフが示されています．この図を用いて，Xの増加がYに与える限界的な効果について考えてみましょう．まず，Xの値として，適当なxを選びます．このときのYの値は$f(x)$となり，図の点Aによって表されます．

次に，適当な正の数h_1を選んで，Xの値をh_1だけ増加させてみましょう．したがって$X = x + h_1$となり，このときのYの値は$f(x + h_1)$に等しくなります．この状態は，図の点C_1によって表されています．変数Xの値が増加したことによるYへの限界的な影響は，

$$f(x + h_1) - f(x)$$

によって計算されます．これは図中の線分C_1B_1の長さに等しい大きさです．変数Xの増分は線分AB_1の長さによって表されますから，Xの増加1単位当たりのYへの効果は，

$$\frac{C_1B_1}{AB_1} = \frac{f(x + h_1) - f(x)}{h_1}$$

となることがわかります．この量を，Xがxから$x + h_1$に増えたときの，Yの**平均変化率**といいます．平均変化率の大きさは，図中の$\angle C_1AB_1$の大きさによって示されます．

今度はXの増分をh_1よりも小さなh_2としましょう．したがって$X = x + h_2$となり，対応するYの大きさは$f(x + h_2)$となります．グラフ上で状態を表す点はC_1からC_2へと移動し，それにともなって平均変化率も，

$$\frac{C_2B_2}{AB_2} = \frac{f(x + h_2) - f(x)}{h_2}$$

に変わります．さらにXの増分を減らしていけば，平均変化率の大きさが，

図 0.5 平均変化率と微分係数

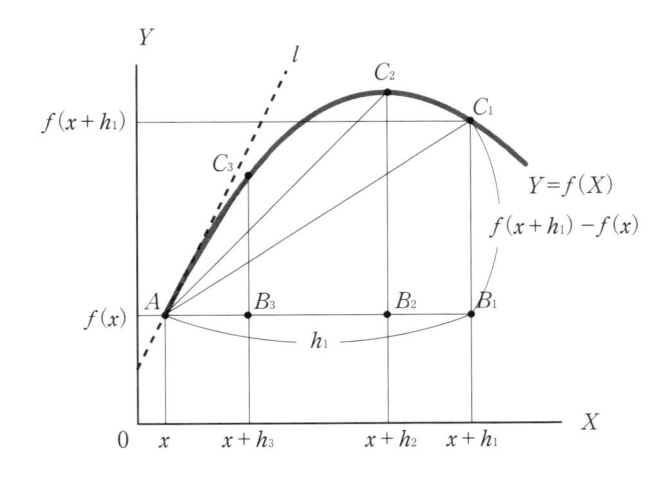

図の破線 l で示された，点 A におけるグラフの接線の傾きに近づいていくことがわかります．

このように X の増分をかぎりなく小さくしたときに平均変化率が近づく値を，$X = x$ における $f(X)$ の**瞬間変化率**あるいは**微分係数**（differential coefficient）と呼び，$f'(x)$ によって表します．また，微分係数を計算する点をとくに定めないで，$f'(x)$ を x の関数と考えるときには，これを $f(X)$ の**導関数**（derivative）といいます．

■ 1 次関数

経済学に頻繁に現れるいくつかの関数について，それぞれの導関数を計算してみることにしましょう．

関数 $Y = f(X)$ について，ある定数 A と B を用いて $f(X) = AX + B$ と書くことができるとき，関数 $f(X)$ は **1 次関数**（linear function）であるといいます．とくに定数 A を傾き，B を切片といいます．1 次関数 $f(X) = AX + B$ を表によって記述すれば表 0.2 のようになります．また，そのグラフは図 0.6 になります．

これらの図表からわかるように，$f(X)$ が 1 次関数であるときには，X の 1

表0.2 1次関数 $Y = AX + B$ の表

X	0	1	2	3	4	5
Y	B	$A + B$	$2A + B$	$3A + B$	$4A + B$	$5A + B$

図0.6 1次関数 $Y = AX + B$ のグラフ

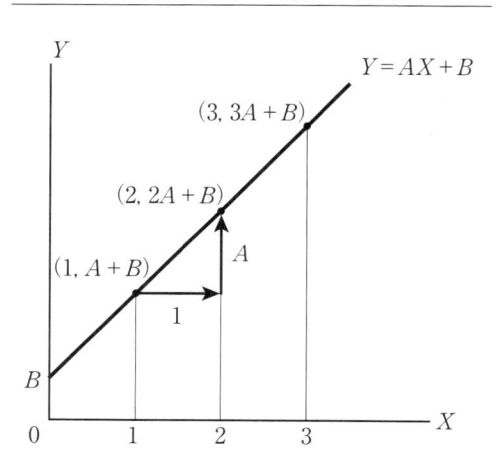

単位の増加はつねに A 単位だけ Y を増加させます．したがってこの場合には，X がいくつであるかにかかわりなく，X の増加が Y に与える限界的な効果は一定値 A となります．したがって，$f(X) = AX + B$ の $X = x$ における微分係数あるいは導関数は $f'(x) = A$ となります．

■ 2次関数

関数 $Y = f(X)$ について，ある定数 A, B, C を用いて $f(X) = AX^2 + BX + C$ と書くことができるとき，関数 $f(X)$ は **2次関数**（quadratic function）であるといいます．とくに $A = -2$, $B = 8$, $C = 0$ として，$f(X) = -2X^2 + 8X$ について考えてみましょう（この具体例を選んだことに特別の理由はありません）．この関数の様子は表0.3のようになります．また，そのグラフは図0.7になります．

20　序章　経済学を学ぶ

表 0.3　2次関数 $Y = -2X^2 + 8X$ の表

X	0	1	2	3	4	5
Y	0	6	8	6	0	-10

図 0.7　2次関数 $Y = -2X^2 + 8X$ のグラフ

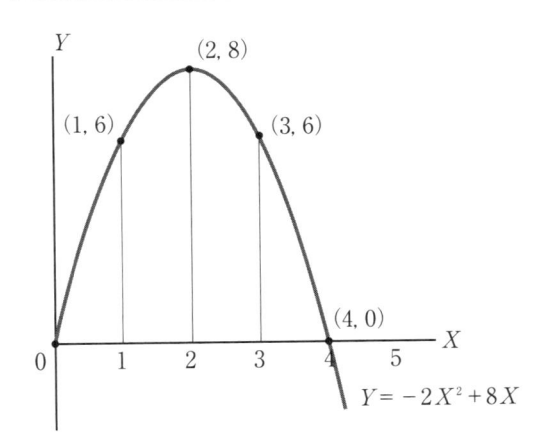

　この場合には，X の増加が Y に与える影響はさまざまです．たとえば $X = 0$ のときに X が1単位増加すれば，それにともなう Y の増加量は，

$$f(1) - f(0) = 6 - 0 = 6$$

となります．ところが $X = 2$ のときに X が1単位増加すれば，

$$f(3) - f(2) = 6 - 8 = -2$$

となって，Y の2単位の減少を招きます．

　X の増加が Y にもたらす影響は，X の位置だけでなく X の増加量にも依存します．たとえば $X = 1$ であるときに，そこからさらに h 単位だけ X が増加したものとすれば，そのときの Y の変化分は，

序章　経済学を学ぶ　21

$$f(1+h) - f(1) = \{-2(1+h)^2 + 8(1+h)\} - 6$$
$$= 4h - 2h^2$$

となり，X の変化量 h に依存しています．

この両辺を h で割れば，X の変化分 1 単位当たりが Y に与える影響を知ることができます．つまり，$X = 1$ から $1 + h$ にかけての Y の平均変化率は，

$$\frac{f(1+h) - f(1)}{h} = 4 - 2h$$

です．さらに h をどんどん 0 に向けて小さくしていけば，平均変化率は 4 に近づいていきます．したがって，$f(X) = -2X^2 + 8$ の $X = 1$ における微分係数は $f'(1) = 4$ です．X が 1 から微小に増加するとき，その 4 倍の影響が Y に及ぼされるのです．

同様に計算すれば，任意の $X = x$ における $f(X) = -2X^2 + 8X$ の微分係数あるいは導関数が $f'(x) = -4x + 8$ になることがわかるでしょう．

■ルートを含む関数

もう少し手強い計算の例として，$f(X) = \sqrt{X}$ で表されるような関数について，その微分係数を計算してみます．いま X が x から $x + h$ に増加したとします．このとき，Y の増加量は，

$$f(x+h) - f(x) = \sqrt{x+h} - \sqrt{x}$$

となります．したがって平均変化率は，

$$\frac{\sqrt{x+h} - \sqrt{x}}{h}$$

となります（図 0.8）．

この分子と分母に等しく $\sqrt{x+h} + \sqrt{x}$ を掛けてみましょう．文字式の計算公式 $(A - B)(A + B) = A^2 - B^2$ を思い出せば，

$$\frac{(\sqrt{x+h} + \sqrt{x}) \cdot (\sqrt{x+h} - \sqrt{x})}{h \cdot (\sqrt{x+h} + \sqrt{x})} = \frac{(x+h) - x}{h \cdot (\sqrt{x+h} + \sqrt{x})}$$

図 0.8　関数 $Y=\sqrt{X}$ のグラフ

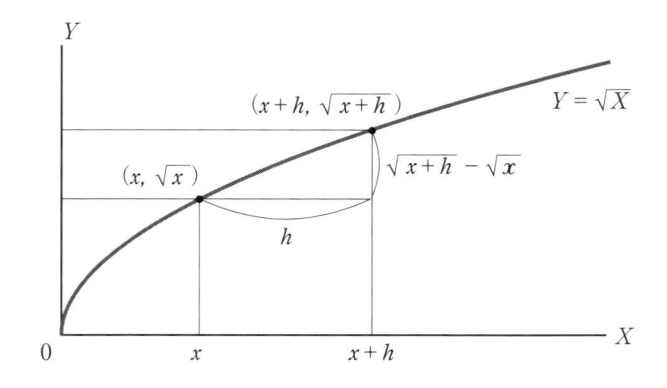

$$= \frac{1}{\sqrt{x+h}+\sqrt{x}}$$

となることがわかります．さらに h をかぎりなく 0 に近づけることで，

$$f'(x) = \frac{1}{2\sqrt{x}}$$

が得られます．この導関数は，本書でもしばしば現れます．

本書でよく用いられる関数と，その導関数について，次ページの表 0.4 にまとめておきました．必要があるたびに，この表を参照してください．

■ 知識を「積み上げる」

みなさんのなかには，以上のような数学的な道具立てを見てびっくりしている人もいるかも知れません．経済学は社会に住む人々の行動を分析する社会科学に属する学問ですが，自然科学と同様に多くの数学や統計学を使う分野なのです．本書でも（ごく初歩的な知識に限られますが）数学的な分析を遠慮なく展開します．

経済学と自然科学の共通点は分析道具だけではありません．経済学では数学や物理学と同様に，多くの人が自然だと認める単純な仮定から出発し，論理的な推論を重ねて最終的な結論に到達します．そうして得られた結論の上に新たなモデルを組み立てて，再び緻密な分析によってさらなる結論を得ようとしま

表 0.4　関数 $f(X)$ と $X = x$ におけるその導関数 $f'(x)$
（A, B は定数）

関数	導関数
$f(X) = AX + B$	$f'(x) = A$
$f(X) = AX^2 + BX + C$	$f'(x) = 2Ax + B$
$f(X) = A\sqrt{X}$	$f'(x) = \dfrac{A}{2\sqrt{x}}$
$f(X) = \dfrac{A}{X}$	$f'(x) = -\dfrac{A}{x^2}$

す．このような学問の方法論を**演繹法**（deduction）といいます．経済学は演繹法的な性格がきわめて強い学問なのです．

　したがって経済学は，面白そうなところだけを摘んでいくようなやり方では学べません．最初の段から一歩一歩，地道に階段を登っていくようにして学ぶほかないのです．途中の段を抜かして先を急いでも，すぐに理解が曖昧になって先に進めなくなるでしょう．ましてや，恣意的に講義をさぼるなどもってのほかです．1 回でも講義を聞き逃がせば，その後の理解に甚大な悪影響が生じますので，経済学の講義だけは 1 回も休まないように厳しく自己を律して下さい．

　本書を読み終えるころには，みなさんは高い塔の最上階に立って，遥かな地平を見渡せるようになっているでしょう．経済学を学ぶことから得る収穫は他に比較できないほど大きなものです．経済学を身につけたみなさんの目には，それまでとはまったく異なる社会の姿が映っていることでしょう．実りの瞬間を楽しみにしつつ，倦まず弛まず根気よく経済学を学んで下さい．

第 I 部
PART 1
ミクロ経済学

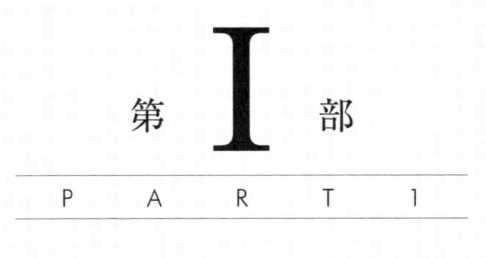

第1章 ミクロ経済学とは何か

ミクロ経済学の目的は「市場」の仕組みを分析することにあります．この章では，ミクロ経済学の主たる研究対象である「市場」とはいったいどんなものであるのかについて考えます．まずは市場を市場たらしめる要素について考察し，現実経済における市場の実例を用いて，それらの要素を確認します．次に，市場に参加する経済主体を整理します．

そのうえで，いわゆる「市場主義」の考え方を紹介し，その特徴と問題点を指摘します．本章を読むことにより，読者のみなさんは，ミクロ経済学という学問のあらすじを知ることができるでしょう．

1.1 市場

■ 中央集権と分権

私たちの住む社会は，多くの家計や各種の企業などの経済主体から構成されています．それぞれの主体は自身のインセンティブに従って，場合によっては他の主体と争ってでも，自分たちの満足や利益を確保するために全力を尽くします．もし，彼らがひたすら利己的に自己利益だけを追求したなら，社会の秩序が失われ，最悪の場合には社会そのものが崩壊してしまうかもしれません．

多数かつ多様な経済主体の行動を調整し，社会が混乱に陥ることを防ぐための方法としては，歴史的に2つの流儀がありました．1つは**中央集権**（centralization）的な方法です．これは，社会の中心に強大な権力を持つ統治者（王様や征夷大将軍や書記長など）を据えて，その統治者が社会に参加する主体の行動の多くを決定するという仕組みです．もう1つは**分権**（decentralization）的な方法です．分権的な社会にあっては，統治者の役割は治安の維持や徴税などに限定されます．そして各主体の行動は，それぞれの自

由な意思によって決定されるのです．

　ここで社会という言葉の範囲をややせばめて，その経済的な側面だけに注目するとき，中央集権的な方法によって経済を運営する仕組みを**計画経済**（planned economy）といいます．計画経済を採用していた，かつての中国やソビエト連邦などの国々では，どの財を何個つくって，それをどの都市でいくらで売るのかを，政府がトップダウン形式で決定していたのです．

　このようなやり方は，私たちが慣れ親しんでいる**市場**（market）あるいは**市場経済**（market economy）の仕組みとは大きく異なります．市場経済においては，私たちの日々の経済活動（昼飯に何を食べるか，どの洋服を買うか，等々）は私たちの自由にゆだねられ，政府の介入は最小限にとどめられます．また，法の範囲内であるかぎり，企業はどんな商売を展開してもかまいません．人々が自分の好きなように振る舞う自由こそは，市場をして市場たらしめる最重要の要素です．

　中央集権的な方法にくらべて，分権的な方法である市場を採用することにはいったいどのような利点があるのでしょうか．経済を市場にゆだねることで，社会に大きな混乱が生じることはないのでしょうか．そして，もしも市場という仕組みに何らかの欠陥があったならば，私たちはどのようにして，それを補うことができるのでしょうか．ミクロ経済学という学問が考えるのは，このような問題です．

■ 財とサービス

　そもそも市場とは何であるのかについて，もう少し一般的に考えてみることにしましょう．思考の出発点として，まずは果てしなく広い空間を想像してください．この空間を市場に変えるためには，何が必要でしょうか．

　まずは商品が必要でしょう．市場とは何かを売り買いする場所であることに間違いはないからです．ただし経済学では，商品という日常語を用いるかわりに，実体をともなう商品（ケーキや洋服など）を財と呼び，散髪や医療のように物質的実体を持たない商品をサービスということは，すでに序章で説明したとおりです．

　市場において財とサービスが取引されていることを強調したいときには，

財・サービス市場といいます．もっとも，財とサービスを厳密に区別することには国際経済学などの分野を除けば本質的な意味はないので，本書では混乱のおそれがないかぎり，財・サービスをまとめて「財」と呼び，財・サービス市場のことも「財市場」と呼ぶことにします．

■ 経済主体

こうして何もなかった空間に財が持ち込まれました．生鮮食品や，自動車や，漫画本など，さまざまな財が運び込まれて陳列されます．さて，これは市場でしょうか．

いいえ，無数の商品が置かれているだけの，ただの大きな倉庫です．この倉庫を市場に変えるには，財だけではなく，その財を取引する経済主体が必要です．たとえば，財をつくり出す**生産者**（producer）がいなくてはなりませんし，その生産者から財を受け取る**消費者**（consumer）が存在しなくては，財の流通が起こりません．経済主体の間を財が循環することを**交換**（trade）といいます．すべての市場では，かならず何らかの形で，財が交換されています．

■ 家計

消費者の代表的な例は**家計**（household）です．家計とは，私たち一般人の少しかしこまった呼び名です．日本において標準的とされる家計は，一対の夫婦と2人弱の子どもから構成されています．しかし，通常のミクロ経済学では，各家計の内部構成についてはあまり気にしないで，一家をまとめて「家計」という1人の経済主体にまとめてしまいます．もちろん結婚，出産，教育，遺産相続などのように，構成員の区別が本質的である分析を行う場合には話は別です．

財市場において家計が示すもっとも重要な行動は**消費**（consumption）です．消費とは，家計が市場で手に入れた財を着たり，食べたり，あるいは遊んだりして「満足感」を得ることです．また，家計が消費のために財を市場から入手することを**需要**（demand）といいます．

家計が消費によって得る「満足感」は，**効用**（utility）あるいは**便益**（benefit）と呼ばれます．消費された財は，家計に便益を与えることと引き換

えに市場価値を喪失するか,あるいは存在そのものを失うなどして,市場から消滅します.入門レベルの経済学では中古品の市場を考えませんので,一度消費された財が再び市場で交換されることはありません.

　この家計像からは,たとえば教育や医療といった重要な要素が抜け落ちています.しかし,それはあくまでも分析を単純化するためです.まずは最低限の要素からなるシンプルな経済モデルを構築し,必要があればそこにさまざまな仮定を追加することで,さまざまな経済現象を分析すればよいのです.ミクロ経済学がもっとも本質的な家計の機能であると考えているのは消費なのです.

■ 企業

　生産者の代表例が**企業**(firm)です.企業の行動として,もっとも基本であるのは財の**生産**(production)です.

　企業は,財を生産するために,まずは労働などの**投入物**(input)あるいは**生産要素**(factor of production)を調達します.とくに企業が調達する労働量を**雇用**(employment)といいます.この量はマクロ経済学においてもっとも重要な経済指標となります.

　こうして手に入れた雇用を使って,企業は家計の購買意欲を刺激するような財を生産します.企業が生産した財を市場に持ち込むことを**供給**(supply)といいます.ミクロ経済学が想定する企業の行動は,さしあたってはこれですべてです.

　家計の行動と同様に,企業の行動も大幅に単純化されています.たとえば,少なくとも入門レベルのミクロ経済学では,労働者と管理職の対立や,社員間の出世競争といった劇的な要素は登場しません.しかし**産業組織論**(industrial organization)や**労働経済学**(labor economics)などの応用分野では,企業の行動や内部の仕組みは複雑にモデル化され,より現実的な企業行動についてのさまざまな分析が行われています.

■ 価格と政府

　こうして,ただの倉庫に過ぎなかった空間にさまざまな経済主体が導入されました.これで市場が完成したでしょうか.少し倉庫の様子を見てみましょう.

おや，どうも様子がおかしいようです．腕っ節の強い一部の人間が，周りの人々の財を一方的に強奪しています．これは，やはり市場ではないように思われます．文明的な社会であるなら，ある財の所有権が誰かから他の誰かに移ったときには，必ずその代価が支払われなくてはなりません．

ある財の所有権を手放すことの代価を**価格**（price）と呼びます．その価格が意味を持つためには，**政府**（government）のような権威者による所有権の保護が必要です．それがなければ，代価を支払うことなく財の所有権を奪う犯罪行為が頻発するかもしれず，そうなれば市場は機能を停止します．

こうして，企業と家計に加えて，市場は政府の参加を必要とします．ミクロ経済学では政府には以下のような機能を仮定します．

1. 秩序を守る．代価を支払わずに財を強奪する犯罪者や，労働力を搾取しながら賃金支払を拒否する悪徳企業に厳罰を下します．また国内だけでなく，対外的な安定を守ること（つまり国防）も政府の重要な仕事です．
2. 税金を取る．消費税や所得税，法人税，環境税など，政策の目的に応じて各種税金を徴収します．またマイナスの税金としての補助金を与えることもあります．
3. お金を使う．集めた税金を使って道路を整備したりダムをつくったり警察官や自衛官に給料を払ったりします．つまり，公共事業あるいは**財政支出**（government expenditure）のことです．

これらはいずれも，市場が円滑に機能するように，政府が市場を外側から支える仕事です．家計や企業の行動は理論の内部で説明される**内生変数**（endogenous variable）なのですが，政府の行動は理論の外部から与えられる**外生変数**（exogenous variable）なのです．この点で，政府や中央銀行などの**公共部門**（public sector）の取り扱いは，家計や企業のような**民間部門**（private sector）とは大きく異なります．

しかし市場経済においては，政府は市場の機能を維持することはしても，価格そのものを決定することはありません．では，その価格はどのように決まるのでしょうか．じつは，この疑問に答えることが，ミクロ経済学におけるもっ

とも重要な問題の1つなのです．

■ さまざまな市場

　こうして私たちは市場の定義に行き着きました．すなわち市場とは「主体の自由な意思決定に基づき，価格に従って財が交換される仕組み」のことです．公式にすれば**自由＋価格＋交換＝市場**です．そして，この三要素が揃いさえすれば，どんなものであれそれは市場なのです．

　たとえば**株式市場**（stock market）を考えてみましょう．株式市場では，企業の配当金を受け取る権利としての**株式**（stock）が交換されています．その価格は**株価**（stock price）と呼ばれ，経済の動向を占う重要な指標の1つとして常に注目を集めます．また，株式の売買は，投資家たちの自由な意思に基づいて行われています．

　大学生のみなさんにとっては，数年のうちに**労働市場**（labor market）が切実なものになるでしょう．労働市場で交換されているのは，就職希望者が提供する**労働力**（labor）です．それに対して企業が払う対価は**賃金**（wage）です．また求職者側も，採用する企業も，誰かに強制されて労働市場に参加しているわけではありません．

　あるいは，ネットショッピングを考えましょう．ネットショップでは違法薬物などでなければたいていのものを販売することができます．すべての財には値段がつき，たいていの場合はきちんと商品が送られてきます．ネットショップは魚市場などとは違って物理的な空間内に現出してはいませんが，しかしそこでは自由な交換が価格を介して行われています．いい換えれば，物理空間は市場にとって不可欠な構成要素ではありません．

　もっと風変わりな市場の例としては「結婚」があります．取引されている財は，婚姻届の配偶者欄に自分の名前を書く権利です．代価は，自分の配偶者欄に相手の名前を書くことです．日本の法律に従えば，成人した男女には各々の同意のみに基づいて自由に結婚する権利が保証され，また複数の異性との重婚は厳しく罰せられます．したがって結婚には，交換される財と，強制力をともなう代価と，参加の自由が存在しているわけです．

　結婚市場のデータを集めて分析を行うことで，たとえば「どんなタイプ（年

齢，所得，学歴，その他）の男性と女性が結ばれるのか」を知ることができます．その知見に基づいて，少子化対策や所得・学歴格差の世代を超えた持続性の理解が可能となり，政策提言につながります．そういうわけで結婚市場は，経済学の重要な研究対象となりうるのです．

1.2　簡単な市場のモデル

■ 市場の利点

　以上の説明によって，市場とはどんなものなのか，十分にイメージをつかむことができたと思います．それでは，なぜミクロ経済学は市場の分析に興味を持っているのでしょうか．ミクロ経済学が市場を分析する理由を大雑把に述べれば，それは，

市場には，誰も犠牲にすることなく，社会に存在するすべての人を同時に満足させる機能がある

からなのです．これは，すでに序章で述べた「パレート改善」と呼ばれるものです．市場の機能について驚くべきことはまだあります．ミクロ経済学の想定によれば，この市場を動かすエネルギー源は市場参加者の「利己心」なのです．すべての人々が聖人君子であるならば，富者は自発的に貧者を助け，労働者はみな勤勉になり，その結果として世の中はもっと豊かで住みやすい場所になるでしょう．しかしミクロ経済学が説くところでは，人々が聖人君子になるまでもなく，

市場を導入すれば，参加者の全員が利己的に振る舞ったとしても，すべての人々の経済状態が改善する

のです．

■ モデルの設定

　市場がこのような機能を備えていることを説明するために，この節では19世紀イギリスの大経済学者デイヴィッド・リカード（David Ricardo, 1772〜1823）のアイデアに基づく，単純な経済モデルを紹介します．もともと，

表 1.1 ある村の住人の 1 時間当たりの生産量と 1 日の労働時間

	A	B
パン	12	6
魚	6	12
労働時間	5	5

このモデルは**リカードの比較優位理論**（comparative advantage theory）と呼ばれているもので，本来は 2 国間の貿易がもたらす利益を分析するために考えだされたものでしたが，その基本的な考え方は貿易だけに限らず，一般的な市場に広く応用可能なものです．

具体例として，2 人の村人 A と B からなる小さな村を考えましょう．村人たちはそれぞれ，パンをつくるか，あるいは漁をして魚を捕まえるかの一方あるいは両方の生産活動に従事することができます．村人 A はパンづくりが上手で，1 時間に 12 個のパンを焼くことができます．しかし漁は下手で，1 時間に 6 匹の魚を捕まえるのがやっとです．一方で B は漁が得意で，1 時間に 12 匹の魚を釣り上げますが，パンを焼くのは不得手で 1 時間に 6 個しか焼けません．2 人はともに 1 日最大で 5 時間働くことができます．以上をまとめると表 1.1 のようになります．

■ 自給自足経済

リカードの考え方を用いて市場の性質を分析するための準備として，まずは**自給自足経済**（autarky）について考えます．自給自足経済においては，それぞれの家計は自分が生産したものしか消費することができません．家計の間で財が交換されませんので，自給自足経済には市場が未だ存在していないことになります．

A が 1 日 5 時間の労働時間のうち，パンを焼くことに 3 時間，漁に残りの 2 時間を費やしたならば，1 日当たりの生産量は，

$$\text{パン} = 12 \times 3 = 36 \text{（個）} \qquad \text{魚} = 6 \times 2 = 12 \text{（匹）}$$

表1.2 Aの生産可能な量の組み合わせ

パンを焼く時間	魚を釣る時間	パンの生産量	魚の収穫量
0	5	0	30
1	4	12	24
2	3	24	18
3	2	36	12
4	1	48	6
5	0	60	0

図1.1 AとBが1日に生産できるパンと魚の量の組み合わせ

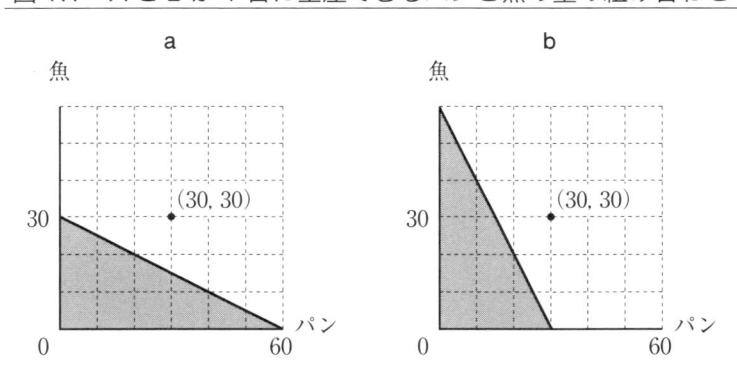

となります．パン焼きと漁のそれぞれに用いる時間の配分をさまざまに変えてみた場合の，Aによるパンと魚の生産量の組み合わせを表1.2にまとめました．まずはこの表を理解してください．

もっとも，Aが5時間のすべてを労働に費やすとはかぎりません．天候の良くない日もあるでしょうし，何となく遊びたくなることもあるでしょう．従って実際には，表1.2の数字よりも小さな生産しか行われない場合も考えられます．このことに注意すれば，村人Aが1日に生産することができるパンと魚の組み合わせが図1.1 a に示された三角形の辺または内部で与えられることがわかると思います．

同様の考え方によって，村人Bが1日に生産できるパンと魚の組み合わせを示せば図1.1 b のようになります．

自給自足経済では，AとBのあいだで財の交換が行われませんから，各自

にとって消費可能な財の組み合わせは各自の三角形の辺または内部に限られます．2人は自分たちの好みと労働意欲に応じて，それぞれの三角形から1点を選び，生産と消費を行います．

■ 市場の導入

それでは，この村に市場を導入してみましょう．したがって村AとBは，自分たちが持っているパンと魚を互いに交換することができるようになります．その市場で成立しているパンと魚の価格がどちらも100円であるとしましょう．このとき，合理的経済人であるAは次のように考えるに違いありません．

> 「パンを生産すれば1時間で100円×12個＝1200円の収入が得られる．けれど，魚釣りをしても100円×6匹＝600円しか稼げない．となれば，自分はパンを焼いたほうが得だ！」

というわけでAは，1日の労働時間のすべてを使ってパンを焼き，60個のパンを生産します．Bも同様に考えて，魚釣りにすべての労働時間を投入して60匹の魚を得ます．Aは60個のパンのうち，半分の30個を市場に供給するとします．そうすれば，Aは3000円の収入を得ることができ，その収入によってAはBから30匹の魚を買います．逆にBは，Aに魚を売って手に入れた3000円を使って，Aから30個のパンを買うことができます．

こうして，市場を導入した結果，AとBはどちらも30個のパンと30匹の魚を手に入れることができるようになりました．この数字に気をとめつつ図1.1をもう一度見てください．驚くべきことが起こっていませんか．

そうです．AとBはともに，自給自足経済では手の届かなかった消費量（パン＝30個，魚＝30匹）を消費できるようになっています．市場の導入によって，彼らは2人ともにこれまでよりも多くの財を消費できるようになったのです．市場の導入は，AとBの2人からなる小さな社会をパレート改善しました．

■ 市場の原動力

こうして，市場の導入によってAとBの消費量が同時に増加することがわかりました．この結果は，Aが自分の得意なパンの生産だけに専念し，Bが

36　第I部　ミクロ経済学

魚釣りだけを行ったためにもたらされました．このように，経済主体が1種類の生産活動だけに従事して，それ以外の生産にはいっさい見向きもしないことを，生産の**特化**（specialization）といいます．また，各自が自分の得意な生産活動に特化することで社会にもたらされる利益のことを**分業**（division of labor）**の利益**といいます．

　ここでみなさんに考えてほしいのは，Aがパンの生産に特化し，Bが魚の生産に特化した理由です．両者は決して，それぞれの収穫を互いに分けあい，助けあうために各自の生産活動に特化しているわけではありません．彼らはただ合理的経済人として，自分の所得を最大にするためだけに各自の生産活動に特化しているのです．その意味で，市場の原動力は，市場に参加している経済主体の利己心にあるといえます．しかし，その動機が何であれ，結果としてすべての経済主体の消費量が同時に増加しているのですから，市場とはじつに素晴らしい仕組みです．

■ **価格の重要性**

　もう1つ注意しておくことがあります．それは，市場に分業の利益が生じるためには，財の価格が適切に定められていなくてはならないということです．たとえば，この村の市場においてパンの価格が400円，魚の価格が50円になったとしたら何が起こるでしょうか．

　新しい価格のもとでは，Aは次のように考えるでしょう．

　　「パンを生産すれば1時間で400円×12個＝4800円の収入が得られる．魚釣りをしても50円×6匹＝300円しか稼げない．やはり自分はパンを焼こう」

というわけでAはやはりパンの生産に特化します．その一方でBは次のように考えます．

　　「今までどおり魚を釣っても，1時間当たり50円×12匹＝600円しか稼げない．けれどパンを生産すれば，同じ時間で400円×6個＝2400円も稼げる．魚釣りは止めてパンを焼こう」

　こうして新しい価格のもとでは，AもBもパンの生産に特化して，誰も魚を捕まえなくなってしまいます．もしAとBがパンだけでなく魚も食べた

いのだと思っているならば，市場の導入によってかえって生活の質が落ちてしまったことになります．市場がうまく機能するためには，そこで成立する価格の水準がとても重要になるのです．後の章では，市場自身によって財の価格が適切な水準へと調整される仕組みを観察することになります．

1.3　市場主義

■市場主義

　リカードのアイデアに基づく簡単な数値例により，市場には社会をパレート改善する機能があることがわかりました．この結論を社会のさまざまな局面に大胆に適用し，社会の隅々にまで市場の仕組みを導入しようとする考え方を**市場主義**，あるいは批判的な立場からは**市場原理主義**（market fundamentalism）と呼びます．

　市場主義の考え方を事例に即して幾つか紹介すれば，以下のようなものがあります．ただし以下の例は，考え方の特徴をつかむために少々戯画化されています．

> ◆**専門職業人の免許制を廃止せよ**　一部の市場主義者は，専門職業人の免許制度に反対しています．医師免許や弁護士資格は無用であるというのです．たとえば専門家である医師が手術中に少々手を抜いても，あるいは何らかの医療事故を起こしても，よっぽどのことでないかぎりは彼の資格が剥奪されることはありません．しかし専門的知識を欠く消費者にとっては，彼らのサービスの質の違いを事前に知ることはむずかしいのです．
>
> 　そこで，免許制度を廃止してみてはどうでしょう？　そしてすべての医療サービスに「市場」を導入するのです．医師たちは自分の専門技術を市場価格で提供し，家計のほうではその価格に応じて頼りにすべき医師を探すことができます．高い実績のある医師にはそれに応じた高い価格が提示されるでしょう．そして何か問題があれば，その価格が一気に

下落します．専門家の質に関する情報は価格に集約され（これを**市場の情報集約機能**といいます），家計は価格を見ることで医師の能力に関する情報を事前に得ることができるのです．

◆ **公立学校にはクーポン制を導入せよ**　市場主義者は公的教育にも疑念を持っています．過去のニュースを検索すれば，問題教員たちが消極的にいじめを見過ごしたり積極的に猥褻事件を起こしたりしているにもかかわらず，担当校が変わるだけで依然として教職を続けている事例がいくらでも見つかります．これは，教職身分が公務員として堅固に守られていることに起因する問題です．公教育の現場にも，やはり何らかの市場システムが導入されるべきではないでしょうか．

　そこで考えられるのが教育クーポン制度です．生徒たちには，学年度はじめにクーポンの束が渡されます．生徒たちは行きたい学校を自由に選び，教わりたい担任を探します．そして，提供される教育サービスに不満があれば，他の学校なり担任なりに乗り換えるだけでよいのです．年度の終わりに生徒はクーポン券を担任教師に渡します．教師は集めたクーポンをしかるべき機関に提出して，そこで俸給の査定を受けるのです．多くのクーポンを集める学校にはそれに応じた教育予算がつけられ，また管理職教員の俸給は管理下の現場教師たちのクーポン獲得高に応じて算定されます．

　これはつまり，公教育市場に専用通貨を導入するという政策です．提供される財・サービスは教育です．その代価はクーポンで，そしてどの学校のどの教員を選ぼうとも，それは参加者の自由です．問題教員たちは，公務員として身分が保障されていても1枚のクーポンも集めることができません．その一方で，良心的で能力の優れた教師たちはそれに見合う正当な評価を得ることができ，よりいっそう，職務に精励することでしょう．

　「そんなことをすれば，教育はただの人気取りになる」という批判がありえるかも知れませんが，そのとおりです．このシステムの目標は教師たちに「人気取り競争」をさせることにあります．勉強を教えることに

は不熱心でも，ジョークが面白かったり見た目がハンサムな先生にクーポンが集まりはしないか，と危惧する方もいるでしょうが，そんな理由で教師を選ぶ生徒は，そもそも勉強に不向きなのです．無理に勉強してさらに上級の学校に進学する必要はありません．

　普通選挙だって人気取りです．イメージにだまされて実のない政治家を選べば選挙民が損をするわけですから，私たちは十分に検討を重ねた結果，最善の候補に1票を投じるのです．その普通選挙を是とするのなら，学校クーポン制を非とする理由はないはずです．

◆**地方分権を推進せよ**　ここでは，「地方分権」という言葉の意味を，現行制度よりも地方政府の裁量の幅を増やすことくらいに考えておきます．たとえば地方政府は，各自の判断に従って税目を増減したり税率を設定したり，そうして得た税収をさまざまなプロジェクトに自由に投資したりできるようになったとします．この地方分権というものは，何となく「良いもの」として筆者を含む一般人に受け止められているわけです．では，ここで改めて，なぜ地方分権が良いものなのか，考えてみることにしましょう．

　最初に思いつく地方分権の利点は「地方独自のニーズに応じた，住民密着型のきめ細かい公共政策が可能になる」ということでしょう．沖縄県では台風対策が重要ですし，四国では渇水対策が重要です．政策の力点は地方ごとに大きく違うのが普通ですから，政策の立案・実行権は中央官庁ではなく地方政府にあって然るべきです．

　しかし，それだけでは地方分権を肯定するには根拠が不足しているように思えます．少し違った見方をしてみましょう．地方分権をある種の市場システムとしてとらえてみるのです．生産者は各地方の行政，取引されている財は各種多様な行政サービス，消費者は納税者，代価は地方税です．生産者たる地方の行政は好きなように政策を実行する自由が与えられ，住民には自分好みのサービスが提供されている土地を選んで住むという自由が与えられています．居住する土地の行政サービスが不満なら，他の土地へと引っ越すことができるのです．こう考えれば，地方

分権の目指すところは地方政治の市場化であるということができるかもしれません．

このような状況下では，満足水準の低い政策ばかりを実行する地方からは，住民がどんどん逃げていきます．やがて税収が足りなくなって，警官が減り病院も消えます．火事があっても消防車は出動できません．一方で，住民満足度の高い政策を実行している地方には，他所から住人が転入してきます．その結果，税収が増加し，それを使ってさらに効果的な政策を実行できるようになり，ますます転入者を集めます．県知事や議員や公務員の給料も，税収増に見合って引き上げられることになるでしょう．ですから，地方政府としても集客力のある政策を実行することは利益になるのです．

以上のように考えることで，地方分権を推進し，地方の独立性を高めることの望ましさが明らかになったと思います．すなわち「市場原理を持ち込むことによる公共サービスの質の改善」こそが，地方分権を推進すべき理由なのです．

ところで，競争に敗れて破産寸前となった自治体に住む人たちは放置してよいのでしょうか．病院もなければ学校もない地方に住む人々を，潤っている他の都道府県が援助する必要はないのでしょうか．ここにおいても市場主義を適用すれば，そんな必要は皆無であるということになります．なぜなら，そんな不便な暮らししかできない土地から引っ越す自由があるにもかかわらず，それでも引っ越さずに住みつづけているのですから，その人々はどういうわけか病院や警察がないような暮らしが好きな人に違いないからです．それなのに，どうして援助が必要になるのでしょう．

◆**臓器売買を自由化せよ**　1992 年にノーベル経済学賞を受賞した著名な経済学者である**ゲイリー・ベッカー**（Gary Becker, 1930〜2014）は，自身のブログで生体移植用の肝臓や腎臓を取引するための市場を開設することを提案し，議論を呼びました（くわしくは The Becker-Posner Blog の 2006 年 1 月の記事，"Should the Purchase and Sale of Organs for Transplant Surgery be Permitted?"を参照してください．邦訳は，ゲーリー・S・ベッカー，リチャード・A・ポズナー『ベッカー教授，ポズナー判事の常識破りの経済学』東洋経済新報社，2011年，pp.11‐21)．ベッカーによれば，アメリカには肝移植や腎移植を必要としている患者が数万人います．しかし現行の制度では臓器の自由な売買は禁止されており，患者たちが移植手術を受けるためには篤志家による肝臓や腎臓の提供を待つしかありません．そのような篤志家の数は限られているため，毎年，数千人の患者が命を落としています．

　この問題を解決するためにベッカーが提案した妙案こそが，臓器売買の自由化なのです．肝臓や腎臓の自由な売買が可能になれば，多少高額であっても喜んで代価を支払う人は少なくないでしょうから，移植用臓器の流通量は今よりもずっと増えるに違いありません．その結果として大勢の命が助かることになるでしょう．

　しかしそれでは，裕福な人ばかりが優先的に手術を受けることになる．そんな批判があるかもしれません．しかし現状のままでは，その裕福な人ですら移植を受けられずに苦しんでいるのです．むしろ売買を自由化して，臓器移植の機会を増やしたうえで，各家庭の所得水準に応じた補助金を政府が支給するほうが，全体として望ましい結果になるのではないでしょうか．

　臓器の供給源が貧困層にかたよるのではないかという疑念もあるでしょう．しかし，そのかたよりの何が悪いのでしょう？　腎臓は2つありますし，肝臓は一部を失っても時間がたてば再生します．命にかかわるわけではない臓器の一部と引き換えに多くの金銭を得ることができるのなら，それは貧困層にとっても喜ばしいことに違いありません．

　それでも，「命」に値段をつけることに，論理では割り切れない抵抗感を覚える人もいるでしょう．その気持ちはよくわかりますが，しかし，考えてみてください．臓器の提供者が現れるのを待ちながら亡くなっている人々が毎年，数千人もいるのです．それを考えたときに，その一部の人たちの倫理観に配慮することに，いったいどれだけの意味があるのでしょうか．

■ 市場主義の問題点

以上に紹介したような市場（原理）主義的な主張に対して，不安や不快感を感じた読者も多いことでしょう．その違和感の源が何であるのか，それを考えてみましょう．

一般に，市場主義的な主張に共通する構図は次のようなものです．

市場の導入　→　競争の発生　→　より望ましい状況

すなわち，まずはじめに，何らかの非効率的な社会状況が想定されます．そこに市場システムが導入されます．すると市場は参加者に競争圧力を加え，その結果として社会は望ましい状態に至ります．

しかし，この筋書きどおりに物事が運ぶためには，じつはたくさんの前提条件が満たされている必要があるのです．たとえば，ある教科を担当することのできる先生が，教区にたった1人しかいなかったら？　このときには，教育にクーポン制度を導入しても生徒はその先生から教わるほか選択肢が無いわけですから，先生は生徒を逃す心配をすることなく好き勝手に振る舞うことができます．

あるいは臓器移植の例を考えましょう．もし，臓器提供者の身元証明が簡単に偽造できるようなものだったら，どうなるでしょう．あまり考えたくはありませんが，臓器目的の陰惨な犯罪が増えたりはしないでしょうか．それに，自分に移植される臓器の品質について，専門知識もなく全身麻酔をかけられている患者自身には知りようもありません．このとき，一部の悪徳病院が，移植用臓器の品質をごまかすような恐れはないのでしょうか．

これらの前提条件が満たされないまま移植用臓器の市場を開設すれば，その結果はかえって社会全体に害を及ぼすかもしれません．

■ 市場が機能するための条件

じつは，市場が正しく機能するためには，いくつかの前提条件が満たされる必要があるのです．詳細は本書の第5章以降で解説することにして，結果だけを先に述べれば，少なくとも次の4つの条件が満たされなくてはなりません．

1. 参加者が多いこと．たとえば企業が1社しかない財市場は，その企業に

よる独占状態に陥ってしまいます．
2．財の品質に関する情報が開示されていること．上述の例でいえば，臓器移植の問題がこれにあたります．
3．代価を支払わない**ただ乗り**（free ride）消費が排除されていること．たとえば，映画や音楽などのコンテンツ市場を考えます．もしも，これらのコンテンツ財をインターネット上にアップロードすることが許されているならば，家計は代金を支払わずして映画や音楽を消費できてしまいます．このような状況が放置されると，音楽や映画を供給する企業は，すべて市場から撤退するしかなくなります．その結果，家計は映画や音楽を楽しむことができなくなり，企業と家計は両者ともに不幸になってしまいます．映画や音楽の著作権を政府がきちんと保護して，ただ乗り消費を排除しないかぎり，コンテンツ市場は十全に機能しないのです．
4．生産や消費が，他の市場参加者に直接的な影響を及ぼさないこと．たとえば，ある企業の生産活動が工場周辺の大気や飲料水を汚染している状況を考えましょう．この場合には，その財の市場を閉鎖したほうが，社会全体にとって総合的にはよい結果になるかもしれません．

これら4つの条件には，それぞれ以下の専門用語が対応します．まず，生産者が1人しかいない状況は**独占**（monopoly）と呼ばれています．それに対して，市場参加者が十分に多く，誰も市場をコントロールできないような状況は**完全競争**（perfect competition）と呼ばれます．とくに，ある市場参加者が財の価格を左右できない場合には，その経済主体は**価格受容者**（price taker）であるといいます．従って条件1は，「市場が完全競争的であり，すべての参加者が価格受容者である」ことと言い換えることができます．

取引されている財の品質について供給側だけが情報を有していて，需要側には十分な情報がないような状況は**情報が非対称的である**（asymmetric information）といわれます．従って条件2は，「情報が非対称的でない」ことを要求しています．

代価を支払わずに消費が可能であるような財は，一般に**公共財**（public goods）と呼ばれます．それに対して，代価を支払わないかぎり消費が可能で

はなく，また誰かの消費行動に便乗できないような財は**私有財**（private goods）と称されます．条件3は，「市場で流通する財がすべて私有財である」ことを求めています．

　誰かの生産・消費行動が，他の誰かに直接影響を与える現象を**外部性**（externality）と呼びます．公害，騒音，高層マンション建築による日照権の問題などは，すべて外部性の一例です．条件4は，「市場が機能するためには，外部性が存在してはならない」ということを述べています．

■ ミクロ経済学の使命

　こうして見てみると，理想的な市場が現実に成立するのは非常に困難であることがわかります．上述の4つの条件すべてが満たされているような市場は，現実には果たしてどれほど存在しているものなのでしょうか．もし，現実の市場においてこれら条件が満たされていないのであれば，そのときにはどんな問題が生じうるのか，その問題を解決するにはどのような政策が必要なのかを考えなくてはなりません．その解答を与えることもまたミクロ経済学の重要な仕事です．

　ミクロ経済学は，決して，無条件に市場主義を称揚する学問ではありません．むしろ冷静に市場の限界を見定め，理論と現実の距離を測り，そして社会を私たちの全員にとってよりよいものに変えようとする情熱を持った学問です．イギリスの経済学者**アルフレッド・マーシャル**（Alfred Marshall, 1842～1924）は，経済学者にもっとも必要とされる資質は**冷静な頭脳と熱い心**（cool head and warm heart）であるという言葉を残しています．市場の仕組みを冷静に分析して，得られた結果をもとに社会をよりよいものとする熱い心を失ってはならないという，経済学徒すべてに対するいましめの言葉です．

本章のまとめ

1　市場とは，人々が自由に財やサービスを交換し，代価を受け取る仕組みのことです．

2　市場には，財の生産者である企業，財の消費者である家計，そして市場を守る政府が存在しています．

3　市場にまかせておけば，社会全体にとって最善の結果になるという考え方を市場主義と呼びます．

4　市場主義の主張が正しいためには，市場が完全競争的であること，財の品質についての情報が市場参加者間で対称的であること，財が公共財ではないこと，経済主体の行動に外部性が存在しないことなどの条件が満たされている必要があります．

5　市場がうまく機能するための前提条件を調べ，それらの条件が満たされないときにとるべき政策を提案することがミクロ経済学の使命です．

本章のキーワード

分権　　中央集権　　市場経済　　計画経済　　分業の利益　　市場（原理）主義

演習問題

1 以下の(1)〜(4)について，空欄に当てはまる語句を答えなさい．
(1) 社会を運営するために，少数の権威者に決定権を集中させることを（　　）的方法という．それに対して，各自の主体に行動の決定権を与えることを（　　）的方法という．市場とは，社会の経済的側面を運営するための（　　）的方法のことである．
(2) あるものが財となるためには（　　）という性質を持つ必要がある．
(3) 通常の財市場では（　　）が需要者，（　　）が供給者となる．それに対して労働市場では（　　）が需要者，（　　）が供給者である．
(4) 市場がうまく機能するためには，市場が（　　）的であること，財の品質についての情報が（　　）的でないこと，財が（　　）財でないこと，財の生産や消費に（　　）性が存在しないことなどの条件が満たされる必要がある．

2 次の表で示されるような家計 A, B を考える．すなわち，家計 A は 1 時間の労働によって財 1 であれば 6 単位，財 2 であれば 12 単位を生産することができるのに対し，家計 B は 1 時間の労働によって財 1 であれば 4 単位，財 2 であれば 2 単位しか生産できない．どちらの家計も，1 日当たり 8 時間働くことができる．このとき，どのような生産と交換を行えば，両家計が消費する財の量を，自給自足のときよりもパレート改善できるか．

	家計 A	家計 B
財 1	6	4
財 2	12	2
労働時間	8	8

3 次のそれぞれの問題に対する，市場を用いた解決法を提示しなさい．
(1) 小学校の教室において，給食のデザートが余ってしまった．
(2) 飼い猫が 5 匹の子猫を産んでしまったが，すべてを育てることができ

第 1 章　ミクロ経済学とは何か　47

ない.
(3) 温泉が埋まっていそうな土地を発見したが,掘削するための資金がない.
(4) マンションの隣の部屋の住人が毎日のように楽器演奏の練習をするため,騒音で困っている.

> コラム

日本人は自由競争も弱者救済もきらい？

　経済学では，競争のある市場経済を重視します．そして，その結果として生じる貧困や格差という問題については，別途政府が対応すべきと考えます．しかし，国によってはこういう考え方に対して賛否が分かれるようです．

　たとえば，Pew Research Center が，2007 年に世界 47 カ国を対象に行ったグローバル意識調査（Global Attitudes Project）によると，「ある人は豊かになり他の人は貧しくなるとしても，自由な市場経済で大部分の人々の生活はより良くなる」という意見に対して，日本人は 49％の人しか賛成していません．これはアメリカやイギリスのような先進国，あるいはインドや中国のような国とくらべても低い値です．この意味での市場経済への信頼度は，日本人は世界的に見てきわめて低いことがわかります．

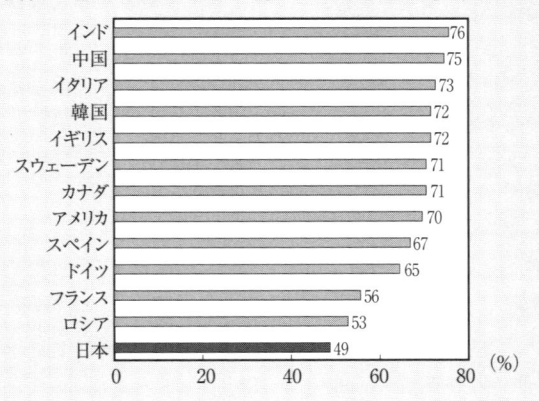

貧富の差が生まれたとしても多くの人は自由な市場でより良くなる

国	％
インド	76
中国	75
イタリア	73
韓国	72
イギリス	72
スウェーデン	71
カナダ	71
アメリカ	70
スペイン	67
ドイツ	65
フランス	56
ロシア	53
日本	49

（出所）大竹文雄（2010）『競争と公平感』中公新書，p. 7. 元の報告書は，以下のサイトで見ることができます．http://www.pewglobal.org/2007/10/04/chapter-1-views-of-global-change/

　それでは日本人は市場のかわりに政府を信頼しているかというと，そうでもありません．さらに「自立できないとても貧しい人の世話をみるのは政府の責任だ」という意見に対して，これに賛成する日本人の割合は 59％で，

これは 47 カ国中最下位です．市場経済も政府も信頼しないというのが世界と比較した日本人の意識のようです．

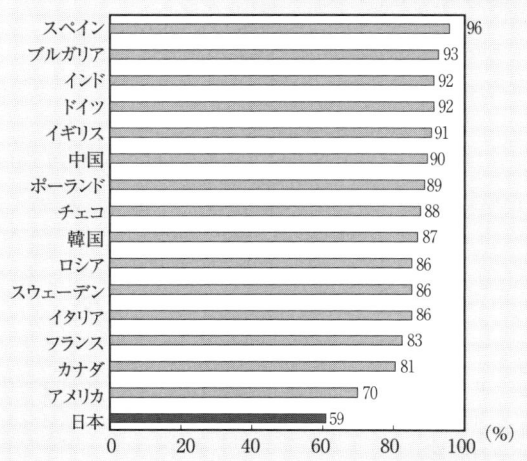

自立できない非常に貧しい人たちの面倒をみるのは国の責任である

国	(%)
スペイン	96
ブルガリア	93
インド	92
ドイツ	92
イギリス	91
中国	90
ポーランド	89
チェコ	88
韓国	87
ロシア	86
スウェーデン	86
イタリア	86
フランス	83
カナダ	81
アメリカ	70
日本	59

（出所）大竹（2010）p. 8.

　この調査が正しいとして，なぜ日本人はこういう反応をするのでしょうか．その理由として大竹文雄教授（大阪大学）は，家族や地域や職場の身近な人だけを助けてよそ者にはきびしいという日本社会の慣習があるのかもしれない，としながらも理由はよくわからないとしています．

　あるいは日本人の多くは，競争という言い方に反発を覚えるのかもしれません．英語の competition を「競争」と最初に翻訳をしたのは，慶應義塾大学の創設者としても著名な，日本の生んだ優れた思想家・福澤諭吉（1835～1901）だといわれています．彼の自伝『福翁自伝』（初版 1899 年）には，当時福澤が仕えていた幕府の役人に「競争」という言葉を見せたところ，「イヤここに争という字がある，ドウもこれが穏やかではない，ドンナことである」という反応が返ってきた，という逸話があります（『福翁自伝』岩波文庫，pp. 184 - 185）．福澤は，幕府の役人のこういう反応にひどく反発し，次のように説明しています．

　「どんなことッて，これは何も珍しいことはない，日本の商人のしてい

る通り，隣で物を安く売ると言えば此方の店ではソレよりも安くしよう，また甲の商人が品物を宜くすると言えば，乙はソレよりも一層宜くして客を呼ぼうとこういうので，またある金貸が利息を下げれば，隣の金貸も割合を安くして店の繁盛を謀るというようなことで，互いに競い争うて，ソレでもってちゃんと物価も決まれば金利も決まる，これを名づけて競争というのでござる」．

　まったく正しい説明です．なお，ここでいう物価とは価格のことを意味します．しかし，幕府の役人は「なるほど，そうか，西洋の流儀はキツイものだね」といって，納得しませんでした．もっとも福澤が競争に争いという字をあてたことは問題だったかもしれません．「市場競争＝弱肉強食」というイメージが残ってしまったかもしれないからです．

　けれども，慣習や文化なるものはとらえどころがないですし，仮にあったとしても時代によって変化します．日本人は，かつては勤勉が重要と考えていましたが，現代では「人生での成功を決めるのは運やコネが大事」と考える人が増えているという調査結果もあります（大竹（2010）pp. 17-18）．人生で成功を決めるのは勤勉さか運とコネかという質問に対して，若者になるほど勤勉さよりも運やコネが大事と答える人が増えるということです．こうした価値観の変化が生じる理由としては，不況の影響が挙げられます．アメリカでも高校や大学を卒業した後に不況を経験すると，価値観が変わるという研究があります．日本では，バブル崩壊以降，長期にわたって不況が続きました．「1年前までは，とくに勉強もせず，遊んでばかりいた先輩が一流企業に就職を決めていたのに，自分たちは成績がよくてもなかなか就職が決まらな」いとなると，確かに人生は運やコネが大事とも思いたくなるものです（大竹（2010）p. 19）．

> コラム

日本の開国は自由貿易の模範例だった？

　本文で紹介したリカードの比較優位の理論は，もともとは国々の間の自由なトレード，自由貿易からどのような利益が生まれるかを説明するものでした．では自由貿易はどれくらいの利益をもたらすのでしょうか．現実には歴史を通じてほとんどの国が貿易を行う一方で，関税や数量割り当てや非関税障壁を設けたりしていますので，純粋に自由貿易から生じる利益がどれくらいになるのかを数字で表すのは結構むずかしいのです．

　ただ，歴史上，ほぼ外国貿易がない状況から自由貿易に移行した例があります．それは日本です．江戸幕府は 1639 年に鎖国をしました．正確には，鎖国をしていた時代にもオランダや明・清との貿易や密貿易があったのですが，その貿易額はかなり制限されていました（オランダとの貿易は 1 年に 1 隻分に限られていました）．また，1859 年 7 月 4 日からの開国は，アメリカに迫られたという外的要因で決まりました．さらに，江戸時代も後半になるとだいぶ市場経済が浸透し，財市場の制限は 1840 年代に緩和され，労働市場は 18 世紀の初頭にはすでに競争的だったといわれます．国際貿易市場も競争的でした．ことに欧米列強と結んだいわゆる「不平等条約」によって江戸幕府はきわめて低い関税率の設定しか許されていなかったため，1866 年の時点で平均関税率は 2～3.5％，最高関税率は 5％に抑えられていました．貿易に対する制限も少なく，開港地の制限，麻薬である阿片の輸入禁止，銅の輸出禁止，米の輸出制限くらいに限られていました．

　こうした事実から，日本の開国は「自然実験」として貴重な例と考えられます．社会科学ではきちんとした実験はできないのですが，「自然実験」とはあたかも実験に近いようなことが偶然に起きた事例のことです．

　日本の開国は，どれくらいの利益をもたらしたのでしょうか．最初にこの問題を議論した研究によると，毎年実質国民所得の 6～12％にのぼる利益があったとされます（Richard J. Huber (1971) "Effect on Prices of Japan's Entry into World Commerce After 1858," *Journal of Political Economy*, Vol. 79, No. 3）．さらにこの問題をより厳密に検討した研究では，実質国民所得は最大で 8～9％増加したと論じています（Daniel. M. Bernhofen and John C. Brown (2005) "An

Empirical Assessment of the Comparative Advantage Gains from Trade: Evidence from Japan," *American Economic Review*, Vol. 95, No. 1).

　もちろん，貿易の利益は，比較優位の原理によるものに限られるわけではありません．開国によって新しい財や技術や知識が日本にやってきて，その後の日本の近代化と経済発展を支えました．そういう利益 —— 動学的利益 —— はここでは考慮されていません．しかし，比較優位の原理からだけでも開国によって日本は利益を得たといえるでしょう．

第2章　企業と家計

CHAPTER2

　企業とは，労働市場において労働を需要し，それを投入して財を生産し，財市場に供給をする経済主体のことです．また家計は，労働市場に労働力を供給することで所得を手に入れ，それをもとにして財市場において財を需要し，それを消費する経済主体です．この章では，企業の性質を「生産関数」によって，また家計の性質を「便益関数」によって記述することを学びます．これらの関数を用いることで，企業による供給行動と家計による需要行動を分析することが可能になります．

2.1　生産関数

■ 労働と資本

　企業は，**労働**（labor）や**資本**（capital）などの生産要素を用いて生産した財を，市場に供給して**利潤**（profit）を得る経済主体です．企業の行動についてくわしく分析するための準備として，まずはこれらの言葉の意味について整理しておくことにしましょう．

　労働は，家計によって労働市場に供給されるサービスです．財の生産に投入される労働量の計測にはいろいろなやり方が考えられますが，本書では生産に要した労働時間の総計を用いることにします．たとえば，ある企業に2人の労働者が雇用されて，それぞれが10時間働いたとするなら，その企業が投入した労働の量は「10時間×2人＝20時間」です．

　企業は労働の対価として**賃金**（wage）を家計に支払います．賃金はいわゆる「時給」と同じものであり，単位時間の労働に対して一定率の支払いをするものです．たとえば賃金が1200円であり，投入された労働が20時間である場合には，企業は1200円×20時間＝2万4000円の「人件費」を支払うことになるわけです．

現実には労働の内容はさまざまであり，職種に応じて賃金の額は大きく異なります．また賃金の支払い方法も時給制とは限らず，労働時間にかかわらず1カ月分の支払いが固定されている月給制や，1年分の額が約束されている年俸制など，さまざまな形式が存在します．しかし本書では，すべての労働は同質であり，賃金はすべて時給として同一額が支払われる場合のみを想定します．

企業が生産活動を行う際には，労働だけでなくさまざまな工作機械や土地や工場なども必要となります．これらの物質的な生産要素を1つにまとめたものが資本です．企業は，資本の所有者（いわゆる「資本家」です）から資本を購入するか借り受けるなどして，その代価を資本の所有者に支払います．労働の場合と同じように資本についても，現実には多様な種類が存在していて，その利用価格もさまざまであるはずですが，とくに入門レベルの経済学ではそれらを区別することはせず，すべて同一の資本として扱います．

■ 企業の合理性と利潤最大化

企業は，労働と資本を用いて生産した財を市場に供給し，その代価として**収入**（revenue）を得ます．この収入の一部を賃金支払いにあて，一部を資本への支払いにあてると利潤があとに残ります．企業は，この利潤をできるだけ大きくするように生産の規模を調整します．

ミクロ経済学では，企業の生産量は常に利潤が最大になる水準で行われるものと仮定します．つまり，企業は合理的経済人であると考えるのです．これは非常に強い仮定ではありますが，しかし現実の経済においても，企業は1円でも多くの利潤を確保するために最善を尽くしています．したがって，企業の行動を記述するために合理性を仮定することは，現実の近似として十分に機能するものと考えられています．

■ 生産関数

ある企業の**生産関数**（production function）とは，その企業が財を生産するために投入した生産要素の量と，その結果として生産された財の単位数を結びつけるものです．たとえば，ある企業がl時間の労働とk単位の資本を用いて$\sqrt{l \cdot k}$単位の財を生産する場合には，対応する生産関数は，

$$y = \sqrt{l \cdot k} \tag{2.1}$$

となります．ここで y は財の生産量を表しています．

生産関数を特定化せずに一般的に表す場合には，2変数関数 f を用いて，

$$y = f(l, k)$$

などと書きます．この場合，たとえば $l = 2$ 単位の労働と $k = 3$ 単位の資本から生産される財の量は $y = f(2, 3)$ と表現されます．

■ 短期と長期

しかしながら，2変数関数 $f(l, k)$ の取り扱いには，入門レベルの経済学が前提とする以上の数学的知識が必要となってしまいます．そこで以下では，分析の対象となっている期間の長さは非常に短いもの（たとえば数週間から数カ月程度）であるとして，そのような短期間では工場の建て増しや新しい工作機械の導入はむずかしいものと考えます．したがって，そのように短い時間では，労働量の調節は可能であっても，資本の量は固定されてしまうことになります．

このように，分析の対象となる期間があまりに短いために資本の量を変化させることが不可能である状況を**短期**（short run）といいます．これに対して，労働だけでなく資本の投入量も調整可能となる十分な長さの期間を**長期**（long run）といいます．このような短期，長期の定義は，本書の第Ⅱ部で解説されるマクロ経済学における短期，長期の定義とはまったく異なるものですので注意してください．

短期の場合には，企業が投入量を調整できる生産要素は労働だけになります．したがって，短期における生産関数の変数は本質的に労働の量 l だけになり，資本の量 k は定数として扱われます．たとえば (2.1) 式の場合に，資本の量が $k = 4$ のまま固定されているとすれば，このときの生産関数は，

$$y = \sqrt{l \times 4} = 2\sqrt{l}$$

になります．このように，短期の仮定によって k が一定水準に固定されている生産関数を**短期生産関数**（short-run production function）といいます．以降

では主として短期生産関数だけを考えることになりますので，誤解のおそれのないときには，これを単に「生産関数」と呼んでしまうことにします．

■ 生産関数の形状

図 2.1 には一般的な生産関数の様子が描かれています．グラフの横軸には労働の投入量 l，縦軸には生産量 y がとられています．このグラフに描かれた生産関数の場合では，$l = 20$ 時間の労働を用いれば $y = f(20)$ 単位の財が生産されます．

図 2.1 に示されたグラフでは，労働投入量が増えるにつれて生産量も増加しています．これはきわめて自然な想定ですから，経済学ではほとんど常に生産関数のグラフは右上がりであると仮定されます．しかし，生産関数のグラフが右上がりであるといっても，その増加の様子にはさまざまなパターンがありえます．たとえば図 2.2 の a を見てください．このグラフの形状には，投入する労働力が増えるほど傾きがゆるやかになる性質があります．もう少し正確にいえば，労働投入を 2 倍にしても，生産量は 2 倍以下にしか増えません．つまり，

$$f(2l) < 2f(l)$$

が成立しており，このようなときに生産関数 $f(l)$ は**規模に関して収穫逓減**（diminishing returns to scale）であるといいます．生産関数が規模に関して収穫逓減であることは，直感的にいって，労働投入量が増加するほど生産効率が低下することを意味しています．

労働投入を 2 倍に増やしたときに，生産量もちょうど 2 倍に増えるときには，$f(l)$ は**規模に関して収穫一定**（constant returns to scale）であるといいます．つまり $f(2l) = 2f(l)$ が成立するときであり，この状況は図 2.2 の b に示されています．このときには生産関数のグラフは原点を通る直線となり，雇用量が増加しても生産効率が変化しないような生産技術が表現されています．

最後の c の場合には，労働投入を 2 倍に増やすと，生産量は 2 倍以上に増えています．つまり，

$$f(2l) > 2f(l)$$

図 2.1　生産関数 $y = f(l)$ の様子

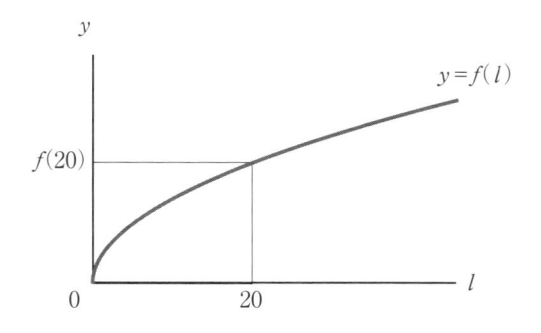

図 2.2　生産関数のグラフの形状

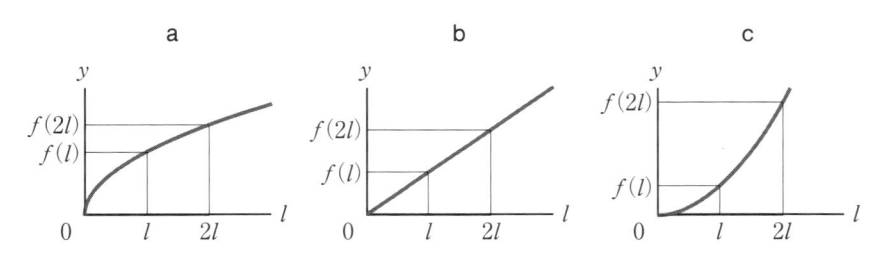

が成立しています．これは，労働投入を増やすほど生産効率が改善することを意味しています．このような形状であるとき，$f(l)$ は**規模に関して収穫逓増**（increasing returns to scale）であるといいます．

　もちろん，生産関数の収穫逓減・一定・逓増を考えるにあたって「2倍」という数字にこだわる必要はありません．労働投入量を3倍にしても生産量が3倍未満にしか増えないのであれば収穫逓減ですし，3倍よりも大きく増えれば収穫逓増です．

例題2-1

次の生産関数は，それぞれ規模に関して収穫逓減，一定，逓増のいずれの性質を示すか，答えなさい．

(1) $y = l^2$
(2) $y = 2\sqrt{l}$
(3) $y = l$

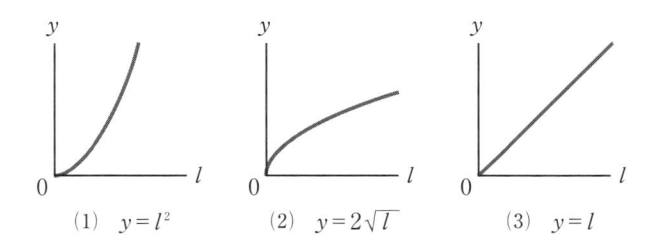

     (1) $y = l^2$　　　　(2) $y = 2\sqrt{l}$　　　　(3) $y = l$

解説

(1) $f(l) = l^2$ に対して，$f(2l) = (2l)^2 = 4l^2$ となる．したがって，

$$f(2l) = 4l^2 > 2l^2 = 2f(l)$$

が成立し，この生産関数が収穫逓増的であることが示された．

(2) $f(2l) = 2\sqrt{2l} = 2\sqrt{2} \cdot \sqrt{l}$ となるから，

$$f(2l) = 2\sqrt{2} \cdot \sqrt{l} < 4\sqrt{l} = 2f(l)$$

が成立し，この生産関数は収穫逓減的である．

(3) $f(2l) = 2l = 2f(l)$ となる．したがって，この生産関数は収穫一定である．

■ 収穫逓減の法則

ここで，労働者が1人しかいない企業を想像してみましょう．そして，この労働者が働く時間を，1日当たり8時間から16時間に増やしてみます．この

とき，生産される財の量も2倍になるでしょうか．おそらく，そうはならないでしょう．1日に16時間も働けば，労働者は疲労困憊してしまって，最後の1時間の生産量は相当に少なくなるはずです．したがって，この企業の生産関数は規模に関して収穫逓減的になるでしょう．

労働者の数が1人に固定されていない場合でも同様です．たとえば，ある小さな町の工場が，30人の労働者を雇って30台の工作機械を動かしているところを想像してみてください．ここで労働者を60人に増やしてみましょう．すると労働投入量は2倍に増えることになりますが，その一方で工作機械の数は30台のままです．このとき，生産量は2倍になるでしょうか．生産機械が労働者に十分に行き渡らないために，生産量は2倍以下にしか増えないのではないでしょうか．

したがって，現実に観察される生産関数の多くは，少なくとも短期の仮定のもとでは規模に関して収穫逓減であると考えられます．そこで本書では，とくに短期生産関数については収穫逓減を仮定します．この仮定は多くの生産関数によって満たされるため，経済学では「法則」に近いものとみなされており，しばしば**収穫逓減の法則**（law of diminishing returns）と称されます．

■ 長期分析と収穫一定

それに対して，労働だけでなく資本の量も自由に調整できる**長期生産関数**（long-run production function）については，しばしば収穫一定が仮定されます．労働投入量だけでなくあらゆる生産要素を2倍にするならば，これは工場を新しくもう1軒建てることと同じであり，結果として財の生産量も2倍になるはずだからです．

例として $y = \sqrt{l \cdot k}$ という長期生産関数を考えましょう．このとき，2つの生産要素の投入量を同時に2倍して $(2l, 2k)$ としてみれば，対応する生産量も，

$$\sqrt{2l \cdot 2k} = 2 \times \sqrt{l \cdot k}$$

となって元の水準の2倍になります．数学では，このような性質を持つ関数は**一次同次**（homogeneous of degree one）であるといいます．とくに生産関

数が一次同次性を示すときに，規模に関して収穫一定であるというのです．長期生産関数の一次同次性は本書第Ⅱ部のマクロ経済学でも重要な性質になります．

ところで先ほど説明したように，長期生産関数 $f(l, k) = \sqrt{l \cdot k}$ について，資本の量をたとえば $k = 4$ 単位で固定すれば，$y = 2\sqrt{l}$ という短期生産関数が得られます．例題2-1で確認したように，これは規模に関して収穫逓減的な生産関数です．というわけで，たとえ長期生産関数が収穫一定であったとしても，そこから導かれる短期生産関数は収穫逓減になります．

■ 生産関数の例

以上の仮定を満たす生産関数の具体例として，本書では主として次の2つを用います．その第一は，正の定数 a によって，

$$y = a\sqrt{l} \tag{2.2}$$

のように表されるものです．とくに $a = 2$ の場合について，この生産関数の様子を図2.3 a に示してあります．図からもわかるように，これは規模に関して収穫逓減の性質を持ちます．

また，次のような二次関数も頻繁に用いられます．

$$y = al - bl^2$$

ただし a と b はいずれも正の定数です．たとえば $a = 8$，$b = 1$ のときには，この生産関数は $y = 8l - l^2$ となります．これを変形すれば，

$$y = 16 - (16 - 8l + l^2) = 16 - (4 - l)^2$$

となりますので，グラフは頂点が $(l, y) = (4, 16)$ に位置する山型の放物線になります．また，工場の収容者数にかぎりがあるなどの理由によって，雇用量は $l = 4$ が上限であるとします．たとえ4単位以上の労働を投入しても，それ以上には生産は増えないものと考えれば，この生産関数のグラフは図2.3 b のようになるでしょう．図からもわかるように，この生産関数も，$0 \leq l \leq 4$ の範囲では規模に関して収穫逓減の性質を持っています．

図 2.3　生産関数の例

a　$y = 2\sqrt{l}$

b　$y = 8l - l^2 \,(0 \leq l \leq 4)$

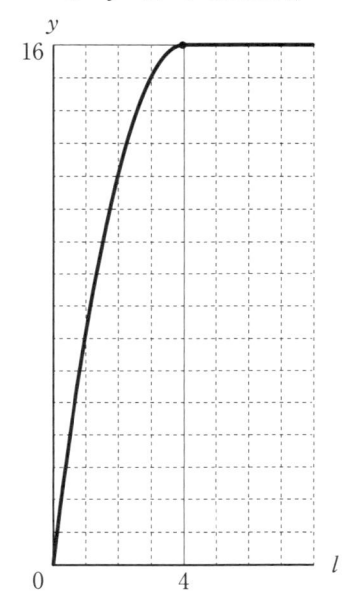

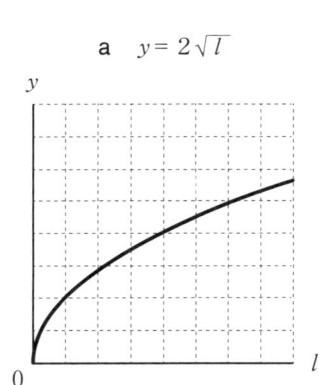

2.2　費用関数

　費用関数（cost function）とは，y 単位の生産量を達成するために必要な費用 C 円を，y の関数として $C = C(y)$ のように表すものです．たとえば図 2.4 は，一般的な費用関数の様子を描いたグラフです．横軸には目標とする生産量 y をとり，縦軸には y 単位の生産に必要となる費用 C をとっています．生産量が増えるほど費用も増えるのが自然ですので，費用関数のグラフは図 2.4 のように右上がりの曲線として描かれることになります．

　グラフの切片 C_0 は，生産をまったくしていない（$y = 0$）場合にも必要となる費用を表しています．財をまったく生産しておらず，したがって労働者を 1 人も雇用していない場合であっても，工場や生産機械（つまり資本）の所有者に支払うための「設備費」は必要です．この「設備費」の大きさを表す部分が C_0 です．これは生産量 y にかかわりのない定数であるため，しばしば**固定**

第 2 章　企業と家計　63

図 2.4 費用関数 $C = C(y)$ の様子

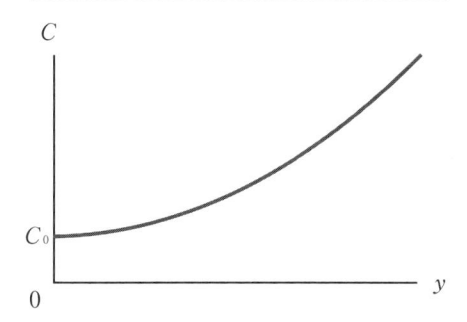

費用 (Fixed Cost, FC) と呼ばれています．それに対して，労働者に支払う賃金から生じる「人件費」は生産量に応じて変化するため**可変費用** (Variable Cost, VC) と呼ばれます．固定費用と可変費用の合計が生産に要する費用の全額になるわけですが，これを改めて**総費用** (Total Cost, TC) と呼ぶこともあります．したがって，$TC = VC + FC$ です．

具体例として，

$$C(y) = 2y^2 + 10$$

のような費用関数を考えてみると，可変費用は $VC = 2y^2$，固定費用は $FC = 10$ であり，したがって総費用は $TC = 2y^2 + 10$ となります．

■生産関数と費用関数

生産関数と費用関数は，どちらも企業の生産技術を表現したものです．したがって，ある企業の生産関数と費用関数のあいだには何らかの関係があるはずです．実際に，ある企業の生産関数 $y = f(l)$ が具体的に与えられれば，それに対応する費用関数 $C = C(y)$ を導出することが可能です．

図 2.5 には，そのための具体的な方法が説明されています．ある企業の生産関数が図 2.5 a のようであるとしましょう．このグラフから，y_1 単位の生産を達成するには l_1 時間の労働投入が必要であることがわかります．また，y_2 単位の生産を達成するには l_2 時間の労働投入が必要となります．

賃金水準を w 円とすれば，y_1 単位の生産を達成するには $w \cdot l_1$ 円の可変費

図 2.5 生産関数と費用関数の関係

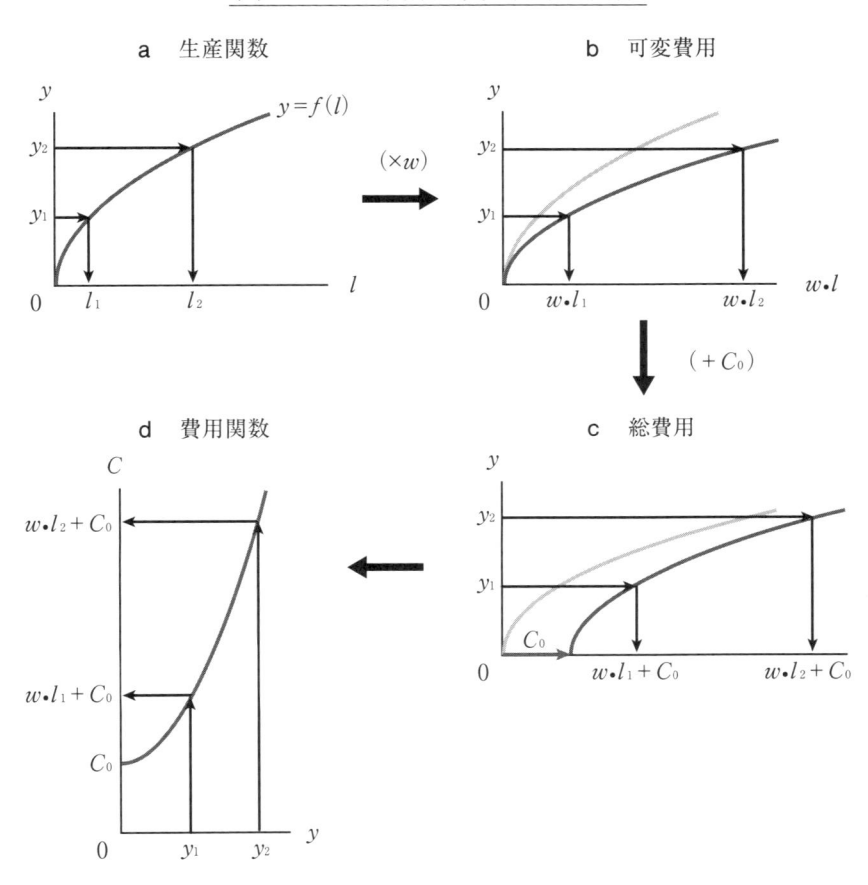

a 生産関数

b 可変費用

c 総費用

d 費用関数

用が必要であり，また y_2 単位の生産を達成するには $w \cdot l_2$ 円の可変費用が必要であるということがわかります．これを表しているのが図 2.5 b です．

これらの可変費用に固定費用 C_0 を加えれば総費用が得られます．すなわち，y_1 単位の生産を達成するための総費用は $w \cdot l_1 + C_0$ 円であり，y_2 単位の生産を達成するための総費用は $w \cdot l_2 + C_0$ 円となります．これを表しているのが図 2.5 の c です．

最後に図 2.5 d のように，縦軸と横軸を入れ替えて，横軸が生産量 y，縦軸が総費用となるようにすれば費用関数のグラフが完成します．

■計算による方法

　生産関数から費用関数への変形を，今度は数式を用いてやってみましょう．たとえば，生産関数が $y = 10\sqrt{l}$ であるとします．また賃金は $w = 1000$ 円，固定費用は 2 万円であるとします．このとき，費用関数は以下のようにして導出されます．

　まず目標とする生産量を y とします．この y を達成するために必要な労働投入量 l は，$y = 10\sqrt{l}$ を l について解くことにより，

$$l = \left(\frac{y}{10}\right)^2 = \frac{y^2}{100}$$

のように計算されます．この結果に賃金をかければ，可変費用 VC は，

$$VC = w \cdot l = 1000 \times \frac{y^2}{100} = 10y^2$$

となり，これに固定費用 $C_0 = 20000$ を加算すれば総費用 C は，

$$C = 10y^2 + 20000$$

となります．これが，与えられた条件のもとで生産関数 $y = 10\sqrt{l}$ に対応する費用関数です．

■費用関数の形状

　生産量が増加すれば，そのための費用は増加するでしょう．そのような費用関数のグラフの形状としては図 2.6 a ～ c の場合が考えられますが，以下に説明するように，生産関数が規模に関して収穫逓増である場合には，費用関数は a の形状を示すことになります．ただし，これらの図では固定費用は 0 としています．

　生産関数が規模に関して収穫逓減であるならば，生産量を 2 倍にするためには，2 倍以上に労働投入を増やす必要があります．ということは，賃金が一定であるかぎり，生産量を 2 倍にすれば可変費用は 2 倍以上に増えるはずです．したがって規模に関して収穫逓減である生産関数に対応するのは，c の形状を持つ費用関数ということになるのです．実際に c の場合には，生産量が y から

図 2.6　費用関数の形状

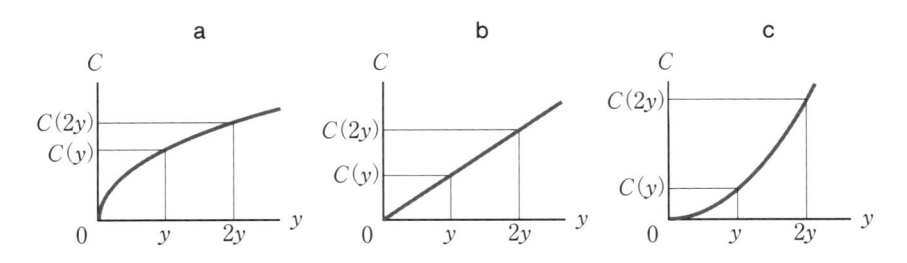

$2y$ へ 2 倍に増えると，生産費用は 2 倍よりも大きく増えています．したがって以降では，特別な状況でないかぎりは，図 2.6 c のような形状を持つ費用関数を想定して話を進めます．

例題2-2

次のそれぞれの生産関数について，対応する費用関数を求めなさい．ただし賃金は $w = 12$ であり，固定費用は $C_0 = 5$ であるとする．

(1)　$y = l^2$
(2)　$y = 2\sqrt{l}$
(3)　$y = l$

解説

(1)　与えられた生産関数を l について解けば，

$$l = \sqrt{y}$$

となるから，y 単位の生産に要する総費用は，

$$C(y) = w \cdot l + C_0 = 12\sqrt{y} + 5$$

である．

(2)　同様に y 単位の生産に要する総費用を計算すれば，

第 2 章　企業と家計　　67

$$C(y) = 12 \times \frac{y^2}{4} + 5 = 3y^2 + 5$$

である．

(3) 同様の計算により，

$$C(y) = 12y + 5$$

を得る．

例題 2-2 で取り上げた生産関数と，その費用関数の概形を対応させているのが図 2.7 です．このうち，とくに(2)の組み合わせが経済学においてもっとも標準的なケースになっています．

■ 利潤と粗利潤

費用関数を用いれば，企業が手にする利潤を計算できるようになります．たとえば，費用関数が $C(y)$ である企業が，価格 p 円の財を y 単位生産しているならば，その企業は $p \cdot y$ 円分の収入を手に入れることができます．その一方で y 単位の生産には $C(y)$ 単位の総費用を支払いますから，この企業の利潤 π は，

$$\pi = p \cdot y - C(y)$$

によって与えられます．

目的によっては，利潤ではなく，収入と可変費用の差額 $p \cdot y - VC(y)$ を分析することもあります．この差額はしばしば**粗利潤**（gross profit）あるいは**生産者余剰**（Producer's Surplus, PS）といわれます．次章では，利潤よりも生産者余剰を多く用いることになるでしょう．

■ 利潤最大化

ここで具体例として，生産関数が $y = \sqrt{l}$，賃金が $w = 1$ であり，また固定費用が $FC = 9$ である場合を考えます．したがって費用関数は $C(y) = y^2 + 9$ です．さらに財の価格が $p = 10$ であるならば，利潤 π は y の関数として，

図 2.7 例題 2-2 における生産関数と費用関数の対応関係

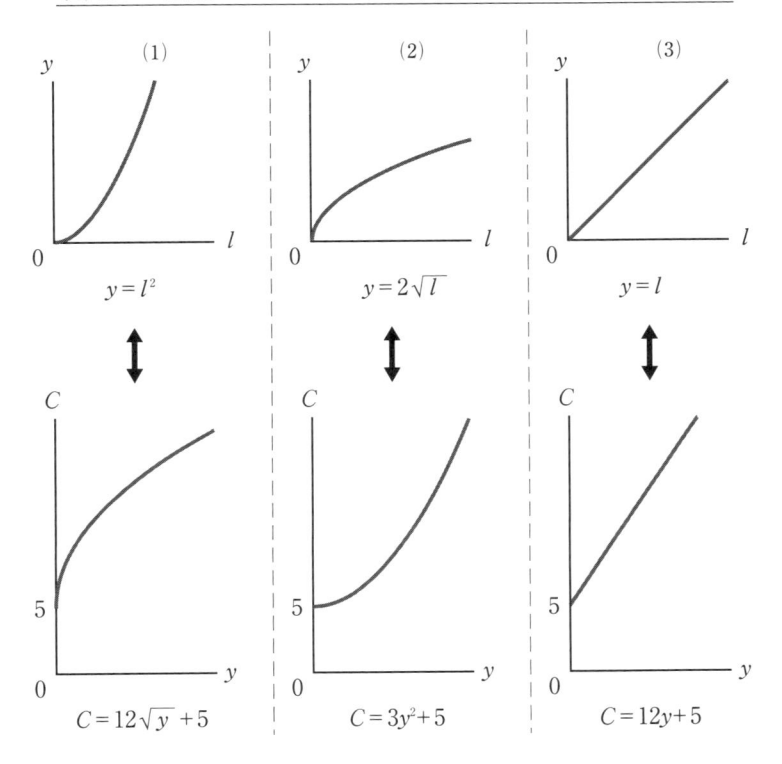

(1) $y = l^2$ ↕ $C = 12\sqrt{y} + 5$

(2) $y = 2\sqrt{l}$ ↕ $C = 3y^2 + 5$

(3) $y = l$ ↕ $C = 12y + 5$

$$\pi = 10y - (y^2 + 9) = -y^2 + 10y - 9 \tag{2.3}$$

となります．(2.3) 式の右辺を変形すれば，

$$\pi = -(y - 5)^2 + 16 \tag{2.4}$$

となります．したがって，横軸に y，縦軸に π をとって (2.3) 式のグラフを描けば図 2.8 のようになります．合理的経済人である企業は $y = 5$ 単位の生産量を選ぶでしょう．またこのとき最大化された利潤の大きさは $\pi = 16$ となります．

第 2 章 企業と家計 69

図 2.8 生産量と利潤の関係

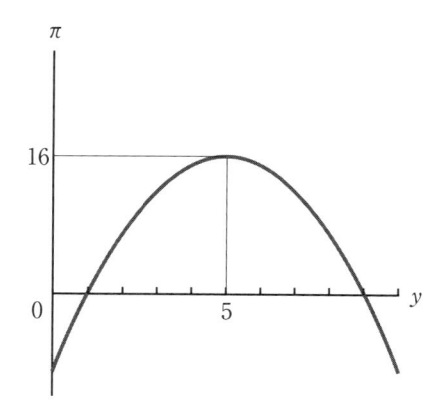

例題2-3

生産関数 $y = 2\sqrt{l}$ を持つ企業について，以下の問に答えなさい．

(1) 賃金が $w = 16$，固定費用が 900 であるときの費用関数を求めなさい．

(2) 財の価格が $p = 160$ であるときの企業の供給量を求めなさい．

(3) 財の価格が $p = 160$ から 240 に上昇すると，企業の供給量は(2)のときにくらべてどれだけ増えるか計算しなさい．

解説

(1) 与えられた生産関数を l について解けば，

$$l = \frac{y^2}{4}$$

となるから，y 単位の生産に要する総費用は，

$$C(y) = 4y^2 + 900$$

である．

(2) 価格が $p = 160$ であるときの利潤は，

$$\pi = 160y - 4y^2 - 900 = -4(y-20)^2 + 700$$

である．したがって $y = 20$ のときに利潤は最大値 700 をとる．これより価格が $p = 160$ であるときの供給量は $y = 20$ であるとわかる．

(3) 価格が $p = 240$ に上昇すれば，利潤は，

$$\pi = 240y - 4y^2 - 900 = -4(y-30)^2 + 2700$$

である．したがって $y = 30$ のときに利潤は最大値 2700 をとる．したがって，価格が $p = 240$ に上昇すれば，供給量は $30 - 20 = 10$ 単位増加する．

2.3　便益関数

■ 家計による需要

以上の議論によって，生産関数，賃金，および財の価格が与えられれば，企業による財の生産量を予測できることがわかりました．企業は生産した財を市場に供給して収入を得ると，その一部を賃金として労働力を提供した家計に支払い，また一部を固定費用として資本を提供した資本家に支払い，残りを企業自身のものとします．

それでは企業から賃金を支払われた家計は，受け取った所得を用いてどれほどの財を需要するのでしょうか．それが，この節の問題になります．

■ 最大支払い額

企業の理論の出発点が生産関数であったように，家計の理論もまた，**便益関数**（benefit function）と呼ばれる 1 つの関数から出発します．これがどのような関数であるのかを理解するために，次のような仮想的な状況を考えることにしましょう．

ある家計がパンを欲しがっているとします．ただし現時点では，この家計はまだパンを 1 つも手に入れていません．この家計の目の前に，1 個のパンを差

表 2.1　パンの消費量 & 最大支払い額

パンの消費量	最大支払い額
0	0
1	1000
2	1800
3	2400
4	2800
5	3000

図 2.9　最大支払い額のグラフ

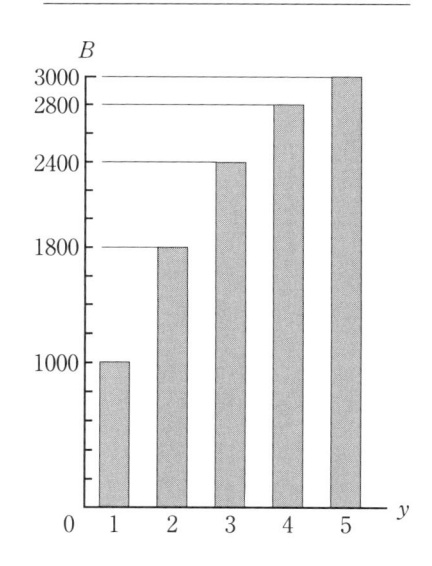

し出して次のような質問をします．

「あなたは，このパン1個に，最大でいくらの金額を支払いますか？」

この家計が空腹であるとすれば，1個のパンに対してもそれなりの金額を支払う用意があるでしょう．ここではたとえば，家計の答えが「1000円」であったとします．しかし，ここですぐに家計にパンを渡さずに，今度は2個のパンを見せて次のような質問をします．

「パンを2個に増やしたら，合計でいくらまでの金額を支払いますか？」

質問された家計は「2個なら合計1800円まで支払う」などと答えるでしょう．このようにして，パンの数を1単位ずつ増やしながら，それぞれの家計が合計でいくらまで出せるかを聞き出します．その結果が，たとえば表2.1のようになったとしましょう．また，この表の数値をグラフ化したものが図2.9です．

■ 便益関数

さてここで，この家計に対して「1500円を支払えば3個のパンを与える」という契約を提案してみましょう．表2.1によれば，この家計は3個のパンに対して最大で2400円を支払います．したがって家計は喜んで提案を受け入れるでしょう．それに対して，「2500円を支払えば3個のパンを与える」という提案をすれば，今度は代金が最大支払い額を上回ってしまいますから家計は提案を拒絶します．

家計が3個で1500円であればパンを需要し，2500円であれば需要しないのは，3個のパンの消費から家計が得る「満足感」が1500円を上回り，かつ2500円を下回るからです．つまり，3個のパンに対する最大支払い額が2400円であるということは，その家計が3個のパンから得る満足の評価額が2400円であることを意味しています．

経済学では，家計が財の消費から得る満足感の金銭評価，すなわち最大支払い額を **便益**（benefit）と呼んでいます．とくに，消費量 y 単位に対して，そこから家計が得る便益 B を与える関数 $B = B(y)$ を **便益関数**（benefit function）といいます．表2.1は，さまざまな消費量のもとでのある家計の便益の値であり，図2.9はその家計の便益関数 $B = B(y)$ のグラフでもあるわけです．

■ 純便益

また，財の消費から得られた便益の大きさと，その財を購入するための支払額との差を **純便益**（Net Benefit, NB）あるいは **消費者余剰**（Consumer's Surplus, CS）といいます．たとえば，上述の家計が1500円を支払って3個のパンを消費したとき，その純便益は，

$$NB = 2400 - 1500 = 900$$

となります.純便益が正であれば家計はその消費を受け入れる可能性がありますが,純便益が負になった場合には家計は消費を拒絶します.より一般に,便益関数が $B(y)$ であり,財の価格が p であるとき,y 単位の消費から得られる純便益は,

$$NB = B(y) - p \cdot y$$

となります.

■家計の合理性と純便益の最大化

企業の生産行動についての場合と同様に,家計の消費行動についても合理性を仮定します.すなわち,家計は可能な選択肢のなかで,純便益をもっとも大きくする水準で消費を行うものとします.

たとえば,便益関数が $B(y) = 8y - y^2$ であるとしてみましょう.ただし,y が4以上になるときには便益は一定値になるものと仮定すれば,この便益関数のグラフは図2.10のようになります(これは数学的には,図2.3に示した生産関数のグラフと同じです).また価格は $p = 4$ であるとしてみましょう.そうすれば,消費量が y 単位であるときの純便益の大きさは,

$$NB = (8y - y^2) - 4y = 4y - y^2$$

となります.この純便益のグラフを描いたものが図2.11です.したがって,$y = 2$ 単位の消費が純便益の最大値 $NB = 4$ をもたらすことがわかります.同じ結論は,式を変形して,

$$NB = 4y - y^2 = -(y^2 - 4y + 4) + 4 = -(y-2)^2 + 4$$

からも得られます.よって価格が $p = 4$ であるとき,家計は $y = 2$ 単位の財を需要するでしょう.

こうして,便益関数と財の価格が与えられれば,家計の需要量を計算することができることがわかりました.次の章では,企業による供給量の決定と,家

図 2.10　便益関数の例

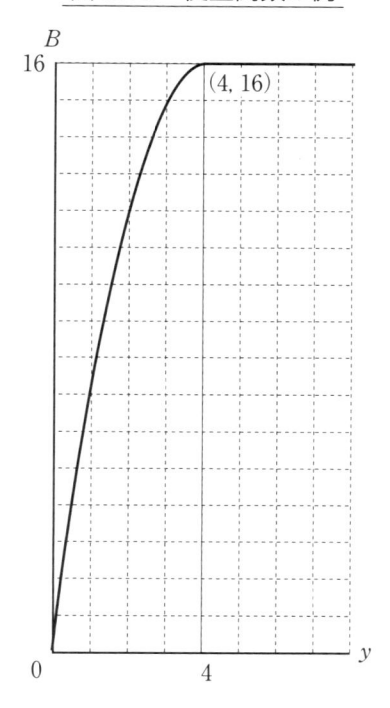

図 2.11　価格が $p = 4$ であるときの純便益

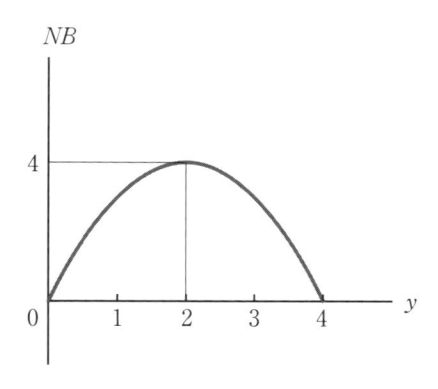

計による需要量の決定について，さらに踏み込んだ分析を行います．

例題2-4

便益関数 $B = 240y - 10y^2$ を持つ家計について，以下の問に答えなさい．ただし消費量が12単位を超えるときには，便益は一定値になるものと仮定する．

(1) 価格が $p = 160$ であるときの純便益を求めなさい．
(2) 財の価格が $p = 160$ であるときの家計の消費量を求めなさい．
(3) 財の価格が $p = 160$ から 80 に下落すると，家計の消費量は何単位増えるか．

解 説

(1) 純便益の定義により，

$$NB = (240y - 10y^2) - 160y = 80y - 10y^2$$

となる．

(2) (1)の純便益を変形すれば，

$$NB = -10(y^2 - 8y + 16) + 160 = -10(y-4)^2 + 160$$

である．したがって $y = 4$ のときに純便益は最大値 160 をとる．したがって $p = 160$ であるときの需要量は $y = 4$ である．

(3) 価格が $p = 80$ に下落すれば，純便益は，

$$NB = (240y - 10y^2) - 80y = -10(y-8)^2 + 640$$

である．したがって $y = 8$ のときに純便益は最大値 640 をとる．したがって，価格が $p = 80$ に下落すれば，需要量は $8 - 4 = 4$ 単位増加する．

本章のまとめ

1 経済の分析を行う期間には,企業が労働量と資本の両方を調整できる長期と,労働量だけを増減できる短期が存在します.

2 企業の持つ生産技術は,生産関数 $y = f(l, k)$ によって記述されます.とくに短期の分析では,生産関数は $y = f(l)$ となります.

3 賃金と固定費用が与えられれば,生産関数から費用関数を導出することができます.

4 さらに財の価格が与えられれば,利潤を最大にする生産量として,企業による財の供給量を決定することが可能になります.

5 家計による消費から得る満足感の金銭評価を便益といいます.とくに消費量と便益の関係を便益関数と呼びます.

6 財の価格が与えられれば,純便益を最大にする消費量として,家計による財の需要量を決定することができます.

>本章のキーワード

短期　長期　可変費用　固定費用　規模に関して収穫逓減・一定・逓増　一次同次関数　利潤　粗利潤　便益　純便益　生産者余剰　消費者余剰

演習問題

1 ある企業の持つ短期の生産関数が $y = \sqrt{l}$ であるとして，以下の問に答えなさい．
(1) 賃金が $w = 120$ であるとして，可変費用関数を求めなさい．
(2) (1)のときに，さらに固定費用を 400 として，費用関数を求めなさい．
(3) 財の価格が $p = 720$ であれば，この企業は何単位の財を生産し，市場に供給するであろうか．
(4) 賃金が $w = 60$ に低下したとき，企業による供給量は何単位になるか．

2 ある家計が，ある財を y 単位消費することによる便益が $B = 360y - 20y^2$ によって与えられているものとして，以下の問に答えなさい．ただし消費量が 9 単位以上であるときには，便益は一定値になるものとする．
(1) 財の価格が $p = 120$ であるとき，純便益関数を求めよ．
(2) (1)のときに，家計の純便益を最大にする消費量を求めよ．
(3) 財の価格が $p = 240$ に上昇すれば，この家計は何単位の財を需要するか．
(4) (3)のとき，家計の純便益はどれだけ低下するか．

3 ある学生が次のように述べたとする．
　自分は，自分自身の便益関数なんて知らないし，実際に買物をするときに純便益の最大化なんて計算したことがない．だから，ミクロ経済学による需要行動の説明は現実では成り立たない．
ミクロ経済学を擁護する立場から，この意見に反駁しなさい．

CHAPTER 3

第3章 供給と需要

　この章のゴールは「供給曲線」と「需要曲線」と呼ばれる2本の曲線をグラフに描くことです．そのために，本章ではいわゆる「限界分析」と呼ばれる手法を導入します．この手法はミクロ経済学にとどまらず，現代の経済学のほとんどすべての分野で用いられる非常に重要な考え方です．この手法を企業と家計の行動分析に適用することによって，「生産者余剰」や「消費者余剰」などの概念の理解も可能になります．

3.1　企業の行動(1) —— 限界生産力と利潤最大化

■ この章の目的

　この章の目的は，**供給曲線**（supply curve）と**需要曲線**（demand curve）という2本の曲線によって財市場を描写する方法を学ぶことです．読者のみなさんは，高校の社会科の教科書などで図3.1のような2本のグラフを見たことがあるでしょう．このうち右上がりの曲線 S が供給曲線であり，これは縦軸に与えられた価格のもとで企業が財をどれだけ市場に供給するかを表すものです．また右下がりの曲線 D が需要曲線であり，これは与えられた価格のもとで家計が財をどれだけ需要するかを示しています．この2本の曲線の交点によって，その市場における財の価格と流通量が決まります．

　図3.1は，あえて分析するまでもないような単純な図式に見えるかもしれません．ある財の価格が高くなれば企業は供給量を増やしたくなるでしょうし，逆に価格が安くなれば供給量を減らすでしょう．同様に財の価格が安いときには家計は財の消費量を増やし，高くなれば減らすでしょう．その結果として，供給曲線 S が右上がりになり，需要曲線 D は右下がりになるわけです．そのように考えれば，図3.1のいったいどこに学ぶに足るだけの内容があるのだろうかと不思議に思われるかもしれません．

図 3.1　供給曲線 S と需要曲線 D

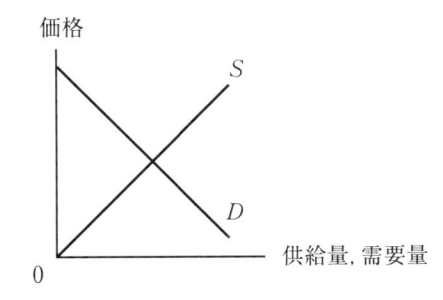

しかし以降で説明するように,「供給曲線が右上がりになる」という現象は決して当たり前に成立することではありません.同じように「需要曲線が右下がりになる」ことも自明ではないのです.それぞれの曲線が図 3.1 のように描かれる理由を理解するためには,**限界分析**(marginal analysis)と呼ばれる経済学に特有の分析技法をしっかり身につける必要があります.

以降では,まずは企業の行動に焦点を当て,限界分析の手法によって供給曲線が右上がりになる理由を探ります.また,家計の行動と需要曲線については 3.3 節以降に分析します.

■ 平均生産力

ある企業の生産関数が $y = f(l)$ であるとします.この生産関数には規模に関して収穫逓減の性質があるとします.つまり前章の 2.1 節で学んだように,$f(l)$ の「生産効率」は生産規模の拡大につれて低下するわけです.しかしながら,この「生産効率」という言葉は,未だ明確には定義されてはいませんでした.

ある生産技術の効率性を測定する方法には「平均」に基づくものと「限界」に基づくものの 2 通りがあります.まずは平均に基づく方法を説明しましょう.生産関数 $y = f(l)$ を持つ企業の**平均生産力**(Average Product, AP)を,次のように定義します.これは労働投入量 1 単位当たりに,どれだけの生産量が得られるのかを示す値です.

> **平均生産力（Average Product, AP）**
>
> $$AP(l) = \frac{f(l)}{l}$$

平均生産力の値が大きいほど1時間の労働によってつくられる財の量が多く，したがって生産効率が優れていることを意味します．たとえば $y = 2\sqrt{l}$ という生産関数についてその平均生産力は，

$$AP(l) = \frac{2\sqrt{l}}{l} = \frac{2}{\sqrt{l}}$$

となります．とくに $l = 1$ における平均生産力は $AP(1) = 2$ であり，これは1時間に2単位の財が生産されることを意味します．ところが $l = 2$ のときには $AP(2) = \sqrt{2} = 1.414$……となり，1時間当たりに1個と半分に満たない量の財しか生産できなくなることがわかります．労働時間の延長によって生産効率が低下してしまったのです．

また $y = 8l - l^2$ という生産関数については，

$$AP(l) = \frac{8l - l^2}{l} = 8 - l$$

となり，このときにも l が増加するにつれて AP が減少することがわかります．規模に関して収穫が逓減する生産関数の平均生産力は l の減少関数となるのです．

それに対して，たとえば $y = l^2$ のように，規模に関して収穫逓増的な生産関数についてはどうでしょうか．実際に平均生産力を計算してみれば，

$$AP(l) = \frac{l^2}{l} = l$$

となり，この値は l の増加とともに増大します．したがって，規模に関して収穫逓増的な生産関数については，その平均生産力は l の増加関数になっています．

表 3.1　生産関数 $y = 8l - l^2\,(0 \leq l \leq 4)$ による生産量

労働投入量 l	0	1	2	3	4
生産量 y	0	7	12	15	16
平均生産力 AP	—	7	6	5	4
限界生産力 MP	7	5	3	1	—

■ 限界生産力

与えられた技術の生産効率を測るもう1つの方法は，限界分析の考え方に基づくものです．一般に限界分析とは，変数の値を少しだけ変化させたときに関数の値がどれだけ変化するのかを観察するというアプローチのことです．

簡単のため，以下ではしばらくのあいだ，労働投入量は整数の値しかとらないものとします．つまり l は 0, 1, 2, ……などの値のみをとり，$l = 1.5$ のような半端な値を選ぶことは不可能であるとします．このとき，生産関数 $y = f(l)$ の「限界的」な生産効率は次のように定義されます．

限界生産力（Marginal Product, MP）

$$MP(l) = f(l+1) - f(l) \tag{3.1}$$

つまり，現在よりもあと1時間多くの労働時間を投入することで，生産量がどれだけ追加されるかを測る量が限界生産力です．具体例として，生産関数 $f(l) = 8l - l^2$ について考えます．ただし $0 \leq l \leq 4$ の範囲だけを考えます．この生産関数に $l = 0, 1, 2, 3, 4$ を代入すれば，表3.1が得られます．この表から，限界生産力について $MP = 7 - 2l$ が $0 \leq l \leq 3$ の範囲で成り立っていることがわかります．

■ 限界生産力逓減の法則

表3.1は，労働投入量が増えるほど，平均生産力と限界生産力がともに減少することを示しています．この表によれば，労働投入量を $l = 0$ から1単位増

図 3.2　生産関数 $y = 8l - l^2$ とその限界生産力

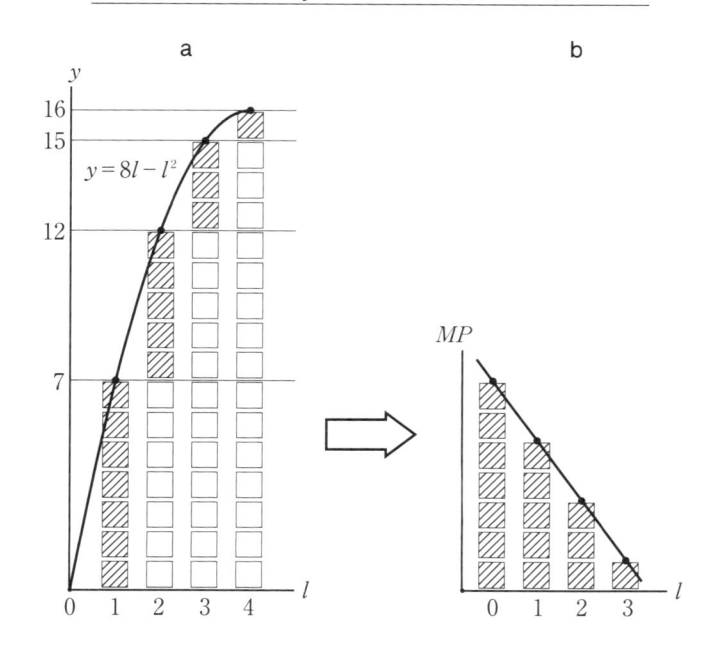

加させれば生産量が7単位も増加するのに対して，$l = 3$ から4に増加させても生産量は1単位しか増えません．

　これは，労働時間の延長によって，労働者が疲れてくる状況に対応しています．最初の1時間での生産効率と，すでに3時間働いたあとでの追加の1時間での生産効率を比較すれば，後者が前者より劣るのは直感的に明らかです．

　あるいは短期分析の場合，労働量を追加しても資本水準は一定のままですので，労働投入量の追加によって生産機械などが労働者に行き渡らなくなってしまうこともありえます．このときにもやはり，生産の効率性が低下するでしょう．一般に，l が増加するにつれて限界生産力 MP が減少していく現象を，**限界生産力逓減の法則**（law of diminishing marginal product）と呼びます．

■ グラフによる説明

　以上の内容をグラフを用いてもう一度，確認しておきましょう．図 3.2 **a** に

図 3.3　生産量と限界生産力の関係

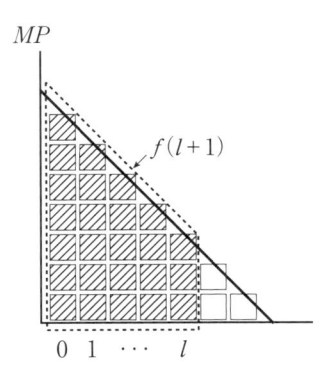

は，表 3.1 がグラフによって図示されています．とくに各 l の値における限界生産力の大きさは，斜線の入った正方形（図中の▨）の個数によって表現されています．

この限界生産力の部分だけを取り出して，グラフとして描いたものが b です．労働投入量が増加するにつれて，限界生産力が逓減していることがわかります．また a と b の図を見くらべることにより，規模に関して収穫逓減である生産関数については，限界生産力逓減の法則が満たされることが直感的にも理解できるでしょう．

■ 限界生産力と総生産量

図 3.2 を見てわかることがもう 1 つあります．それは，ある l のもとでの生産量 y は，それまでの限界生産力の和になっているということです．たとえば図 3.2 a において，$l = 4$ における生産量は $y = 16$ ですが，それは $l = 0$ から 3 までの限界生産力の合計値 $7 + 5 + 3 + 1$ に等しい値です．当然ですが，図 3.2 b における正方形の個数も 16 に一致します．この観察を整理すれば，次の法則が得られます．

限界生産力と総生産量の関係

$l = 1, 2, 3, \cdots\cdots$ について，

$$MP(0) + MP(1) + \cdots\cdots + MP(l) = f(l+1) \tag{3.2}$$

が成り立つ（図 3.3 も参照のこと）．

例題3-1

次のそれぞれの生産関数について限界生産力 $MP(l)$ を計算し，限界生産力逓減の法則が成立しているかを確認しなさい．ただし l は自然数の値しかとらないものとする．

(1) $y = l^2$
(2) $y = 2\sqrt{l}$
(3) $y = l$

解説

(1) 限界生産力の定義（3.1）式より，$f(l) = l^2$ に対して，

$$MP(l) = (l+1)^2 - l^2 = 2l + 1$$

と計算される．l が増加すれば $MP(l)$ の値は大きくなるから，生産関数 $y = l^2$ は限界生産力逓減の法則を満たしていない．

(2) 同様に $f(l) = 2\sqrt{l}$ に対しては，

$$MP(l) = 2\sqrt{l+1} - 2\sqrt{l} = \frac{2}{\sqrt{l+1} + \sqrt{l}}$$

と計算される．l が大きくなれば $MP(l)$ は小さくなるから，この生産関数については限界生産力逓減の法則が満たされている．

(3) $f(l) = l$ に対して，$MP(l)$ は $MP(l) = (l+1) - l = 1$ となる．したがって限界生産力は l に関係なく一定の値を取るから，この生産関数は限界生産力逓減の法則を満たしていない．

■ 限界生産力と利潤

　以上の説明では，生産関数 $f(l)$ の生産性を測定する方法として，平均生産力と限界生産力の考え方を紹介しました．この2つはどちらも等しく重要ですが，とくに限界生産力の値に注目することで，企業の供給行動を分析することが可能になります．

　再び，生産関数 $f(l) = 8l - l^2$ を考えることにしましょう（表 3.1）．この技術によって生産されている財（たとえば，パン）の価格が200円であるとします．また，労働者に支払われる賃金は単位時間当たり900円であるとします．このとき，この企業は何個のパンを市場に供給するでしょうか．

　表 3.1 より，企業が最初の $l = 1$ 時間だけ労働者を働かせれば，7個のパンが生産されます．これをすべて市場で売り払えば，200円×7単位 = 1400円の収入が得られます．この額を**限界生産物価値**（value of marginal product）といいます．ここで考えているのは新たに生産されたモノの金銭価値であって技術の生産力ではありませんので，限界生産「物」価値と呼ぶのです．

　こうして最初の1時間の労働によって企業は1400円の限界生産物価値を得ます．その一方で，900円の賃金を労働者に支払う必要が生じます．よって最初の1単位の労働投入によって企業が得る利潤の大きさは，

　　1400円 − 900円 = 500円

と計算されます．生産によって正の利潤が得られるのですから，合理的な企業はこの生産を実行するでしょう．

　最初の1時間の労働を投入した企業は，さらに1時間を追加するかどうかを考えます．表 3.1 より，このときに追加的に得られる生産物は $MP(1) = 5$ 単位です．財の価格は200円でしたから，200円×5単位 = 1000円の限界生産物価値が新たに得られることになります．その一方で賃金支払いはさらに900円増加しますから，追加的な利潤は，

　　1000円 − 900円 = 100円

です．よって企業は，この100円分の追加利潤をねらって労働投入量を $l = 2$

表 3.2 労働投入量と限界生産物価値 ($p = 200$)

労働投入量	0	1	2	3	4
限界生産物	7	5	3	1	—
限界生産物価値	1400 円	1000 円	600 円	200 円	—

に引き上げます．

労働投入量をさらに増加させて $l = 2$ から 3 にしてみましょう．このときの生産量の増加分は $MP(2) = 3$ 単位であり，したがって 600 円の限界生産物価値が得られます．一方で賃金の支払いも 900 円増加しますから，利潤の変化分は，

$$600 円 - 900 円 = -300 円$$

となります．これはマイナスの値であり，労働投入量を増やすことによってかえって利潤が減ってしまうことを意味しています．したがって企業は労働投入量を $l = 2$ のままにとどめて，それ以上には生産を増加させないでしょう．

■ 利潤最大化条件

以上の観察をまとめれば表 3.2 が得られます．限界生産物価値の大きさが賃金を上回るかぎり，企業は労働の追加投入によって利潤を高めることができます．このときの利潤の追加分は，限界生産物価値と賃金の差額に等しい大きさになります．たとえば賃金が 900 円であれば，表 3.2 より，企業は $l = 2$ 単位より多くは労働を投入しません．企業は最初の 1 時間の生産によって 1400 − 900 = 500 円の利潤を得て，次の 1 時間の生産によって 1000 − 900 = 100 円の利潤を得ます．したがって企業が得る利潤の合計は 500 + 100 = 600 円です．これ以上の労働投入はかえって利潤を減らしてしまいますので，$l = 2$ 単位のときに利潤が最大化されることになります．

もし賃金が 100 円にまで低下すれば，そのときには企業は $l = 4$ 単位まで労働投入量を増やすでしょう．またこのときに企業が得る利潤の合計額は，

$$(1400 - 100) + (1000 - 100) + (600 - 100) + (200 - 100) = 2800 円$$

第 3 章 供給と需要

と計算され，これが与えられた条件下で最大化された利潤の額となります．

より一般的には次のことがいえます．すなわち財の価格を p 円，賃金を w 円とするとき，$p \cdot MP(l) > w$ であるかぎり企業は労働投入を追加します．また，この不等式の両辺を価格で割れば，

$$MP(l) > \frac{w}{p}$$

となります．この不等式が成り立つかぎり，企業は l の値を増やします．そして，労働を投入しつづければ，限界生産物逓減の法則によって MP の値は減少し，やがて，

$$MP(l) \leq \frac{w}{p}$$

となるでしょう．企業はここで労働の追加投入を停止し，それ以上は生産規模を拡大しません．

以上の観察の結果を公式化しておきましょう．

限界生産力による利潤最大化条件(1)

財の価格が p 円，賃金が w 円であるとする．もし，

$$MP(l) > \frac{w}{p}$$

であるならば，企業はさらに1単位の労働投入を追加する．やがて，

$$MP(l) \leq \frac{w}{p} \tag{3.3}$$

が成立した瞬間に，企業はさらなる労働投入を止め，生産量を確定させる．不等式（3.3）を満たす最小の労働投入量 l^* のもとで企業の利潤が最大になる．

不等式（3.3）の右辺に現れる分数 $\frac{w}{p}$ を**実質賃金**（real wage）といいます．たとえば $p = 200$ 円をパンの価格，$w = 900$ 円を賃金とすれば，この企業で働く労働者は単位時間当たりの労働によって $\frac{w}{p} = \frac{900}{200} = 4.5$ 個分のパンに等しい賃金を受け取ることになります．つまり，実質賃金とは，生産財の個数で計算された賃金のことです．

図 3.4　利潤を最大化する労働投入量の決定

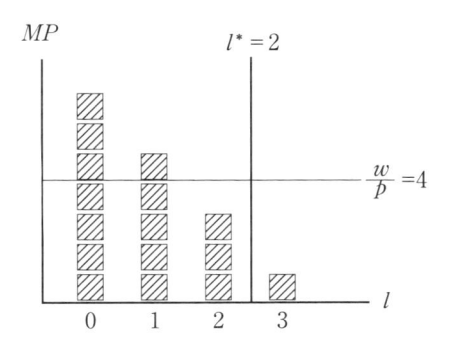

図 3.5　価格上昇の影響

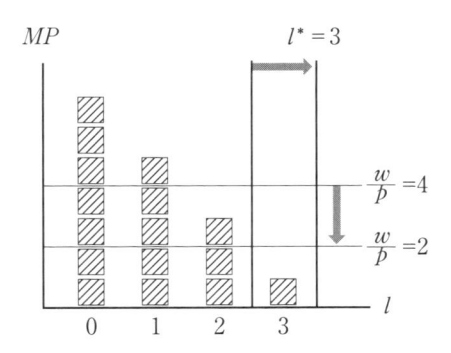

■供給量の決定

　以上の様子を図示したものが図 3.4 です．図には，生産関数が $y = 8l - l^2$ であるときの限界生産力の様子が描かれています．また水平の直線によって実質賃金の水準が示されています．ここでは，実質賃金は 4 に設定されています．労働投入量を $l = 0$ から 1 単位ずつ増加させていくと，$l = 1$ までは $MP(l) > \frac{w}{p}$，$l = 2$ のときに $MP(l) < \frac{w}{p}$ となります．したがって $l^* = 2$ が利潤を最大にする労働投入量です．また，このとき，企業の生産量は $y = 12$ 単位となります．

　さてこのとき，賃金は一定のままで，財の価格 p が上昇したなら何が起こる

第 3 章　供給と需要　　89

でしょうか．定義より，pの上昇は実質賃金$\frac{w}{p}$の低下を意味します．たとえば価格が2倍になれば，実質賃金は半分に減少し，したがって図3.5に描かれているように，実質賃金の水準を示す直線は下にシフトします．このときには利潤を最大にする労働投入量は$l^* = 3$に増加し，それにしたがって生産量も$y = 15$単位に増加します．これは，価格の上昇が財の供給量を増加させることを意味しています．こうして，この章の冒頭の図3.1に描かれたように，供給曲線Sが右上がりとなることが示されたのです．

例題3-2

生産関数$f(l) = 24l - 2l^2$を有する企業を考える．ただし，資本の量が限られているため，労働投入の可能な範囲は$0 \leq l \leq 6$に限定されているものとする．

このとき，以下のそれぞれの価格と賃金の組み合わせについて，利潤を最大にする労働投入量と供給量を求めよ．ただしlは自然数の値だけをとる．

(1) $p = 50$, $w = 1000$
(2) $p = 80$, $w = 1000$
(3) $p = 200$, $w = 1000$

解 説

与えられた生産関数について，各lのもとでの生産量と限界生産力を計算すれば次の表のようになる．

労働投入量	0	1	2	3	4	5	6
生産量	0	22	40	54	64	70	72
限界生産物	22	18	14	10	6	2	—

(1) このとき，実質賃金は$\frac{1000}{50} = 20$である．表より，$MP(l) \leq 20$となる最小のlは1である．したがって利潤を最大にする労働投入量は$l^* = 1$であり，そのときの供給量は22単位である．

(2) 同様に，実質賃金$\frac{1000}{80} = 12.5$と限界生産力の値を比較することに

より，利潤を最大にする労働投入量は $l^* = 3$，供給量は54単位であることがわかる．

(3) 同様にして $l^* = 5$ が利潤を最大にすることがわかる．このときの供給量は70単位である．(1)～(3)の結果より，価格の上昇が供給量の増加をもたらしていることがわかる．

3.2 企業の行動(2) —— 費用関数と利潤最大化

■ 平均費用

生産関数を用いた前節の議論と同様にして，費用関数についても，生産規模と生産効率の関係を分析してみましょう．費用関数に基づく生産効率の測定法には，生産関数の場合とまったく同様に，「平均」的な考え方と「限界」的な考え方があります．

「平均」の発想に基づいて生産効率を測るには次の量を用います．

平均総費用（Average Total Cost, ATC）
$$ATC(y) = \frac{C(y)}{y}$$

これは生産量が y 単位であるときに，1単位の財の生産に要した費用のことです．費用のうちとくに可変費用（＝「人件費」）のみに注目することもあります．その際には，

平均可変費用（Average Variable Cost, AVC）
$$AVC(y) = \frac{VC(y)}{y}$$

を用います．また，分析の対象になることはほとんどありませんが，固定費用のみについての平均を考えることがあります．これを**平均固定費用（Average Fixed Cost, AFC）**といい，

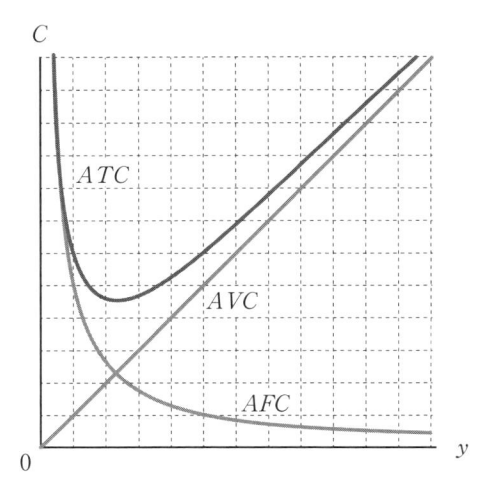

図3.6　平均総費用 ATC, 平均可変費用 AVC, 平均固定費用 AFC

$$AFC(y) = \frac{FC}{y}$$

によって定義します.

総費用 TC, 可変費用 VC, 固定費用 FC については $TC = VC + FC$ という関係がありましたが，この両辺を y で割れば，同様に $ATC = AVC + AFC$ という関係が成り立ちます．たとえば費用関数 $C(y) = y^2 + 5$ の場合には，平均総費用は，

$$ATC(y) = \frac{y^2 + 5}{y} = y + \frac{5}{y}$$

平均可変費用は,

$$AVC(y) = \frac{y^2}{y} = y$$

また平均固定費用は,

$$AFC = \frac{5}{y}$$

となります．このうち AVC と AFC を合計すれば，ATC に一致することが

確認できます．また，これらを図示すれば図 3.6 のようになります．

図 3.6 を見れば，生産量の増加によって AVC がどんどん高くなることがわかります．つまり生産規模を拡大すればするほど，生産された財 1 単位当たりの人件費が増加するわけです．その一方で AFC は生産の増大とともに低下します．したがって両者の和である ATC は V 字型となります．とくに y が非常に大きな値になれば，AFC はきわめて小さな値となり，その結果として ATC と AVC はほとんど一致することになります．したがって AVC もまた，生産量の増加によって最終的には上昇を続けることになります．

■ 限界費用

平均ではなく「限界」の考え方によって生産効率を測るには，次のように定義される**限界費用**（Marginal Cost, MC）を使います．ただし，生産量は自然数の値しかとれないものと考えましょう．

限界費用（Marginal Cost, MC）

$$MC(y) = C(y+1) - C(y) \tag{3.4}$$

限界費用 $MC(y)$ は，y 単位の財を生産しているときに，さらにもう 1 単位の追加生産に要する費用を意味しています．具体例として $C(y) = y^2 + 2$ という費用関数について考えてみましょう．現在の生産量が $y=1$ であるとして，さらに 1 単位の財を追加的に生産するかどうかを企業が検討しているものとします．現在の総費用は，

$$C(1) = 1^2 + 2 = 3$$

です．生産量を 1 単位追加して $y=2$ とすれば，総費用は，

$$C(2) = 2^2 + 2 = 6$$

となります．したがって，現在の生産量からさらにもう 1 単位を追加生産するためには，

表 3.3　費用関数 $C(y) = y^2 + 2$ とその限界費用

y	0	1	2	3	4	5
$C(y)$	2	3	6	11	18	27
$MC(y)$	1	3	5	7	9	—

図 3.7　費用関数 $C(y) = y^2 + 2$ とその限界費用 MC

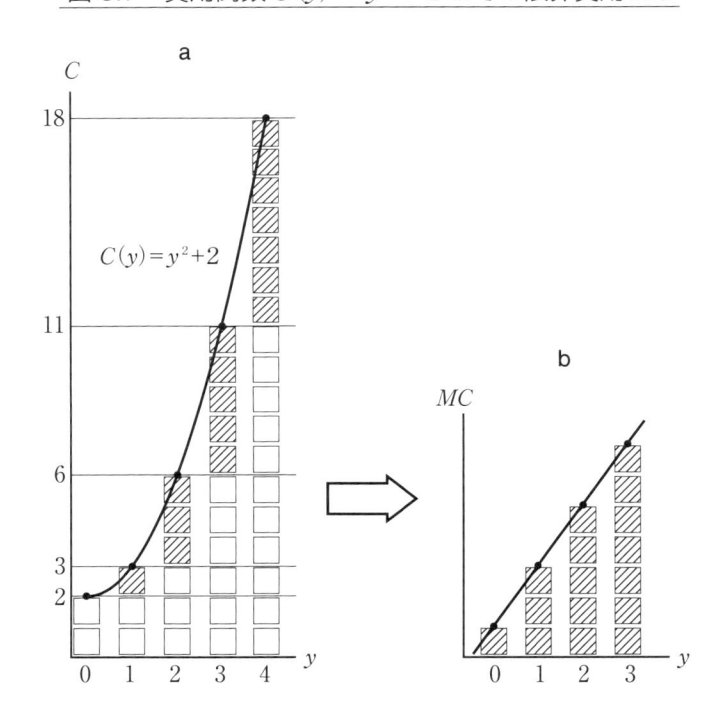

$$MC(1) = C(2) - C(1) = 6 - 3 = 3$$

だけの限界費用が必要になります．

　このようにして，各 y の値について $C(y) = y^2 + 2$ の限界費用を計算すれば表 3.3 のようになります．また，この様子をグラフにしたものが図 3.7 です．

図 3.8 限界費用と可変費用，固定費用の関係

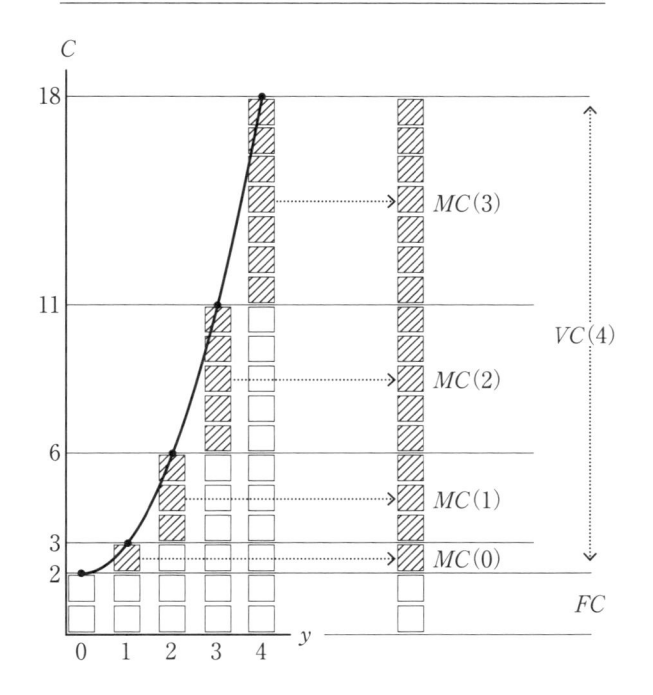

■ 限界費用逓増の法則

これらの図表を眺めればわかるように，生産量 y が増加するにつれて，限界費用の値も増加しています．生産量を 1 単位から 2 単位へ増加するには，$MC(1) = 3$ の追加費用を支払うだけでよかったのに対して，4 単位を 5 単位に増やすには $MC(4) = 9$ の追加費用が必要になっています．したがって，生産規模が大きくなるにつれて，生産量を増やすことがどんどん割高になるという状況が見てとれます．

このように，生産量 y が増加するにつれて $MC(y)$ の値が増加することを，**限界費用逓増の法則**（law of increasing marginal costs）と称します．元になる生産関数が限界生産力逓減の法則を満たしているならば，対応する費用関数は必ず限界費用逓増の法則を満たします．このことは図 2.5 に示されている

生産関数と費用関数の関係を見ても直感的に理解できるでしょう．

■ 限界費用と可変費用

図 3.7 からわかることがもう 1 つあります．それは，ある生産量 y における可変費用 $VC(y)$ は，その生産量までの限界費用の合計に等しくなるということです．たとえば図 3.7 a において，生産量 $y = 4$ に対する総費用は $C(4) = 18$，固定費用は $FC = 2$，よって可変費用は $VC(4) = 18 - 2 = 16$ となります．この値は，$y = 0$ から 3 までの限界費用の合計 $1 + 3 + 5 + 7$ に等しいものです（図 3.8 も参照のこと）．この性質は，のちに**生産者余剰**（Producer Surplus, PS）の概念を理解する際に重要になりますので，公式としてまとめておくことにしましょう．

限界費用と可変費用の関係

生産量が自然数の値に限られているとき，各 y について，

$$VC(y) = MC(0) + MC(1) + MC(2) + \cdots\cdots + MC(y-1) \quad (3.5)$$

が成り立つ．

例題3-3

生産量が自然数の値のみをとるとして，次の費用関数のそれぞれについて，限界費用逓増の法則が成立しているか否かを確認しなさい．

(1) $C(y) = y^2 + 10$
(2) $C(y) = 2\sqrt{y} + 10$
(3) $C(y) = 3y + 10$

解 説

(1) 任意の生産量 y について，

$$MC(y) = \{(y+1)^2 + 10\} - \{y^2 + 10\} = 2y + 1$$

となり，この限界費用は y が増加するにつれて増大する．したがって限界

費用逓増の法則が成立している．

(2) このときには，
$$MC(y) = \{\sqrt{y+1}+10\} - \{\sqrt{y}+10\} = \frac{1}{\sqrt{y+1}+\sqrt{y}}$$
となり，限界費用は y が増加するにつれて減少する．したがって限界費用逓増の法則が成り立っていない．

(3) 限界費用は $MC(y) = \{3(y+1)+10\} - \{3y+10\} = 3$ であるから，限界費用は逓減的でも逓増的でもない．

■ 限界費用と利潤最大化

限界費用の値は，生産効率の指標としてだけでなく，それ以外にも重要な意味をもっています．じつは，限界生産力のときと同様に，限界費用を使っても企業の供給量を決定することが可能なのです．

ある財の価格が p 円であるとします．また，その財を生産している企業の費用関数が $C(y)$ であるとします．企業の現在の生産量は 0 単位であるとして，ここで新たに生産量を 1 単位だけ追加するかどうかを検討しているものとします．

現時点では，企業はまだ生産を行っていません．しかし生産量が 0 単位であっても固定費用は支払わなくてはなりませんので，企業の利潤は負の値 $-C(0)$ になります．

ここでもし企業が最初の 1 単位の生産を行って，それを市場で p 円で売れば，企業は p 円の収入を得ます．その一方で，最初の 1 単位の生産には $MC(0)$ 円だけの費用が必要です．

もし価格が十分に高く，$p > MC(0)$ が成り立っているのであれば，企業は最初の 1 単位の生産を実行して，$p - MC(0)$ 円の利潤を得ます．逆に価格が低く，$p < MC(0)$ であるときには，生産によって企業の利潤はかえって減少しますので企業は生産をあきらめるでしょう．

いまは $p > MC(0)$ が成立しているものとしましょう．したがって企業は最初の 1 単位を生産して市場に供給します．企業はさらに次の 1 単位を生産する

かどうかを考えます．生産を現在の $y=1$ から，さらに1単位増加させるには $MC(1)$ 円の追加費用がかかります．もしも価格が十分に高く，$P>MC(1)$ が成立するならば，企業は2単位目の生産を実施して $p-MC(1)$ 円の追加利潤を受け取るでしょう．もし価格がそれほど高くなく，$p<MC(1)$ となってしまっているならば，企業はあえて増産せずに生産量を $y=1$ のままにとどめます．

したがって，$p>MC(y)$ が満たされるかぎり企業は生産量を増やしつづけます．そのまま生産量を増やしていけば，限界費用逓増の法則により，いつかは $p\leq MC(y)$ となるでしょう．その瞬間に生産増加を止めれば，企業は最大の利潤を手にすることができます．不等式 $p\leq MC(y)$ を満たす最初の生産量を y^* とすれば，そのときに企業が得る利潤は，それまでの追加利潤の合計額，

$$\pi^* = \{p-MC(0)\} + \{p-MC(1)\} + \cdots\cdots + \{p-MC(y^*)\} - C(0)$$

あるいは費用関数を直接用いて，

$$\pi^* = p\cdot y^* - C(y^*)$$

によって計算されます．この2つの式が同じ値を持つことは，平均費用と限界費用の関係式（3.5）から理解することができます．

■ 利潤最大化条件

以上の議論を公式としてまとめておきましょう．

限界費用による利潤最大化条件 (1)

ある財の価格が p 円であり，その財を生産する企業の限界費用が $MC(y)$ であるとき，この企業は，

$$p > MC(y)$$

が成立するかぎり y を増加させ，初めて，

$$p \leq MC(y) \tag{3.6}$$

図 3.9　限界費用と個別供給曲線

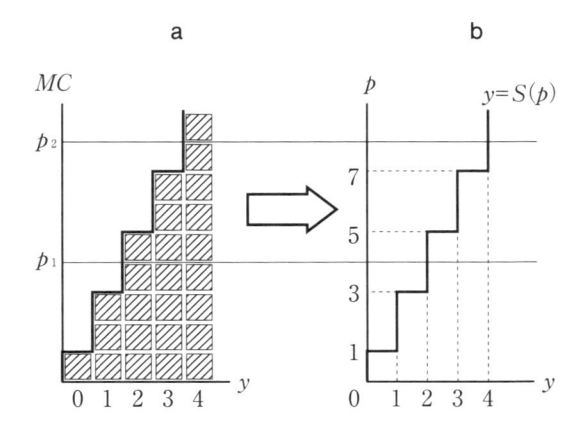

となったときにそれ以上の追加生産をやめる．不等式（3.6）を満たす最小の y^* が，企業の利潤を最大化する生産量である．

■ 費用関数と供給曲線

具体例として，再び $C(y) = y^2 + 2$ を考えましょう．まずは，価格が $p_1 = 4$ であるとしましょう．図 3.9 a を見れば，$p_1 = 4 \leq MC(y)$ となる最初の生産量は $y^* = 2$ であり，このとき企業の利潤が最大になります．したがって財の価格が $p_1 = 4$ であるとき，企業は 2 単位の財を供給します．

つぎに，価格が $p_2 = 8$ に上昇したとします．今度は企業の利潤は $y^* = 4$ において最大化されます．よって，財の価格が $p = 4$ から 8 へと上昇すれば企業の供給量も $y^* = 2$ から 4 へと増加します．これは再び，この章の冒頭の図 3.1 に描いたように，供給曲線 S が右上がりになることを支持する結果となっています．

このようにして，各価格 p に対応する供給量の関数 $y = S(p)$ が図 3.9 b のように描かれます．これが，この企業の**個別供給関数**（individual supply function）です．また，図 3.9 b に示されたグラフを，企業の**個別供給曲線**（individual supply curve）といいます．この図からもわかるように，限界費

第 3 章　供給と需要　99

用のグラフと個別供給曲線は，図形的にまったく同じものです．右上がりの供給曲線は，じつは逓増する限界費用の形状を反映したものだったのです．

例題3-4

費用関数が $C(y) = 3y^2 + 10$ であるような企業を考える．生産量が自然数の値のみをとるとして，次の価格のそれぞれにおける，この企業の供給量を求めなさい．

(1) $p = 10$
(2) $p = 20$
(3) $p = 30$

解説

生産量 y のもとで限界費用 $MC(y)$ を計算すると，定義により，

$$\begin{aligned} MC(y) &= C(y+1) - C(y) \\ &= \{3(y+1)^2 + 10\} - (3y^2 + 10) \\ &= 6y + 3 \end{aligned}$$

となる．これをもとに限界費用の表をつくれば下のようになる．

y	0	1	2	3	4	5
$MC = 6y + 3$	3	9	15	21	27	33

(1) $p = 10$ のときには，$p \leq MC$ となる最初の生産量は $10 \leq 6y + 3$ より $y = 2$ であるから，供給量は2単位である．

(2) このときにも同様に $20 \leq 6y + 3$ を解いて，$y = 3$ が最適生産量であることを確認できる．

(3) 同様に考えて最適生産量は $y = 5$．

■ 生産者余剰

　企業の供給曲線は，その企業の限界費用のグラフであると考えることによって，いくつかの興味深い分析が可能になります．その1つが**生産者余剰**(Producer Surplus, PS) の測定です．すでに2.2節で説明したように，生産者余剰とは粗利潤と同じものです．たとえば，ある企業が価格 p 円のもとで y 単位の財を生産して売っているとしましょう．またこの企業の費用関数は $C(y) = VC(y) + FC$ であるとします．このとき，生産者余剰 PS は，収入から可変費用を引いた残り，

$$PS = p \cdot y - VC(y)$$

によって計算される量として定義されます．ここからさらに固定費用を引けば，通常の利潤が得られます．

■ 生産者余剰の図示

　生産者余剰の大きさは次のように図示されます．図 3.10 **a** には，ある企業の限界費用のグラフが描かれています．ここに適当に決めた価格 p の線を水平に引くことにします．グラフによれば，このときの供給量は $y = 4$ になります．また企業が得る収入の額は $p \times 4$ 単位 $= 4p$ となりますが，これは図 3.10 **b** 中の長方形の面積に当たります．

　可変費用と限界費用の関係式 (3.5) から，合計 4 単位を生産するための可変費用 $VC(4)$ は，

$$VC(4) = MC(0) + MC(1) + MC(2) + MC(3)$$

によって計算されます．この大きさは図 3.10 **b** 中の斜線付きの正方形▨の個数に等しくなります．したがって，生産者余剰の大きさは，図 3.10 **b** 中の領域 PS の面積に等しくなります．

　というわけで企業の粗利潤は，価格水準を示す水平線と供給曲線のあいだにある領域の面積によって示されることになります．企業の利潤を図形の面積によって表現する方法は，第 4 章以降のさまざまな分析において何度も活用され

図 3.10 限界費用と生産者余剰

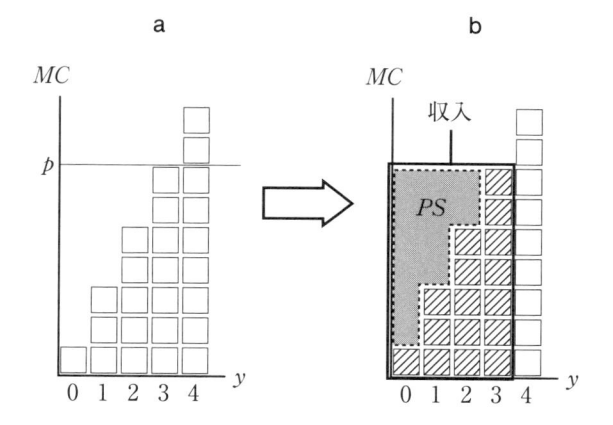

a

b

ることになります．

例題3-5

ある企業の限界費用が下図のグラフのように与えられているとする．

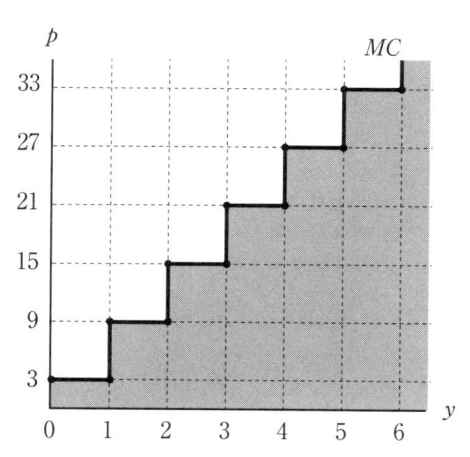

(1) 生産物の価格が $p = 30$ であるときの，企業による供給量を求めよ．

(2) 価格が $p = 30$ であるときに，企業が得る収入と，企業が支払う可変費用の大きさをそれぞれ答えよ．

(3) この企業が受け取る生産者余剰 PS はいくらか.

解説

(1) 価格が $p=30$ であるときには $27<p<33$ より，利潤を最大化する生産量は $y=5$ となることが図より読み取れる．

(2) このとき収入は $p\times y = 30\times 5 = 150$ である．また可変費用の大きさは，グラフの該当範囲の面積により，

$$VC = 3+9+15+21+27 = 75$$

と計算される（下図参照）．

(3) 生産者余剰の定義より，$PS = 150-75 = 75$．

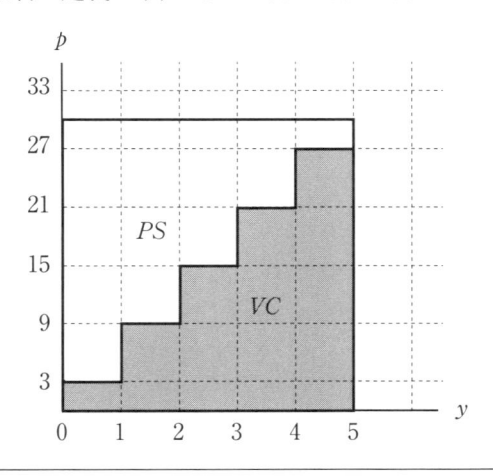

3.3 家計の行動

■ 限界便益

企業の分析に続いて，今度は家計行動を調べることにしましょう．ある家計の便益関数が $B=B(y)$ であるとします．このとき，財の消費量が 1 単位追加されたときの便益の増分を **限界便益**（Marginal Benefit, MB）と呼びます．と

表 3.4 消費量，便益，限界便益の関係

パンの消費量	0	1	2	3	4	5
便益 B	0	1000	1800	2400	2800	3000
限界便益 MB	1000	800	600	400	200	—

図 3.11 便益関数 B とその限界便益 MB のグラフ

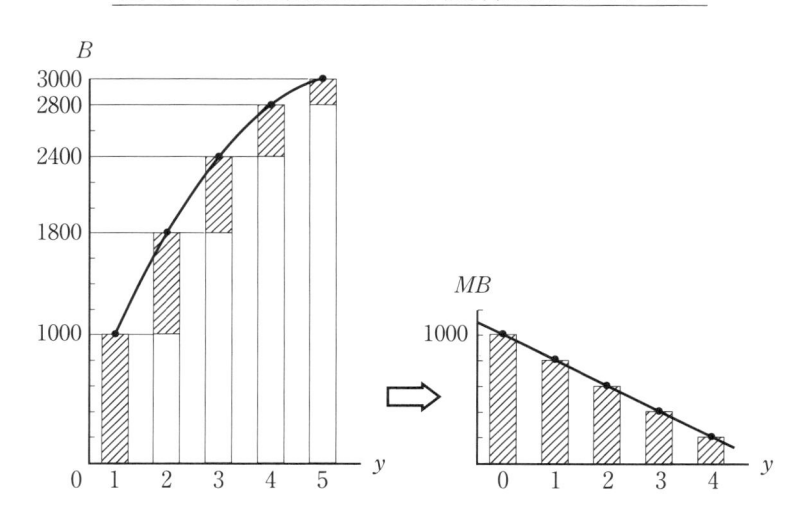

くに消費量が自然数の値しかとらない場合には，限界便益は次のように計算されます．

限界便益（Marginal Benefit, MB）
$$MB(y) = B(y+1) - B(y)$$

限界便益 $MB(y)$ の大きさは，y 単位を消費している家計がもう 1 単位をどれだけ強くほしがっているかを示しています．

具体例として，ある財の各消費量における便益関数の値が表 3.4 によって与えられている家計を考えます．これは前章で用いた表 2.1 とまったく同じものです．この表の場合に限界便益を計算すると，たとえば消費量が $y = 0$ である

ところから最初の1個目のパンを得たときの便益の増分は1000円であることから，$MB(0) = 1000$ が得られます．また，家計が1個目に加えてもう1つのパンを得たときの便益の増分は $1800 - 1000 = 800$ 円ですから，$MB(1) = 800$ が得られます．このように，パンの消費量が増加するにつれて，限界便益の値が低下していくことがわかります．

また表3.4に対応するグラフが図3.11に描かれています．この図を見ても，yの増加とともに $MB(y)$ が減少する様子がわかります．これは，消費量が増えるにつれて，家計がその財に「飽きる」ことを表現しています．

このような傾向は，パンのような食品に限らず，多くの財・サービスについて見られるものだと思われます．自動車の場合にも，2台目あるいは3台目の購入から得られる便益は1台目よりもずっと低いものでしょう．あるいは映画鑑賞の場合では，1日のうちに複数回，同じ映画を見たとしても，そこから得られる便益は回を追うごとに低下していくものと思われます．一般に，消費量の増加とともに限界便益が低下する現象を**限界便益逓減の法則**（law of diminishing marginal benefit）といいます．

例題3-6

次の便益関数について，限界便益関数を計算せよ．また限界便益逓減の法則が満たされているか確認せよ．ただし消費量は自然数 $y = 1, 2, 3, \ldots$ しかとらないものとする．

(1) $B(y) = 2y$

(2) $B(y) = 3y^2$

(3) $B(y) = 10y - y^2$

解説

(1) 定義により，$MB(y) = 2(y+1) - 2y = 2$．これは一定値であるから，逓減法則は成立していない．

(2) 同じく $MB(y) = 3(y+1)^2 - 3y^2 = 6y + 3$．これは y の増加関数であるから，やはり逓減法則は成立していない．

(3) このときには $MB(y) = 9 - 2y$ となり，限界便益逓減の法則が成

立する.

■ 限界便益の総和

限界便益の直感的な意味から，ある消費量 y 単位における総便益の値 $B(y)$ は，消費量が y 単位に至るまでの限界便益の総和に等しいことがわかります．すなわち，次の公式が成立しています．

限界便益と便益の関係
$$B(y) = MB(0) + MB(1) + MB(2) + \cdots\cdots + MB(y-1) \quad (3.7)$$

等式 (3.7) は，y 単位の財をまとめて一度に評価した値と，それらの財を 1 個目から y 個目までを別々に評価して合計した値とが一致することを主張しています．たとえば図 3.11 の場合には，この家計が 5 単位のパンから得る便益は $B(5) = 3000$ 円ですが，実際に，

$$3000 = \underbrace{1000}_{MB(0)} + \underbrace{800}_{MB(1)} + \underbrace{600}_{MB(2)} + \underbrace{400}_{MB(3)} + \underbrace{200}_{MB(4)}$$

が成立しています．

■ 最適な消費水準の決定

いま，財の価格が p であり，また家計の限界便益関数が $MB(y)$ であるとします．現在の家計の消費量は $y = 0$ であるとして，ここから少しずつ消費量を増やしてみましょう．最初の 1 単位の財を得た家計は，$MB(0)$ に等しい便益を手に入れます．しかし，この便益を得るために，家計は p 円の代価を支払う必要があります．もしも，

$$MB(0) > p$$

であるならば，家計は喜んで 1 単位目の財を購入し，$MB(0) - p$ の純便益を得ます．

2単位目の財の消費は，$MB(1)$の便益増加をもたらします．これをpと比較して，

$$MB(1) > p$$

であるならば，家計は2単位目の財も購入することになります．このようにして，

$$MB(y) > p$$

が成立するかぎり，家計は消費量を増加させていきます．

限界便益逓減の法則により，消費が増加するにつれて，MBの値は減少していくでしょう．そしてやがては，

$$MB(y) \leqq p$$

となります．その瞬間に消費量の追加を止めることにより，この家計は最大の純便益を得ることができます．

■ 純便益最大化条件

以上の議論を公式としてまとめておきましょう．

純便益最大化条件 (1)

ある財の価格がp円であり，その財を消費する家計の限界便益が$MC(y)$であるとき，この家計は，

$$MB(y) > p$$

が成立するかぎり消費量yを増加させ，

$$MB(y) \leqq p \tag{3.8}$$

が成立したときに消費量の追加を止める．不等式(3.8)を満たす最初のy^*のもとで，家計の便益は最大化される．

---

y^*単位の消費によって純便益が最大化されているとき，最大化された純便

益の値は，

$$NB^* = \{MB(0) - p\} + \{MB(1) - p\} + \cdots + \{MB(y^* - 1) - p\}$$

によって計算されます．(3.7) 式を用いれば，これが $NB^* = B(y^*) - p \cdot y^*$ に等しいこともわかります．

■ 便益関数と需要関数

再び表 3.4 のような便益関数を持つ家計を考えてみましょう．その限界便益の様子をグラフにすれば，図 3.12 のようになります．ここで，財の価格がたとえば $p = 550$ であったなら，家計は条件 $MB(3) \leq 550$ により 3 単位の消費を行うでしょう．さらに価格が $p = 150$ 円に低下すれば，$MB(5) \leq 150$ により消費は 5 単位になります．

このようにして，さまざまな価格 p に対する需要量 y の関数 $y = D(p)$ が得られます．これを**個別需要関数**（individual demand function）といいます．そのグラフを描けば，図 3.12 が得られます．これを，この家計の**個別需要曲線**（individual demand curve）と呼びます．このグラフは，本質的に図 3.13 と同じものです．つまり，右下がりの需要曲線の正体は，じつは逓減する限界便益曲線であったわけです．

■ 消費者余剰

個別供給曲線から生産者余剰の大きさを読み取ることができたように，個別需要曲線のグラフからは**消費者余剰**（Consumer Surplus, CS）の大きさを評価することが可能になります．前章でも触れましたが，消費者余剰とは純便益のことです．つまり，ある家計が，価格 p のもとで y 単位の消費を行い，$B(y)$ 単位の便益を得ているとすれば，消費者余剰 CS は，

$$CS = B(y) - p \cdot y$$

によって定義されます．

ここで再び図 3.13 のような個別需要曲線を考えましょう．財の価格は $p = 500$ 円であるとします．このとき，グラフから需要量は $y = 3$ 単位であること

図 3.12　価格と需要量の関係

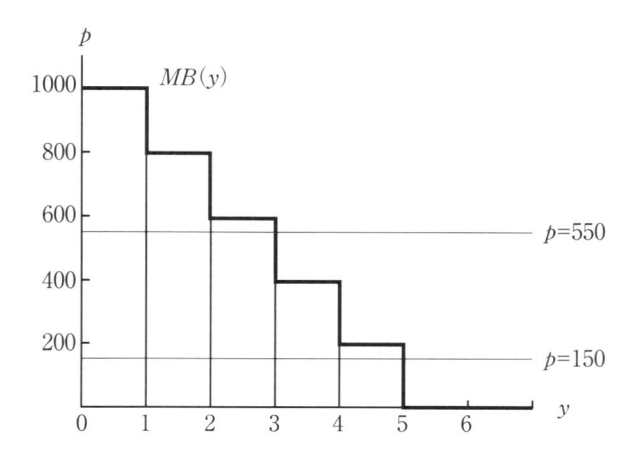

図 3.13　図 3.12 に対応する個別需要曲線

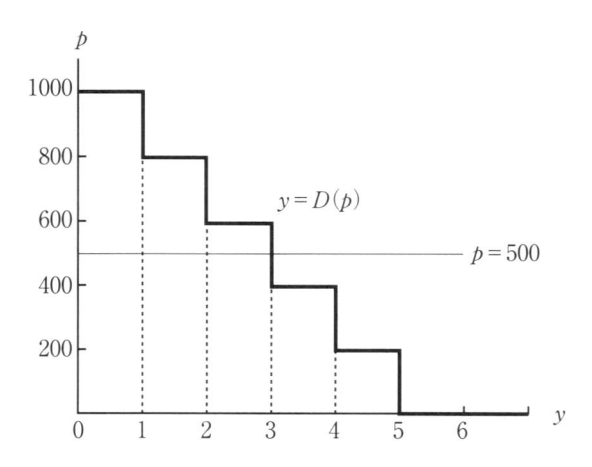

がわかります．したがって，総支出 $500 \times 3 = 1500$ は，図 3.14 においては太線で囲まれた長方形の部分として表現されることになります．
　(3.7) 式により，$y = 3$ 単位の消費量における総便益 $B(3)$ の大きさは，

$$B(3) = MB(0) + MB(1) + MB(2)$$

第 3 章　供給と需要　109

図 3.14　消費者余剰

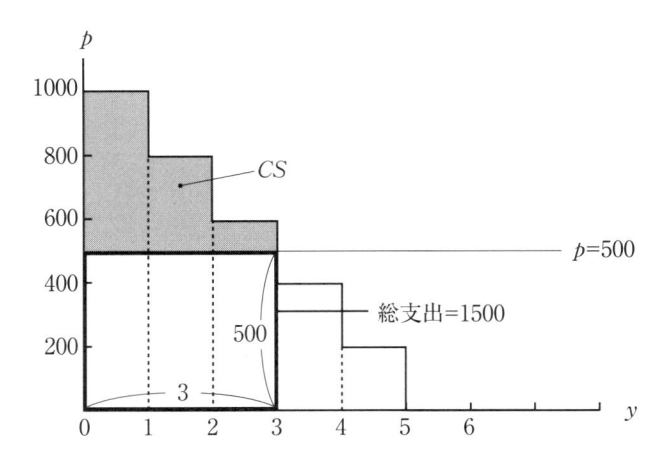

によって計算されます．個別需要曲線は限界便益のグラフでもありますから，図 3.13 より $MB(0) = 1000$，$MB(1) = 800$，$MB(2) = 600$ が読み取れます．したがって，

$$B(3) = 1000 + 800 + 600 = 2400$$

がわかります．

定義により，消費者余剰は，これらの数値の差として，

$$CS = 2400 - 1500 = 900$$

のように計算されます．つまり，図 3.14 中に示された領域 CS の面積によって，消費者余剰の大きさを示すことができるのです．

> **例題3-7**
>
> 次の図のような個別需要曲線を持つ家計を考える．
>
>
> (1) 財の価格が $p = 250$ であるとき，需要量はいくつか．
> (2) (1)のときの総便益を計算せよ．
> (3) (1)のときの消費者余剰を計算せよ．
>
> **解説**
>
> (1) 図より $y = 4$．
> (2) 同じく図より，
>
> $$B(4) = 1000 + 800 + 600 + 400 = 2800$$
>
> (3) $CS = 2800 - 250 \times 4 = 1800$

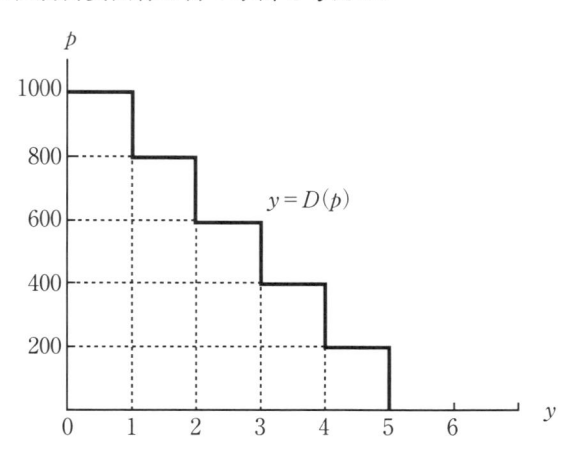

　この章の本質的な内容は，これですべてです．企業による財の供給が限界生産力と価格，あるいは限界費用と価格との関係で決まること，そして家計による財の需要が限界便益と価格との関係で決まることが理解できれば，みなさんは本章の内容を十分に理解したといってよいでしょう．また供給曲線や需要曲線のグラフと，生産者余剰・消費者余剰との関係も本章以降で何度も使われる

重要な知識になります．

これらはミクロ経済学だけでなく，経済学のすべての分野を支える技術的な支柱となる内容です．そこで次の節では以上の考え方を数学的に再整理して，次章以降に参照するための便利な公式集としてまとめておくことにしましょう．

3.4　供給と需要の計算

■ 離散と連続

ここまでは，労働投入量 l や生産量，消費量 y はすべて非負の整数であるとしてきました．しかし，労働投入量は整数値だけでなく，$l = 1.5$ 時間のような値もとりえます．さらには $l = 3.141592$……時間のような無理数の値もとることができます．このように，整数値だけでないすべての有理数や無理数の値を l がとるとき，l は**連続的**（continuous）であるといいます．またこれまでどおりに自然数の値しかとらないときには，l は**離散的**（discrete）であるといいます．この節では，労働投入量や生産量，消費量が連続的であるときに，企業や家計はどのようにして供給と需要を決定するのかを考えます．

さまざまな量が連続的である場合を考えることには2つの意味があります．1つは，たとえば労働時間のように，連続的であるほうが自然である場合です．また，利用時間に応じて支払額が決まるカラオケのようなサービスを分析する場合にも，生産量や消費量は連続的であるほうが自然です．

連続的な量を考える2つめの理由は，それによって分析が簡単になることです．現実では $\sqrt{2}$ 個のパンを買うことは不可能ですから，多くの財の消費量は離散的であるほうが自然です．しかし，離散的な消費量のもとで最適な消費量を決定する問題は計算が煩雑になり，より進んだ分析を行う際には負担になります．そこで，あくまでも現実の近似として，財の生産量や消費量は連続的に変化するものと考えることが多いのです．

■ 連続的な労働投入

連続的に変化する諸量を考えることで計算がどれだけ簡単になるかを知るた

めに，まずは利潤を最大にする労働投入量の決定について考えることにしましょう．例として，$f(l) = \sqrt{l}$ のような生産関数を考えます．

労働投入量が連続的に変化するときには，限界生産力の定義も変わります．たとえば現在の労働投入量が $l = 2$ であるとしましょう．ここで企業が，あと 0.5 時間だけ長く労働者を働かせることを考えたとします．すると，生産量は，

$$f(2+0.5) - f(2) = \sqrt{2.5} - \sqrt{2}$$

だけ増加します．もし，財の価格が $p = 10$ であり，賃金が $w = 2$ であったとするならば，この 0.5 時間の残業により，

$$10 \times (\sqrt{2.5} - \sqrt{2})$$

だけの追加収入が得られることになります．ただし，残業代として 2×0.5 だけの追加費用も発生します．よって，残業が利潤を増加させるのは，

$$10 \times (\sqrt{2.5} - \sqrt{2}) > 2 \times 0.5$$

あるいは，

$$\frac{\sqrt{2.5} - \sqrt{2}}{0.5} > \frac{2}{10}$$

が成立するときです．この不等式の右辺は 0.2 に等しく，また左辺は約 0.334 ですから，条件は成立しています．よってこの企業は，労働投入量を 0.5 時間増やすことで利潤を大きくすることができます．

■ 限界生産力

もう少しだけ状況を一般的にしてみましょう．生産関数は $y = f(l)$，現在の生産量は y 単位，生産物の価格は p，賃金は w であるとします．ここで企業は，h 時間だけ労働投入量を追加することを検討するとします．

労働投入量の追加によって，企業は，

$$p \cdot \{f(l+h) - f(l)\}$$

だけの追加収入を得ます．その一方で，$w \cdot h$ だけの追加費用を支払います．

したがって，h 時間の追加投入によって利潤が増加するのは，

$$p \cdot \{f(l+h) - f(l)\} > w \cdot h$$

あるいは，

$$\frac{f(l+h) - f(l)}{h} > \frac{w}{p} \tag{3.9}$$

が満たされているときだけです．この不等式の右辺は実質賃金です．また左辺は，数学においては関数 f の**平均変化率**と呼ばれているものであり，1 時間当たりに追加される生産量を意味しています（序章参照）．この不等式が満たされているかぎり，企業は労働投入量を増やします．

そこで，追加投入量の h をかぎりなく 0 に近づけてみましょう．とても小さな h についても (3.9) 式が成り立っているのであれば，利潤最大化を目標とする企業は，あと 1 秒でも長く労働者たちを働かせようとするでしょう．このかぎりなく小さな h における (3.9) 式の左辺の値を，限界生産力と考えます．

> **連続的な投入量に対する限界生産力**
> 平均変化率 $\dfrac{f(l+h) - f(l)}{h}$ において，h をかぎりなく 0 に近づけたものを限界生産力 $MP(l)$ という．これは $f(l)$ の導関数である（序章参照）．

■ 具体例の計算

例として，生産関数が $f(l) = \sqrt{l}$ である場合に，限界生産力を計算してみましょう．追加投入を h とすれば，平均変化率は，

$$\frac{f(l+h) - f(l)}{h} = \frac{\sqrt{l+h} - \sqrt{l}}{h}$$

となります．この分子と分母の両方に $\sqrt{l+h} + \sqrt{l}$ を掛ければ，

$$\frac{(\sqrt{l+h} - \sqrt{l})(\sqrt{l+h} + \sqrt{l})}{h \cdot (\sqrt{l+h} + \sqrt{l})} = \frac{(l+h) - l}{h \cdot (\sqrt{l+h} + \sqrt{l})}$$

$$= \frac{1}{\sqrt{l+h} + \sqrt{l}}$$

図 3.15　個別供給曲線 (3.11) 式のグラフ

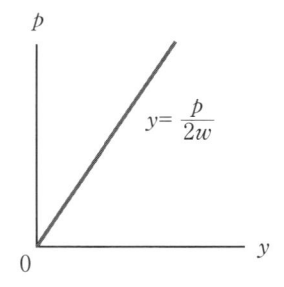

と計算されます．ここで h をかぎりなく 0 に近づければ，限界生産力は，

$$MP(l) = \frac{1}{2\sqrt{l}}$$

となります．この $MP(l)$ は限界生産力逓減の法則を満たしています．つまり l が増加するほど，MP の大きさは小さくなります．

企業は，このようにして計算した MP を実質賃金 $\frac{w}{p}$ と比較します．その結果，不等式 $MP > \frac{w}{p}$ が成立していれば，労働を追加投入して利潤を増やそうとします．そうやって労働投入量を増やしていけば，それとともに限界生産力逓減の法則によって $MP(l)$ の値は小さくなりますので，いつか必ず，

$$MP(l^*) = \frac{1}{2\sqrt{l^*}} = \frac{w}{p}$$

を成立させる l^* に到達することになります．これが，利潤を最大にする労働投入量の大きさです．すなわち，$f(l) = \sqrt{l}$ のとき，

$$l^* = \frac{p^2}{4w^2} \tag{3.10}$$

において利潤は最大になるのです．

(3.10) 式は，与えられた価格と賃金のもとで，企業が労働市場においてどれだけの労働を需要するかを示しており，しばしば**労働需要関数** (labor demand function) といわれます．これを生産関数 $y = \sqrt{l}$ に代入すれば，利潤を最大にする生産量が，

$$y^* = \sqrt{l^*} = \frac{p}{2w} \tag{3.11}$$

のように計算されます．これが，生産関数 $y = \sqrt{l}$ をもつ企業の個別供給関数となるわけです．

経済学の慣習に従い，縦軸に p，横軸に生産量 y をとって（3.11）式のグラフを描いたものが図 3.15 です．この図からも，価格 p が上昇すれば，生産量が増加することが確認できます．

限界生産力による利潤最大化条件 (2)

価格を p，賃金を w とするとき，利潤を最大にする労働投入量は，

$$MP(l) = \frac{w}{p} \tag{3.12}$$

の解 l^* である．またこのとき，利潤を最大にする生産量 y^* は，

$$y^* = f(l^*) \tag{3.13}$$

によって与えられる．

■ 連続的な生産量の変化

今度は生産量が連続的に変化するものと仮定して，限界費用の計算方法を考えてみることにしましょう．例として，$C(y) = y^2 + 2$ という費用関数を仮定します．現在の生産量を y として，あと h 単位だけ生産量を増加したとします．このとき，総費用の増加量は，

$$C(y+h) - C(y) = \{(y+h)^2 + 2\} - \{y^2 + 2\} = 2y \cdot h + h^2$$

と計算できます．その一方で，h 単位の財を市場において価格 p で売却すれば，$p \cdot h$ だけの追加収入が得られます．したがって，もしも，

$$p \cdot h > 2y \cdot h + h^2$$

が成立しているなら，あるいはこの両辺を h で割って，

$$p > 2y + h \tag{3.14}$$

が成立しているなら，企業は生産量を h 単位だけ増加させることで利潤を増やします．

　企業が利潤最大化を目指すならば，不等式（3.14）が成立しているかぎりは，少しでも生産量を増やそうとするはずです．そこで h をかぎりなく 0 に近づければ，（3.14）式の右辺は $2y$ に近づくことになります．ゆえに，もしも $p > 2y$ が成立しているならば，利潤最大化を目指す企業は生産量を追加します．

　生産量 y が増加するにつれて（3.14）式の右辺は増大します．そのため，いつかは，

$$p = 2y \tag{3.15}$$

が成立します．このときには，それ以上に生産量を増加させても利潤は増えません．言い換えれば（3.15）式あるいは，

$$y = \frac{p}{2}$$

によって与えられる生産量のもとで，企業の利潤が最大化されることになります．これが，この企業の個別供給関数です．

■ 限界費用の計算

　一般的な費用関数 $C(y)$ のもとで，以上の計算を再現してみましょう．現在の生産量 y から，h 単位だけ追加生産を行ったとき，費用の増分は $C(y+h) - C(y)$ となります．また，この追加生産を価格 p で売れば，$p \cdot h$ 単位の追加収入が得られます．したがって，

$$p \cdot h > C(y+h) - C(y)$$

あるいは，

$$p > \frac{C(y+h) - C(y)}{h} \tag{3.16}$$

が成立しているかぎり，企業は生産量をほんの少しでも増やそうとします．そ

こで追加生産量 h をかぎりなく 0 に近づければ，生産量が連続的に変化する場合の限界費用 MC が次のように定義されます．

限界費用

平均変化率 $\dfrac{C(y+h)-C(y)}{h}$ において，h をかぎりなく 0 に近づけたものを限界費用 $MC(y)$ という．これは $C(y)$ の導関数と一致する（序章参照）．

価格 p のもとで，$p > MC(y)$ が成立しているかぎり，企業は y を増加させます．限界費用逓増の法則により，y の増加とともに $MC(y)$ の値も増加して，やがて $p = MC(y^*)$ を満たす生産量 y^* に到達します．このとき，企業が得る利潤は最大になります．これより次の公式を得ます．

限界費用による利潤最大化条件 (2)

価格を p，限界費用を $MC(y)$ とするとき，利潤を最大にする生産量 y^* は，

$$p = MC(y^*) \tag{3.17}$$

を満たす．これを y^* について解けば個別供給関数 $y = S(p)$ が得られる．

■ 生産者余剰

生産量が連続的になれば，生産者余剰を図示する方法も変わります．再び費用関数 $C(y) = y^2 + 2$ を考えます．すでに計算したように，このときの利潤最大化条件は $p = 2y$ が成り立つことであり，したがって供給曲線は，図 3.16 のグラフのように描かれました．

ここで，財の価格が $p = 6$ であったとしてみましょう．生産量は $y = 3$ となり，収入は $p \times y = 6 \times 3 = 18$ と計算されます．これは図中の長方形 $0abc$ の面積に一致します．また，可変費用と限界費用の関係を与える公式 (3.5) を思い出せば，限界費用の合計は可変費用に等しくなるのでしたから，$y = 3$ 単位の生産に要する可変費用の大きさは，供給曲線の下側に位置する三角形 $0bc$ の面積に等しくなります．したがって，

図 3.16　生産者余剰

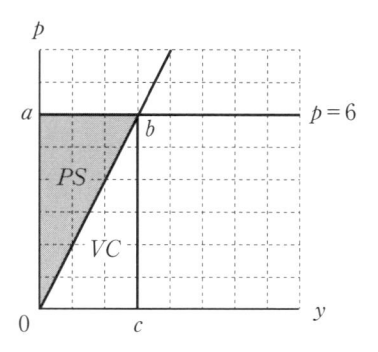

$$VC = \frac{1}{2} \times 3 \times 6 = 9$$

がその大きさになります．実際に，もとの費用関数 $C = y^2 + 2$ を用いて，$y = 3$ における可変費用を計算すれば $3^2 = 9$ となります．

したがって定義により，この企業が受け取る生産者余剰 PS は図中の三角形 $0ab$ の面積に等しくなります．その大きさは $18 - 9 = 9$ と計算されます．さらにここから固定費用 $FC = 2$ を差し引けば，企業の利潤は $9 - 2 = 7$ であることもわかります．

例題3-8

費用関数が $C(y) = \frac{1}{2}y^2 + 1$ で与えられる企業について，以下の問に答えよ．

(1) 生産量が y 単位であるときの限界費用を計算せよ．
(2) 価格が p であるときに，利潤を最大にする生産量 y^* を求めよ．
(3) とくに $p = 6$ であるときに，生産者余剰と利潤を求めよ．

解説

(1) 生産量の追加分を h として平均変化率を計算すれば，

$$\frac{\left\{\frac{1}{2}(y+h)^2+1\right\}-\left\{\frac{1}{2}y^2+1\right\}}{h}=y+\frac{1}{2}h$$

と計算される．さらに h をかぎりなく 0 に近づければ，

$$MC(y)=y$$

が得られる．

(2) 価格が p 円であるときに利潤を最大にする生産量 y^* は，

$$y^*=p$$

を満たす．

(3) この供給曲線を図示すれば下のようになる．三角形 $0ab$ の面積は 18 であるから，生産者余剰は 18．またここから固定費用 1 を引けば，利潤は $18-1=17$ となる．

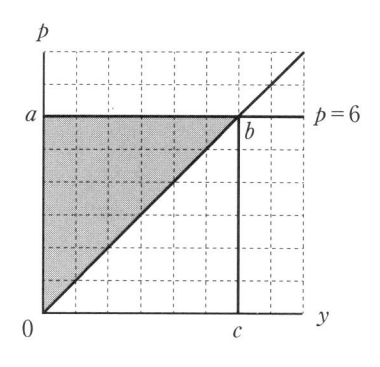

■ 連続的な消費量

最後に，消費量が連続的である場合の，家計による需要量の決定について見直しましょう．具体例として，便益関数が $B(y)=8y-y^2$ で与えられているものとしましょう．現在の消費量が y 単位であり，ここにさらに h 単位の消費を追加すれば，便益の増加分は，

$$B(y+h) - B(y) = \{8(y+h) - (y+h)^2\} - \{8y - y^2\}$$
$$= 8h - 2y \cdot h - h^2$$

となります．

一方で，財の価格を p とすれば，消費を追加するには追加的な支出 $p \cdot h$ が必要となります．この追加支出に見合うだけの便益増分がもたらされるのは，

$$8h - 2y \cdot h - h^2 > p \cdot h$$

が満たされるときだけです．したがって，この両辺を h で割れば，

$$8 - 2y - h > p$$

となり，さらに h をかぎりなく 0 に近づければ，

$$8 - 2y > p$$

が得られます．この不等式が成立しているかぎり，追加的な消費によって純便益が増加します．したがって，純便益の最大化を目指す家計は消費量 y を増加させ，最終的に $8 - 2y^* = p$ が成り立った時点でそれ以上の増加を止めます．この $y^* = 4 - \frac{1}{2}p$ のもとで，純便益は最大になります．

■ 限界便益と純便益最大化

以上の計算を一般的な便益関数 $B(y)$ について整理しておきましょう．現在の消費量が y 単位であるとき，さらに h 単位の消費を追加すれば，

$$B(y+h) - B(y)$$

だけの便益増加がもたらされます．追加的な消費には $p \cdot h$ だけの支出が必要であり，したがって，

$$B(y+h) - B(y) > p \cdot h$$

あるいは，

第 3 章　供給と需要　　121

$$\frac{B(y+h)-B(y)}{h} > p$$

であるかぎりは，追加的な消費は純便益の増分をもたらします．とくに h をかぎりなく 0 に近づけたときに左辺が近づいていく値を，消費量が連続的である場合の**限界便益**として定義します．

限界便益
消費量が連続的に変化するとき，平均変化率 $\dfrac{B(y+h)-B(y)}{h}$ において，h をかぎりなく 0 に近づけたものを限界便益 $MB(y)$ とする．これは $B(y)$ の導関数である（序章参照）．

また，これまでの議論からも明らかなように，純便益を最大化する消費量 y^* のもとでは以下が成立します．

純便益最大化条件 (2)
財の価格を p，限界便益を $MB(y)$ と書くとき，純便益を最大にする消費量 y^* のもとでは $p = MB(y^*)$ が成立する．これを y^* について解き，$y^* = D(p)$ としたものが個別需要関数である．

例題3-9

便益関数が $B(y) = \sqrt{y}$ で与えられる家計がいるとする．以下の問に答えよ．
(1) 消費量が y 単位であるときの限界便益を計算せよ．
(2) 価格が p 円であるときに，純便益を最大にする消費量 y^* を求めよ．

解説

(1) 消費の追加分を h として平均変化率を計算すれば，

$$\frac{\sqrt{y+h}-\sqrt{y}}{h} = \frac{(y+h)-y}{h\cdot(\sqrt{y+h}+\sqrt{y})} = \frac{1}{\sqrt{y+h}+\sqrt{y}}$$

と計算される．さらに h をかぎりなく 0 に近づければ，

$$MB(y) = \frac{1}{2\sqrt{y}}$$

が得られる．

(2) 価格がp円であるときに純便益を最大にする消費量y^*は，

$$\frac{1}{2\sqrt{y^*}} = p$$

を満たす．これをy^*について解けば，$y^* = \frac{1}{4p^2}$ が得られる．

図 3.17　消費者余剰

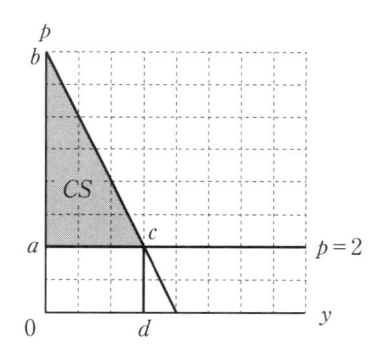

■需要曲線と消費者余剰

再び，便益関数が$B(y) = 8y - y^2$であるような家計を考えます．このときの限界便益は$MB(y) = 8 - 2y$であり，需要関数は$8 - 2y = p$を解いて，

$$y = 4 - \frac{1}{2}p$$

であることはすでに計算しました．この需要関数を図示すれば，図 3.17 のようになります．とくに価格を$p = 2$とすれば，消費量は$y = 3$となり，したがって家計は$2 \times 3 = 6$円を支出します．これは，図中の長方形$0acd$の面積によって示されます．

一方で，限界便益と総便益の関係により，限界便益をすべて合計すれば総便

益に等しくなります．よって，消費量が $y = 3$ 単位であるときの総便益の大きさは，図中の台形 $0bcd$ の面積に一致します．実際にこの面積を計算すれば，

$$台形\, 0bcd = \frac{1}{2} \times (2+8) \times 3 = 15$$

となりますが，便益関数 $B(y) = 8y - y^2$ に直接 $y = 3$ を代入しても，

$$B(3) = 8 \times 3 - 3^2 = 15$$

が得られ，両者の大きさは同じです．

したがって消費者余剰 CS は，$CS = 15 - 6 = 9$ となります．これは図中の三角形 abc の面積と等しくなります．

■計算結果のまとめ

以上，生産量と消費量が連続的な値をとる場合について，利潤を最大にする生産量と，純便益を最大にする消費量の計算方法を解説しました．入門レベルの経済学においてとくによく現れる例について表にまとめておきます．今後も必要に応じて，この表を参照してください．

表3.5 限界生産力，限界費用，限界便益の例（a, b は定数）

生産関数	限界生産力
$y = a\sqrt{l}$	$MP = \dfrac{a}{2\sqrt{l}}$
$y = al - bl^2$	$MP = a - 2bl$
費用関数	限界費用
$C = ay^2 + b$	$MC = 2ay$
便益関数	限界便益
$B = ay - by^2$	$MB = a - 2by$
$B = a\sqrt{y}$	$MB = \dfrac{a}{2\sqrt{y}}$

本章のまとめ

1 追加的な労働投入がもたらす生産量の増加分を，限界生産力といいます．利潤を最大化する労働投入量のもとでは，限界生産力は実質賃金に一致します．

2 追加的な生産による費用の増加分を，限界費用といいます．利潤を最大化する生産量のもとでは，限界費用は財の価格に一致します．

3 さまざまな生産量のもとでの限界費用の大きさをグラフにすれば，それは供給曲線になります．したがって限界費用が逓増的であれば，供給曲線も右上がりになります．

4 追加的な消費による便益の増分を，限界便益といいます．純便益を最大化する消費量のもとでは，限界便益は財の価格に一致します．

5 さまざまな消費量のもとでの限界便益の大きさをグラフに描けば需要曲線が得られます．限界便益が逓減するかぎり，需要曲線は右下がりになります．

本章のキーワード

限界分析　限界生産力　限界生産物価値　実質賃金　平均可変費用　平均総費用　限界費用　生産者余剰　個別供給曲線　純便益最大化　個別需要曲線　消費者余剰

演習問題

1 ある企業の生産関数が $y = 2\sqrt{l}$ であるとして，以下の問に答えなさい．l は連続的に変化するものとする．
(1) 労働投入量が $l = 4$ であるとして，限界生産力を求めなさい．必要があれば表 3.5 を参照すること．
(2) (1)のとき，生産した財の価格が $p = 10$，賃金が $w = 20$ であるとすれば，この企業は労働投入量を増やすべきか．
(3) (1)のときに利潤が最大になっているとして，このときの実質賃金を計算しなさい．

2 ある企業の費用関数が $C(y) = 2y^2$ であるとして，以下の問に答えなさい．y は連続的に変化するものとする．
(1) 生産量が y 単位であるときの限界費用を求めなさい．必要があれば表 3.5 を参照すること．
(2) 生産した財の価格が p であるとして，個別供給関数を求めなさい．
(3) 最大化された生産者余剰が 32 であるとき，この企業による生産量は何単位か．

3 ある家計の便益関数が $B(y) = 360y - 20y^2$ によって与えられているものとして，以下の問に答えなさい．y は連続的に変化するものとする．
(1) 限界便益関数を求めなさい．必要があれば表 3.5 を参照すること．
(2) 財の価格が $p = 240$ であるとき，この家計は何単位の財を需要するか．
(3) (2)のとき，家計の純便益はいくらか．

4 ある自動車メーカーによる生産量のデータを調べたところ，ある年に生産量が大きく変化していた．その原因として考えられる企業側の要因を，本章の内容に即して 3 つ挙げよ．

コラム)

なぜ価格を縦軸にとるか

　数学では，関数を図示するときには独立変数を横軸に，従属変数を縦軸にとります．けれども経済学では，需要供給曲線を図示するときに独立変数である価格が縦軸に，従属変数である数量が横軸に描かれます．これは数学を学んだ人にとって混乱のもとになっています．なぜこうなったのでしょうか．

　簡単な答えはアルフレッド・マーシャル（Alfred Marshall, 1842～1924）というイギリスの経済学者が書いた『経済学原理』（初版 1890 年）で，いまのような慣行が始まったというものです．しかし，そうなるのには理由がありました．

　現在でいう需要供給曲線を最初に描いたのは A・A・クールノー（Antoine Augustin Cournot, 1801～1877）というフランスの数学者・経済学者とされています．関数としての需要，供給という考え方は彼の前にもあったのですが，明示的に図に描かれたのはクールノーの『富の理論の数学的原理に関する研究』（1838 年）が最初ということです（ちなみに，クールノーのこの本はきわめて独創性に富んでいて，第 5 章で取り上げる複占モデルについてもいち早く分析をしています）．その図を見てみましょう．

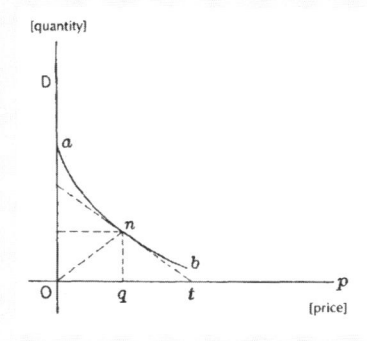

　ここで需要曲線は ab で表されています．数学者でもあったクールノーは，独立変数である価格を横軸に，従属変数である数量を縦軸に描いています．クールノーは，一定の価格のもとでどれくらい家計が需要するかの軌跡

として需要曲線を理解していました．

次にマーシャルが『経済学原理』で描いた需要曲線を見てみましょう．

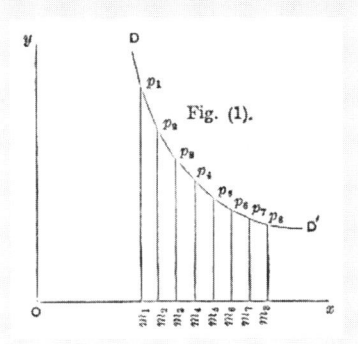

[図: 需要曲線 DD', Fig. (1), 縦軸 y, 横軸 x, 曲線上の点 $p_1, p_2, p_3, p_4, p_5, p_6, p_7, p_8$, 横軸上の点 $m_1, m_2, m_3, m_4, m_5, m_6, m_7, m_8$]

需要曲線は図では DD' と表されています．ここで，横軸は数量，縦軸は価格をさします．確かにクールノーの図と，縦軸，横軸のとり方が逆になっています．けれども，これにはきちんとした理由がありました．マーシャルは，一定の数量を得るために家計はどれくらいの価格を支払ってもよいと考えるか，というように需要曲線を考えていたのです．たとえば om_1 の数量を得るためには，家計は m_1p_1 分の価格を払ってもよいと考えている，とみなしました．つまり，マーシャルは数量を独立変数，価格を従属変数と考えていたのです．アルフレッド・マーシャルも，もともとはケンブリッジ大学で数学を学んでいましたから，数学の慣習に忠実に図を描いていたのです．

この『経済学原理』がよく売れて当時の経済学教育の標準的教科書となり，マーシャルの描いた需要供給曲線の図が普及していきます．一方で，需要曲線の考え方については次第にマーシャル的な解釈は廃れていき，クールノー的な解釈が支配的になっていきます．正確にいつかはわかりませんが，いつしか経済学では，独立変数と従属変数のとり方が数学とは異なるということが定着したのです．

第**4**章　　　　　　　　　　　　**完全競争市場**

　第3章では，個別供給曲線と個別需要曲線がどのようにして導かれるのかを学びました．また，個別供給曲線と生産者余剰，個別需要曲線と消費者余剰の関係について分析しました．この章では，これまでの準備に基づいて，いよいよ本格的な市場分析を始めます．

　この章で分析される「完全競争市場」とは，参加者の誰もが価格を操作することのできない市場です．そのような市場にはとても望ましい性質があることを理解することが，本章の目標になります．また，この完全競争市場に政府が種々の介入政策を施した場合に，どのような弊害が発生しうるのかを理論的に分析します．読者のみなさんは，この章によって完全競争市場の性質を理解するだけでなく，前章で学んだ余剰の概念が非常に有用な政策評価の道具であることを知るでしょう．

4.1　完全競争市場とは

■ 完全競争市場とは

　この章で分析される**完全競争市場**（perfectly competitive market）とは以下のようなものです．ある財が取引されている市場に，複数の企業と家計が参加しています．彼らは，価格を市場から与えられたものとして，財の生産量と消費量を決定します．とくに企業は，自分が生産している財の価格を直接に決定しようとしません．

　直接的あるいは間接的に，経済主体が価格に影響を与える力を**価格支配力**（pricing power）といいます．この言葉を使えば，完全競争市場を次のように簡潔に定義することができます．

> **完全競争市場**
> 参加者が誰も価格支配力を持たない市場を完全競争市場という．完全競争市場では，価格は市場によって決定される．

価格支配力を持たない経済主体のことを価格受容者と呼ぶことを思い出せば，上の定義を「すべての参加者が価格受容者である市場を完全競争市場という」といい換えることも可能です．

■ 一物一価の法則

読者のみなさんには，企業が財の価格を決定せず，かわりに市場という抽象的な存在が価格を決定するという想定は奇妙なものに感じられるかもしれません．たしかに現実の経済では，財の価格は，その財を供給している企業によって決定されています．けれども，じつをいえば現実の経済においても，企業はそれほど自由に価格を決定できているわけではないのです．

たとえば表 4.1 を見て下さい．これは筆者がインターネット上の市場で調べた，アダム・スミス著，大内兵衛訳『諸国民の富』（岩波書店，1969 年）の価格です．この市場には日本中から多数の古本業者が参入して自分たちの商品を売っています．表の項目のうち「コンディション」とあるのは，各書店による商品の品質説明です．たいへん古い本ですので，最後の Z 古書店の商品は例外としても，ほとんどの商品がかなり傷んでいるようです．

これを見れば，どの業者もほとんど同じ価格を提示していることがわかります．もし，この市場に新たな業者が参入して，A 堂書店や B 書店の提供している商品と同じ品質の「諸国民の富」を売ろうとするならば，結局のところその業者は 273 円前後の価格をつけるしか選択肢がありません．それより高くては売れないし，それより安くては損をするからです．もし 273 円よりもずっと高い価格を提示したいのであれば，そのときには Z 古書店のように，他の書店よりも品質の良い本を探さなくてはならないでしょう．このように，少なくとも同一品質の財であれば，それがどの企業によって供給されていたとしても同じ価格がついているという現象を，経済学では**一物一価の法則**（law of one price）と呼んでいます．

表 4.1　ネット上の市場で販売されている古書『諸国民の富』の価格

価格	コンディション	販売
¥273	中古品．全体的に日焼け・シミあり．	A堂書店
¥273	古書につき経年変化あり．	B書店
¥273	箱付き，破れあり．	C書房
¥273	薄日焼けあり，背表紙に所蔵印．	ブックセンターD
¥273	表紙に傷み，中身綺麗です．	E書店
¥274	表紙に汚れあり．	F書店
¥276	背表紙に開き癖，鉛筆の書き込みあり．	Gブックセンター
¥5,200	ほぼ新品．書き込み，日焼けなし．	Z古書店

　経済主体のかわりに市場が価格を決定する完全競争市場では，必然的に一物一価の法則が成立することになります．逆にいえば，同質の財に同一の価格がつけられている範囲が1つの市場であるとも考えられます．表4.1のような例を見るかぎり，完全競争市場は理論的分析を容易にするための理想的な状況設定ではありますが，現実の市場からもそれほど遠く離れてはいないと考えられます．

■ 完全競争市場はいつ成立するか

　表4.1の例からわかるように，財の品質が同じであるかぎり，企業は他のライバル企業と同じ価格をつけるしかありません．このように考えれば，経済主体が価格支配力を持たない状態のことを「完全競争」とよぶ理由が納得できると思います．

　より具体的には，次の3つの条件が満たされるときに市場参加者は価格支配力を失い，市場は完全競争的になります．

　　財の同質性　市場で取引される財の品質は完全に同じである．たとえば，考えている財がパンであるならば，各企業が供給するパンは味や見た目だけでなく，包み紙や売り場の外見に至るまで完全に同一で互いに見分けがつかない．このとき，財は**同質的**（homogenous）であるという．

多数の経済主体 非常に多くの家計と企業が市場に参加し，財を取引している．

参入退出（entry and exit）の自由 企業は自由に市場に参加して財を供給し，あるいは生産をやめて市場を出て行くことができる．

最初の同質性の仮定により，自分が働く企業の製品を家計が選り好んで買うような複雑な行動について考える必要がなくなります．また，ある企業だけが独自に高品質の財を供給して，他の企業の財から自社製品を**差別化**（differentiation）することで，価格支配力を確保するという行動を除外することができます．また第二の仮定があるために各企業は価格を好きなようにコントロールすることが困難になっています．最後の仮定は，企業の新規参入を制限するような制度が存在せず，また利潤が確保できなくなった企業が生産を停止して市場から出て行くことをはばむ要因も存在しないことを意味しています．たとえば，少数の企業が結託して他の企業を市場から締め出し，自分たちだけで価格を左右する可能性が排除されます．

この章では，以上3つの仮定がすべて満たされており，したがっていかなる経済主体も価格支配力を持っていない状況のみを分析します．もちろん，上記の仮定が1つでも満たされていないときに市場に何が起こるのか，ということもまた非常に興味深い問題です．それについては次章以降でくわしく分析することになるでしょう．

4.2 市場の均衡

■ 供給曲線の水平和

ミクロ経済学の分析対象は市場です．その市場を分析するための最初のステップは，各企業の行動を記述する個別供給曲線を集計して，市場全体の生産行動を把握すること，すなわち**市場供給曲線**（market supply curve）を構成することです．

いま，それぞれ図4.1のような個別供給曲線を持つ企業1と企業2が参入している市場を考えましょう．また，この市場で成立している価格が $p = 4$ であ

図 4.1　市場供給曲線の作図法

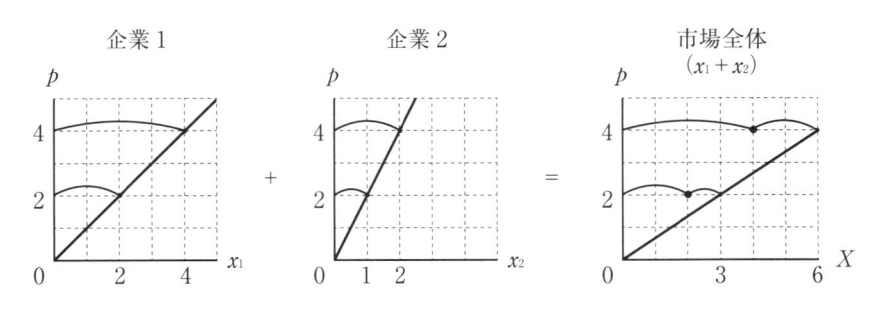

るとしましょう．価格 $p = 4$ のもとでは，企業 1 は $x_1 = 4$ 個のパンを，企業 2 は $x_2 = 2$ 個のパンを生産します．したがって市場価格が $p = 4$ であるとき，パンの市場供給量は $X = 4 + 2 = 6$ 個となります．そこで $(p, X) = (4, 6)$ に対応する点をいちばん右のグラフ枠中に書き入れます．

次に，何らかの事情によって価格が $p = 2$ に低下したものとします．このとき企業 1 の供給量は $x_1 = 2$ 単位，企業 2 の供給量は $x_2 = 1$ 単位となり，市場全体の供給量は $2 + 1 = 3$ 単位となります．したがって今度は $(p, X) = (2, 3)$ をプロットします．さまざまな価格のもとで同様の作業を続けていけば，やがて図 4.1 のいちばん右側にあるグラフが完成します．これが市場供給曲線です．また，このグラフに対応する関数 $X = \frac{3}{2} p$ は**市場供給関数**（market supply function）と呼ばれます．このように，個別供給曲線を横方向に足しあわせて市場供給曲線を作図する手法を，集計の方向を強調して「個別供給曲線の**水平和**」と呼ぶことも覚えておきましょう．

■ 生産者余剰の和

ここで再び価格が $p = 4$ によって与えられているとします．すると図 4.2 より，各企業の生産者余剰が，企業 1 については $\frac{1}{2} \times 4 \times 4 = 8$，企業 2 については $\frac{1}{2} \times 2 \times 4 = 4$ であることがわかります．さらに個別供給曲線を水平和した市場供給曲線については，逆三角形領域の面積が $\frac{1}{2} \times (4 + 2) \times 4 = 12$ となり，これは企業 1 と 2 の個別生産者余剰を合計した大きさ $8 + 4 = 12$ に等しい大きさです．個別供給曲線を水平和することによって市場供給曲線を作図

図 4.2　生産者余剰の和

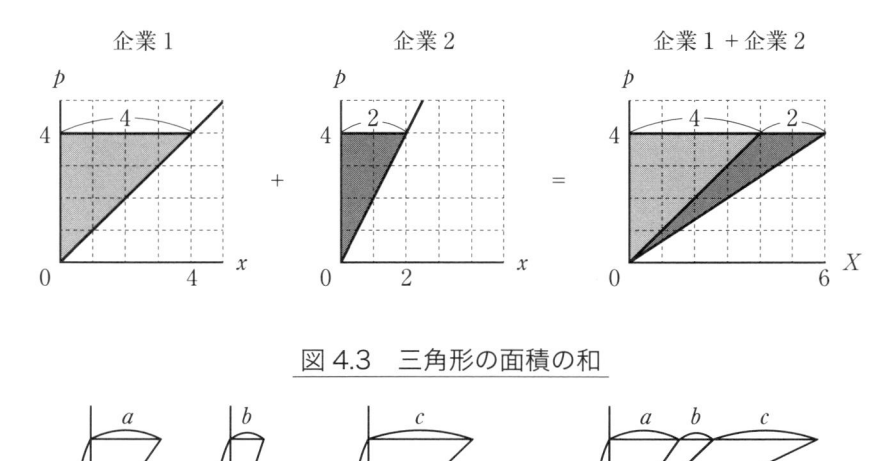

図 4.3　三角形の面積の和

すれば，すべての企業の生産者余剰も同時に合計されるのです．

　企業の数がさらに増えても，この事実は変わりません．そのことは図 4.3 からもわかるでしょう．この図には高さ h と，底辺 a, b, c を持つ 3 つの直角三角形が与えられています．それぞれの面積は $\frac{1}{2}a\cdot h$, $\frac{1}{2}b\cdot h$, $\frac{1}{2}c\cdot h$ であり，それらの和は，

$$\frac{1}{2}a\cdot h + \frac{1}{2}b\cdot h + \frac{1}{2}c\cdot h = \frac{1}{2}(a+b+c)\cdot h$$

となります．水平和によってつくったいちばん右の逆三角形の面積は，この和にちょうど等しくなっています．

■ 需要曲線の水平和

　こうして市場に参加する企業の個別供給曲線を集計する方法がわかりました．家計についても同様です．図 4.4 は，2 つの家計 1 と 2 を水平和して**市場需要曲線**（market demand curve）を作図する方法を説明しています．また図 4.5 は，価格 $p=2$ が選ばれたときの，家計 1 と家計 2 の消費者余剰の和が市場需

図 4.4　市場需要曲線の作図法

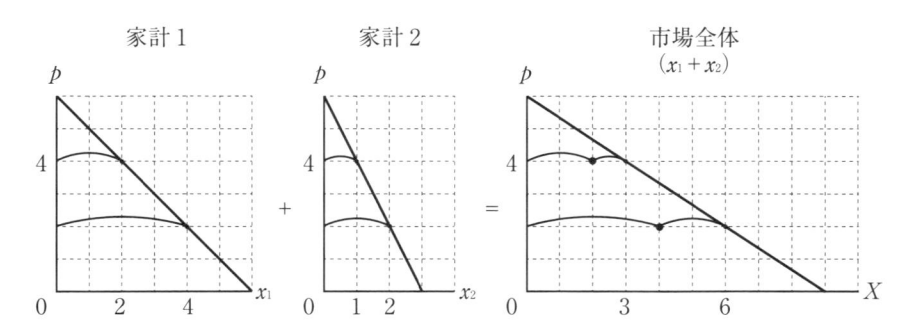

図 4.5　消費者余剰の和

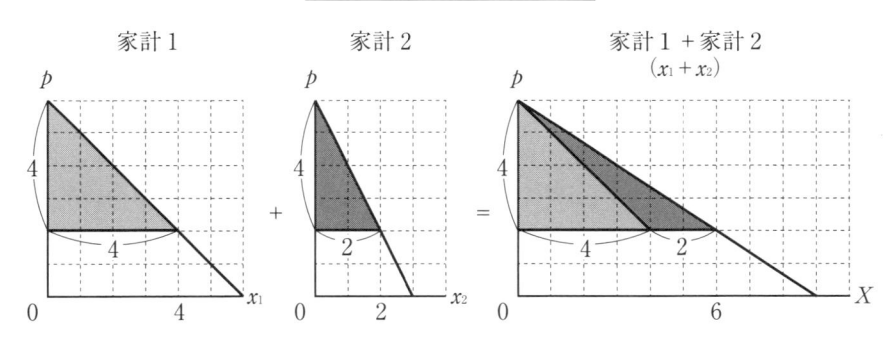

要曲線の三角形領域の面積に等しいことを示しています．

■ 価格調整

以上でようやく市場を記述するための準備が整いました．集計された市場供給と市場需要が，図 4.6 のようであるとしましょう．右上がりの線が市場供給，右下がりの線が市場需要を表します．数式で書けば，

　　市場供給：$X = 2p$　　　市場需要：$X = 12 - 2p$

となっています．

さてこのとき，市場価格が $p = 2$ であったとしましょう．与えられた価格 $p = 2$ のもとでは，市場供給量は $S = 4$ となります．その一方で，市場需要量は

図 4.6　価格が $p=2$ であるときの市場　　図 4.7　均衡している市場

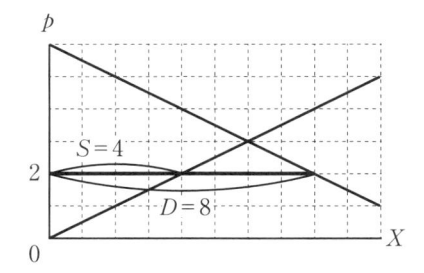

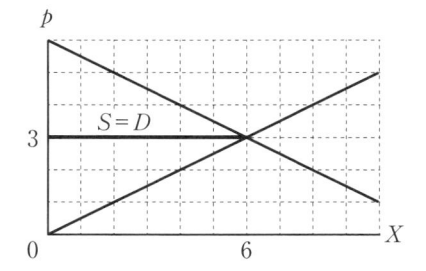

図 4.8　価格が $p=4$ であるときの市場

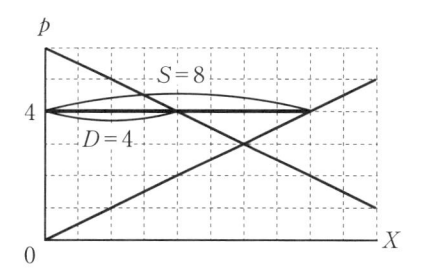

$D=8$ です．したがって，この市場では，$8-4=4$ 単位の**超過需要**（excess demand）が生じていることになります．

　超過需要が発生しているときには，市場には価格の引き上げ圧力が生じるでしょう．なぜなら超過需要の発生は，その財が欲しいのに買えない家計が存在していることを意味しています．そのような家計は，現在の $p=2$ よりも少々高い価格であっても喜んで財を買おうとするでしょう．そのような家計の存在は，市場に価格上昇への圧力をもたらします．

　こうして価格が高くなれば，企業は供給量を増やし，家計は需要を控え，それによって超過需要が軽減されます．価格は超過需要が存在するかぎり上昇を続け，やがて $p=3$ になれば，図 4.7 より需要と供給がともに $D=S=6$ 単位となって需給の不一致が解消されます．

　今度は，価格が $p=4$ であったとしましょう（図 4.8）．このとき市場供給量

は $S=8$, 市場需要量は $D=4$ です.したがって今度は $8-4=4$ 単位の超過供給が生じていることになります.超過供給の発生は,売れ残りの在庫を抱える企業の存在を意味しています.それらの企業は,現在の価格よりも安い値段で在庫を売り払おうと試みるでしょう.したがって,超過供給は市場に価格低下の圧力を発生させることがわかります.この圧力に応じて価格が $p=4$ から $p=3$ へと引き下げられれば,再び需給が一致します.

このように,超過需要が存在すれば価格を引き上げ,超過供給が存在すれば価格を引き下げる調整の方法を,フランスで生まれてスイスで教えた経済学者レオン・ワルラス（Léon Walras, 1834〜1910）にちなんで**ワルラス的調整**（Walrasian adjustment）といいます.ワルラスは,現代的なミクロ経済学の建設者の1人であり,完全競争市場の数学的な分析において重要な業績を残しています.また,ワルラス的調整によってたどり着いた価格 $p=3$ を,この市場の**均衡価格**（equilibrium price）,数量 $X=6$ を**均衡数量**（equilibrium quantity）といいます.とくに,この市場は完全競争的でしたから,その点を強調するために,$(p, X)=(3, 6)$ を**完全競争均衡**（perfectly competitive equilibrium）といいます.

例題4-1

次の企業A,Bと家計C,Dからなる市場について,完全競争均衡における生産者余剰,消費者余剰を計算しなさい.

$$\begin{cases} 企業Aの個別供給関数：x_A = p \\ 企業Bの個別供給関数：x_B = 2p \end{cases}$$

$$\begin{cases} 家計Cの個別需要関数：x_C = 10 - p \\ 家計Dの個別需要関数：x_D = 20 - 2p \end{cases}$$

解説

価格が p であるとき,市場供給量は $X = x_A + x_B = 3p$ 単位になる.また市場需要量は $X = x_C + x_D = 30 - 3p$ になる.したがって完全競争均衡は,次の連立方程式,

第4章 完全競争市場

$$\begin{cases} X = 3p \\ X = 30 - 3p \end{cases}$$

の解である．これを解いて $(p, X) = (5, 15)$ を得る（下図）．グラフより，生産者余剰は，

$$PS = \frac{1}{2} \times 5 \times 15 = \frac{75}{2}$$

また消費者余剰は，

$$CS = \frac{1}{2} \times (10 - 5) \times 15 = \frac{75}{2}$$

と計算される．

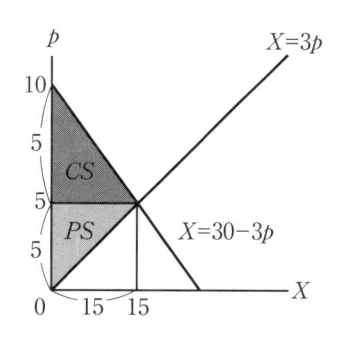

4.3 価格規制

■ 政府の導入

前節では，競争的な市場において均衡がどのようにして決まるのかを考えました．しかし，このようにして市場によって決定される均衡には，何らかの望ましくない性質があるかもしれません．たとえば，分析されている財が粉ミルクであるとしましょう．そして，粉ミルクの均衡価格が原材料の高騰などの理由で1万円になってしまったら，育児をしている家庭にとってはたいへんな問

図 4.9 政府が市場に介入しないとき

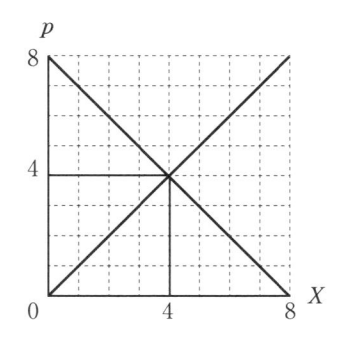

題です．また大きな自然災害の直後などには生活必需品の価格が急騰することがあります．そのような場合には，何らかの市場外部の力によって，財の価格を引き下げる政策をとる必要があるかもしれません．

この問題を分析するために，この節以降では新たな経済主体として**政府** (government) を導入することにしましょう．政府は何らかの政策的な意図を持って市場に介入し，価格や数量に対して直接間接に影響力を行使します．

■ 市場介入が行われないとき

まず最初に，政府がいかなる市場介入も行わないときの均衡を考えましょう．具体例として，図 4.9 で描写されるような市場を考えます．この市場での均衡価格は $p=4$ となることが図から読み取れます．また消費者余剰と生産者余剰はいずれも 8，社会的余剰は 16 です．これらの数値は，それぞれの経済主体にとってのこの市場の金銭価値を意味していました．つまり，この市場を通じて企業は金銭価値にして 8 の粗利潤を手に入れ，家計は 8 の純便益を手に入れたのです（数字が小さすぎると感じるなら，単位を「万円」や「億円」などに読み替えて下さい）．

■ 価格規制

次に，政府が市場に介入し，財の価格を強制的に $p=2$ に引き下げたとします．図 4.10 を見て下さい．ここには図 4.9 と同じ市場供給曲線と市場需要曲線

が描かれていますが、価格は $p = 2$ に設定されています。このときの市場供給は $S = 2$、市場需要は $D = 6$ となっています。したがって $6 - 2 = 4$ 単位の超過需要が発生しているわけですが、政府の介入のため価格は $p = 2$ に固定されています。この場合には、市場には何が起こるでしょうか。

政策によって価格が変化しないために超過需要は解消されません。市場には企業が生産した 2 単位だけの財が流通し、残り 4 単位分の需要は満たされないまま残ります。このとき、家計が獲得する消費者余剰は図 4.11 の台形 $abcd$ の面積に等しくなりますから、その大きさは、

$$CS = \frac{1}{2} \times (4 + 6) \times 2 = 10$$

となります。競争均衡における消費者余剰は 8 でしたから、価格引き下げによって家計の便益が $10 - 8 = 2$ 増加したことになります。

一方で、生産者余剰はどうでしょうか。生産者余剰は、図 4.11 の逆三角形 $0ad$ の面積である 2 に等しくなります。競争均衡における生産者余剰は 8 でしたから、企業は $8 - 2 = 6$ もの利潤を失ってしまったことになります。

■ 死重的損失

以上の計算結果をまとめたものが表 4.2 です。この表から、政府による価格引き下げ政策が、家計が得た恩恵以上の損害を企業に与えていることがわかります。また社会的余剰は、競争均衡では 16、政府が介入したときには 12 ですから、価格引き下げにより 4 の社会的余剰が失われていることになります。

このように、政府の市場介入により失われてしまう社会的余剰のことを**死重的損失**または**死荷重**（Dead-Weight Loss, DWL）といいます。図 4.11 を見れば、三角形 cde の面積が死重的損失の大きさに等しいことがわかります。

以上の観察からもわかるように、政府による価格規制は、家計に与える恩恵よりも大きな損害を企業に与え、全体としては死重的損失を生じてしまいます。

■ 厚生分析

ところで、上で行った分析のように、ある政策が市場参加者の余剰に与える影響を調べることを、経済学では**厚生分析**（welfare analysis）と呼んでいま

図 4.10　価格が $p=2$ に引き下げられたときの様子

図 4.11　価格が $p=2$ に引き下げられたときの各余剰

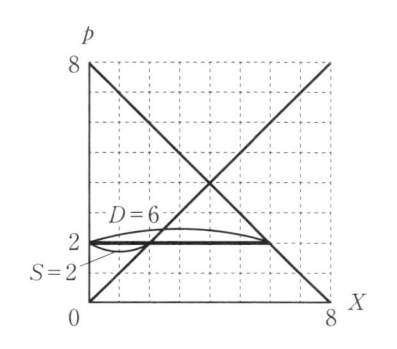

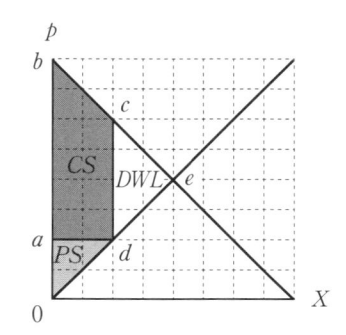

表 4.2　価格の引き下げが各余剰に与える影響

	消費者余剰	生産者余剰	社会的余剰
市場介入前	8	8	16
市場介入後	10	2	12
変化分	＋2	－6	$DWL=4$

す．ミクロ経済学の主たる「使い道」の1つは，さまざまな政策が市場に与える影響を厚生分析することです．この章の以下の部分でも，さまざまな想定のもとでの厚生分析が行われることでしょう．

■ 低すぎる価格の弊害

政府が設定した価格の水準によっては，家計と企業のどちらもが損害を受ける場合があります．たとえば，政府がさらに価格を低めて $p=1$ とした場合，消費者余剰，生産者余剰，死重的損失のそれぞれの大きさは図 4.12 に示されます．このときには消費者余剰は 6.5 であり，競争均衡のときよりも 1.5 減少しています．また生産者余剰は 0.5 にまで低下し，死重的損失は 9 にもなります（表 4.3 参照）．この損失は，政府が価格をあまりに低く設定してしまったために，企業が財の供給を大幅に引き下げてしまうことで生じたものです．

たとえば，いま考えている財が粉ミルクであるならば，政府がその値段をあ

第 4 章　完全競争市場　　141

図 4.12　価格が $p=1$ に引き下げられたときの市場の様子

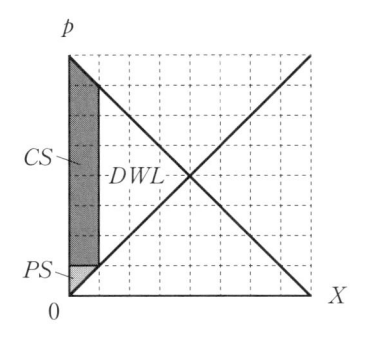

表 4.3　価格の極端な引き下げが各余剰に与える影響

	消費者余剰	生産者余剰	社会的余剰
市場介入前	8	8	16
市場介入後	6.5	0.5	7
変化分	-1.5	-7.5	$DWL=9$

まりにも低く設定すると，企業は粉ミルクの生産をほとんど行わなくなります．すると家計は粉ミルクを入手することが非常にむずかしくなり，家計にとっては前よりも困った状況になってしまうのです．いくら価格が安くても，そもそもその財が市場に供給されないのでは，家計にとっても介入政策には何のありがたみもないということに注意しましょう．

■価格を引き上げた場合

今度は逆に，政府が市場に介入して財の価格を完全競争均衡の水準よりも引き上げる場合を分析してみましょう．たとえば「伝統工芸品の生産者を保護するため」などの理由により，政府が財の価格を $p=6$ に引き上げたとします．

図 4.13 より，このときには供給量は $S=6$，需要量は $D=2$，したがって $6-2=4$ 単位の超過供給が発生します．しかし価格は $p=6$ に固定されたままですので，超過供給は解消されません．また図 4.14 に示されるとおり，消費

図4.13 価格を $p=6$ に引き上げたときの様子

図4.14 価格を $p=6$ に引き上げたときの各余剰

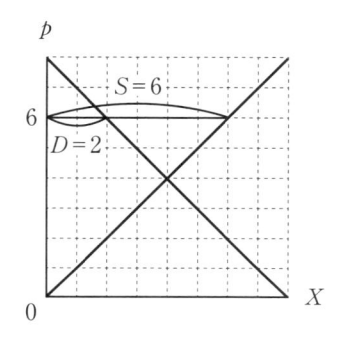

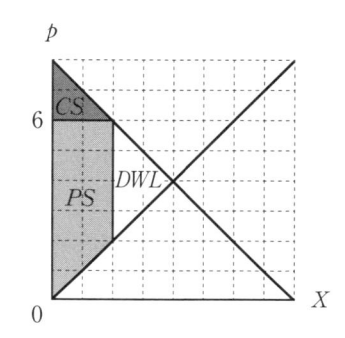

表4.4　価格引き上げが各余剰に与える影響（$p=6$ のとき）

	消費者余剰	生産者余剰	社会的余剰
完全競争均衡	8	8	16
市場介入前	2	10	12
変化分	-6	$+2$	$DWL=4$

者余剰と生産者余剰はそれぞれ $CS=2$, $PS=10$ と計算されます．また死重的損失は4になります．

　以上の計算結果をまとめたものが表4.4です．これを見れば，価格の引き上げはたしかに生産者余剰を増やしていますが，それ以上に消費者余剰を引き下げ，結果として社会的余剰を減らしていることがわかります．価格の引き下げ政策と同様に，価格の引き上げ政策もまた，社会的余剰を増加させることはできないのです．

■ 生産者価格と消費者価格

　それならば，家計と企業のそれぞれに，別個の価格を設定してみればどうでしょう．つまり政府は，企業からは $p=6$ の価格で財を買い取り，それを家計に $p=2$ の価格で売るのです．そうすれば，企業と家計の受けとる余剰は同時に大きくなるはずです．このように政府が生産者と消費者に別個の価格を提示

第4章　完全競争市場　　143

するとき，前者を**生産者価格**，後者を**消費者価格**と呼ぶことがあります．

この政策が実施されると，図 4.15 からもわかるように，企業は 6 単位の財を供給し，家計もそれにちょうど等しい 6 単位の財を需要します．このときには需給がうまく均衡している上に，図からもわかるように消費者余剰と生産者余剰はどちらも 18 であり，介入前の値の 2 倍以上の大きさとなっています．したがって，生産者と消費者に異なる価格を提示するというこの政策は，とてもうまくいっているようにも見えます．

しかし，果たしてそうでしょうか．じつは，ここまでの分析で，私たちはある経済主体の存在について，その余剰を計算することを忘れているのです．すなわち，政府です．企業と家計に異なる価格を提示するこの政策では，政府は価格 $p=6$ のもとで 6 単位の財を買い取っています．したがってこのとき政府は $6 \times 6 = 36$ の支出を行っています．そして政府は，企業から買い取った 6 単位の財を，価格 $p=2$ で家計に売っています．このときの収入は $2 \times 6 = 12$ です．つまりこの政策の実施によって，政府は $36 - 12 = 24$ の赤字を背負ってしまったのです．

政策の実施から得られる純収入のことを，ミクロ経済学では**政府余剰**(Government's Surplus, GS)と呼んでいます．とくにいま考えている例では政府は赤字を負っていますので，$GS = -24$ となります．政府による市場介入政策の効果を評価する際には，この政府余剰を忘れずに社会的余剰に加える必要があるのです．つまり，

$$SS = CS + PS + GS$$

によって社会的余剰が計算されなくてはいけません．生産者と消費者に異なる価格を提示している上記の具体例では，したがって，社会的余剰は $SS = 18 + 18 - 24 = 12$ と計算されます．各余剰の大きさを市場介入前と比較しているのが表 4.5 です．これを見れば，この価格政策によって家計と企業の余剰をそれぞれ 10，合計して 20 増やすことに成功している一方で，そのために政府が 24 の支出をしたことがわかります．つまりこの政策は，「元が取れない」政策であったのです．

このようにして，政府が価格をコントロールすることによる市場介入政策は，

図 4.15 価格が $p=6$,消費者価格が $p=2$ であるときの生産者余剰(左)と消費者余剰(右)

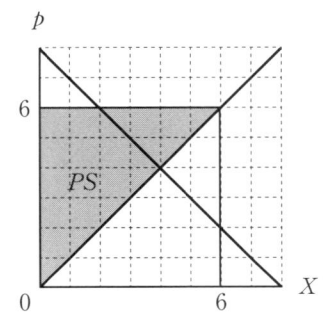

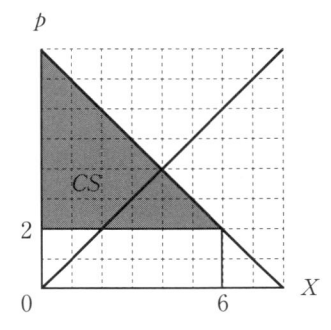

表 4.5 市場介入の影響(生産者価格 $p=6$,消費者価格 $p=2$)

	消費者余剰	生産者余剰	政府余剰	社会的余剰
市場介入前	8	8	0	16
市場介入後	18	18	−24	12
増減	＋10	＋10	−24	$DWL=4$

必ず死重的損失を生み出してしまうことがわかりました.消費者を優遇するために価格を引き下げれば,必ずそれ以上の損害を生産者に与え,逆に生産者を保護するために価格を引き上げれば,そのために必ず消費者が犠牲になるのです.こう考えてみると,現実の経済で実施されているさまざまな価格規制(たとえば,かつての米の価格維持制度)についても,その政策を実施する意図はともかくとしても,経済的には何らかの損失をどこかに生じさせているのかもしれません.

例題4-2

市場供給関数が $X = p$，市場需要関数が $X = 10 - p$ で与えられている市場に政府が介入して，以下の価格規制を実施したときに，生じる死重的損失を計算しなさい．

(1) 価格を $p = 8$ に固定する．
(2) 生産者価格を $p = 8$，消費者価格を $p = 2$ に固定する．

解説

(1) 価格が $p = 8$ に設定されたときには仮定により6単位の超過供給が生じる．したがって財の流通量は需要量に等しく2単位に制限される．このときの各余剰の大きさは図aに示される．とくに死重的損失の大きさは9である．

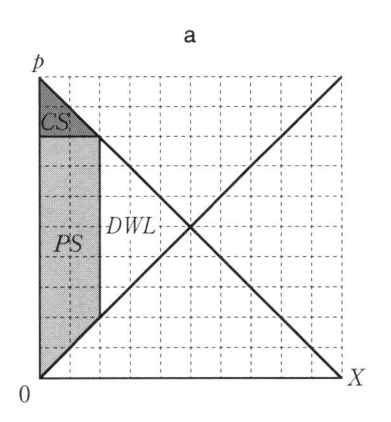

a

(2) このときの各余剰は図bに示されている．すなわち $CS = PS = 32$ であり，また政府余剰は $GS = -48$ の赤字である．したがって社会的余剰は，

$$SS = 32 + 32 - 48 = 16$$

となり，また，この政策による死重的損失は $DWL = 25 - 16 = 9$ である．

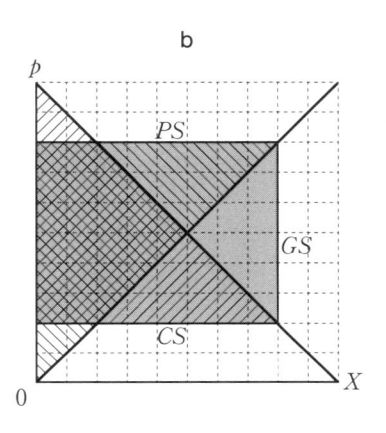

4.4 租税と補助金

■ 税の分類

前節では，価格規制政策の効果をくわしく調べました．しかし現実には，政府が市場に介入する方法として価格規制を行うことはまれです．多くの場合，政府は直接に財の価格を指定せず，むしろ**租税**（tax）や**補助金**（subsidy）などの道具を使って間接的に価格に影響力を行使します．

税は，その課税方式に応じていくつかの種類に区別されます．たとえば消費税のように，固定された税率を価格に上乗せする方法を**従価税**（ad valorem tax）といいます．たとえば政府が8％の従価税を家計に課せば，消費者は100円の買い物をするごとに100円×8％＝8円の税金を政府に納めます．したがって，家計による支払額の合計は108円になります．

家計ではなく企業に従価税を課す方法もあります．たとえば，政府が8％の従価税を企業に課すならば，今度は企業が100円の売り上げに対して100円×8％＝8円の税金を納めることになります．このとき家計の支払いは100円のまま変わらず，企業の収入は財1単位当たり100−8＝92円になります．

課税が価格ではなく数量に対してなされるときには，それを**従量税**

(specific rate tax) と呼びます（「重量」税ではないので注意してください）．たとえば，ある財に対して10円の従量税が家計に課されたときには，家計はその財を1単位購入するたびに価格に加えて10円の税金を支払います．また同様の従量税が企業に課されると，企業はその財を1単位売却するごとに10円の税金を政府に納めます．

価格にも数量にも依存せずに固定額の税金を支払う場合は**一括税**（lump-sum tax）と称されます．とくに家計に対して課される一括税は，**人頭税**（poll tax）などと呼ばれることもあります．

■ 補助金

補助金とは，「負の税金」のことです．たとえば，ある財の価格が100円であるときに，価格の5％を補助金として家計に与えるならば，その財を1単位購入するたびに $100 \times 5\% = 5$ 円を家計は政府からもらえるということになります．したがって，この補助金のもとでの家計にとっての実質的な価格は，$100 \times (1 - 0.05) = 95$ 円となるわけです．その反対に5％の従価税を家計に課すならば，家計にとっての実質価格は $100 \times (1 + 0.05) = 105$ 円です．

租税の場合と同様に補助金についても，価格の一定割合を補助金として与える従価方式，1単位の購入あるいは販売ごとに固定金額の補助金を与える従量方式，価格と数量に関係なく財を供給・需要するかぎり固定総額を与える一括方式があります．

■ 供給曲線のシフト

それでは，課税が市場に与える影響について分析してみましょう．再び図4.9によって与えられる市場を用います．また，分析が容易であるという理由から，以下では主として従量税についてのみ考えることにします．

租税の効果を分析するために重要なのは「実質的な価格」という考え方です．たとえば図4.9の市場に参入しているすべての企業に対して，政府が2単位の従量税を課したとします．このときには，財の市場価格が p であったとするなら，企業は財を1単位供給するごとに $p - 2$ の純収入しか得られません．つまり企業にとって財の実質的な価格は $p - 2$ なのです．図形的には，このことは

図 4.16　2 単位の従量税が企業に課されたときの市場の様子

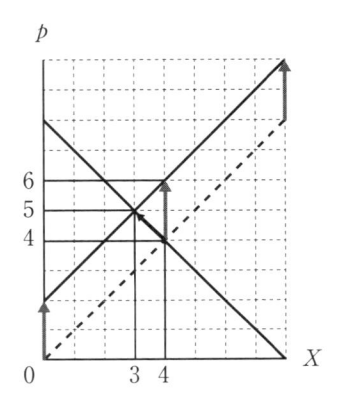

供給曲線の上へのシフトとして表現されます（図 4.16）．したがって企業に 2 円の従量税を課せば，供給曲線が上に 2 単位分シフトして，市場の均衡は $(p, X) = (4, 4)$ から $(p, X) = (5, 3)$ へと移動します．

課税によって供給曲線が上に 2 シフトする理由について，もう少しくわしく説明しておきましょう．課税前の供給曲線（図 4.16 中の破線）を見れば，たとえば市場供給量が 4 単位であるためには，価格が $p = 4$ でなくてはならないことがわかります．しかし，課税後には，企業にとって価格 $p = 4$ は実質的には $4 - 2 = 2$ に等しくなります．したがって課税前と同じ供給量を維持するには，価格がちょうど 2 円分だけ高くなくてはいけないということになります．つまり，課税後も 4 単位の供給を維持するためには，価格は $p = 4 + 2 = 6$ でなくてはならないのです．これが，課税によって供給量が上にシフトする理由です．

■ 課税による余剰の変化

次に，課税が各経済主体の余剰に与える影響を計算してみましょう．図 4.17 には，課税後の均衡点 $(p, X) = (5, 3)$ と，消費者余剰，生産者余剰，政府余剰のそれぞれが示されています．とくに注意を要するのは生産者余剰でしょう．市場で成立している価格は $p = 5$ ですが，企業にとっての実質的な価格は

第 4 章　完全競争市場　　149

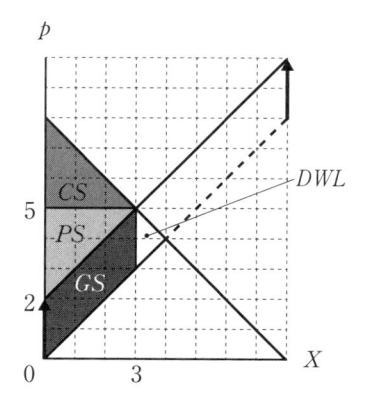

図 4.17　2 単位の従量税が企業に課されたときの各余剰

5 − 2 = 3 ですので，税を支払った後に生産者に残される余剰はグラフに示された三角形領域 PS になります．租税が存在する市場において生産者余剰という場合には，通常はこの税引き後のものを指しています．また，税収すなわち政府余剰は平行四辺形の領域 GS によって与えられています．課税方式が財 1 単位につき 2 円の従量税であり，均衡では 3 単位の財が取引されるわけですから，平行四辺形の面積の公式により政府余剰は 2 × 3 と計算されます．

■ 租税の転嫁

以上の結果をまとめると表 4.6 のようになります．この表を見れば，企業への課税が企業の余剰を減少させているのはもちろん，家計の余剰まで減らしていることがわかります．私たちはしばしば「企業へ課税すればその税負担はすべて企業が背負う」と考えてしまいがちですが，実際には企業への課税であっても，その税負担は家計にも及んでいるのです．このように，本来の課税の対象ではない経済主体にまで税負担が発生してしまう現象を**租税の転嫁**（tax shifting）といいます．

租税の転嫁が生じる理由は，図 4.16 からもわかります．課税前の完全競争均衡では，財の価格は $p = 4$ でした．しかし 2 円の従量税によって供給曲線が上にシフトし，均衡価格は $p = 5$ に上昇しています．企業に 2 円の従量税が課された結果，価格が 1 円上昇したわけですから，この状況を指して「企業から

表 4.6　企業に 2 単位の従量税を課した影響

	消費者余剰	生産者余剰	政府余剰	社会的余剰
課税前	8	8	0	16
課税後	4.5	4.5	3	12
増減	− 3.5	− 3.5	+ 3	$DWL = 4$

家計への租税の転嫁率は50％である」といういい方をします．財1単位につき2円の税金のうち，家計が半分の1円を，企業が残り半分の1円をそれぞれ負担する，というイメージです．

例題4-3

次のそれぞれの式で与えられる市場供給曲線，市場需要曲線からなる市場について，財1単位につき3円の従量税を企業に課すとき，家計への租税の転嫁率を計算せよ．

(1)　$S: X = p,\ D: X = 15 - p$
(2)　$S: X = 2p,\ D: X = 15 - p$
(3)　$S: X = p,\ D: X = 15 - 2p$

解説

(1)　課税前の均衡は $X = p = 15 - p$ より $p = 7.5$ かつ $X = 7.5$．一方で課税後は $p - 3 = 15 - p$ により $p = 9$ かつ $X = 6$．したがって企業への3円の課税は，均衡価格を $9 - 7.5 = 1.5$ だけ増加させる．ゆえに租税の転嫁率は $\frac{1.5}{3} = 0.5$ より50％である．

(2)　課税前の均衡は $X = 2p = 15 - p$ より $p = 5$ かつ $X = 10$．一方で課税後は $2(p - 3) = 15 - p$ により $p = 7$ かつ $X = 8$．したがって企業への3円の課税は，均衡価格を $7 - 5 = 2$ だけ増加させる．ゆえに租税の転嫁率は $\frac{2}{3}$ より約66.7％である．

(3)　課税前の均衡は $(p, X) = (5, 5)$，課税後の均衡は $(p, X) = (6, 3)$ であるから，家計への租税転嫁率は $\frac{1}{3}$ より約33.3％である．

■ 租税転嫁率の決定要因

　租税の転嫁率の大小はどのような要因に影響を受けて決まるのでしょうか．転嫁率を定める要因の１つは市場需要曲線の傾きです．たとえば図 4.18 を見て下さい．図には，需要曲線の傾き以外はすべて同じ２つの市場が示されています．左側に示された市場の需要曲線の傾きは，右側に図示された市場のそれよりも急になっています．この２つの市場に同額の従量税を導入すれば，右側よりも左側の市場のほうで，より大きな価格上昇が生じます．つまり，市場需要曲線が急な傾きを持つほど，企業から家計への転嫁率が大きくなるのです．

　需要曲線の傾きが転嫁率に影響を与えることの直感的な意味は何でしょうか．まずは図 4.18 の左側の図を中心に考えてみましょう．需要曲線の傾きが急であるということは，価格の上昇に対して需要が鈍感であるということを意味しています．たとえば米やガソリンのような，生活のために欠かすことのできない財については，少々の値上がりがあっても需要はあまり変化しません．したがって，政府によって従量税を課された企業には，その税額の大半を価格に上乗せして，税金を自分たちのかわりに消費者に払わせようとするインセンティブが生じます．

　その一方で図 4.18 の右側のグラフのように，需要曲線の傾きがゆるやかである場合には，ほんの少しの価格上昇であっても需要量の大幅な減少を招きます．このように価格変化に鋭敏な市場では，企業は租税を家計に転嫁するよりも自分で負担したほうがよいと考えるに違いありません．したがってこのとき，家計への租税転嫁の程度は小さくなるのです．

　以上では需要曲線の傾きによって租税転嫁の大小を説明しましたが，同様の理屈は供給曲線の大小についても成り立ちます．実際に，先の例題 4-3 の(1)と(2)の結果をくらべてみてください．両者の違いは供給曲線の傾きの大きさだけであり，より傾きの急な(2)の状況のほうが，(1)の状況よりも家計への転嫁率が大きくなっていることがわかります．

■ 補助金による余剰の変化

　以上により，租税による市場介入は必ず死重的損失を生み出すことがわかり

図 4.18　需要曲線の傾きと租税転嫁

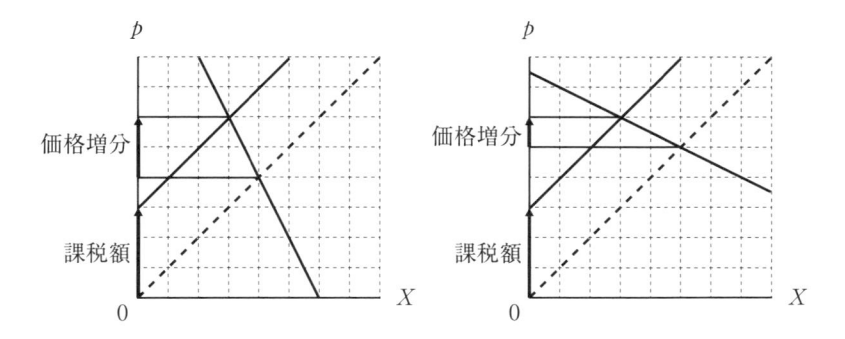

図 4.19　補助金が市場に与える影響

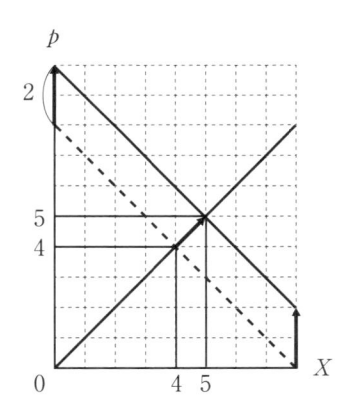

ました．そうであるなら，企業に税金を課すかわりに，家計に補助金を与えてみたらどうでしょう．政府からの補助金があれば，家計は今まで以上に財を需要するようになるでしょう．その結果として，支給した補助金の額以上の経済効果が生まれることはないのでしょうか．

残念ながら，その答えもまた否定的です．補助金が新たに生み出す消費者余剰は，必ず補助金額以下にとどまります．再び図 4.9 の市場を考えます．そして，家計に 2 円の従量補助金を与えることにしましょう．つまり家計は，財を 1 単位購入するたびに，政府から 2 円もらえるのです．これによって需要が刺激され，需要曲線は上方に 2 円分だけシフトします．その結果，均衡点は（p,

図 4.20　家計に補助金を支給したときの各余剰

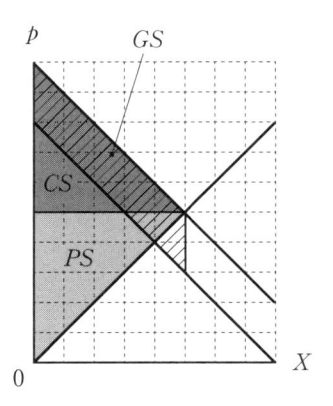

表 4.7　家計に補助金を支給した場合の各余剰

	消費者余剰	生産者余剰	政府余剰	社会的余剰
支給前	8	8	0	16
支給後	12.5	12.5	− 10	15
増減	+ 4.5	+ 4.5	− 10	$DWL = 1$

$X) = (4, 4)$ から $(p, X) = (5, 5)$ へと移動します（図 4.19）．

　補助金を家計に与えた結果の各余剰は，図 4.20 に示されています．またこの図から表 4.7 が得られます．ここで，政府は家計に補助金を支給しているわけですから，政府余剰が負になることに注意しておいて下さい．表を見れば結局は 1 の死重的損失が生じていることがわかります．補助金を用いても，結局は，社会的余剰は完全競争のときよりも小さくなってしまうのです．

■ 一括税

　政府による価格規制も，従量課税も，補助金も，いずれの政策も社会的な損失を生むことがわかりました．それでは，あらゆる市場介入は必ず社会的余剰を損なってしまうのでしょうか．

　じつは，政府の市場介入が社会的余剰に影響を与えない場合もありえます．

表 4.8　企業に一括税を課した場合の各余剰

	消費者余剰	生産者余剰	政府余剰	社会的余剰
支給前	8	8	0	16
支給後	8	3	5	16
増減	0	-5	$+5$	$DWL = 0$

　その1つが一括税です．すでに述べたように，一括税とは，財の量や価格水準にかかわりなく，政府が一定の税額をまとめて徴収するタイプの課税方式です．再び図 4.9 の市場を考えます．ここで，政府が財源を得るために，企業に対して5円の一括税を課すことにしたと考えます．つまり，企業の生産量や市場価格に関係なく，企業は必ず5円の税金を払わなくてはならないのです．

　この政策は家計には直接の影響を及ぼしません．また，課税方式が一括であるために，企業にとっても課税後の実質的な価格は課税前と変わりありません．需要曲線も供給曲線も動くことなく，したがって市場の見た目は変わらないことになります．均衡は $(p, X) = (4, 4)$ で与えられます．

　このときに企業，家計，政府が受けとる余剰の大きさをまとめると表 4.8 になります．とくに企業の生産者余剰は $PS = 8 - 5 = 3$ となっています．しかし，この生産者余剰の減少分がそのまま政府余剰になっていますので，社会的余剰の大きさは課税前と変わらず，死重的損失はありません．したがって，少なくともこの例においては，一括税によって社会的な損失は生じていないのです．

　しかし，一括税の額をあまりに高くしすぎれば市場に悪影響を及ぼします．たとえば上の例において一括税の額を 20 としてみれば，このときの生産者余剰は $8 - 20 = -12$ となってしまいます．このときには，企業は財の生産を止めて市場から退出してしまうでしょう．そうなれば市場が消滅して，家計が得る消費者余剰は 0，社会的余剰も 0 となってしまいます．

4.5 完全競争均衡の効率性

■ 数量規制

価格規制や課税政策以外の市場介入としては数量規制が考えられます．数量規制とは，社会的に望ましくないと考えられる財の流通量を制限したり，あるいは生活必需品が必ず一定量以上は生産されるように政府が企業に命じる政策です．たとえば非合法の薬物は，政府によって流通量を0に制限されているわけですから，これも数量規制の一種です．

ある財の市場が図 4.21 のように与えられているとして，政府がその財の流通量を $X = 2$ 以下に制限したとします．このときには 4 単位の超過需要が発生することになり，価格に上昇圧力が生まれます．したがって価格は最高で $p = 6$ まで上昇しますが，しかし政府の規制によって供給量は $X = 2$ よりは増えません．したがって，このときの均衡は $(p, X) = (6, 2)$ となるでしょう．

均衡が $(p, X) = (6, 2)$ であるときの厚生分析の結果は図 4.22 に示されます．数量規制によって $DWL = 4$ の死重的損失が生じています．価格規制や課税と同様に，数量規制によっても社会的余剰は損なわれてしまうのです．

■ 完全競争均衡の効率性

こうして，価格規制，数量規制，課税，補助金のすべての市場介入政策は，社会的余剰を増やさないことがわかりました．唯一，一括税政策だけは（課税額が大きすぎないかぎりは）死重的損失を発生させませんでしたが，それでも社会的余剰を増やすことはできませんでした．こうして，以上の観察のまとめとして，次の命題を得ることができたわけです．

> **完全競争均衡の効率性**
> 市場が完全競争的であるとき，価格規制や課税によって，完全競争均衡で得られるよりも社会的余剰を大きくすることはできない．

完全競争市場への政府の介入は，社会的余剰の大小で評価するかぎりは，何の効果も生まないばかりか，多くの場合には悪影響をもたらすのです．このよ

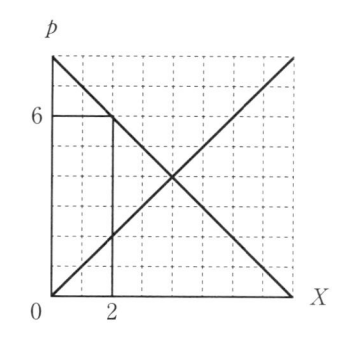

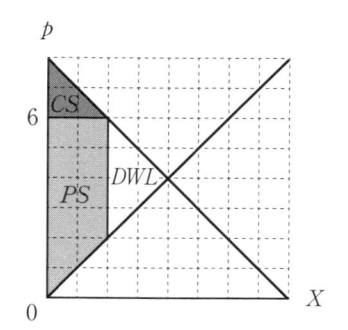

図 4.21　数量規制下での均衡　　　図 4.22　数量規制下での各余剰

うに，いかなる介入によっても社会的余剰を増加させることができないときには，市場は**効率的**（efficient）な状態にあるといいます．逆に，政府などの介入によって社会的余剰が増加する可能性がある市場は**非効率的**（inefficient）であるといいます．したがって上の命題は，「完全競争均衡は効率的である」と短くいい直すことができます．

完全競争市場の効率性こそは，ミクロ経済学におけるもっとも大切な主張です．この命題こそが，ミクロ経済学の存在理由であるともいえます．またこの命題は，実生活のさまざまな場面に応用可能な，人類の知恵の1つであるといっても言い過ぎではないでしょう．

■ 政府の役割

完全競争市場の効率性をそのまま信じるのであれば，政府がとるべき市場政策は「積極的には何もしないで，すべてを市場に任せておく」ということになります．これは本書の第1章で解説した市場主義の考え方に通じるものです．政府による市場介入が効果的でないのであれば，政府はすべての市場介入をただちに止めるべきということになります．

しかしながら，市場の効率性が保証されているのは，あくまでも多くの仮定が満たされている理想的な場合のみなのです．現実の市場はしばしば，この章で分析した状況とはかけ離れた様相を呈します．たとえば少数の大企業が価格を左右させることが可能であったり，あるいは公害のように市場外の影響に

よって厚生が損なわれる場合があります．そのような場合には，市場は必ずしも効率的でなく，政府の積極的な市場介入が必要とされます．

というわけで次章以降では，この章で置いた仮定が必ずしも満たされないようなさまざまな市場について分析します．そのような市場では，政府の市場介入に積極的な意味が生じることになるでしょう．

本章のまとめ

1　市場に参加する企業と家計が，誰も価格支配力を持たないとき，その市場は完全競争市場であるといわれます．

2　個別供給曲線を水平方向に足し合わせることにより，市場供給曲線が得られます．同様に，個別需要曲線を水平方向に足し合わせることで市場需要曲線を描くことができます．

3　完全競争市場における均衡は，市場供給曲線と市場需要曲線の交点によって与えられます

4　価格規制，数量規制，課税などの市場介入は，完全競争市場に死重的損失をもたらします．

本章のキーワード

完全競争市場　　価格支配力　　一物一価の法則　　水平和　　ワルラス的調整　　死重的損失　　厚生分析　　政府余剰　　従価税・従量税　　一括税　　租税の転嫁　　効率性

演習問題

1 以下の主張(1)〜(5)のうち，本章の内容に則して正しいものはどれか．
(1) A社ブランドの「肉まん」と，B社ブランドの「肉まん」は，いずれも同じ肉まんであるため，同質財であるといえる．
(2) 市場需要曲線の傾きが急であるほど，企業への課税が家計に転嫁されるようになる．
(3) 政府による市場介入は必ず死重的損失を生む．
(4) ワルラス的調整のもとでは，超過需要が存在するときには市場価格が引き下げられる．
(5) 市場価格が低いほど，家計が得る消費者余剰は大きくなる．

2 市場供給関数が $X = p$ であり，市場需要関数が $X = 12 - p$ であるとして，以下の問に答えよ．
(1) 完全競争均衡を求め，各余剰を計算せよ．
(2) 家計に対して100％の従価税を課す．すなわち，家計は価格 p で財を購入したときには，価格に加えてかならず p に等しい税金を政府に対しても支払う義務がある．このとき，市場均衡を求めよ．
(3) (2)の場合に生じる死重的損失を計算せよ．政府余剰の存在に注意すること．

3 アメリカのニューヨーク市は，すべての家計に安く住居を提供するために，賃貸住宅の家賃を低く抑える家賃統制を第二次大戦以来，継続的に実施している．この政策は，とくに住宅の借り手にとって望ましい結果をもたらすだろうか．あなたの考えを述べなさい．

> **コラム**

増税すると増収になるのか

　需要曲線は右下がりの形状をしています．ここで企業が値上げをしたとします．価格が上がると需要は減ると考えられます．ではこの場合，企業の収入はどうなるでしょうか．需要量が減るので，収入も減るでしょうか．そうとは限りません．収入は価格に需要量をかけあわせたものですので，場合によっては収入が増えることも予想されます．それはどういう場合でしょうか．

　ここで出てくるのが需要の価格弾力性（price elasticity of demand）という考え方です．弾力性とはまたむずかしそうな言葉ですが，要するに需要量が価格に対してどれくらい反応して変化するかを示す数値です．これは，次のように定義できます．

$$需要の価格弾力性 = -\frac{需要量の変化率（\%）}{価格の変化率（\%）}$$

$$= -\frac{需要量の変化分／需要量}{価格の変化分／価格}$$

　つまり，需要の価格弾力性とは，価格が1%変化したときに，需要量は何%変化するかを示しています．

　2つ注意点があります．第1に，なぜ需要量の変化分を価格の変化分で割るというような，ややこしいやり方をしているのでしょうか．それは需要曲線の形状は単位が変わってくると変わってしまうためです．たとえば，タバコの量を数えるときに本数で見るのか，それとも箱数で見るのかで，需要曲線の形は変わってしまいます．こうしたことを避けるために，単位によらないように定義をする必要があります．

　第2に，計算するときにマイナスがついているのはなぜでしょうか．通常需要曲線は右下がりなので価格の変化と需要量の変化は逆向きになります．数字がマイナスになるのも面倒なので，あらかじめマイナスをつけて，正の数値として見るようにしています．

　最初の質問に戻って価格を上げると収入はどうなるのでしょうか．需要の価格弾力性を使うと答えが出ます．

(1) 需要の価格弾力性＞1ならば，価格を上げる分以上に需要量が減るので，収入は減る〈需要は弾力的〉．
(2) 需要の価格弾力性＝1ならば，価格を上げると同じ分だけ需要量が減るので，収入は変わらない〈需要は単位弾力的〉．
(3) 需要の価格弾力性＜1ならば，価格を上げると需要量の減り方は価格を上げるほどではないので，収入は増える〈需要は非弾力的〉．

以上のことを図で表してみましょう．下の図には，3種類の需要曲線が描かれています．価格が P_1 から P_2 に上がると，収入が②の分増えますが，①の分を失うものとしましょう．(1) の需要曲線の場合，失われる①よりも得られる②のほうが小さいので，結果として得られる収入は小さくなります．

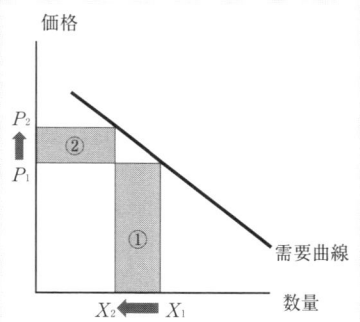

下の図の場合は，失われる収入①と得られる収入②の大きさがちょうど等しく，結果として得られる収入は変わりません．

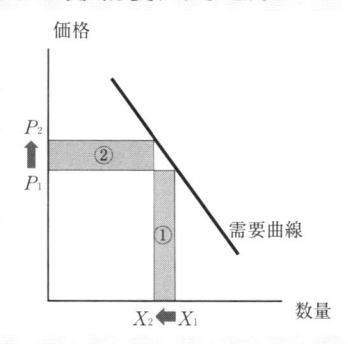

次の図の場合は，失われる収入分①よりも得られる収入分②が大きく，結

第4章 完全競争市場　161

果として得られる収入は増えます.

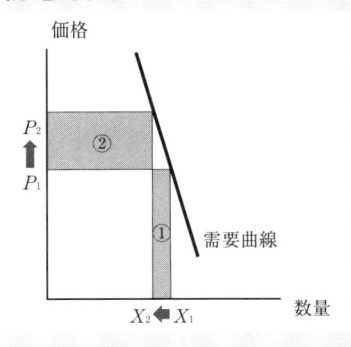

実際には弾力性はどのような値をとるのでしょうか.興味深い例が,日本のタバコの価格弾力性です.日本のタバコには各国同様,税金がかかっています.そのタバコ税が 2010 年,1 箱当たり 300 円から 410 円に大幅に引き上げられました(マイルドセブンの場合).ある計算によると,タバコの弾力性は 0.54 になります(鈴木貴博(2013)「たばこ増税の不都合な真実」日経トレンディネット,3 月 11 日,http://trendy.nikkeibp.co.jp/article/column/20130226/1047723/?P=2&rt=nocnt).弾力性が 1 よりも小さいわけですから,価格を上げても収入は減らず,むしろ増えることになります.

タバコ増税による価格弾力性の分析結果

第 3 四半期の売上比較		2009 年度	2012 年度	増減	価格弾力性
売上金額	億円	9,065	9,885	1.09	0.54
売上本数	億本	598	501	0.84	
単価(一箱)	円	303	395	1.30	

(注)タバコ価格は製品によってさまざまなため,上記分析の単価と,マイルドセブンなど代表的なタバコ銘柄の売価は厳密には一致しない.
(出所)鈴木(2013).

価格を上げた結果,政府の税収も 2009 年度の 2012 年度の 5229 億円へと,17% 程度増えたとのことです(なお,2011 年 3 月 11 日に起きた東日本大震災の影響を考慮して,増税後の数値として 2012 年度を用いています).

この弾力性は，いろいろなところで使うことができます．たとえばタバコのように税金をかけると税収がどのくらい入ってくるかは，政府にとって大きな関心事です．また次の第 5 章では，企業が価格を変えられる場合を考えます．企業が価格を決めるときには，収入をどれくらい得られるかが大事になってきます．

第5章 不完全競争市場

　第4章では，市場に参加している企業と家計の数が十分に多く，そのために誰も価格を支配できないような状況を考えました．これに対して，とくに企業の数が少ないときには，企業にはみずからが生産する財の価格を支配できる可能性があります．この章では，少数の企業が価格支配力を持った場合に，市場にはどのような影響が生じるのかをくわしく分析します．

5.1 不完全競争市場とは

■ 市場の分類

　価格支配力を持っている経済主体が存在するとき，その市場は**不完全競争市場**（imperfectly competitive market）と呼ばれます．とくに企業数が1社である場合には**独占**（monopoly），2社であれば**複占**（duopoly），複数ではあっても十分には多くない程度であれば**寡占**（oligopoly）と称します．

　市場は，企業の数だけでなく，扱う財の性質によっても分類されます．たとえば，複数の企業が扱う財の性質や見かけがまったく同一で，消費者にはそれがどの企業による製品であるのか区別できない場合に，それらの財を**同質財**（homogeneous good）と呼びます．ある財が同質的であるときには，それらの財そのものだけでなく，包み紙や店員や売り場に至るまで同一でなくてはなりません．それに対して，見た目や性質，ブランドや売り場などで企業を区別できる財の場合には**異質財**（heterogeneous good）といいます．

　もしも2つの企業が同質財を供給しているのであれば，その市場は**同質複占**であるといわれます．複数の企業がそれぞれのブランドの財を供給して互いに競争している市場は**異質寡占**です．財の種類と企業の数に応じた市場の呼び名を表5.1にまとめておきます．

　表5.1のうちの**独占的競争**（monopolistic competition）について簡単に説

表 5.1　市場の分類

	企業数			
	1	2	複数	多数
同質財	独占	同質複占	同質寡占	完全競争
異質財	—	異質複占	異質寡占	独占的競争

明しておきます．独占的競争市場には，完全競争市場と同様に多数の企業が存在しています．それぞれの企業は，各自のみが生産できる独自性のある財を供給しています．たとえば，無数のゲーム会社が互いに熾烈に競争しつつ，独自のタイトルを供給しているゲームソフトの市場などがそれに当たります．独占的競争市場は，独占市場と完全競争市場のちょうど中間にある市場形態であり，さまざまな面白い性質を持っていますが，入門書のレベルを超えるため本書では扱わないことにします．

あまり分析されることはありませんが，企業ではなく家計の数が少ない場合にも市場は不完全競争になります．多数の企業が財を供給している一方で，買い手の家計が1つしかなければ，企業はその家計の言い値で財を売るしかなくなってしまいます．つまり，このときには家計のほうに価格支配力があるのです．とくに家計の数が1人である場合には**買い手独占**（monopsony）であるといいます．しかし買い手独占は，少なくとも入門レベルの教科書では取り扱われることの少ない市場ですので，本書でもこのケースは考えないことにします．

■ 企業数と市場の効率性

この章では，表 5.1 に挙げられたさまざまな市場のうち，まずは独占市場について学びます．他にライバルのいない独占企業は，財の供給量を意図的に少なくすることで価格を吊り上げ，完全競争のときより多くの利潤を稼ぐことができるでしょう．その一方で，家計は高い価格と少ない供給量に苦しめられて余剰を失います．その結果，独占市場には死重的損失が生じる可能性があります．

企業の数が1つ増えれば，市場は複占になります．今度は2つの企業間で競争が発生するため，独占市場のときにくらべると企業の価格支配力はやや弱まります．その結果，価格は下がり，市場供給量は増え，家計が受け取る消費者余剰も回復するでしょう．

　さらに企業の数が増えれば市場は寡占状態になります．独占から寡占へと企業の数が増えるにつれて，財の価格はますます下がり，市場供給量はますます増加し，消費者余剰も増加して，死重的損失はゼロに近づくだろうと考えられます．この予想の正しさを確認することが，本章の大きな目標となります．

5.2　独占市場

■ 具体例の設定

　この節では不完全市場のもっとも単純な場合として独占市場を分析します．まずは，この節を通じて用いる具体例を設定しましょう．

　以下では，ある財の市場需要関数が，

$$X = 12 - p \tag{5.1}$$

によって与えられているとします．また，財を供給している独占企業の費用関数を，

$$C = \frac{1}{2} x^2 \tag{5.2}$$

とします．したがって限界費用関数は，

$$MC = x \tag{5.3}$$

となります．簡単化のため固定費用は存在しないものとしましょう．したがって生産者余剰は利潤に等しくなります．また，小文字の x は企業の個別生産量，大文字の X は市場全体の量を意味しています．ただし独占市場には企業が1つしかありませんので，必然的に $x = X$ となります．そこで，独占市場を分析する本節では，両者の区別にあまりこだわらずに常に X を用いることにし

図 5.1 完全競争均衡

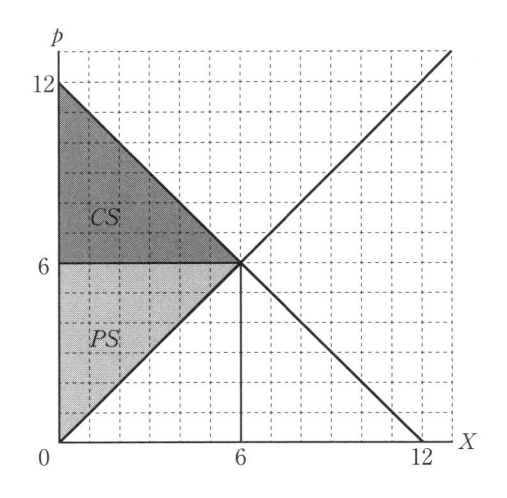

ます.

以上の設定のもとで,仮にこの独占企業が価格受容者として行動するならば,企業は市場が定めた価格 p のもとで,その価格と限界費用 MC が等しくなるように供給します.現在考えている具体例の場合には $MC = X$ でしたから市場供給関数は $X = p$ です.したがって (5.1) 式と $X = p$ を連立させて,$(p, X) = (6, 6)$ を得ます.また消費者余剰 CS と生産者余剰 PS の大きさは,どちらも 18 になります(図 5.1).

■独占企業の「売り惜しみ」

今度は,この独占企業が価格受容者ではなく,価格支配力を持つ経済主体として振る舞うものとしましょう.このときには,企業はどのような行動をとるでしょうか.おそらくは,何らかの方法を用いて自分が生産する財の価格を引き上げようとするのではないでしょうか.

その1つの方法として,財の供給量を均衡水準 $X = 6$ よりもあえて低く抑えるという戦略が考えられます.これはいわゆる「売り惜しみ」による価格の吊り上げです.たとえば,この独占企業が,供給量を $X = 6$ から 2 単位減らして $X = 4$ にしたとします.このときには企業の利潤はどうなるでしょうか.

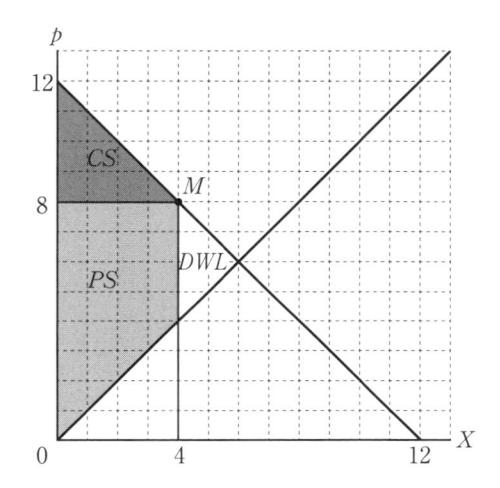

図 5.2　独占企業が $X = 4$ 単位の供給を行うときの市場の様子

市場供給量を $X = 4$ に抑えれば市場には $6 - 4 = 2$ だけの超過需要が発生し，価格には引き上げ圧力が加わります．価格が上昇して $p = 8$ となれば，市場需要量は (5.1) 式より $X = 12 - 8 = 4$ になり，こうして需給が一致して新たな経済状態 $(p, X) = (8, 4)$ が得られます．

このときの市場の様子は図 5.2 によって示されています．この図により消費者余剰は $CS = 8$，生産者余剰は $PS = 24$ となっていることがわかります．これは，独占企業が価格受容者として振る舞った際の生産者余剰 18 よりも大きな値です．こうして，売り惜しみによって独占企業は利潤を増やせることが確認できました．その一方で，同じ図より $DWL = 4$ の死重的損失が生じていることがわかります．したがって，状態 $(p, X) = (8, 4)$ にある市場は効率的ではありません．

■ 独占市場の均衡

価格のさらなる吊り上げをねらって，独占企業が供給量を $X = 4$ から $X = 2$ に減らしたとしましょう．このときの市場の様子が図 5.3 です．価格は $p = 8$ から $p = 10$ に上昇し，消費者余剰は $CS = 2$，生産者余剰は $PS = 18$ となることがわかります．したがって，$X = 4$ から $X = 2$ への生産減少は，利潤をか

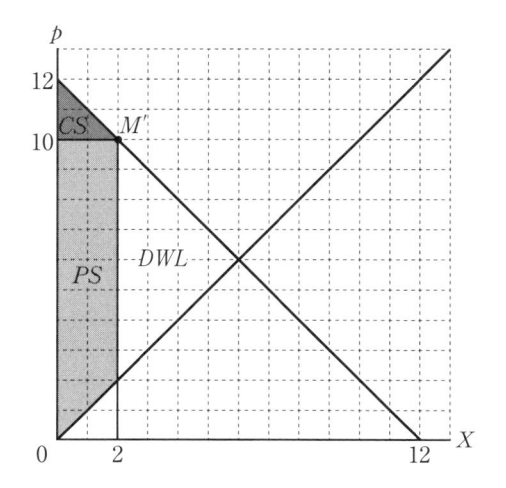

図5.3 独占企業が $X = 2$ 単位の供給を行うときの市場の様子

えって減少させてしまいます．価格が高騰したことはこの独占企業にとっては好材料だったのですが，それではカバーできないほどに需要量が減ってしまったのです．

それでは，この独占企業にとって最適な供給水準は何でしょうか．図5.4には各生産量 $X = 1, 2, \cdots, 8$ のもとでの生産者余剰が示されています．この図によれば，生産量を $X = 4$ よりも少なくすると，価格の上昇による効果が供給量の減少によって打ち消され，結果としては利潤が低下していることがわかります．逆に生産量を $X = 4$ 単位よりも増やしてしまうと，今度は価格が安くなって利潤が減ります．こうして独占企業にとって最適な生産量は $X = 4$ 単位であることがわかります．このとき市場で成立する価格は $p = 8$ となりますから，**独占市場均衡**は $(p, X) = (8, 4)$ となります．

■独占市場の非効率性

独占企業が価格受容者として振る舞ったときの均衡 $(p, X) = (6, 6)$ と，独占市場均衡 $(p, X) = (8, 4)$ の，それぞれにおける各種余剰を計算してみましょう．表5.2には，それぞれの均衡における余剰の大きさが示されています．とくに目を引くのは，独占市場における消費者余剰の大きな減少です．そ

図 5.4　生産量 X と生産者余剰 PS の関係

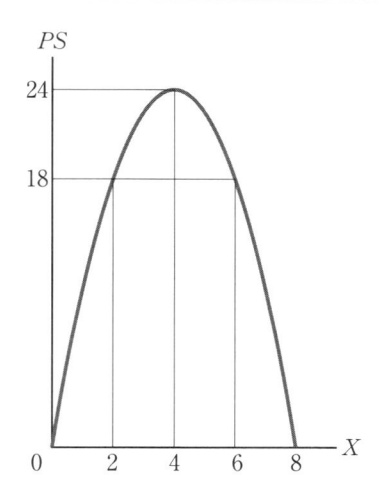

表 5.2　完全競争均衡 $(p, X) = (6, 6)$ と独占均衡 $(p, X) = (8, 4)$ における余剰の比較

	消費者余剰	生産者余剰	社会的余剰
完全競争均衡	18	18	36
独占均衡	8	24	32
増減	− 10	+ 6	$DWL = 4$

の一方で生産者余剰は増加していますが，消費者余剰の減少分を補うには不十分です．そのため，独占市場では $DWL = 4$ の死重的損失が生まれています．

言い換えれば，独占企業の利潤は，それを上回る家計の犠牲によって支えられていることになります．ゆえに社会全体では，独占は必ず死重的損失を産みます．これが独占が社会にとって好ましくないものと考えられている経済学的な理由です．

■独占企業の限界収入

以上の分析をさらに詳細に考えてみましょう．独占市場均衡における企業の

供給量 $X = 4$ はどのような性質を持っているのでしょうか.

第3章では与えられた価格と限界費用が等しくなるように企業が供給量を決定することを学びました. すなわち, 企業が供給量を1単位追加すれば, 限界費用 MC に等しいだけの費用の増加が生じます. その一方で企業の収入は価格 p に等しいだけ増加します. 企業はこの限界収入と限界費用を比較して $p = MC$ が実現するように生産量の調整を行うのでした.

独占市場においてはこのストーリーが変化します. なぜなら, 価格受容者ではない独占企業は, 自分が生産量を追加すればそれが価格の引き下げをもたらすことを知っているからです. 価格支配力を持つ独占企業にとっては, 価格は与えられた定数ではありません.

再び具体例として, 需要関数が,

$$X = 12 - p$$

で与えられている市場を考えましょう. これを変形すれば,

$$p = 12 - X$$

という**逆需要関数**(inverse demand function)が得られます. これは, たとえば, 独占企業が $X = 3$ 単位の財を市場に供給すれば価格が $p = 12 - 3 = 9$ になることを意味します.

現在の供給量を X 単位, したがって価格が $p = 12 - X$ であるときに, この独占企業が ΔX 単位の財を追加的に供給することを検討している状況を考えてみましょう. ただし ΔX の大きさは, 総供給量 X にくらべて非常に小さな数字であると考えてください. この追加供給は, 供給量の増加による収入増の効果と, 価格の低下による収入減の効果という, 2つの正反対の効果をもたらします.

まずは第一の効果から説明しましょう. 現時点での価格は $p = 12 - X$ でした. したがって ΔX 単位の追加供給は,

$$p \cdot \Delta X = (12 - X) \cdot \Delta X$$

の追加収入を企業にもたらします. ここまでは完全競争市場における議論と

まったく同じ考え方です.

しかしながら,供給量を ΔX 単位増加させれば,価格は,

$$p = 12 - (X + \Delta X) = 12 - X - \Delta X$$

に変化し,もとの価格より ΔX 円だけ安くなります.現在の総生産量は X 単位でしたから,この価格低下による総収入の減少分の大きさは,

$$\Delta X \cdot X$$

となります.

この2つの効果を合わせれば,ΔX 単位の追加供給によって得る収入の変化分は,

$$(12 - X) \cdot \Delta X - \Delta X \cdot X = (12 - 2X) \cdot \Delta X$$

と計算されます.この両辺を ΔX で割れば,供給量の1単位の追加が,

$$12 - 2X \tag{5.4}$$

の収入増加をもたらすことがわかります.これを,この独占企業が得る**限界収入**(Marginal Revenue, MR)といいます.

■ 限界収入の公式

後々の参照のために以上の結果を公式にしておきましょう.

限界収入の公式

定数 a, b を用いて逆需要関数が,

$$p = a - bX$$

によって与えられているとき,独占企業の限界収入は,

$$MR = a - 2bX \tag{5.5}$$

によって与えられる.

つまり**逆需要関数の傾き b を 2 倍にすれば限界収入の関数になる**のです．この公式は，1 単位の追加生産がもたらす収入の増分，すなわち価格 $p = a - bX$ と，追加生産によって価格が低下することによる収入の減少 $-bX$ を合計することによって得られます．以降の説明では何度も使われる公式ですので，きちんと覚えておきましょう．

■ 独占利潤の最大化

　この公式を用いて，(5.1) 式および (5.3) 式を仮定した場合の独占市場の均衡を計算してみましょう．市場需要関数 $X = 12 - p$ に対応する逆需要関数は $p = 12 - X$ ですから，限界収入の公式 (5.5) により，

$$MR = 12 - 2X$$

となります．

　すでに第 3 章で説明したとおり，企業の利潤は限界便益 MR と限界費用 MC が一致するときに最大になります．たとえば $MR > MC$ である場合には，追加供給によって得られる収入増分 MR が費用増分 MC を上回っているわけです．このときには，両者の差額 $MR - MC$ の分だけ，独占企業は利潤を増加させることができます．したがって企業は生産量 X を増やします．生産量 X が増加すれば，MR が減少する一方で MC が増加し，いずれ $MR = MC$ が成立します．これ以上の増産は，限界収入が限界費用を下回るために利潤を減少させます．したがって次の結論が得られます．

> **独占利潤の最大化**
>
> 　$MR = MC$ を成立させる生産量において，企業の利潤は最大になる．

　とくに現在考えている具体例の場合では，独占企業の利潤を最大化する生産量は，

$$12 - 2X = X$$

より $X = 4$ となります．さらに逆需要関数より，対応する価格が $p = 12 - 4$

図 5.5 需要曲線 D, 限界収入曲線 MR, 限界費用曲線 MC と生産者余剰 PS の関係

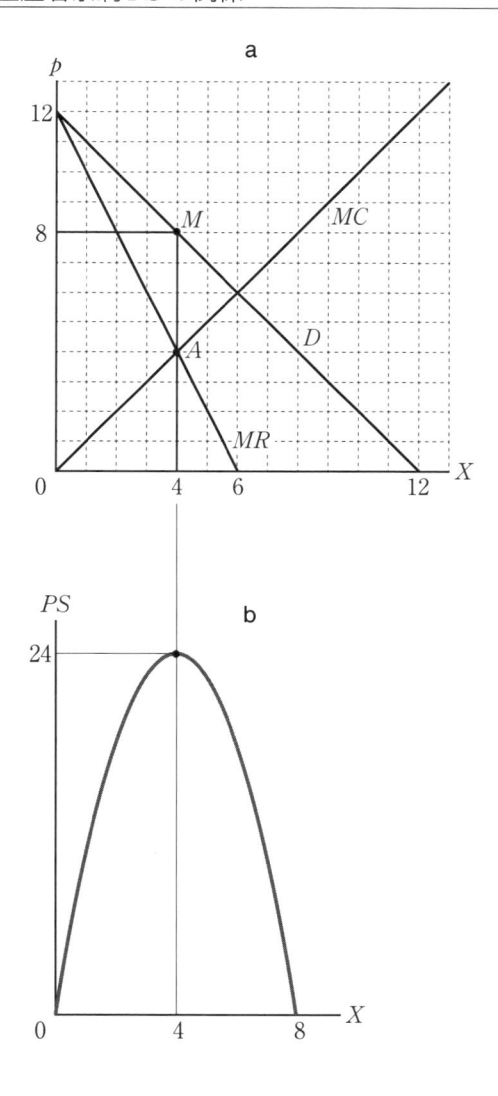

＝8であることもわかります．したがって独占市場均衡は $(p, X) = (8, 4)$ です．

■独占均衡の様子

この均衡の様子を図示してみましょう．図5.5 **a**には，(5.1)式・(5.3)式によって与えられる市場の様子が描かれています．また図5.5 **b**には，各生産量に対応する生産者余剰の大きさが図示されています．独占市場の均衡生産量は MR と MC の交点 A によって与えられています．すなわち $X=4$ が独占企業にとって最適な生産量です．さらに，$X=4$ 単位の生産量に対応する価格が $p=8$ であることは需要曲線 D から読み取ることができます．したがってこの市場の均衡は点 $M:(p, X)=(8, 4)$ によって表されています．利潤を最大にする数量が MR と MC の交点によって定まるのに対して，対応する価格は MR と MC の交点ではなく需要曲線 D 上の点として決まることに注意してください．

例題5-1

市場需要関数が $X = 24 - \dfrac{1}{2}p$ である財市場に，ある独占企業が存在する．企業の費用関数が $C(X) = X^2$ であるとき，以下の問に答えよ．

(1) 市場逆需要関数を求めよ．
(2) この企業の限界費用関数 MC，限界収入関数 MR は何か．
(3) 独占市場均衡を計算せよ．
(4) 独占市場均衡における，消費者余剰，生産者余剰をそれぞれ求めよ．
(5) 完全競争市場と比較したとき，独占市場均衡において生じる死重的損失はいくらか．

解　説

(1) $p = 48 - 2X$
(2) $MC = 2X$, $MR = 48 - 4X$
(3) $(p, X) = (32, 8)$
(4) 消費者余剰：64，生産者余剰：192
(5) 死重的損失：32

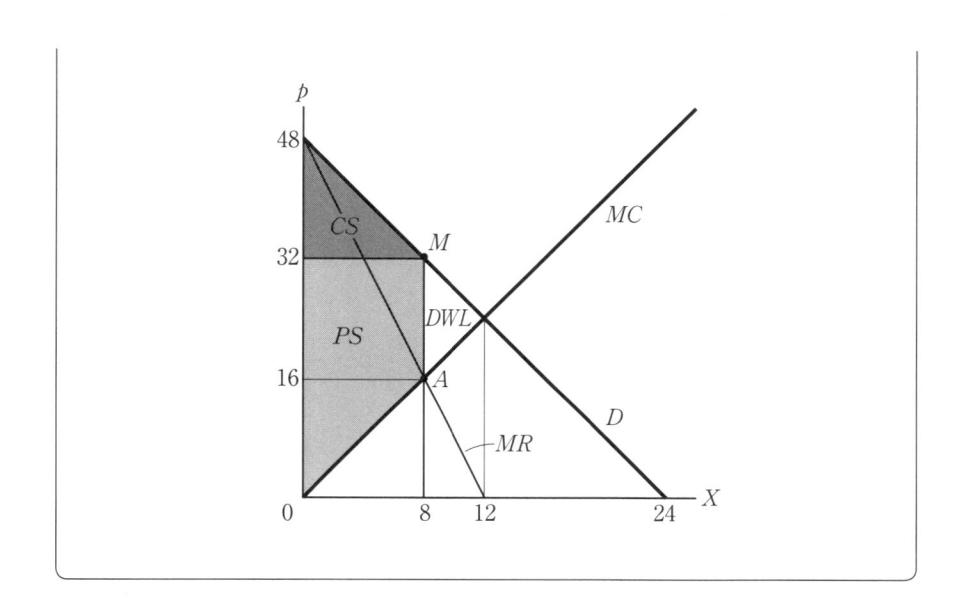

■ 独占市場への介入

こうして独占市場には死重的損失が発生することがわかりました．何らかの方法によって，この死重的損失を軽減することは可能でしょうか．

1つの方法は，政府による市場介入です．すでに私たちは第4章において，さまざまなタイプの市場介入政策とその効果を分析しました．結果として，完全競争市場においては，政府の市場介入には百害あって一利なしという結論を得たのでした．しかし，市場が完全競争的でないのならば，この結論は成り立ちません．

再び，これまでの具体例と同じ独占市場を考えます．すなわち，市場需要が $X = 12 - p$，独占企業の限界費用は $MC = X$ であるとします．このとき企業が価格受容者として振る舞う完全競争均衡は $(p, X) = (6, 6)$ であり，その一方で独占均衡は $(p, X) = (8, 4)$ となるのでした（図5.5）．また，この市場における各種余剰は表5.2のように与えられるのでした．

ここで，政府が次のような政策を布告します．

　　家計は政府に6単位の一括税を納めるべし．企業は，完全競争均衡と同
　　じく $X = 6$ 単位の財を生産し，それを $p = 6$ の価格で売るべし．企業がこ

表 5.3 市場介入政策の効果

	消費者余剰	生産者余剰	社会的余剰
完全競争均衡	18	18	36
独占均衡	8	24	32
市場介入	12	24	36

れに従う場合には，政府は家計から得た税収をすべて企業に与える．

つまり，政府は企業に独占均衡を諦めさせるかわりに「ご褒美」として 6 単位の一括補助金を与えるのです．補助金の財源は家計への課税です．この政策が実行されれば，完全競争均衡と同じ水準の価格と生産量が実現しますので，消費者余剰は $CS = 18$ となり，ここから 6 単位の一括税を支払ったとしても 12 単位の便益が家計に残されます．また企業が受け取る生産者余剰はいったんは 24 単位から 18 単位に減少しますが，そこに一括補助金を加えれば，24 単位に戻ります．

以上の計算を表にすれば表 5.3 になります．この表を見れば，市場介入政策によって社会的余剰が再び 36 単位となり，死重的損失が解消されていることがわかります．独占市場においては，市場介入には積極的な効果があるのです．独占企業にとっては，政策の実施によって余剰が損なわれることはありませんし，家計にとっても，たとえ一括税を徴収されるにしても，この政策によって消費者余剰は独占均衡の場合にくらべて大きく改善しています．したがって，この政策は，家計と企業の双方にとって歓迎されるパレート改善をもたらすものです．

■独占禁止法

それでは，このような政策が実際に施行されているのかといえば，じつはそうでもありません．そもそも独占企業の実例を見つけることが容易ではないのです．マヨネーズ市場のキユーピーやファスナー市場の YKK，ダイアモンド市場のデビアスのように，単独企業による供給が市場供給の大半を占めている例はたしかにありますが，しかしそれらの例にしても，実際には（あまり目立

たないながらも）複数の企業が市場に参入しています．またJT（日本たばこ産業株式会社）は日本においてタバコを供給する唯一の企業ですが，JTは「日本たばこ産業株式会社法」に基づく特殊会社であり，全株式のうち3分の1以上を財務省が保有する半官半民の企業です．したがってタバコの価格の決定には政府の意向が大きく影響しており，これまでに述べたような独占利潤の最大化によって，その行動を説明できるものではありません．

　なぜ現実経済において独占企業の事例はまれなのでしょうか．その理由の1つは，独占を禁じる法規制の存在です．日本はもちろん，世界のほとんどの国には「独占禁止法」または「競争法」と呼ばれる法律があり，1つの企業が市場を独占することをきびしく禁じています．仮に単一企業が市場を占有してしまった場合には，その企業は強制的に複数に分割されることになっています．たとえば，アメリカ最大の電話会社であったAT＆Tは，独占禁止法に抵触したため1984年に8つの会社に分割されています．

■ 新規参入

　現実において独占がまれであるもう1つの理由は，独占企業の上げる大きな利潤が新規企業の市場参入を招くことです．新しく起業するに際していちばんむずかしいことは，これからつくろうとしている新製品・新サービスが本当に売れるかどうかを見きわめることです．一見するととても便利そうで価格も適正に思える財があまり売れずにすぐに消えてしまう一方で，何がよいのか理解に苦しむ奇妙な商品が爆発的にヒットするという現象は毎年のように発生しています．家計がこれまでに見たことのない新しい財やサービスをつくることは，企業にとってはリスクの高い賭けなのです．

　その一方で，すでに高い利潤を得ている独占企業の商品とよく似た財を供給すれば，生産する財が市場にまったく受け入れられないというリスクを避けることができます．売れるかどうかわからないオリジナル商品を果敢に供給することよりも，すでに大きな需要を掘り当てている独占企業と同じ市場に参入するほうが安全です．つまり，ヒット商品の模倣品を生産して売るというわけです．独占企業が得ている利潤が大きければ大きいほど，その利潤は誘蛾灯のように新規参入企業を市場に引き寄せます．こうして，市場への新規参入が自由

であるかぎり，独占市場は中・長期的には寡占市場に移行します．

■ 自然独占

ただし，特殊な産業では，新規参入が自然にはばまれる場合があります．たとえば電力事業のように，市場に参加するためにはきわめて大きな額の初期投資，すなわち固定費用が必要となる産業を考えてみてください．固定費用が非常に大きく，その一方で可変費用が非常に小さな産業の場合には，新規企業の参入が困難であるため市場が自然に独占状態になってしまうことがあるのです．

もう少し具体的に，ある市場を独占している企業の費用関数が $C(X) = 10000 + 0.01X$ のようであるとしてみましょう．このときの平均総費用は，

$$ATC = \frac{10000}{X} + 0.01 \tag{5.6}$$

となり，X が増えれば増えるほど1単位の財が安くつくれるようになります．つまり，この企業の生産技術は規模に関して収穫逓増になっています．

この市場に，他の企業が新規参入を試みたとしましょう．そのときには，既存企業は供給量をかぎりなく増加させることによって市場に存在するすべての需要を満たし，新規参入の余地を奪ってしまうことができます．通常の費用構造であれば，生産量を増加させるにつれて限界費用が増大するため，このような妨害行為はコストが掛かりすぎて実行できないのですが，しかし (5.6) 式のような費用関数のもとでは，非常に安いコストで市場をすべて奪うことができるのです．その結果，他の企業は市場に参入できなくなります．

このように，独占企業の費用関数が規模に関して収穫逓増の構造を持つために，他の企業の参入がむずかしくなってしまう市場は**自然独占**（natural monopoly）であるといいます．自然独占市場では新規参入が生じませんので，政府が介入して価格を規制し，独占の弊害が生じないようにする必要があります．一般に，鉄道や郵便，電力事業や水道事業などは自然独占市場であると考えられています．

5.3 複占市場

■ 同質複占

この節では，2つの企業Aと企業Bが同質財を供給している複占市場を考えます．企業Aによる財の供給量をx_A，企業Bによる供給量をx_Bと書くことにすれば，市場供給量は，

$$X = x_A + x_B$$

によって与えられることになります．また簡単化のため，それぞれの企業の費用関数は同一であり，

$$C_A(x_A) = 6x_A, \qquad C_B(x_B) = 6x_B$$

であると仮定しましょう．したがって両企業の限界費用関数は，

$$MC_A(x_A) = 6, \qquad MC_B(x_B) = 6 \tag{5.7}$$

となります．

一方で，この財に対する市場需要関数は，

$$X = 24 - p$$

であるとします．いまは同質財を仮定していますから，財の価格pが両企業について同一となることに注意してください．これを変形すれば，市場逆需要関数は，

$$p = 24 - X = 24 - (x_A + x_B)$$

となります．

■ 企業のライバル関係

この逆需要関数の形を観察すれば，企業Aと企業Bの関係を理解することができます．たとえばx_Aを一定にしたままx_Bを増加させれば，市場供給量X

が増加して価格が減少します．企業Aにとっては，自社の供給量は増えていないのに財の価格は低下してしまうわけですから，このとき利潤は必ず低下します．逆に企業Aが生産量を増加させれば，今度は企業Bの利潤が減少します．したがって企業Aと企業Bは，1つの市場を奪い合うライバル関係にあるわけです．

■「同時手番」と「逐次手番」

以上のように設定された市場において，企業AとBはそれぞれどれだけの財を供給するでしょうか．この問題を解くためには，さらにもう1つの仮定を設ける必要があります．それは，2企業が意思決定を行う順番です．

もし「企業Aと企業Bは，ライバル企業の供給量を知らないまま，各自の供給量を同時に決定する」という状況を考えるのであれば，このときのモデルは**同時手番**（simultaneous move）であるといいます．これはたとえてみれば，じゃんけんのような状況です．

それに対して「まずは企業Aが自分の供給量x_Aを決定し，次に企業Bがx_Bを決定する」というように，行動の順序があるときには，モデルは**逐次手番**（sequential move）であるといいます．このときには企業Bは企業Aの行動を観察することができますから，企業Bは「後出しじゃんけん」が可能になるわけです（しかし，あとで見るように，これは企業Bにとって有利な状況であるとは必ずしもいえません）．

以下では，まずは同時手番の状況を想定して分析を行うことにしましょう．このような同時手番・同質財の複占モデルを，それを最初に分析したフランスの経済学者クールノー（Antoine Augustin Cournot, 1801〜1877）の名前を冠して**クールノー型複占モデル**と称します．これに対して，逐次手番の同質財複占を，理論の考案者であるドイツの経済学者シュタッケルベルク（Heinrich von Stackelberg, 1905〜1946）の名にちなんで**シュタッケルベルク型複占モデル**と呼びます．

■企業Aの意思決定

以上の設定のもとで，クールノー型複占モデルの均衡を計算してみましょう．

まずは企業 A の意思決定から考えます．

クールノー型の想定では，2 社は同時に供給量を決定します．したがって企業 A は企業 B の供給量を観察することができません．そこで企業 A は，たとえば「企業 B の供給量は 4 単位である」と予想しているものとします．企業 A によるこの予想を「$\bar{x}_B = 4$」と表すことにします．その上で企業 A が x_A 単位の供給を行ったならば，市場供給量は $X = x_A + 4$ になるわけですから，市場で成立する価格は，

$$p = 24 - (x_A + 4) = 20 - x_A$$

となります．もちろんこれは実際に市場で実現している価格ではなく，あくまでも企業 A の予想している価格にすぎません．

企業 A による予想「$\bar{x}_B = 4$」を前提とするかぎり，企業 A の意思決定問題は，逆需要関数 $p = 20 - x_A$ のもとで企業 A の独占利潤を最大化する問題と本質的に同じことになります．限界収入の公式 (5.5) により，企業 A にとっての限界収入は，

$$MR_A = 20 - 2x_A$$

となります．また限界費用関数は (5.7) 式によって $MC_A = 6$ となりますから，企業 A の利潤を最大にする生産量は $MR_A = MC_A$ により $x_A = 7$ であることがわかります．

もちろん，企業 A による予想「$\bar{x}_B = 4$」が正しい保証はどこにもありません．$\bar{x}_B$ は 4 に限らずさまざまな値をとります．たとえば企業 A の予想が「$\bar{x}_B = 6$」であったならば，今度は企業 A にとっての市場逆需要関数は，

$$p = 24 - (x_A + 6) = 18 - x_A$$

となり，したがって企業 A の供給量は $x_A = 6$ となります．

■ 最適反応

このようにして，予想値 $\bar{x}_B$ をさまざまに変えながら，企業 A の最適な供給量を計算すれば，その結果は図 5.6 のようになります．これを企業 A の**最適**

図 5.6 企業 A の最適反応曲線

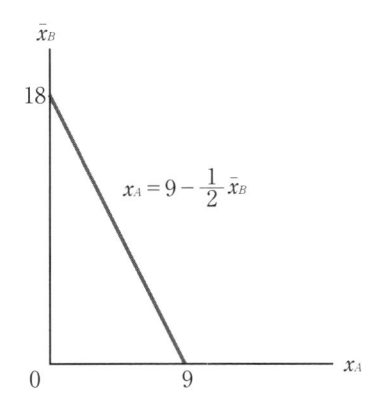

$$x_A = 9 - \frac{1}{2}\bar{x}_B$$

反応曲線 (best response curve) といいます．縦軸には企業 A による予想値 $\bar{x}_B$ がとられ，また横軸はその予想値のもとでの企業 A の最適な供給量が示されています．

この図を見れば，企業 A は，x_B として大きな値を予想しているときほど，自社の供給量を減少させていることがわかります．つまり，ライバル企業が供給を増加させるであろうと予測しているときには，企業 A は生産を減らすことによって値崩れを防ごうとするのです．逆に企業 B が生産を減少させたときには，企業 A は供給量を増加して利潤を高めようとします．

■最適反応の計算方法

企業 A の最適反応を計算するには，次のようにします．企業 A による企業 B の供給量の予想値を具体的な数字とせずに，文字 $\bar{x}_B$ のままとします．すると企業 A にとっての市場逆需要関数は，

$$p = 24 - (x_A + \bar{x}_B) = (24 - \bar{x}_B) - x_A$$

となります．企業 A にとっては $(24 - \bar{x}_B)$ は定数であることに注意してください．

したがって限界収入の公式 (5.5) により，企業 A の限界収入は，

$$MR_A = (24 - \bar{x}_B) - 2x_A$$

となります．限界費用関数は $MC_A = 6$ でしたから，企業 A の最適な供給量は，

$$(24 - \bar{x}_B) - 2x_A = 6$$

を解くことにより，

$$x_A = 9 - \frac{1}{2}\bar{x}_B$$

のように，予想値 $\bar{x}_B$ の関数として計算されます．この関数を，企業 A の**最適反応関数**（best response function）といいます．これを図示したものが先の図 5.6 であるわけです．

■ 最適反応関数の傾き

最適反応関数 $x_A = 9 - \frac{1}{2}\bar{x}_B$ の傾きの大きさ $\frac{1}{2}$ が 1 より小さいことには，企業 A が生産増加による財の値崩れをおそれているということが含意されています．たとえば，企業 B が供給量を 1 単位減らしたときには，企業 A は自社の供給量を増加させます．しかし，その際の増加分は $\frac{1}{2}$ 単位であって，x_B の減少分 1 単位よりも少ないのです．

最適反応関数の傾きの大きさが 1 より大きかったならば，企業 B による供給の減少は，企業 A によるそれ以上の大きさの供給増加を招きます．したがって市場全体では供給量が増大し，価格が低下することになります．つまり，値崩れが生じるわけです．最適反応関数の傾きの大きさが 1 より小さいということは，それぞれの企業が価格の低下を防ごうとしている意思の現れなのです．

■ 企業 B の意思決定

企業 A が意思決定を行うのと同時に，企業 B もまた自社の最適な供給量を決定します．その考え方は企業 A の場合とまったく同じです．

まず，企業 B は，企業 A の供給量が何らかの定数 $\bar{x}_A$ に等しいものと予想します．したがって企業 B にとっての市場逆需要関数は，

図5.7　企業A，企業Bの最適反応曲線

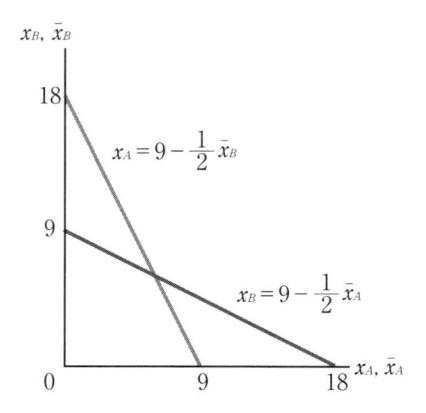

$$p = 24 - (\bar{x}_A + x_B) = (24 - \bar{x}_A) - x_B$$

となります．企業Bにとって $(24 - \bar{x}_A)$ はあくまでも定数に見えていますから，Bの限界収入 MR_B は限界収入の公式により，

$$MR_B = (24 - \bar{x}_A) - 2x_B$$

と計算されます．また限界費用は $MC_B = 6$ ですから，Bの最適反応関数は，

$$x_B = 9 - \frac{1}{2}\bar{x}_A$$

となります．こうして求めた両企業の最適反応関数のグラフを図示すれば，図5.7のようになります．

■ 予想の修正

以上の準備のもとで，この複占市場の均衡状態を計算してみましょう．仮に，企業Aによる予想が $\bar{x}_B = 12$ であり，企業Bによる予想もまた $\bar{x}_A = 12$ であったとしてみましょう．このときには，各自の最適反応関数により，企業AとBの生産量は，

$$x_A = 9 - \frac{1}{2} \times 12 = 3, \qquad x_B = 9 - \frac{1}{2} \times 12 = 3$$

となります．どちらも3単位ずつ市場に供給します．そして，その結果を見て，両企業は自分たちの予想 $\bar{x}_A = 12$, $\bar{x}_B = 12$ が間違っていたことに気づくでしょう．

そこで両企業は，$\bar{x}_A = 3$, $\bar{x}_B = 3$ へと予想を修正するとします．そして，両企業は，

$$x_A = 9 - \frac{1}{2} \times 3 = \frac{15}{2}, \qquad x_B = 9 - \frac{1}{2} \times 3 = \frac{15}{2}$$

により $\frac{15}{2}$ = 7.5 単位を市場に供給します．この結果もまた予想 $\bar{x}_B = 3$ および $\bar{x}_A = 3$ と一致するものではありません．両企業は，再び，予想の修正を迫られるでしょう．

企業AとBはこのようにして，互いの行動を予想して自分たちの行動を決め，その結果を見て予想を修正することを繰り返します．そしてその間は，両者の供給量が変化しつづけることになります．

■クールノー均衡の決定

このように予想の修正が繰り返された結果として，いずれは企業Aの予想は $\bar{x}_B = 6$, 企業Bの予想 $\bar{x}_A = 6$ に落ち着きます．このとき，両企業の生産量は，

$$x_A = 9 - \frac{1}{2} \times 6 = 6, \qquad x_B = 9 - \frac{1}{2} \times 6 = 6$$

となり，これは企業の予想どおりの結果なのです．こうして両企業ともに予想の修正を行う必要がなくなり，これ以降は $(x_A, x_B) = (6, 6)$ という供給量が保たれることになります．また財の価格は，

$$p = 24 - (6 + 6) = 12$$

となります．

こうして到達した均衡状態 $(p, x_A, x_B) = (12, 6, 6)$ を**クールノー均衡**（Cournot equilibrium）といいます．各企業による予想値 $(\bar{x}_A, \bar{x}_B)$ が，市場における実現値 (x_A, x_B) と一致しており，したがって予想の修正を行う必要

第5章 不完全競争市場 187

のない状態をクールノー均衡と呼ぶのです．

■ クールノー均衡の計算方法

クールノー均衡は次のようにすれば簡単に計算できます．まず各企業の予想を $\bar{x}_A$ および $\bar{x}_B$ として，最適反応関数を，

$$\begin{cases} x_A = 9 - \dfrac{1}{2} \bar{x}_B \\ x_B = 9 - \dfrac{1}{2} \bar{x}_A \end{cases}$$

のように表します．定義により，クールノー均衡では $\bar{x}_A = x_A$, $\bar{x}_B = x_B$ が成立しなくてはなりませんから，この関係を代入して，

$$\begin{cases} x_A = 9 - \dfrac{1}{2} x_B \\ x_B = 9 - \dfrac{1}{2} x_A \end{cases}$$

という連立方程式を導きます．これを解けば，クールノー均衡における生産量 $(x_A, x_B) = (6, 6)$ が得られます．

例題5-2

市場需要関数が $X = 24 - \dfrac{1}{2} p$ であるような財市場を考える．この市場には，同質財を供給する2つの企業 A, B が存在し，企業 A の費用関数は，

$$C_A(x_A) = 16 x_A$$

また企業 B の費用関数は，

$$C_B(x_B) = 8 x_B$$

によって与えられている．したがって両企業の限界費用関数は，

$$MC_A(x_A) = 16, \qquad MC_B(x_B) = 8$$

である．このとき以下の問に答えよ．

(1) 企業Aの最適反応関数を求めよ．
(2) 企業Bの最適反応関数を求めよ．
(3) クールノー均衡を計算せよ．

> **解説**
>
> (1) この市場の逆需要関数は $p = 48 - 2X$ である．ここで，企業Aによる，企業Bの生産量の予想値を $\bar{x}_B$ とすれば，企業Aにとっての限界収入は，
>
> $$MR_A = (48 - 2\bar{x}_B) - 4x_A$$
>
> である．また $MC_A = 16$ であるから，企業Aの最適反応関数は，
>
> $$(48 - 2\bar{x}_B) - 4x_A = 16$$
>
> を整理して $x_A = 8 - \frac{1}{2}\bar{x}_B$ となる．
>
> (2) 同様にして $x_B = 10 - \frac{1}{2}\bar{x}_A$．
>
> (3) 均衡においては予想と実現値が一致するため，$x_A = \bar{x}_A$, $x_B = \bar{x}_B$ として，
>
> $$\begin{cases} x_A = 8 - \frac{1}{2}x_B \\ x_B = 10 - \frac{1}{2}x_A \end{cases}$$
>
> を得る．これを解けば $(x_A, x_B) = (4, 8)$ を得る．またこのとき市場逆需要関数により，
>
> $$p = 48 - 2(4 + 8) = 24$$
>
> を得る．

■ 逐次手番の場合

今度は，企業Aが先に生産量を決定し，次に企業Bが生産量を決定するような逐次手番のモデルを考えてみましょう．とくにこのとき企業Aを市場の

先導者もしくは**リーダー**（leader），企業Bを**追随者**もしくは**フォロワー**（follower）と呼びます．

市場逆需要関数はこれまでどおり，

$$p = 24 - (x_A + x_B)$$

であるとします．また両企業の費用関数は $C_A(x_A) = 6x_A$，$C_B(x_B) = 6x_B$ であるとします．逐次手番の場合には，フォロワー企業Bはリーダー企業Aの生産量を実際に観察できます．たとえば企業Aが $x_A = 10$ を生産すれば，企業Bはその観察に基づいて，

$$x_B = 9 - \frac{1}{2} \times 10 = 4$$

のように最適な x_B を決定することができます．とくに企業Aの生産量が x_A である場合には，企業Bの生産量は，

$$x_B = 9 - \frac{1}{2} x_A \tag{5.8}$$

となります．

■ リーダー企業の意思決定

それではリーダー企業Aの生産量はどのように定まるのでしょうか．企業Aは企業Bに先んじて生産量を決定するため，x_B の実現値を観察することはできません．しかし，企業Bの行動は x_A の関数として (5.8) 式によって与えられていますから，企業Aは相手の出方を正確に知ることができます．

たとえば企業Aが $x_A = 10$ 単位の供給を行えば，(5.8) 式により $x_B = 4$ となり，結果として $X = 10 + 4 = 14$ 単位の市場供給が実現します．これにより企業Aは，財の市場価格が $p = 24 - 14 = 10$ であることを事前に確信できます．

企業Aが x_A 単位の供給を行えば，企業Bは $9 - \frac{1}{2} x_A$ 単位の供給を行うわけですから，このときの市場供給量は，

$$X = x_A + \left(9 - \frac{1}{2} x_A\right) = 9 + \frac{1}{2} x_A$$

となります．したがって，企業Aの意思決定問題は，

$$p = 24 - (x_A + x_B) = 24 - \left(9 + \frac{1}{2}x_A\right) = 15 - \frac{1}{2}x_A$$

を市場逆需要関数とする，独占利潤の最大化問題と本質的に異なりません．

■シュタッケルベルク均衡の計算

限界収入の公式（5.5）により，

$$MR_A = 15 - x_A$$

となります．また限界費用は $MC_A = 6$ でしたから，企業 A にとって最適な供給量は $x_A = 9$ となります．企業 B はこれを観察したうえで（5.8）式にしたがって $x_B = \frac{9}{2}$ 単位の生産を行います．

また市場逆需要関数により，財の価格は，

$$p = 24 - \left(9 + \frac{9}{2}\right) = \frac{21}{2}$$

となります．こうして，逐次手番の複占市場モデルの均衡，すなわち**シュタッケルベルク均衡**（Stackelberg equilibrium）は，$(p, x_A, x_B) = \left(\frac{21}{2}, 9, \frac{9}{2}\right)$ のように計算されました．

■「後出しじゃんけん」は有利か

シュタッケルベルク均衡における，企業 A と B の利潤をそれぞれ計算してみましょう．企業 A の利潤は，

$$\pi_A = p \cdot x_A - 6x_A = \frac{21}{2} \times 9 - 6 \times 9 = \frac{81}{2}$$

となります．その一方で，企業 B の利潤は，

$$\pi_B = p \cdot x_B - 6x_B = \frac{21}{2} \times \frac{9}{2} - 6 \times \frac{9}{2} = \frac{81}{4}$$

であり，これは π_A の半分の値です．現在考えている複占市場モデルにおいては，通常のじゃんけんと違って，先手が有利，後手が不利なのです．

その理由は，次のように説明することができます．リーダー企業 A は，相手より先に動くことにより需要の大部分を獲得できます．すると，値崩れをお

されるフォロワー企業Bは，積極的に財を供給することができなくなってしまいます．実際に，上述の具体例におけるシュタッケルベルク均衡 $(p, x_A, x_B) = \left(\frac{21}{2}, 9, \frac{9}{2}\right)$ では，リーダー企業の供給量に比較してフォロワー企業の供給量は半分の値になっています．そういうわけで，この節で考えたような複占市場においては「早い者勝ち」が正しいことになります．

■ クールノー均衡とシュタッケルベルク均衡

上述の具体例におけるクールノー均衡 $(p, x_A, x_B) = (12, 6, 6)$ とシュタッケルベルク均衡 $(p, x_A, x_B) = \left(\frac{21}{2}, 9, \frac{9}{2}\right)$ を比較してみると，シュタッケルベルク均衡のほうが価格は安く市場供給量も多いため，家計にとってはより好ましい経済状態になっています．またクールノー均衡における企業の利潤は，

$$\pi_A = \pi_B = 12 \times 6 - 6 \times 6 = 36$$

となりますから，2つの均衡の間で企業利潤を比較すれば

$$\begin{pmatrix} \text{シュタッケルベルク} \\ \text{均衡における} \\ \text{リーダーの利潤} \end{pmatrix} > \begin{pmatrix} \text{クールノー} \\ \text{均衡における} \\ \text{各企業の利潤} \end{pmatrix} > \begin{pmatrix} \text{シュタッケルベルク} \\ \text{均衡における} \\ \text{フォロワーの利潤} \end{pmatrix}$$

という大小関係が成立します．

ここで，企業AとBは財の供給量だけでなく，供給を行うタイミングも自由に選択できるものとしてみましょう．つまり両企業は，ある年の1月1日から12月31日までの好きな日に，生産と供給を実行することができるとしてみます．この場合には，どちらの企業もリーダー企業になることを目指して相手より先に財を供給しようとするはずです．両社が先手をとろうと競争すれば，最終的にどちらの企業も1月1日に供給を行うことになり，結局はシュタッケルベルク均衡ではなく，クールノー均衡が実現するでしょう．現実の企業は生産量と供給のタイミングを自由に決定していますから，あくまでもその意味においては，クールノー型複占モデルのほうがシュタッケルベルク型のモデルよりも「現実的」であるといえるかもしれません．

5.4 寡占市場

■ 同質寡占

前章では複占市場においても企業が正の利潤を得ることを具体例によって確認しました．参入退出が自由な市場であるかぎり，正の利潤は新たな企業の参入を招きます．複占市場にさらに企業が参入すれば，市場は寡占状態になります．

前節で扱っていたクールノー型複占モデルを少し拡張して，企業数が2よりも大きい場合の均衡を考えることにします．再び，市場需要が，

$$p = 24 - X$$

であるような財を考えます．また，この財を供給する企業がA，B，Cの3社あるとしましょう．したがって市場供給量は，

$$X = x_A + x_B + x_C$$

となります．すべての企業は同一の生産技術を有しており，その費用関数は，

$$C_A(x_A) = 6x_A, \ C_B(x_B) = 6x_B, \ C_C(x_C) = 6x_C$$

であるとします．

■ 各企業の意思決定

それでは，まずは企業Aの供給量x_Aの決定について考えてみましょう．企業Aは，自分以外の企業の供給量を$\bar{x}_B$，$\bar{x}_C$と予想したうえで，自社にとっての市場需要を，

$$p = (24 - \bar{x}_B - \bar{x}_C) - x_A$$

と見積もります．最終的には均衡において，予想値$(\bar{x}_B, \bar{x}_C)$と実現値(x_B, x_C)が一致することになりますので，以下では両者を区別して書く必要はないでしょう．したがって企業Aの限界収入は，

$$MR_A = (24 - x_B - x_C) - 2x_A$$

となります．これと企業 A の限界費用 $MC_A = 6$ を比較すれば，企業 A の最適反応関数が，

$$x_A = 9 - \frac{1}{2}(x_B + x_C)$$

として得られます．

企業 B と C についても同様にして，それぞれ，

$$x_B = 9 - \frac{1}{2}(x_C + x_A), \quad x_C = 9 - \frac{1}{2}(x_A + x_B)$$

のように最適反応が計算されます．

■寡占市場におけるクールノー均衡

クールノー均衡においては各企業の予想は市場での実現値と一致しますから，均衡生産量は，

$$\begin{cases} x_A = 9 - \frac{1}{2}(x_B + x_C) \\ x_B = 9 - \frac{1}{2}(x_C + x_A) \\ x_C = 9 - \frac{1}{2}(x_A + x_B) \end{cases}$$

の解として与えられることになります．すなわち，

$$(x_A, x_B, x_C) = \left(\frac{9}{2}, \frac{9}{2}, \frac{9}{2}\right)$$

が，クールノー均衡における各企業の供給量です．

またこのとき，均衡価格は，

$$p = 24 - \frac{9}{2} \times 3 = \frac{21}{2}$$

によって与えられます．

■ 企業の数がさらに多いとき

　企業の数をさらに増やしても，以上の計算は本質的にはまったく変わりません．たとえば企業 A，B，C，D の合計 4 社を考えて，そのいずれも限界費用が 6 であるならば，クールノー均衡は次の連立方程式，

$$\begin{cases} x_A = 9 - \dfrac{1}{2}(x_B + x_C + x_D) \\ x_B = 9 - \dfrac{1}{2}(x_A + x_C + x_D) \\ x_C = 9 - \dfrac{1}{2}(x_A + x_B + x_D) \\ x_D = 9 - \dfrac{1}{2}(x_A + x_B + x_C) \end{cases}$$

を解くことにより，

$$(x_A, x_B, x_C, x_D) = \left(\frac{18}{5}, \frac{18}{5}, \frac{18}{5}, \frac{18}{5}\right)$$

となることがわかります．

　これと同様に考えていけば，企業数が一般に n 社である場合であっても（ただし n は自然数），各企業の生産量が，

$$x_1 = x_2 = \cdots\cdots = x_n = \frac{18}{n+1}$$

となることが類推できるでしょう（この式に $n = 2$，3，4 を代入すれば，これまでに計算した結果と一致します）．ただし x_1 は 1 番目の企業の生産量，x_2 は 2 番目の企業の生産量を意味しています．同様に x_n は n 番目の企業の生産量です．

　したがって市場供給量は，

$$X = x_1 + x_2 + \cdots\cdots + x_n = \frac{18}{n+1} \cdot n = \frac{18n}{n+1} \tag{5.9}$$

となります．また，このときの均衡価格は，

$$p = 24 - X = 24 - \frac{18n}{n+1} = \frac{6n+24}{n+1} \tag{5.10}$$

となります．

■ 企業数と価格支配力

以上の分析結果から，企業の数と市場の効率性についての非常に重要な結論を得ることができます．たとえば，(5.9) 式において企業数 n をかぎりなく大きくしてみましょう．n をかぎりなく大きくすれば $\frac{1}{n}$ は 0 へ近づきますから，市場全体の生産量は，

$$X = \frac{18}{1 + \frac{1}{n}}$$

と書き換えることにより，18 に近づくことがわかります．同じようにして均衡価格も，

$$p = \frac{6 + \frac{24}{n}}{1 + \frac{1}{n}}$$

と書きなおすことにより 6 に近づくこともわかります．したがって，市場に参入する企業の数が大きくなるにつれて，市場の均衡状態は $(p, X) = (6, 18)$ に収束することになります．

ここで，需要関数や費用関数についての仮定は今までどおりであるとして，企業と家計が価格受容者として振る舞う完全競争市場の均衡を計算してみましょう．つまりすべての企業の限界費用が 6 であり，均衡における価格は企業数にかかわりなく $p = 6$ と一致します．

さらにこのときには，市場需要関数により，

$$X = 24 - 6 = 18$$

となりますから，市場で交換される財の総量は $X = 18$ です．したがってこの市場の完全競争均衡は $(p, X) = (6, 18)$ となります．これは寡占市場の企業数を無限大にした場合の均衡と一致しています．つまり企業の数が増えるにつ

れて，同質寡占市場の均衡は完全競争市場の均衡へと収斂していくのです．

　企業数が市場の効率性にとって重要であることを理解することはそれほどむずかしくありません．そもそも，独占市場において死重的損失が発生していた理由は，独占企業が価格支配力を行使して価格を吊り上げ，それによって消費者余剰が大きく減少していたためでした．もし，この市場に新たな企業が参入してくれば，それまで市場を独占していた既存企業の価格支配力は弱まります．既存企業が供給を絞って価格を吊り上げようとしても，それに応じて新規参入企業が供給を増やしてしまうからです．参入企業の数が増えれば増えるほど，総供給量はますます増大し，価格はさらに低下し，それぞれの企業は価格受容者に近づき，市場は完全競争的になっていくのです．

5.5　価格競争

■ 数量競争と価格競争

　ここまでは，企業が調整できる量としては供給水準だけを考えてきました．独占企業は生産量を抑制することで市場を超過需要の状態にし，それによって価格を吊り上げようとしていました．また寡占市場においては，それぞれの企業はライバル社の動向に注意を払いつつ，各自の生産量を巧みに調整することによって市場価格を可能なかぎり高い水準で維持すると同時に，それぞれの利潤を確保しようとしのぎを削っていたのでした．このように，供給量の調整によって価格操作を行う競争の仕組みを**数量競争**（quantity competition）といいます．

　それに対して企業が直接に価格を決定できる状況を考えることもできます．とくに寡占市場において，各企業が自社製品の直接的な価格決定権を持ち，戦略的な価格設定を通じて利潤を奪い合う状況を**価格競争**（price competition）と呼びます．この節では，企業たちが価格の決定権を持つときには，市場の様子がどのように変わるのか考えてみることにしましょう．

図 5.8 独占市場における価格と利潤の関係

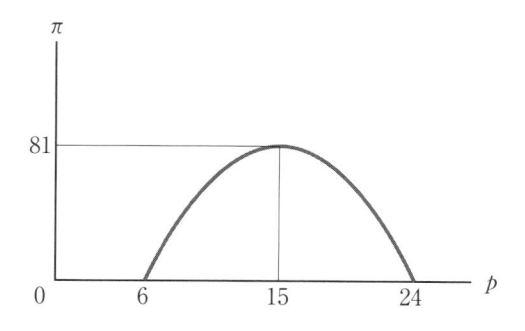

■独占市場の場合

独占市場の場合には、企業が数量ではなく価格を直接決定するようになったとしても、状況には本質的な変化はありません。たとえば市場需要関数が、

$$X = 24 - p$$

であるような財を考えましょう。この財を独占的に生産する企業の費用関数が $C(x) = 6x$ であるとすれば、市場価格が p のときに企業が得る利潤は、

$$\begin{aligned} \pi &= p \cdot X - C(X) \\ &= p \cdot (24 - p) - 6(24 - p) \\ &= (p - 6)(24 - p) \end{aligned}$$

となります。横軸に p、縦軸に π をとってグラフを描けば図 5.8 のようになります。したがって、利潤を最大にする価格水準は $p = 15$ であることがわかります。また、このときの市場供給量は $X = 24 - 15 = 9$ です。

一方で、前節と同じように、生産量を調整することで利潤を最大にする独占企業を考えてみると、生産量が X 単位であるときの限界収入は $MR = 24 - 2X$、限界費用は $MC = 6$ ですから、最適な生産量は $24 - 2X = 6$ より $X = 9$ となります。また市場需要関数から、このときの均衡価格は $p = 24 - 9 = 15$ となることもわかります。これは先ほどの結果とまったく同じです。

このように，独占市場においては，企業が直接コントロールできる変数が価格であろうと供給量であろうと結果に違いは生じません．均衡を計算する数学的方法として，これら2つの考え方は本質的に同じものなのです．あえて2つの方法のあいだに違いを見出すとするならば，企業が供給量を通じて市場をコントロールするという解釈のほうが，限界収入や限界費用といった経済学的意味の豊かな道具立てを用いることができる点で優れているということでしょう．

■ 同質複占市場の場合

同質複占市場の場合には，数量競争と価格競争のどちらに基づいて市場を解釈するのかによって結果が劇的に変わります．ふたたび市場需要関数が

$$X = 24 - p$$

であるような財を考えます．またこの財を生産する2つの企業A, Bの限界費用はどちらも6であるとします．さらに，これらの企業が生産する財は同質的であり，ゆえに消費者は両企業を区別することができないと考えます．

以上はすでに5.3節で分析されたモデルの設定とまったく同一であり，そのクールノー均衡は $(p, x_A, x_B) = (12, 6, 6)$ で与えられました．しかし以下では，企業が生産量ではなく価格を戦略的に決定する価格競争モデルを分析します．このように企業が価格競争を行うモデルを，フランスの経済学者ベルトラン（Joseph Louis François Bertrand, 1822〜1900）にちなんで**ベルトラン・モデル**（**Bertrand model**）と呼びます．

分析の出発点として，市場ではクールノー均衡 $(p, x_A, x_B) = (12, 6, 6)$ が実現しているものとします．このとき企業Aが価格を変更する機会を得たならば，企業Aは価格をどのように変化させるでしょうか．

ここで重要になるのは，企業Aと企業Bが生産している財が完全に同質的であるという仮定です．両企業が生産している財は，その性質や見かけが同じというだけでなく，それを売っている店舗や店員すらも見分けがつかないくらいに似ているのです．そのような状況下で，もしも企業Aが価格を現在の $p = 12$ から，たとえば $p = 8$ に引き下げればどうなるでしょうか．消費者にしてみれば，同じ棚に並んだ見た目も品質もまったく変わりのない財のうち，あ

るものは価格が12であり，またあるものは8となっているわけですから，消費者たちが合理的であるかぎり，価格が8の財だけを購入するでしょう．

したがって，企業Aの設定する価格をp_A，企業Bの設定する価格をp_Bと書くことにすれば，

$p_A < p_B$ならば，すべての消費者は企業Aの財を買う

$p_A > p_B$ならば，すべての消費者は企業Bの財を買う

ということになります．相手より高い価格をつけると需要をすべて失うことになりますので，2つの企業は相手よりも少しでも安い価格をつけようと競争するでしょう．

最終的には，

$p_A = p_B = 6$

となったところで競争が終わります．価格を限界費用の6よりも安くしてしまうと赤字になってしまいます．赤字になるくらいなら利潤がゼロであるほうがよいですから，どちらの企業も価格を$p = 6$よりさらに安くしてまで競争に勝とうとはしません．

■ベルトラン均衡の性質

以上より，均衡価格が$p_A = p_B = 6$となることがわかります．このときの市場需要量は$X = 24 - 6 = 18$単位であり，これを企業AとBが9単位ずつ分けあいます．この均衡状態$(p, x_A, x_B) = (6, 9, 9)$を**ベルトラン均衡**(**Bertrand equilibrium**) といいます．

クールノー均衡$(p, x_A, x_B) = (12, 6, 6)$とベルトラン均衡$(p, x_A, x_B) = (6, 9, 9)$を比較すれば，ベルトラン均衡のほうが価格が安く，市場供給量が多いことがわかります．したがって，クールノー均衡よりもベルトラン均衡のほうが，家計にとっては好ましく，企業にとっては好ましくないということになります．

さらに，ベルトラン均衡における価格と市場供給量が，完全競争均衡$(p, X) = (6, 18)$とまったく同一であることに注意しましょう．同質複占市場に

おいて価格競争が生じると，たとえ企業の数が2社しかないとしても，その均衡状態は完全競争均衡と同じになってしまうのです．数量競争の場合には，企業数がかぎりなく大きくなってはじめて市場が完全競争的になったことを思い出せば，数量競争と価格競争は性質がまったく異なるものであることが実感されます．数量競争と価格競争では，なぜここまで均衡の性質が変わってしまうのでしょうか．

■ 価格の力

数量競争の場合には，ある企業が生産量をわずかに増やしたとしても，それが他の企業に与える影響は小さいままにとどまります．したがって，数量競争が行われている市場では，各企業が他の企業から受ける圧力はそれほど強くありません．それに対して価格競争の場合には，他より少しでも安い価格を設定している企業に需要のすべてが集中します．たとえてみれば，企業にとっての価格とは，ほんのわずかに変化させただけでもライバル企業に大打撃を与えることができるような，攻撃力のきわめて優れた「武器」なのです．しかも，この武器を持っているのは相手の企業も同じですから，価格競争が行われる複占市場においては，企業は互いに激しく攻撃しあった挙句にすべての価格支配力を失って，結果的に完全競争均衡が実現するのです．

例題5-3

市場需要関数が $X = 10 - p$ で与えられている財市場を考える．この市場には，同質財を供給する2つの企業A，Bが存在し，企業Aの費用関数は，

$$C_A(x_A) = 2x_A$$

また企業Bの費用関数は，

$$C_B(x_B) = 5x_B$$

である．したがって各企業の限界費用関数は，

第5章 不完全競争市場　201

$$MC_A(x_A) = 2, \quad MC_B(x_B) = 5$$

である．企業 A は価格 p_A，企業 B は価格 p_B を自由に設定できるものとして，以下の問に答えよ．

(1) 企業 A が 0 以上の利潤を確保するために p_A が満たすべき条件を求めよ．同様に企業 B が 0 以上の利潤を確保するために p_B が満たすべき条件を求めよ．

(2) 企業 A は自分の利潤を最大にするために，価格 p_A をいくらに設定するだろうか．ただし価格は自然数の値しかとらないものとする．また $p_A = p_B$ であるときには，企業 A と B は市場需要量を半分ずつ分けあう．

(3) ベルトラン均衡を計算せよ．

> **解 説**
>
> (1) 企業 A の利潤 $\pi_A = p_A \cdot x_A - 2x_A$ を変形すれば，
>
> $$\pi_A = (p_A - 2) \cdot x_A$$
>
> を得る．したがって $p_A \geqq 2$ であれば $\pi_A \geqq 0$ である．企業 B についても同様に考えれば，0 以上の利潤を確保するには $p_B \geqq 5$ でなければならないことがわかる．
>
> (2) $p_B < 5$ であれば，企業 B は正の利潤を確保できないために生産量を 0 にする．したがって $p_A = 4$ とすれば，企業 A は市場のすべてを得ることができる．企業 A の利潤はこのとき最大になる．
>
> (3) $(p, x_A, x_B) = (4, 6, 0)$

■ 財の品質

現実の市場では，すべての企業が自社の製品に必ずしも同じ価格をつけているわけではありません．現実の企業は，ベルトラン均衡のような熾烈な価格競争を回避するために，さまざまな工夫をしているのです．

その 1 つが財の品質のコントロールです．たとえば前章の表 4.1 では，複数

の業者がほとんど同じ価格で同じタイトルの古本を販売している様子を示しました．これはベルトラン均衡の実例として考えることもできるでしょう．しかし同じ表によれば，Z古書店だけは他よりもずっと高い価格をつけています．これは，Z古書店の供給している財が，他の業者によって供給される財よりも品質が良いために可能なことです．

　このように，ある企業が自社製品の質を他企業の財とは異なるものにすることを財の**差別化**（differentiation）といいます．自社製品をライバル企業の生産物から差別化するためには，生産物の品質を良くする以外にも，色や形に何らかの特徴を付加したり，販売する場所を変えてみたり，各種メディアで製品を宣伝するなどの方法が考えられます．どのような方法によったとしても，ひとたび他から差別化されて同質財でなくなれば，少しくらい高い価格をつけたところで需要のすべてを失うことにはなりません．かくして現実の企業たちは，価格競争下でも価格支配力を維持できるよう，自社製品のさらなる差別化を目指して日々努力しているのです．

■ 情報の非対称性

　本章ではさまざまな形態の市場を分析し，とくに企業数が均衡に与える影響や，数量競争と価格競争の違いについて理解を深めました．しかしながら，以上の分析は，じつはある1つの条件の成立を前提としているのです．それは消費者が財の品質に関して十分な情報を持っているという仮定です．

　たとえば不動産や自動車のように，きわめて高価でありながら，その品質を判断するには一定の専門知識を要するような財を考えましょう．つまり，家計は市場で売られている財が，その高価にふさわしい優良品質のものであるのか，それとも不良品であるのかを判断することができないとします．その場合に，ある企業の財だけが他よりも安い価格で売られていたら，家計は不良品を買わされることを警戒して，かえってその財を買おうとしないかもしれません．もしそうであるならば，その市場では価格競争がうまく機能しないことになります．

　売り手あるいは買い手の一方だけが財の品質について詳しい情報を持っているのに対して，もう一方には財の良し悪しを直ちに判断することがむずかしい

とき，その財の市場には**情報の非対称性**（asymmetric information）が存在するといいます．そして，情報の非対称性が存在するとき，市場は本来期待されている機能を発揮できない可能性があるのです．そこで次の章では，情報の非対称性が存在する市場に焦点を当て，かたよった情報の分布がどのようにして市場の機能を損なうのかについて考えることにしましょう．

本章のまとめ

1　企業がただ1つしか存在しない独占市場では，財の供給量が少なくなる傾向があります．このときには財の価格が高くなり，独占企業の余剰が上昇する一方で，家計の得る消費者余剰が大きく減り，社会全体では死重的損失が発生します．

2　企業数が2社である複占市場では，企業間競争によって各企業の価格支配力が独占の場合に比較すれば弱くなります．市場価格は独占均衡の水準より安くなり，市場供給量は増加します．

3　寡占市場においては，企業数が多いほど均衡価格は安く，市場供給量は増加する傾向があります．最も極端な場合として，企業数を無限大に近づければ，そのとき均衡は完全競争と一致します．

4　価格競争が行われているときには，企業数が少数のままであっても市場価格は大幅に下落します．財が同質であるかぎり，すべての需要は最も安い価格をつけた企業に集中し，結果として完全競争市場と同じ均衡が達成されます．

本章のキーワード

| 同質財 | 異質財 | 同時手番 | 逐次手番 | 最適反応 | リーダー |
| フォロワー | 数量競争 | 価格競争 | 差別化 | | |

演習問題

1 以下の(1)〜(5)について，空欄に当てはまる語句・数を答えなさい．

(1) 無数の企業が，それぞれに独自の財を独占的に供給している市場は（　　）市場といわれる．

(2) 独占企業は（　　）と限界費用が等しくなる水準で供給を行う．

(3) 複数の企業が参加している市場において，企業が同時に生産量を決定する場合を（　　）手番であるという．

(4) 他の企業の生産量が与えられたとき，そのもとで自分の利潤を最大化する生産量を対応させる関数を（　　）関数という．

(5) 同質財を供給している複数の企業が数量競争を行い，かつ生産量を決定する順番が定められているモデルを（　　）モデルという．

2 互いに異質な財を生産している企業A，企業Bと，以下のような市場需要関数を持つ財市場における価格競争を考える．

$$x_A = 24 - p_A + \frac{1}{2} p_B, \quad x_B = 24 - p_B + \frac{1}{2} p_A$$

ここで x_A は企業Aが生産する財への需要であり，x_B は企業Bが生産する財への需要である．また p_A は企業Aが生産する財の価格であり，同様に p_B は企業Bが生産する財の価格である．両企業は，各自の価格を自由に決定できるものとする．各企業の費用関数は，

$$C_A(x_A) = 3x_A, \quad C_B(x_B) = 3x_B$$

によって与えられているものとして，以下の問に答えよ．

(1) 企業Bが財の価格を上昇させると，企業Aが生産する財の需要にはどのような影響があるか．

(2) 価格 p_B が与えられているとき，p_A の最適な水準を p_B の関数として求めなさい．

(3) 均衡における p_A，p_B を求めなさい．

3 多くの先進国では，新薬の開発に成功した製薬会社には，その新薬を一定期間に限って独占販売する権利が認められている．この制度の是非について，本章の内容に即して論じなさい．

> コラム

「ザクとうふ」に学ぶ成功企業の条件

　完全競争のもとでは，市場は社会的総余剰を最大化することを学びました．しかし，企業から見るとこれはどういう状態でしょうか．価格は限界費用に等しくなります．企業の利潤はどうなるでしょうか．企業の利潤は生産者余剰から固定費用を差し引いた額になります．さらに本文では議論しませんでしたが，その市場に利潤が存在するならば，新しい企業がその市場に参入してくるでしょう．企業の参入が終われば，利潤はゼロになります．

　利潤がゼロになるのを避けるには，企業は何ができるでしょうか．1つの考え方は，完全競争の世界から抜け出すことです．不完全競争の世界に入れば，ある程度の利潤を持続的に確保できるからです．もちろん，ベルトラン競争のような状態に陥ると，不完全競争でも利潤はゼロになってしまいますので，同じ品質の財で価格競争をすることは避けなくてはなりません．

　ピーター・ティールという起業家，投資家がいます．PayPal，YouTube，テスラ・モーターズ，LinkedIn といった企業の創業にかかわりました．彼は著書『ゼロ・トゥ・ワン』（関美和訳，NHK出版，2014年）のなかで，資本主義の本質は完全競争ではなく，独占こそがすべての成功企業の条件だ，と強調しています．その意味は，完全競争のもとでは企業は長期的には利潤を確保できない，に尽きます．企業が目指すべきなのは「新しい何かを行う」こと（これを彼は「ゼロから1へ」と表現します）で，成功例をコピーすること（これを彼は「1からnへ」と表現します）ではない，といいます．1になるとは独占になることで，独占利潤を得ることができます．他方，成功例をコピーすることは他の企業の利潤を侵食していきますので，市場は完全競争の世界へと戻っていくことになりますし，自分の企業の利潤も完全競争のそれに落ち着いていきます．

　ティールは，「新しい何かを行うこと」を「テクノロジー」と呼びます．ただ，「新しい何か」は，いわゆる新しい技術に限る必要はありません．シュンペーター（Joseph Alois Schumpeter, 1883～1950）という経済学者は，「新しい何か」には，新しい消費財やサービス，新しい生産方式，新しい運輸方法，新しい市場，新しい産業組織形態などが含まれると論じました（『新装版　資本主義・社会主義・民主主義』中山伊知郎・東畑精一訳，東洋

経済新報社，1995 年．原著 1942 年）．

日本での具体例として，相模屋食料の「ザクとうふ」を見てみましょう．豆腐業界は，非常に多数の企業がひしめき合っている市場です．もちろん，厳密には豆腐も味が違ったりしますので，ある程度の差別化が行われているので，完全競争市場とはいえないかもしれません．けれども豆腐は形がほぼ同じで材料も色もほぼ同じですから，この業界で「新しい何かを行う」のはとてもむずかしそうに思えます．

けれども，それに挑戦した人がいました．彼が開発したのが「ザクとうふ」です（鳥越淳司（2014）『「ザクとうふ」の哲学』PHP 研究所）．ザクとは『機動戦士ガンダム』というテレビアニメに出てくる量産型モビル・スーツ（戦闘ロボット）の名前です．社長は，このアニメのファンでした．もう 1 つ工夫があります．ビールのおつまみとして筆頭にあがるのは冷奴と枝豆です．この社長は 2 つを組み合わせることを考えました．そこでお値段も豆腐としてはやや高いけれども，おつまみとしては手頃なところに設定されています（2014 年現在 200 円）．利益を出すには普通の豆腐よりも高い値段で売ることが大事です．さらに製造工程においても豆腐ではむずかしいとされていた自動化を実現しています．このように「新しい何か」を次々と行うことで，この会社は売り上げを大いに伸ばしているとのことです．

ザクとうふ（提供　朝日新聞社）

CHAPTER6

第6章　市場と情報

前章までは，売り手と買い手の双方が財の品質について等しい情報を持っているものと仮定して市場の働きを分析してきました．しかしある種の市場では，売り手あるいは買い手の一方だけが財の品質をくわしく観察できる場合があります．この章では，財の売り手と買い手のあいだに情報量の差が存在する場合には市場では何が起こるのかについて考えます．

6.1　期待値

■ 情報の非対称性

　たとえば，中古自動車の市場を考えてみましょう．売り場に並んでいる中古車のなかには，走行距離の少ない新品同様の商品があるかもしれません．しかし場合によっては，事故車を再生した粗悪品が紛れているかもしれません．自動車についての専門的な知識を持たない家計には商品の質の差を見分けることは不可能ですが，しかし中古車の売り手は，自分たちが売っている商品の質をよく理解しています．

　このように，売り手と買い手のうち一方だけが財の品質について多くの情報を持っていて，他方は情報をあまり持たない状況を指して「情報が非対称的である」とか「市場には**非対称情報**（asymmetric information）が存在する」などといいます．中古車や賃貸物件，あるいは医療サービスのように，売り手が財・サービスの情報を隠すことが可能であったり，財・サービスの品質を判断するためには高度な専門知識が必要であったりする場合には，情報の非対称性が生じやすくなります．

　情報の非対称性が存在する市場では，人々が財の品質を信じることができず，粗悪品をつかまされることを恐れて人々が需要を抑えるために，市場が本来の機能を発揮できなくなることがあります．そこでこの章では，売り手と買い手

のあいだに情報の非対称性が存在する場合や，さらには売り手と買い手の双方が財の品質に関する情報を持たない場合などを考え，市場にとって情報がどのような重要性を持っているのか調べてみることにしましょう．

■ 期待値

以下の分析では，**期待値**（expected value）の考え方がとても重要になります．期待値とは，いわゆる平均値と同じものです．たとえば，あるデパートで福袋を100個売っているとしましょう．価格は1個当たり2000円です．福袋の中身を見ることはできませんが，100個のうち10個には1万円相当の商品が，残りの90個には1000円の商品が入っていることは事前に知らされています．つまり福袋を1個だけ買ったとき，中身が1万円相当である確率は，

$$10 個 \div 100 個 = \frac{1}{10}$$

1000円相当である確率は，

$$90 個 \div 100 個 = \frac{9}{10}$$

であるわけです．さて，この福袋を買うために，2000円を払う価値はあるでしょうか．

この問題を解くには，福袋1個当たりの平均的な価値を計算し，それを価格の2000円と比較する必要があります．福袋の平均価値を計算する方法には，次の2通りのやり方があります．第一の方法では，まずは福袋100個分の総価値を計算します．

$$1 万円 \times 10 個 + 1000 円 \times 90 個 = 19 万円$$

次に，この総価値を100個で割れば，福袋1個当たりの価値は，

$$19 万円 \div 100 個 = 1900 円$$

となります．この1900円が福袋1個当たりの価値の期待値です．この場合には福袋の期待値よりも価格のほうが高いですから，この福袋を買うのはやめたほうがよさそうです．

さて，上記の計算過程をひとまとめに整理してみましょう．すると，

$$(1万円 \times 10 + 1000円 \times 90) \div 100 = 1万円 \times \frac{1}{10} + 1000円 \times \frac{9}{10}$$

となります．この書き直しによって，期待値を計算するためのもう1つの方法が，

1万円 × 1万円の福袋を買う確率 + 1000円 × 1000円の福袋を買う確率

であることがわかります．

一般に，ある変数 X について，$X = x_1$ となる確率が p_1，$X = x_2$ となる確率が p_2 であり，X はそれ以外の値をとらないものとするならば，X の期待値は

> **期待値の公式**
> $$E[X] = p_1 \times x_1 + p_2 \times x_2$$

によって計算されます．ここで記号 $E[X]$ は X の期待値を意味する記号です．

変数 X のとる値が3種類以上ある場合の計算方法も同様です．たとえばサイコロの目を X とすれば，X は1から6までの値をそれぞれ $\frac{1}{6}$ の確率でとりますから，その期待値は，

$$E[X] = 1 \times \frac{1}{6} + 2 \times \frac{1}{6} + 3 \times \frac{1}{6} + 4 \times \frac{1}{6} + 5 \times \frac{1}{6} + 6 \times \frac{1}{6} = \frac{7}{2}$$

となります．

■ 期待便益

経済学における期待値の使われ方を，いくつかの具体例を用いて説明しましょう．まずは，家計の意思決定について考えます．

ある財 X 単位の消費から，$B(X) = 24X - X^2$ 円分の便益を得る家計を考えます．ただし $0 \leqq X \leqq 12$ であるとします．この便益関数をグラフにしたものが図6.1です．

いま，この家計に対して，次のような2種類の「賭け」が提示されていると

図 6.1　便益関数 $B(X) = 24X - X^2$

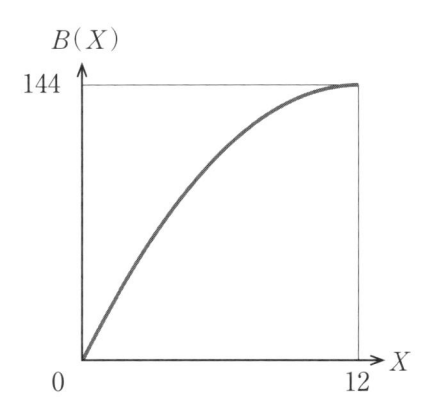

しましょう．

賭け A　確率 $\frac{3}{4}$ で $X = 0$ 単位，残りの確率 $\frac{1}{4}$ で $X = 8$ 単位の財が与えられる．

賭け B　確率 $\frac{1}{3}$ で $X = 3$ 単位，残りの確率 $\frac{2}{3}$ で $X = 6$ 単位の財が与えられる．

家計は，賭け A と賭け B のどちらをより好むでしょうか．

この問題を解くための一つの方法は，賭け A と B のそれぞれから得る便益の期待値を計算し，その大小を比較するというものです．家計が賭け A を選んだときには，確率 $\frac{3}{4}$ で $B(0) = 0$ 円，残りの確率 $\frac{1}{4}$ で $B(8) = 128$ 円の便益を得ることができるわけですから，賭け A から得られる便益の期待値は，

$$\frac{3}{4} \times B(0) + \frac{1}{4} \times B(8) = \frac{3}{4} \times 0 + \frac{1}{4} \times 128 = 32 \text{ 円}$$

と計算されます．同様に，家計が賭け B から得る便益の期待値は，

$$\frac{1}{3} \times B(3) + \frac{2}{3} \times B(6) = \frac{1}{3} \times 63 + \frac{2}{3} \times 108 = 93 \text{ 円}$$

です．したがって，家計が便益の期待値すなわち**期待便益**（expected

benefit）の大小によって賭けの比較を行うのであれば，この家計は賭けBを選ぶであろうと考えられます．

> **期待便益**
> 家計が X 単位の消費から得る便益を $B(X)$ とするとき，確率 p_1 で $X = x_1$ 単位，確率 p_2 で $X = x_2$ 単位の財を支払う「賭け」から家計が得る期待便益 $E[B(X)]$ は，
>
> $$E[B(X)] = p_1 \times B(x_1) + p_2 \times B(x_2)$$
>
> によって計算される．

　このような「賭け」は経済学のさまざまな場面で現れます．たとえば株式市場の分析を行うときには，投資家はどの銘柄の株をどれだけ買うのかという問題を考えることになります．将来の株価や配当額が確率的に決まると考えるならば，株式は「賭け」の一種と考えることもできるのです．

　もっとも，現実の家計が期待便益を用いて「賭け」の評価を行っているとはかぎりません．たとえばギャンブル好きの家計であれば，賭けAからは最高で8単位を得られる一方で賭けBからはせいぜい6単位しか得られないと考えて，賭けAを選ぶということもあるかもしれません．逆にギャンブルのきらいな家計であれば，賭けBからは最低でも3単位得られる一方で賭けAでは最低で0単位になる危険性があると考えて，賭けBを選ぶこともありえます．これらはいずれも筋の通った考え方であり，期待便益を用いる方法だけが正しい考え方であるとはいえません．実際に**行動経済学**（behavioral economics）の分野では，期待便益の考え方では説明できないような家計の選択行動がさかんに研究されています．

　しかし，標準的な経済学では，その考え方の自然さや計算の簡単さのゆえに期待便益を用いる方法が広く採用されています．したがって本書でも期待便益の考え方を用いて分析を行うことにしましょう．

■ 期待利潤

　経済学における期待値の応用例として，家計だけでなく企業の行動について

も考えてみましょう．たとえばある土地では，確率 $\frac{1}{2}$ で雨が降り，残りの確率 $\frac{1}{2}$ で晴れになるとします．その土地には1軒の食堂があり，周囲の住人に独占的に食事を提供しています．雨が降った場合には，住人たちの多くは外食に出かけるのをやめて自宅で食事をすませます．晴れた場合には，多くの住人たちが外出して食堂にやってきます．そこで，この食堂が提供している食事の価格が p 円であるときには，その食事への市場需要 X は，

$$X = \begin{cases} 4 - p & \text{(雨のとき)} \\ 12 - p & \text{(晴れのとき)} \end{cases}$$

によって与えられるとします．もし，この食堂が独占企業として価格を決定するならば，p はいくらに設定されるでしょうか．ただし，この食堂の費用関数は $C=0$ です．つまり，生産に費用は要しないものと仮定します．

　雨の日と晴れの日とで別々の価格を食堂が提示することも十分に考えられますが，ここでは天気に関係なく一定の価格 p を維持するものと考えましょう．価格 p のもとで，雨のときに食堂が得る利潤は，

$$\pi_1 = p(4 - p)$$

と計算されます．また晴れの日に得る利潤は，

$$\pi_2 = p(12 - p)$$

です．したがって価格 p のもとで食堂が得る**期待利潤**（expected profit）は，

$$E[\pi] = \frac{1}{2}\pi_1 + \frac{1}{2}\pi_2 = \frac{1}{2}p(4-p) + \frac{1}{2}p(12-p) = p(8-p)$$

であることがわかります．これを変形すれば，

$$E[\pi] = -(p-4)^2 + 16$$

となりますから，期待利潤を最大にする価格は $p=4$ であると結論できます．

　したがって，この食堂が提示する食事の価格は $p=4$ となるでしょう．このとき，晴れの日には $X = 12 - 4 = 8$ 単位の需要が発生する一方で，雨の日には需要量は $X = 4 - 4 = 0$ となり，客は1人もやって来ないことになります．

> **期待利潤**
>
> 企業が確率 p_1 で π_1, 確率 p_2 で π_2 の利潤を得るとき,期待利潤 $E[\pi]$ は,
>
> $$E[\pi] = p_1 \times \pi_1 + p_2 \times \pi_2$$
>
> によって計算される.

> **例題6-1**
>
> 本節で扱った食堂の例において,確率 $\frac{1}{3}$ で雨,$\frac{1}{3}$ で曇り,$\frac{1}{3}$ で晴れになるものとする.需要関数は,
>
> $$X = \begin{cases} 4-p & (雨のとき) \\ 8-p & (曇りのとき) \\ 12-p & (晴れのとき) \end{cases}$$
>
> によって与えられている.天気に関係なく一定の価格 p 円で食事を提供するものとすれば,この食堂が定める独占価格はいくらになるか.ただし簡単のため,生産にかかる費用は 0 であるとする.
>
> **解説**
>
> この食堂が定めた独占価格を p とするとき,期待利潤は,
>
> $$E[\pi] = \frac{1}{3}p(4-p) + \frac{1}{3}p(8-p) + \frac{1}{3}p(12-p) = p(8-p)$$
>
> となる.これは $p=4$ において最大となるから,独占均衡価格は $p=4$ となる.

以上で,この章を読むために必要な準備はおしまいです.それではいよいよ次節から,売り手と買い手のあいだに情報の非対称性があるような市場の分析を始めましょう.

6.2 レモン市場

■ モデルの設定

　この節で紹介するモデルはジョージ・アカロフ（George Arthur Akerlof, 1940〜　）が考案した理論を初学者向けに単純化したものです．アカロフは非対称性情報が存在する市場を分析した最初の経済学者であり，その功績によって 2001 年のノーベル経済学賞を受賞しています．アカロフは自分の理論を説明するための具体例として中古車市場を用いましたが，アメリカ英語では粗悪な中古車を指して「レモン」ということがあります．そのためにアカロフの理論はしばしば**レモン市場**（market of lemons）のモデルと呼ばれています．

　次のような単純な中古車市場を想像してみましょう．市場には，たくさんの家計と企業が参加しています．ただし企業には次の 2 種類のタイプがあります．

　　タイプ A　良質の中古車を市場に供給している企業
　　タイプ B　粗悪な中古車（レモン）を市場に供給している企業

　簡単のため，タイプ A の企業の数と，タイプ B である企業の数は，どちらも同じ 50 社であるとしておきましょう．また各企業は最大でも 1 台までしか中古車を供給しないものとしましょう．したがって，すべての企業が 1 単位の財を供給しているとして，家計が何も考えずに中古車を購入するならば，このとき家計は $\frac{1}{2}$ の確率でレモンをつかまされる危険があるわけです．

　良質な中古車の金銭価値は 100 万円，粗悪な中古車の価値は 10 万円であるとしましょう．しかし市場で売られている中古車は見た目のうえでは完全に同質であり，家計にはそれぞれの車がいったいどちらのタイプの商品であるのか，実際に購入して運転してみるまでは，まったく判断できないとします．ただし家計は，市場には 2 種類の中古車があることや，それぞれのタイプの中古車の金銭価値などについては知っているものとします．

　すべての企業と家計が価格受容者として振る舞うものとしましょう．したがって市場は完全競争的ということになります．このとき，市場均衡はどのよ

うにして定まるでしょうか．そして，その均衡は果たして望ましい性質を持つのでしょうか．

■ 市場均衡

ここで仮に車の価格が $p = 100$（万円）であるとしてみます．タイプAの企業は，100万円の価値のある財を100万円で売ることができるわけですから，市場に財を供給することに異存ないでしょう．またタイプBの企業は，10万円の価値しかない商品を100万円で売ることができるのですから，大喜びで財を供給するはずです．したがって $p = 100$ のときには，どちらのタイプの企業も財を供給し，市場供給量は $50 + 50 = 100$ 台になります．

さてこのとき，家計はどう考えるでしょうか．いま，タイプAとBの企業数は同じであると仮定していましたから，家計が1台の中古車を購入したとき，それがタイプAの車である確率は $\frac{1}{2}$，タイプBの車である確率も $\frac{1}{2}$ です．したがって中古車の価値の期待値は，

$$\frac{1}{2} \times 100\,\text{万円} + \frac{1}{2} \times 10\,\text{万円} = 55\,\text{万円}$$

しかありません．価格は100万円でしたから，合理的な家計は中古車を1台も買おうとはしないでしょう．

したがって価格が100万円であるときには，供給量は100台，需要量は0台であり，市場は超過供給の状態になります．超過供給の存在によって中古車の価格は低下するでしょう．その結果，新たな価格がたとえば $p = 80$（万円）になったとします．今度は何が起こるでしょうか．

市場価格が100万円よりも安くなってしまうと，タイプAの企業は財の供給をやめてしまいます．その一方で，価格が10万円以上であるかぎりは，タイプBの企業は供給を続けます．ということは，中古車の価格が $p = 80$ であるときに，市場に財を供給しているのはタイプBの企業ばかりになり，市場供給量は50台になるでしょう（図 6.2）．

それではこのとき，家計はどのように考えるでしょうか．現在の市場価格は80万円です．合理的な家計は，その値段ではタイプAの企業が財を供給するはずがなく，市場に財を供給しているのはタイプBの企業ばかりであること

図 6.2 レモン市場における供給曲線

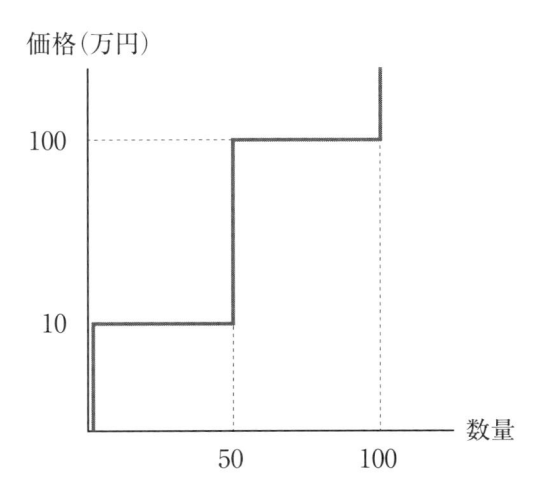

を正しく推測するでしょう．よって家計にとっては，市場で流通している中古車の価値の期待値は，

$$0 \times 100 \text{万円} + 1 \times 10 \text{万円} = 10 \text{万円}$$

です．この期待値よりも現在の価格の 80 万円のほうがずっと高いわけですから，家計は中古車をまったく需要しません．したがって価格を 100 万円から 80 万円に引き下げてみても，超過供給は解消されないまま残ってしまうのです．

以上のように考えれば，結局は $p = 10$（万円）になるまでは，需給が均衡する可能性がないことがわかるでしょう．価格が 10 万円のときにはタイプ B の企業だけが市場に財を供給します．そしてこのとき市場で流通している中古車の価値は 10 万円であり，これは価格に等しいわけですから，家計はようやく中古車を需要するでしょう．

■ 逆選択

こうして達成された均衡において市場で流通するのは粗悪なタイプ B の中

古車ばかりです．タイプ A の企業は在庫を抱えたまま，市場には参加できずに終わります．価格が少々高くてもタイプ A の企業から優良車を買いたい家計もいるはずなのに，情報の非対称性のために，そのような需要は満たされないままになってしまうのです．

　本来の市場システムには，質の良い財に高い価格をつけることでその供給を促進し，質の悪い財には安い価格をつけることで供給を抑制するという機能があります．それゆえに家計は市場価格を観察することで，どの財が高品質であり，どの財がそうではないのかを見分けることができるのです．ところが情報の非対称性が存在する市場では，高品質の財の供給が抑制され，低品質の財の供給ばかりが促進されて，最終的には粗悪品が市場を占有してしまいます．この現象は市場に本来期待されているものとは真逆の結果であり，ゆえに**逆選択** (adverse selection) と呼ばれています．

■ 重要なのは非対称性

　今度は，これまでの設定を少しだけ変えて，家計だけでなく企業にも中古車の品質を見分けることができないものとしてみましょう．つまり，買い手と売り手は等しく情報を持っておらず，その意味でこの市場には情報の非対称性が存在していません．

　これまでどおり市場には，100万円の価値がある高品質の中古車と，10万円の価値しかない低品質の中古車が存在しているものと仮定します．また，ある中古車が高品質である確率は $\frac{1}{2}$ であるとします．しかし今回は，売り手も中古車の品質を知ることができませんから，この売り手にとって1台の中古車の価値の期待値は，

$$\frac{1}{2} \times 100 + \frac{1}{2} \times 10 = 55 \text{万円}$$

となります．同一の計算により，買い手側にとっても中古車の価値の期待値は55万円になります．したがって，この中古車は55万円で売買されることになり，その結果として市場には両方の品質の中古車が流通します．品質の悪い財だけが市場で流通する逆選択現象は発生しません．

　このように考えれば，逆選択が発生する根本的な原因は，消費者が財の品質

を観察できないことにあるのではなく，消費者と企業で持っている情報の量が違うことにあるのだということがわかります．情報が非対称的である場合には，買い手と売り手のあいだに疑心暗鬼が発生し，その結果として市場機能が低下するのです．その反対に売り手も買い手も等しく情報を持たないのであれば，人々はだまされることを恐れずに安心して財を売買できます．市場の機能を維持するという観点から重要であるのは，情報の絶対量なのではなく，情報の分布が対称的であるか否かなのです．

■ 逆選択の解消法

　売り手は中古車の品質を知っており，しかし買い手はその情報を持たないために市場に逆選択が生じているとき，これを解消するためには，どんな方法があるでしょうか．

　すぐに思いつくことは，たとえば政府が買い手と売り手の仲介をすることです．政府が業者から中古車を受け取り，自動車の専門家に品質の鑑定を依頼して，それを適正価格で家計に販売するのです．このような仕組みであれば，家計は安心して中古車を買うことができるでしょう．

　政府の仲介によらなくても，売り手自身ができることもあります．たとえば品質の悪い車ばかりが安値で流通している逆選択の状況下でも，タイプＡの売り手が「購入後一定期間内に不具合が生じたら全額返金します」という保証書をつけて車を売り出せば，安心して高値の車を買う家計が出てくるかもしれません．もちろん，その保証書自体が信用されなければ効果はありませんので，テレビや新聞でたくさんの広告を流したり，すぐに市場から退出して逃げることができないような立派な本社ビルを用意するなどして，家計の信頼を獲得する努力をする必要があるでしょう．

　情報の非対称性の解消は，財の買い手のみならず売り手にとっても重要な課題です．現実においてさまざまな企業がどのようにしてこの課題に取り組んでいるのか，読者のみなさんもいろいろと実例をさがしてみてください．

例題6-2

ある労働市場には，次の2種類の労働者がいるものとする．

タイプA 1日当たり100単位の財を生産することができ，その報酬として財50単位分の価値に等しい所得を得たいと思っている．

タイプB 1日当たり20単位の財を生産することができ，その報酬として財10単位分の価値に等しい所得を得たいと思っている．

企業には，労働者のタイプを見分けることができないものとする．各タイプに属する労働者の人数は同じであり，したがって企業が1人の労働者を雇用すれば，それがタイプAである確率は$\frac{1}{2}$であり，タイプBである確率もまた$\frac{1}{2}$である．

(1) 企業は，1人の労働者に対し，その期待生産量の半分の価値を報酬として支払うこととした．報酬の額はいくらか．

(2) (1)で計算された報酬額によって企業が雇用できるのはどちらのタイプの労働者か．

(3) 最終的な報酬額は財にして何単位分の価値となるか．

解 説

(1) 期待値の計算公式により，1人の労働者による生産量の期待値は，

$$\frac{1}{2} \times 100 + \frac{1}{2} \times 20 = 60$$

である．したがって企業は財30単位分の価値を報酬として労働者に支払う．

(2) 30単位の報酬を受け入れるのは，仮定によりタイプBの労働者のみである．したがって労働市場に労働力を供給するのはタイプBのみになる．

(3) 最終的に市場に残る労働者がタイプBばかりであるならば，企業が期待する生産量は20単位に修正され，報酬はその半分の10単位分の財の価値となる．

6.3 保険市場

■ 保険市場における情報の非対称性

レモン市場のモデルでは，財の供給側が需要側よりも多くの情報を持っている状況を想定しました．それでは逆に，財の供給側が情報を持っておらず，需要側のほうが情報をより多く有しているような状況はあるのでしょうか．

需要側が供給側より多くの情報を持っている市場の例として典型的であるのが保険市場です．たとえば医療保険の場合，保険会社は加入希望者の健康状態をできるだけくわしく知ることで保険料率を決定しようと試みます．けれども加入希望者にとって，自分の健康状態を隠すことはむずかしくありません．よって医療保険の市場では，保険サービスの買い手のほうが売り手よりも多くの情報を所有しているといえます．

■ モデルの設定

それでは，医療保険市場のモデルをつくってみましょう．簡単のために市場には1種類だけの医療保険が存在しているものとします．その保険契約によれば，あらかじめ p 円の保険料を支払っておけば，病気になったときには q 円分の保険金を受け取ることができます．

さて，この保険を売っている保険会社は，次のような2種類の家計が市場にいることを知っています．

- **A** 常日頃から健康に気を使っており，病気になる確率が $\frac{1}{10}$ であるタイプ
- **B** 健康にはまったく無頓着であり，$\frac{1}{2}$ の確率で病気になるタイプ

保険会社は，ある家計がどちらのタイプであるのかを見分けることはできませんが，しかし長年の経験により，両タイプの人数比率は1：1であることを知っています．

保険会社と契約者はいずれも価格受容者として振る舞うものとしましょう．また保険市場への参入退出は完全に自由であり，正の利潤が存在していれば新規参入が生じ，利潤が負になれば退出が生じるとします．このとき，均衡では

何が起こるでしょうか.

■ フェアな契約

　ある保険会社がすべての家計に，保険料として p 円を支払えば，保険金として q 円を受け取れる契約を提示したとします．また，どちらのタイプの家計もその提案を受け入れて契約に同意したものと考えましょう．

　保険を契約した家計が病気になると，保険会社は q 円の保険金を家計に支払います．保険会社の視点では，ある1人の保険契約者について，それが健康なタイプAであり，しかもその契約者が病気になってしまう確率は，

$$\frac{1}{2} \times \frac{1}{10} = \frac{1}{20}$$

です．同様に，その契約者が不健康なタイプBであり，しかも病気になってしまう確率は，

$$\frac{1}{2} \times \frac{1}{2} = \frac{1}{4}$$

となります．ですから，保険会社が1人の契約者に支払うことになる保険金の期待値は，

$$\frac{1}{20} q + \frac{1}{4} q = \frac{3}{10} q$$

と計算されます．これより，保険会社は1件の契約から $p - \frac{3}{10} q$ の期待利潤を得ることがわかります．

　ここで，

$$p - \frac{3}{10} q > 0$$

が満たされていると仮定しましょう．すると，この正の利潤をねらった新規参入が始まります．保険業界には次々と企業が新規参入し，第5章で分析したような価格競争が始まります．したがって均衡においては，各保険会社が得る超過利潤がゼロになるまで，すなわち，

$$p - \frac{3}{10} q = 0$$

第6章 市場と情報　223

が成立するまで p が低下します．つまり，あらかじめ p 円の保険料を支払っておけば，病気になったときには $q = \frac{10}{3} p$ 円の保険金を受け取れるという契約だけが市場に残るのです．たとえば，家計は契約時に 30 万円の保険料を払っておけば，病気になったときには 100 万円を受け取れることになります．

　この契約のもとでは保険会社が受け取る超過利潤は 0 円なるわけですが，これを言い換えれば，保険会社は保険金の払い渋りなどによって不当な利益を得ていないということになります．その意味で，保険会社の受け取る利潤が 0 になる保険契約を指して**フェア（fair）な契約**と呼ぶことがあります．

■ 保険市場における逆選択

　今度は家計の視点に立って市場を眺めることにしましょう．フェアな保険契約 $q = \frac{10}{3} p$ が保険会社から提示されたとき，家計はそれをどのように受けやめるでしょうか．まずは健康を気にかける A タイプの家計の視点で考えてみましょう．タイプ A の家計は，保険契約時に p 円の保険料を支払います．そして 10 分の 1 の確率で病気になってしまい，$q = \frac{10}{3} p$ 円の保険金を受け取ります．したがって，タイプ A の家計にとって，この保険契約から受け取る価値の期待値は，

$$\frac{1}{10} \times \frac{10}{3} p = \frac{p}{3}$$

となり，これは自分が支払う保険料より小さな金額です．したがってタイプ A の家計はこの保険契約を結びません．

　健康に無頓着なタイプ B の家計の視点からはどうでしょうか．タイプ B の家計は $\frac{1}{2}$ の確率で病気になりますから，タイプ B の家計がこの保険契約から受け取る保険金の期待値は，

$$\frac{1}{2} \times \frac{10}{3} p = \frac{5}{3} p$$

となります．これは保険料の支払額 p 円よりも大きな値ですから，タイプ B の家計は喜んでこの保険契約を結ぶでしょう．ということは，保険業界がフェアな契約を提示しているかぎり，実際に保険契約を結ぶのはタイプ B の家計ばかりとなってしまいます．レモン市場の場合と同じように，保険市場におい

ても均衡では逆選択が生じることになるのです．

■ 情報が非対称な場合の均衡

こうして市場に残るのはタイプBの家計だけになってしまいました．このままでは保険会社は損をするばかりですから，各企業は契約の内容を見なおすでしょう．保険会社がタイプBの家計だけを相手にするならば，保険料がp円，保険金がq円であるような保険契約から企業が得る期待利潤は，

$$p - \frac{1}{2}q$$

となります．したがって，タイプBのみが残っている市場において保険会社の参入退出が起こらないためには $q = 2p$ が成り立つ必要があります．このときタイプAの家計が保険契約 $q = 2p$ から得る純便益は，

$$\frac{1}{10} \times 2p - p = -\frac{4}{5}p < 0$$

となりマイナスになってしまいますから，タイプAの家計は保険市場には戻ってきません．保険会社が本当に契約を結びたいのはタイプAであるはずですが，均衡において実際に契約を結ぶことができるのはタイプBばかりなのです．

■ タイプ別契約

現実の保険市場では，保険会社は契約者のタイプを見分けるためにさまざまな工夫をしています．たとえば，「家計が健康診断を受けるなどして健康に問題がないことを証明すれば保険料を値下げする」という保険契約や，「契約後も一定期間以上，契約者が病気にならず保険を使用しなかった場合にはすでに支払った保険料の一部を払い戻す」などの契約を販売したりしています．こうした工夫と努力によって，保険会社が契約者のタイプを見分けることができるようになれば，保険会社はタイプ別の契約を提供できるようになります．

そこで，何らかの工夫によって保険会社は家計のタイプを見分けることができるようになったとしましょう．そして保険料の支払い額がp円であるとき，タイプAへ支払われる保険金の額をq_A，タイプBに支払われる額をq_Bとし

ましょう．両方の保険がフェアであるなら，

$$p - \frac{1}{10} q_A = 0, \quad p - \frac{1}{2} q_B = 0$$

となりますから，タイプ別の保険契約は $q_A = 10p$, $q_B = 2p$ となります．つまり，健康に気をつけているタイプの契約者は，病気になれば保険料の10倍の額の保険金を受け取ることができます．健康にあまり気を使っていないタイプであっても，保険料の2倍の額の保険金を受け取れます．このようにして保険会社は異なるタイプの家計用にフェアな保険を供給し，両方のタイプの家計は自分に向いた保険を購入することができるようになりました．これで万事解決です！

■ モラルハザード

……と思いきや，残念なことに，問題はそう簡単ではないのです．両タイプにフェアな保険契約が提示され，両タイプの家計がそれぞれ契約を結んだとしましょう．このとき，タイプAの家計には，あるインセンティブが新たに生じたことになるのです．

それはタイプAの家計が「せっかく保険契約を結んだのだから，これからは健康に気を使うのをやめて気楽に生きよう」と考えてしまうことです．その結果，それまではタイプAだった家計はタイプBに変貌し，確率 $\frac{1}{2}$ で病気になってしまうようになるかもしれません．すると，この家計がフェアな保険契約 $q_A = 10p$ から得る純便益の期待値は，

$$\frac{1}{2} \times 10p - p = 4p$$

となります．つまり，保険契約後に生活習慣を変えてしまうことで，タイプAの家計は保険料の4倍もの利得を手に入れることができるのです．これはタイプAにとっては自堕落な生活への強烈な誘惑になりうるでしょう．

このように保険契約の成立前と成立後で契約者の行動が変わってしまう現象を，経済学では**モラルハザード**（moral hazard）と呼んでいます．保険会社には，家計のタイプを見分ける努力だけでなく，このモラルハザードの発生を防ぐための努力も求められるのです．たとえば，「保険契約後から一定期間が

経過しても契約者が病気にならず保険を使用しなかったならば保険金の一部を返却する」などの項目を契約に追加することで，保険会社はある程度までモラルハザードを防ぐことができるかもしれません．

例題6-3

本節の保険市場モデルにおいて，病気になった家計は病気の苦しみから3単位の不便益（マイナスの便益）を得るものとする．保険会社は家計のタイプを見分けることができないものとして以下の問に答えよ．

(1) タイプA，Bの家計がともに市場に参加しているとき，フェアな契約 (p, q) を求めよ．

(2) (1)で求めた契約が市場に供給されるとき，どちらのタイプの家計がこの契約を需要するか．

(3) 最終的には市場の状態はどうなるか．

解説

(1) 保険料が p 円，保険金が q 円の契約から保険会社が得る期待利潤は，

$$p - \left(\frac{1}{2} \times \frac{1}{10}q + \frac{1}{2} \times \frac{1}{2}q\right) = p - \frac{3}{10}q$$

となる．したがってこの例題の場合においても，フェアな契約は本文と同様に $p = \frac{3}{10}q$ を満たす (p, q) である．

(2) フェアな契約 $p = \frac{3}{10}q$ からタイプAの家計が得る純便益は，

$$\frac{1}{10}\left(\frac{10}{3}p - 3\right) - p = -\frac{2}{3}p - \frac{3}{10} < 0$$

であるから，p が正であるかぎりタイプAはこの保険契約を需要しない．同様にタイプBについては，

$$\frac{1}{2}\left(\frac{10}{3}p - 3\right) - p = \frac{2}{3}p - \frac{3}{2}$$

となる．したがって $p > \frac{9}{4}$ であるならば，タイプBは契約を需要する．とくに保険料に上限のない契約であるならば，タイプBの家計は可能なかぎり大きな額の保険契約を結ぼうとする．

(3) 均衡ではタイプBの家計だけが市場に残ることになる．このタイプBに対して，保険会社は改めてフェアな契約を提供する．それを (p_B, q_B) と書けば，

$$p_B - \frac{1}{2} q_B = 0$$

より $q_B = 2p_B$ が満たされねばならない．このとき家計が得る純便益は，

$$\frac{1}{2}(2p_B - 3) - p_B = -\frac{3}{2} < 0$$

その一方で，タイプBが保険を買わない場合の期待便益も $-\frac{3}{2}$ であるから，タイプBにとっては保険を買っても買わなくても同じ状態になる．

このように，家計が病気になることから苦痛を受けることも考慮に入れても，本節のモデルでは逆選択が発生することになる．これは家計の便益関数が数学的にあまりに簡単なためであり，また取引される保険契約にフェアであることを課しているためでもある．本節で考えたものよりも一般的な便益関数を導入したり，あるいは保険会社がフェアな契約を供給することをやめれば，家計が病気から負の便益を得る場合でも，保険市場が消滅することはない．

6.4 労働市場

■ モデルの設定

これまでの節で見てきたように，情報の非対称はさまざまな問題を引き起こします．そして現実に存在するさまざまな非対称を少しでも緩和するために，家計や企業はさまざまな努力をしています．この節では，そのような努力についての理論的分析の一例として，アメリカの経済学者**スペンス**（**Andrew Michael Spence, 1943～**　）が考案した労働市場のモデルを簡略化して紹介することにします．

表 6.1 労働者のタイプと所得

	企業 A に雇用されたとき	企業 B に雇用されたとき
タイプ H	600 万円	240 万円
タイプ L	150 万円	60 万円

2人の労働者 H, L と，2つの企業 A, B からなる労働市場を考えましょう．労働者 H は生産性が高いタイプであり，ひとたび雇用されれば1年間に1200万円分の財を生産することができます．労働者 L は生産性が低いタイプであり，1年間に300万円分の財しか生産することができません．

企業 A と B はどちらも，労働者を1人だけ採用予定であるとします．企業 A は気前の良い会社であり，生産された財の価値の半分を賃金として雇用した労働者に支払います．一方で企業 B は，生産された財の価値のうち5分の1だけを労働者に支払い，残り5分の4は企業 B のものにしてしまいます．

タイプ H の労働者が企業 A で雇用されれば，彼は600万円の所得を得ますが，企業 B に雇用された場合には，所得は240万円になります．同様に，タイプ L が企業 A に雇用されれば所得は150万円，企業 B に採用されれば60万円です．以上の数字を表6.1にまとめておきます．

■ 情報の非対称性

ここで，企業は労働者の生産性を事前に見抜くことができないものと仮定しましょう．どちらの企業も，実際に労働者を雇用して，その年の終わりにどれだけの財が生産されたかを観察するまでは，労働者のタイプが H であるのか，それとも L であるのかを知ることができません．一方で労働者たちは自分たちのタイプを知っています．したがって，このモデルは，労働力の売り手である労働者たちのほうが，労働力の買い手である企業たちよりも多くの情報を有しているような，情報の非対称性が存在する市場を扱っているものと考えられます．

上記の設定のもとで，それぞれの企業はどのように考えるでしょうか．まずは企業 A について考えてみましょう．仮に企業 A が労働者のタイプを事前に見分けることができるとすれば，企業 A はタイプ H を雇用したがるはずです．

というのも，タイプHを雇用すれば企業Aは1200万円の半分である600万円の利潤を得ることができますが，タイプLを雇用すれば300万円の半分に等しい150万円しか得られません．したがって企業Aは，できればタイプHの労働者を雇用したいと考えているはずです．同様に，企業Bもできればタイプ Hの労働者を雇用したいと考えています．

しかし，実際にはどちらの企業も雇ってみるまでは労働者のタイプを知ることができないのですから，どちらか1人の労働者だけが採用に応募すればそれを雇い，2人ともに応募してくればどちらか一方を（コインを投げるなどして）ランダムに選ぶしかありません．

■ タイプHの意思決定

それでは，それぞれの労働者たちはどのように行動するでしょうか．まずはタイプHの労働者を中心に考えてみましょう．

まずはタイプLの労働者が，企業Aの採用に応募している場合を考えます．このとき，タイプHも同じく企業Aに応募したとすれば，募集枠は1人であると仮定していますので，実際に採用されるのはHかLのどちらか一方だけです．言い換えれば，Hが企業Aに採用される確率は$\frac{1}{2}$ということになります．もし採用されなかったならば，タイプHは企業Bで働くしかありません．したがって，タイプHが企業Aを第一志望に選んだとき，彼が手にする所得の期待値は，

$$\frac{1}{2} \times 600 + \frac{1}{2} \times 240 = 420 \text{万円}$$

となります．

タイプHがタイプLとの競争を避けて企業Bを第一志望とすれば，確実に採用されるかわりに所得は240万円にしかなりません．これらの数字をくらべれば，タイプHはタイプLとの競争を避けずに企業Aを第一志望とするのが得であるという結果が得られます．

タイプLの労働者が企業Bを第一志望としている場合には，タイプHは競争することなく企業Aに就職して，600万円の所得を確実に手に入れることができます．仮にタイプHも企業Bへの就職を希望していたならば，2人の

労働者の間で競争が生じ，所得の期待値は，

$$\frac{1}{2} \times 240 + \frac{1}{2} \times 600 = 420 \text{万円}$$

となり，これは600万円に満たない数字です．したがって，タイプLがどちらの企業への就職を希望していても，タイプHはかならず企業Aを第一志望とすることになります．

■ タイプLの意思決定

タイプLの労働者についても同様に考えれば，タイプHの意思決定にかかわりなく企業Aを第一志望とすることがわかります．たとえばタイプHが企業Aへの就職を希望しているときに，タイプLも同じく企業Aの採用に応募したならば，タイプLが採用される確率は$\frac{1}{2}$です．採用されなかった場合には企業Bで働くことになりますから，このときにタイプLが得る所得の期待値は，

$$\frac{1}{2} \times 150 + \frac{1}{2} \times 60 = 105 \text{万円}$$

です．仮にタイプLが競争を避けて企業Bを第一志望としていたならば，そのときには確実に60万円の所得を手にできていましたが，これは企業Aを第一志望としていた場合の所得の期待値105万円を大きく下回ります．したがってタイプLもまた，タイプHとの競争を恐れずに企業Aに一度はチャレンジしてみることを選ぶでしょう．

もし，タイプHが企業Bでの就職を希望している場合には，タイプLが同じく企業Aを第一志望とすれば150万円，企業Bを志望すれば105万円の所得の期待値を手に入れます．したがってこのときも，タイプLは企業Aで働こうとします．

2人の労働者の意思決定に応じた，所得の期待値の組み合わせを表6.2にまとめておきます．表6.2の各マスに示された数字の組は，2人の労働者が得る期待所得の組み合わせです．たとえば両者がともに企業Aを第一志望とする場合には，タイプHの期待所得は420万円，タイプLの期待所得は105万円と計算されますので，これを組にして（420万円，105万円）と表示していま

表6.2　労働者の意思決定と期待所得の組み合わせ

タイプH ＼ タイプL	企業Aを志望	企業Bを志望
企業Aを志望	(420万円, 105万円)	(600万円, 60万円)
企業Bを志望	(240万円, 150万円)	(420万円, 105万円)

す．このように経済主体の行動に応じて定まる**利得（payoff）**の組み合わせを表にして提示したものを**利得表（payoff matrix）**と呼びます．利得表については本章の補論でさらにくわしく説明していますので，そちらも参照してください．

さて，この利得表からも明らかなように，どちらのタイプの労働者もライバルの出方にはかかわりなく，企業Aで働くことを望みます．したがってこの労働市場では，タイプHもタイプLも企業Aで就職しようとします．しかし実際には企業Aに採用されるのはどちらか一方だけですから，不採用になった労働者は仕方なく企業Bで働くことになります．

■ シグナルとしての「学歴」

このような均衡は社会的には果たしてどれだけ望ましいものでしょうか．すでに上で述べたように，企業AはタイプHの労働者を雇用したいと思っており，タイプHの労働者は企業Aで働くことを望んでいます．企業AとタイプHはいわば相思相愛であるのにもかかわらず，情報の非対称が両者のあいだに立ちはだかって，彼ら双方の望みを遮断しているのです．このような状況下では，タイプHの労働者には，自分の生産性の高さを企業Aに何とかして伝えたいというインセンティブが生じていることでしょう．そこで労働者たちに，自分たちのタイプを企業側に伝えるための道具を与えることにしましょう．それが学歴です．

タイプHの労働者は自分の学歴を企業に向けて送る**シグナル（signal）**として利用します．学歴を誇示することによって企業が速やかに自分たちを見つけられるようにするのです．教育にはそれなりの費用が必要となりますが，タイプHの労働者は，雇用後に高い所得を稼いで教育にかかった費用をすぐに

回収するでしょう．

　生産性の劣ったタイプLの労働者の場合には，高い学費を払って学歴を手に入れたとしても，雇用されたあとに十分な所得を稼ぎ出すことができないために費用を回収できないままに終わってしまうかもしれません．そうであるなら，彼らは学歴を需要することはないでしょう．

　その結果，生産性の優れた労働者だけが高等教育の学歴を得て，生産性の劣った労働者は高等教育に最初から関心を持たないという状況が生まれます．これにより企業は学歴の有無によって労働者のタイプを見抜けるようになるわけです．

　学歴をシグナルとしてとらえる考え方は，情報の非対称を乗り越えるための手段として非常に興味深く，かつ有効なものであり，何よりも「教育」というものに対する私たちの見方を一変させる力を備えています．このアイデアの発案者であるスペンスは，同じく非対称情報の理論を研究したアカロフや**スティグリッツ**（Joseph Eugene Stiglitz, 1943〜　）とともに，2001年のノーベル経済学賞を受賞しています．

■ 教育の効果

　上述の説明をモデル化して分析してみましょう．どちらのタイプの労働者も，一定の費用を支払うことにより，高等教育機関が発行する卒業証書を手に入れることができるとします．ただし，高等教育によって生産性が上昇することはないものとします．とくにタイプLの労働者が高等教育によってタイプHに変化することは想定しません．

　もちろん現実では，教育は労働者の生産性を向上させます．とくに医師や法律家，エンジニアのような専門性の高い職種では，高等教育の学歴がない労働者の生産性はゼロに近い値をとるでしょう．また教育の内容が直接的に仕事の内容に関係しない職種であっても，学生が高等教育の場で身につける情報処理や文書作成の技能は生産性を大きく向上させます．

　しかしここでは，スペンスに従って，教育が生産性に与える効果は皆無であるという仮定を維持します．そしてそれにもかかわらず，一部の労働者が高等教育を需要し，企業は教育の有無によって労働者の生産性を見分けることがで

きることを示します．たとえ教育が無効果であっても，それでもなおこれらの結論が得られるがゆえに，スペンスの理論はより興味深いものになるのです．

以下では，高等教育にかかる費用は100万円であるとします．また分析を容易にするために，労働者たちが企業から所得を受け取るのは一度だけであるとしましょう．さらに，企業AとBが次のような**信念（belief）**を持っているものと仮定しましょう．

> タイプHの労働者はかならず高等教育を受けている．また高等教育を受けている労働者には，タイプLのものは1人もいない．

以上の設定のもとでは，労働市場の均衡は果たしてどのように変化するでしょうか．

■ タイプHの意思決定

企業が上記の信念を持っているかぎり，タイプHの労働者は100万円を支払って高等教育を受けることを選びます．なぜなら高等教育を受けることで自分がタイプHであることを示すことが可能になり，それによって確実に企業Aに採用してもらえるようになるからです．このときタイプHの労働者が手に入れる純所得は，高等教育の費用を考慮すれば，

$$600 - 100 = 500 \text{万円}$$

となります．表6.2によれば高等教育を受けない場合にはタイプHの期待所得は420万円でしたから，タイプHの労働者は高等教育を受けた後に企業Aに確実に就職することを選ぶでしょう．

■ タイプLの意思決定

タイプLの労働者はどうするでしょうか．企業の信念を前提とすればたとえ自分がタイプLであったとしても，高等教育の学歴を手に入れれば自分のタイプを偽ることができます．しかしそれによって企業Aに雇用されたとしても，教育費用のことを考えれば手に入る純所得は最大でも，

$$150 - 100 = 50 \text{万円}$$

にすぎません．それなら最初から教育費などにお金を使わずに，企業Bに就職したほうがよいはずです．そうすれば，タイプHと競争することなく企業Bに雇用され，60万円の所得を確実に手に入れることができるからです．したがってタイプLの労働者は，教育を受けずに企業Bで働くことを選択するでしょう．

■ 均衡

かくして，企業が「高等教育の有無によって労働者のタイプを見分けることができる」という信念を持っているかぎり，企業が信じるとおりにタイプHは教育を受け，タイプLは教育を受けない状況が結果として生じます．そして企業は自分たちの信じていたとおりに高等教育を受けた労働者が本当に高生産性であることを確認して，ますます自分たちの信念を強めます．というわけで，この労働市場では，最終的に，タイプHは高等教育を受けてから企業Aに就職し，タイプLは高等教育を受けずに企業Bに就職する，という状態が実現するはずです．これが，スペンスのモデルにおける「均衡状態」ということになります．

■ 教育の効果

この結果は，以下の3つの点でじつに興味深いものです．まず第一に，このモデルにおいては，教育には労働者の生産性を向上する効果がまったくないと仮定しているにもかかわらず，それでも教育には期待所得を引き上げる効果があるということです．もちろん，スペンスの理論は教育が本当に労働者の生産性を引き上げる場合であっても成り立ちます．実際に，マクロ経済学では，教育による生産性の向上は経済成長の源泉の一つとして重要視されています．しかしここで強調しておきたいのは，教育には，学生の能力を向上させるという実質的な効果だけではなく，学歴を示すだけのシグナルとしての機能もあるのだということなのです．世の中では，しばしば「大学教育などは実社会では何の役にも立たない」等の意見が聞かれることがあります．しかしスペンスの理論によれば，その内容が何であろうと，大学教育には所得を引き上げる効果があるのです．

第6章　市場と情報　235

■ 高い学費の必要性

　第二に注目すべき点は，高い費用がかかるからこそ教育はシグナルとして機能するのだということです．たとえば上述の数値例において，高等教育にかかる費用を 10 万円に値下げしてみましょう．もし，タイプ L が教育を受けることを選ばなかったならば，そのときには企業 B にしか就職できませんから，表 6.2 より所得は 60 万円となります．しかし 10 万円を払って高等教育を受ければ，タイプ L にも企業 A に就職できる可能性が生じるため，タイプ L が得る純所得の期待値は，

$$105 - 10 = 95 \text{万円}$$

となります．これは教育を受けないときのタイプ L の所得 60 万円よりも大きいですから，教育の費用が 10 万円であるときには，タイプ L の労働者も高等教育を受け，企業 A で働こうとします．

　しかしそうなれば，遅かれ早かれ企業 A も自分の雇った労働者のうちに生産性の低いタイプ L が紛れ込んでいることに気がつきます．そしてこれまでのように「高学歴な労働者はかならず生産性が高い」とは素直に信じられなくなるでしょう．その結果，高等教育の学歴は生産性のシグナルとして機能しなくなります．教育がシグナルとして役に立たないならば，どちらのタイプの労働者も教育を受けることをやめるでしょう．

　スペンスの理論に従うならば，高等教育に経済的な価値があるのは，学費が高いからこそなのです．高い学費をあえて支払うことで，労働者はみずからの生産性の高さを証明することができるのです．極端な場合として学費を無料にしてしまえば，そのときにはどんなタイプの労働者でも高等教育を受けるでしょうから，このときには学歴はもはやシグナルとしては有用でなくなってしまうでしょう．

■ 社会常識

　スペンスのモデルにおいて興味深い第三の点は，それが「高学歴な労働者はかならず生産性が高い」という「常識」が社会に存在する理由を説明している

ということです.そもそも学歴にシグナル効果があったのは,企業がこの「常識」を事実として信じていたからです.企業がそう信じているがゆえにタイプHは高等教育を需要したのであり,その結果ゆえに企業は「高学歴＝高生産性」という等式をますます正しいものとしたわけです.こうして信念と均衡が相互に支えあうことで企業の信念はますます確固たるものになり,最終的には広く社会に受け入れられる常識となるに至ります.

私たちの社会には,さまざまな常識が存在しています.これらの常識のいくつかは,それが「常識」として受け入れられているがゆえに常識となりえているにすぎないのかもしれません.さまざまな社会常識について,その成立する根拠について考察し分析することもまた経済学の範疇にある問題なのです.

例題6-4

本文中で説明した具体例について,高等教育に必要な費用をC万円とする.企業は「高等教育を受けている労働者はタイプHのみである」という信念を持っているものとして,以下の問に答えよ.

(1) タイプHの労働者が高等教育を受ければ,かならず企業Aに採用されることがわかっているならば,タイプHの利得はどのようになるか.Cを用いて表しなさい.

(2) タイプHだけでなくタイプLの労働者もまた高等教育を受けたならば,彼らの一方が確率$\frac{1}{2}$で企業Aに雇用されるものとする.このとき,タイプHとLの期待利得をそれぞれ計算しなさい.

(3) 企業の信念のとおりに,タイプHだけが高等教育を受け,タイプLが高等教育を受けない状況が社会で実現するために,Cが満たすべき条件をもとめなさい.

解説

(1) $600 - C$.

(2) タイプHが得る期待利得は,
$$\frac{1}{2}(600 - C) + \frac{1}{2}(240 - C) = 420 - C$$

またタイプLが得る所得は，

$$\frac{1}{2}(150 - C) + \frac{1}{2}(60 - C) = 105 - C$$

となる．

(3) タイプHが高等教育を受けているとき，タイプLにとっては高等教育を受けないほうが期待利得が高くなるのは $60 > 105 - C$，あるいは $C > 45$ であるときである．また，タイプHにとって高等教育を受けることが合理的になるのは $600 - C > 420$，あるいは $180 > C$ のときである．以上より，教育費用が $45 < C < 180$ を満たすときには，企業の信念と同じ状態が実現することになる．

■ 市場の失敗

この章では，レモン市場，保険市場，労働市場という3種類の非対称情報のケースを考察しました．どのケースにおいても非対称情報のために市場が十分に機能せず，政府の仲介やシグナルの導入などの，価格メカニズム以外の手法が望まれることがわかりました．しかしながら，この章で分析したいずれの市場においても，価格支配力を持った経済主体は登場していません．企業も家計も価格受容者として行動しており，その意味では市場は完全競争的であったにもかかわらず，それでも市場は逆選択に陥るなどして十分に機能することができなかったのです．したがって「完全競争的な市場はかならず効率的になる」という命題には修正の余地があるわけです．

独占や寡占のような不完全競争市場において均衡が効率的にならないのは当たり前のことです．独占や寡占においては企業に価格支配力があるのですから，その均衡が往々にして企業のみに有利なものとなることに不思議はありません．しかしレモン市場や保険市場のように，誰も価格支配力を持っていないのに，社会的な観点からは望ましくない均衡が生じてしまう例もあります．このように，完全競争的であるにもかかわらず市場がうまく機能していないとき，ミクロ経済学では**市場の失敗**（market failure）が生じているといいます．

情報の非対称性は市場の失敗が生じる原因の一つではありますが，しかし情

報の非対称性だけが市場を失敗させるわけではありません．たとえば環境問題を考えましょう．ある財を生産すると，その副産物として有害な化学物質が発生し，近隣の住民に健康被害を与えるものとします．この財の流通を市場に委ねてしまうと，財を生産している企業は周辺環境のことなど考えずに自分の利潤を最大化することだけを目的に行動しますので，大量の有害な化学物質の垂れ流しが発生することになるでしょう．ここには情報の非対称は存在していませんが，しかしこの市場の状態が社会的に望ましいものであるとも思われません．

そこで次の章では，情報の非対称性以外の要因によって市場の失敗が生じる環境問題のようなケースを検討することにしましょう．

本章のまとめ

1　市場参加者のあいだに情報量の差があるとき，市場には非対称情報が存在するといいます．

2　レモン市場では，財の品質についての情報を持たない家計は，粗悪品を買うことを恐れて高い価格の中古車を買わなくなります．それによって中古車の市場価格が低下して，最終的には高品質の中古車が市場で取引されなくなる逆選択が生じます．

3　買い手が情報を持っている保険市場では，保険の買い手が健康状態を隠すことによって自分に有利な契約を結ぼうとするため，結果として保険会社が良質の買い手に保険を売ることができなくなる逆選択が生じます．たとえ情報の非対称性が存在しない場合であっても，有利な保険契約を結んだ家計が契約後に行動を変えてしまうモラルハザードが発生する可能性が残ります．

4　スペンスのモデルでは，企業が労働者の生産性を観察できない場合には，労働者は学歴をシグナルとして用いることで企業に自分の生産性を伝達します．

5　すべての市場参加者が価格受容者であるにもかかわらず市場がうまく機能しない状況を市場の失敗といいます．非対称情報の存在は市場の失敗を生じさせる原因の一つです．

本章のキーワード

期待値	レモン市場	逆選択	フェアな契約	モラルハザード
利得表	シグナル	信念	市場の失敗	

演習問題

1 以下の(1)～(5)について，空欄に当てはまる語句を答えなさい．

(1) 市場に非対称情報が存在するために，品質の良い財が市場で流通しなくなってしまう現象を（　　）という．

(2) 保険会社の受け取る期待利潤が 0 であるような保険契約は（　　）と呼ばれる．

(3) 保険契約を結んだあとで家計が行動を変えてしまうことは（　　）といわれる現象の一つである．

(4) スペンスのモデルにおいては，企業は「高い生産性を持つ労働者は必ず高等教育を受けている」という（　　）を持ち，それに従って各タイプの労働者は行動を決定する．

(5) 市場に参加しているすべての経済主体が（　　）であるにもかかわらず何らかの望ましくない均衡が生じてしまうとき，市場の失敗が発生しているという．

2 1つの家計と2つの店からなるラーメン市場を考える．ラーメン店 A は，毎日 $\frac{1}{2}$ の確率で店を開け，残りの確率 $\frac{1}{2}$ で店を開けない．またラーメン店 B は，毎日かならず店を開けている．A 店でラーメンを消費すれば，家計は代金の支払い後に a 単位の純便益を受け取ることができる．また B 店で食事すれば b 単位の純便益を受け取る．家計はどちらの店に行くためにも c 単位の交通費を支払う．

(1) $a = b$ であるとき，家計はどちらのラーメン店に行くか．

(2) 両店が提供するラーメンの品質の差を $\pi = a - b$ とする．家計がかならず A 店に行くために，π が満たすべき条件は何か．

(3) (2)の場合において，ラーメン店 A が開店している確率を一般に p とするとき，π が満たすべき条件は何か．ただし $0 < p < 1$ であるとする．

第 6 章　市場と情報　241

3 以下の主張の是非について，本章の内容に即してあなたの考えを述べなさい．

「ミクロ経済学的に考えるならば，大学の講義もまた市場化されるべきである．すなわち，大学は単位を市場に供給し，学生は代価を支払って市場から単位を購入する．大学側も学生も価格支配力を持たないならば，社会全体にとってもっとも望ましい性質を持つ均衡が得られるだろう．」

補論　ゲーム理論の初歩

　この補論では，表6.2のような簡単な利得表を用いて，**ゲーム理論**（game theory）の初歩について説明します．ゲーム理論は，現代の経済学では欠かすことのできない基本的な分析ツールとなっています．本書でも，次の第7章や，第Ⅱ部のマクロ経済学の章で用いられます．

　ゲーム理論とは，2人以上の経済主体（**プレイヤー**〈player〉といいます）が互いに争い，ときには協力する状況を記述するために用いられる数学的手法のことです．プレイヤーたちには，いくつかの選択肢（**戦略**〈strategy〉といいます）が与えられており，その戦略の選び方によって各自の**利得**（payoff）が決まります．プレイヤーと戦略と利得の構造が定まれば，それで一つの**ゲーム**（game）が与えられたことになります．

　そのもっとも有名な例が，以下に説明する**囚人のジレンマ**（prisoner's dilemma）と呼ばれるゲームです．プレイヤーは窃盗の罪で警察に逮捕されている2人の容疑者A，Bです．彼らには窃盗だけでなく銀行強盗の容疑もかかっていますが，しかし警察は銀行強盗については十分な証拠を見つけていません．容疑者A，Bは，警察の取り調べに対して「黙秘」を続ける，あるいは「自白」するという2つの戦略からどちらかを選択します．

　両者の選択に応じて，彼らの利得は次のように定まります．もしA，Bがともに銀行強盗の件について黙秘を続ければ，彼らは窃盗の罪にだけ問われて，懲役1年の判決を受けることになります．彼らの（負の）利得を組にして表現すれば（懲役1年，懲役1年）となります．

　ここで警察が，それぞれの容疑者に司法取引を持ちかけます．共犯者よりも先に銀行強盗を自白すれば，窃盗も銀行強盗も免罪してすぐに釈放すると約束するのです．ただし，共犯者のほうが先に自白してしまえば，黙秘を続けたほうは懲役10年の判決を受けます．たとえばAが自白してBが黙秘を続ければ，彼らの利得の組み合わせは（懲役0年，懲役10年）となりますし，逆にAが黙秘してBが自白すれば（懲役10年，懲役0年）となります．

　彼らが同時に自白すれば，2人は窃盗だけでなく銀行強盗の罪にも問われて，A，Bともに懲役6年を宣告されます．このときの彼らの利得の組み合わせは

表 6.3 「囚人のジレンマ」ゲームの利得表

容疑者A \ 容疑者B	黙秘	自白
黙秘	（懲役1年，懲役1年）	（懲役10年，懲役0年）
自白	（懲役0年，懲役10年）	（懲役6年，懲役6年）

（懲役6年，懲役6年）です．以上の利得構造をまとめれば，表6.3のようになります．これが「囚人のジレンマ」ゲームの利得表です．

　もし，AとBが別々の部屋で取り調べを受けていて，互いに連絡をとることが不可能であるとするならば，このゲームは最終的にどのような状態に落ち着くでしょうか．まずは容疑者Aの気持ちになって，利得表を眺めてみましょう．すると，Bが「黙秘」しようが「自白」しようが，Aにとってはいつでも「自白」したほうがよいことがわかってきます．たとえばBが「黙秘」しているとき，自分も「黙秘」を選べば懲役1年ですが，「自白」すれば懲役なしですぐに釈放です．そうであるなら，さっさと「自白」したほうがよいことになります．ためらっているうちにBに先に「自白」されてしまったら，自分は懲役10年になってしまいます．ですからAにとって，最適な戦略はつねに「自白」することです．

　今度は容疑者Bの気持ちになってみましょう．もしAが「黙秘」してくれているなら，自分は「自白」すれば無罪放免を勝ちとれます．もしAが「自白」してしまっていたら，「黙秘」を続ければ懲役10年，しかし自分も「自白」を選べば懲役は6年ですみます．であれば，「自白」したほうがよいに決まっています．したがってBもまた，いつでも「自白」を選びます．

　結果として，このゲームでは，2人の容疑者がともに「自白」を選ぶ状態に落ち着きます．なぜならば，Aが「自白」を選びつづけているかぎり，Bにとっても「自白」が最適な戦略になりますし，逆にBが「自白」を選択しているかぎりは，Aには戦略を「自白」から「黙秘」に変えるインセンティブがありません．相手が「自白」を選択しつづけるかぎり，自分も「自白」を選ぶことが最適となるわけです．この状況を，2人のプレーヤーA，Bが選んだ戦略の組として（自白，自白）と表すことにしましょう．

このように，一度その状況が実現してしまえば，もはやどのプレイヤーも積極的に自分の戦略を変更しようとしなくなる状況のことを，この概念の考案者であるアメリカの数学者ジョン・ナッシュ（John Forbes Nash, Jr. 1928～　）の名前を冠して，ゲームの**ナッシュ均衡**（Nash equilibrium）といいます．「囚人のジレンマ」ゲームの例でいえば，一度（自白，自白）という状況が実現してしまえば，相手が戦略を変えないかぎりは，どちらの容疑者も自分の戦略を「自白」から「黙秘」に変えようとは思いません．この均衡概念の考案者であるナッシュは，その功績により 1994 年のノーベル経済学賞を受賞しています．

　ところで，表 6.3 を見れば，容疑者が 2 人ともに「黙秘」を選択すれば，彼らの利得は 2 人ともに改善することがわかります．それにもかかわらず，相手が「黙秘」しているのであれば，自分は戦略を「黙秘」から「自白」に変えたほうがさらに有利になるために，（黙秘，黙秘）はナッシュ均衡にはならないのです．（黙秘，黙秘）というよりよい状態があるにもかかわらず，それが均衡として選ばれないがゆえに，このゲームはジレンマ的な状況を記述していると考えられます．

　ゲーム理論の考え方は，現代の経済学のあらゆる場面で重要になります．本書の第 5 章で学んだクールノー均衡も，相手が生産量を変えないかぎり，自分も生産量を変える必要がないという意味でナッシュ均衡の一種です．またベルトラン均衡も，相手が価格を変えないかぎりは，自分にも価格を変えるインセンティブがありませんから，これもナッシュ均衡です．したがって，これらの均衡は，しばしば**クールノー＝ナッシュ均衡**（Cournot-Nash equilibrium），**ベルトラン＝ナッシュ均衡**（Bertrand-Nash equilibrium）とも呼ばれています．

> コラム

人事が学歴にこだわる理由

　よく日本は学歴社会といわれます．ただ，学歴重視は日本に限ったことではなく，いまや世界中が学歴社会です．たとえば世界の超のつく富裕層（厳密な定義はありませんが，年収が10億円を超えるような人たち）は，競って子女をアメリカのアイビー・リーグ大学やイギリスのオックスフォード大学，ケンブリッジ大学に入れようとします（クリスティア・フリーランド『グローバル・スーパーリッチ』中島由華訳，早川書房，2013年）．

　学歴によって所得に差が出てくることは簡単な統計からもわかります．厚生労働省の発表する「平成25年賃金構造基本統計調査（全国）」によれば，学歴別の賃金は，図のような形状になります（http://www.mhlw.go.jp/toukei/itiran/roudou/chingin/kouzou/z2013/dl/03.pdf）．

　男性の大学・大学院卒の月給のピークは52万7800円なのに対して，高校卒は34万4800円，女性の大学・大学院卒は39万1100円に対して，高校卒は21万5900円となっています．

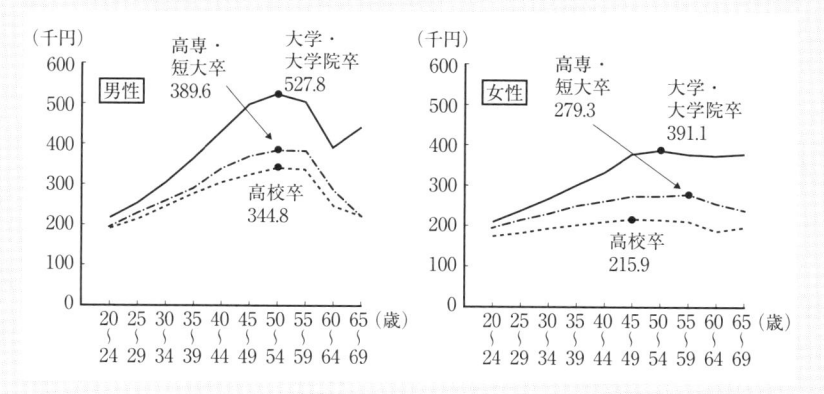

（千円）男性　高専・短大卒 389.6　大学・大学院卒 527.8　高校卒 344.8

（千円）女性　高専・短大卒 279.3　大学・大学院卒 391.1　高校卒 215.9

　こういう学歴による所得の差はどこから来ているのでしょうか．学歴が重要になる理由としては，大きく2つが考えられます．1つは，第14章で述べる人的資本理論です．これは人間の技能や知識を資本と同じように見立て，それは教育によって変化すると考えます．つまり学歴が高いほど，より多くあるいは良い教育を受けるので，その人の生産性が上がるというわけで

す．もう1つは，本章で述べたシグナリング理論です．これは大学に行くか行かないかは能力を変えず，大学に行っていることはすでに能力のある人を見分けるための手段にすぎないとする考え方です．

どちらが正しいかを実証するのは簡単ではありませんが，ここでは川口大司（一橋大学教授）の研究を紹介しましょう（川口大司（2008）「出世を決めるのは能力か学歴か」大竹文雄編『こんなに使える経済学』ちくま新書，所収）．

日本の学歴社会の頂点に立っているのは東京大学ですが，この研究によると東京大学出身者が民間企業で出世する率（ここでは民間企業部長級以上への昇進をもって，出世と定義しています）はさほど高くなく，慶應義塾大学や一橋大学よりも低いといいます．けれども，圧倒的に東京大学出身者の出世率が高いのは中央官庁です（ここでは中央官庁課長職以上への昇進をもって，出世と定義しています）．

1965～83年の卒業生の部門別出世率（％）

学校名	民間企業の部長級以上	中央官庁の課長職以上	民間＋中央官庁
東京	2.91	13.64	4.01
慶應義塾	4.44	0.21	3.92
一橋	3.92	2.11	3.70
京都	2.91	2.87	2.91
大阪	2.56	0.29	2.39
早稲田	2.15	0.08	1.93
東京工業	1.94	0.63	1.86

（注）出世率は，東証一部上場会社で資本金1億円以上の民間企業と中央官庁で役職にある人数が各大学の推定卒業生数に占める割合．
（出所）川口（2008）．

かりに，シグナリング理論が成り立って東京大学の卒業生の能力が大学教育にかかわらずもともと高いのであれば，東京大学を卒業しなくとも出世すると考えられます．しかし，本来ならば東京大学に入学し卒業できたけれども入学しなかった人が出世したかどうかはどう実証すればよいのでしょうか．

日本の歴史上，一度だけそういう偶然がありました．1969年の東京大学入試は，大学紛争によって中止されました．このことは，東京大学に入学したはずの人が他大学に進学し，1973年卒業の東京大学生が極端に少なく

なったことを意味します（留年生がいるのでゼロではありません）．1973年3月卒業で4月に中央官庁に入省した人たちの出世度合いをくらべてみると，東京大学以外の京都大学，一橋大学，東京工業大学の出身者が出世していました．ただし，その数はそれほど多くありませんでした．理論的には35人分の出世枠があるところ，上記の大学の出身者が埋めたのは14人分でした．結局残りは他年度の，おそらくは東京大学出身者が埋めることになりました．東京大学を卒業することは中央官庁での出世にとって有利ということです．

　この結果は何を意味するでしょうか．東京大学を卒業しなくとも出世できた人がいたということはシグナリング理論が当てはまるといえそうです．しかし，それでも他大学の出身者が出世枠をすべて埋めることができなかったというのは，シグナリング理論が単純に当てはまるわけではなく，東京大学卒業に価値があることを示します．この価値が何から来ているのかは興味深いところです．

CHAPTER 7

第7章 外部性, 公共財と政府の役割

　市場の失敗を引き起こす要因としては，情報の非対称性以外にも「外部性」や「公共財」などが知られています．外部性とは，ある経済主体の行動が，他の経済主体に直接的な影響を与えてしまうことをいいます．また公共財とは，誰もが無料で好きなだけ消費できる財のことです．外部性や公共財が存在する経済では均衡がかならずしも社会的に望ましい状態になるとは限らず，政府による適切な仲介が必要となります．この章では，外部性や公共財によって生じた市場の失敗を解決するために，政府が何をなすべきかについて学びます．

7.1　外部性と公共財

■ 外部性

　パンを生産する企業が，生産量を増やしたとします．パンの供給が増えれば価格が下がり，家計は安い価格でたくさんのパンを消費できるようになって，以前よりも多くの便益を手に入れます．このようにして，企業の行動は市場を経由して（つまりパンの価格を変えることによって）消費者余剰に影響を与えます．
　次に，ある化学製品をつくっている工場を考えましょう．この工場が生産量を増加させると，煙突から上がる黒煙の量が倍増して近隣にぜんそくの患者が増え，有害な排水が河川を汚染して農作物の生育に損害を与えるとします．このとき，この工場の生産活動は，市場を経由することなく（つまり化学製品や他の財の価格を変化させることなく）他の経済主体が受け取る余剰に悪影響を与えています．
　ある経済主体の行動が，市場を経由することなく直接的に他の主体が受け取る余剰に影響を与えるとき，その行動には**外部性**（externality）が存在すると

いいます．とくにそれが悪影響であるときに**負の外部性**（negative externality）といいます．たとえば，先ほどの化学工場による生産活動には負の外部性があるわけです．これに対して，毎日のように芳しい花の香りが近所の花屋から漂ってくるならば，その場合には花屋の経済活動が近隣に良い影響を直接的に与えているため，**正の外部性**（positive externality）が存在するといいます．

負の外部性が存在する場合に，生産量や価格の決定を完全に市場にまかせてしまうと何が起こるでしょうか．先の化学工場の例であれば，工場は自分の利潤の最大化だけを考えて生産量を決定します．その結果，工場からは有害な廃棄物が大量に生じて，近隣の家計や農家が苦しむことになるでしょう．したがって，市場に政府が介入して，何らかの方法で工場の生産量を抑制させ，社会的に望ましい水準の生産を行わせる必要が生じます．つまり負の外部性が存在する市場では，完全競争均衡がかならずしも社会的に望ましいものにならない可能性があるのです．この意味で，外部性の存在は市場の失敗の一つとみなされます．

■ 競合性と排除性

情報の非対称性，外部性に続く，市場の失敗の典型例は**公共財**（public goods）です．以下では，まずは公共財の定義をして，次に公共財がどのようにして市場の失敗を発生させるかを簡単に説明することにしましょう．

通常の財は，誰かがそれを消費しているあいだは，他の誰かが同時にその財を消費することはできません．Aさんが食べているハンバーガーを，まったく同時にB君が消費することは不可能です．財のこのような性質を**競合性**（rivalness）といいます．たいていの消費財は競合性を持っていますが，たとえばAさんが見ているDVDを隣に座ったB君が一緒に楽しむことは十分に可能です．このように，複数の消費者が同時に消費できる性質を**非競合性**（non rivalness）といいます．

通常の財については，その財の売り手である企業は，代金を支払うことなくその財を消費しようとする家計を排除することができます．本屋は何時間も立ち読みを続ける客を追い出すことができますし，スーパーマーケットは支払い

をせずに財を持ち去ろうとする家計を出口で捕まえて警察に突き出すことができます．このように，代価を支払わない経済主体の消費を禁じることができるとき，その財は**排除的**（excludable）であるといいます．市場に流通するほとんどの財には排除性がありますが，もしも排除性を持たない財があったなら，そのような財は**非排除的**（non-excludable）といいます．

■ 公共財と準公共財

　身の回りにあるほとんどの財は競合的で排除的ですが，なかにはそのどちらの性質も持たない財も存在します．たとえば空気はどうでしょう．誰かが呼吸しているあいだは，他の誰かが呼吸できないなどということはありません．どこかの企業が空気の独占販売権を取得して，代金を払わないかぎり消費者に呼吸させまいと頑張ったとしても，消費者は企業を無視して好きなように呼吸することができます．この空気のように（より正確には「空気を呼吸するというサービス」のように）非競合的で非排除的である財を，経済学では公共財というのです．それに対して，競合的で排除的な普通の財は**私的財**（private goods）と呼ばれます．

　競合的ではあっても非排除的であったり，排除性はあっても競合性を持たないような財の場合には，それを**準公共財**（quasi public goods）といいます．たとえば衛星放送サービスは，同時にたくさんの家計が消費することができますから競合性を持ちません．しかし視聴料を支払わない家計に対しては画面をスクランブル化するなどして排除することが可能です．したがって衛星放送サービスは，非競合的かつ排除的な準公共財ということになります．また自然状態にある樹木や外洋の漁獲資源などは，ひとたび採取すれば以降は占有できるために競合性を備えています．しかし，たとえば樹木などは，こっそりと野山に入って持ち帰ることができるとすれば排除性は弱くなります．したがって，これらの天然資源は競合性はあっても排除性は弱い準公共財であると考えることができます．

　公共財には他にも，警察機関や自衛隊が提供している治安・国防サービスや，建設省が提供している舗装道路などがあります．警察は税金を支払わない家計の周囲にだけ治安サービスを提供しないということはできません．税金を未納

表 7.1　私的財と公共財

	競合的	非競合的
排除的	私的財	映画，衛星放送など
非排除的	樹木など一部の天然資源	公共財

の家計が道路を利用することを禁じることも事実上は不可能です．したがって，治安や道路は公共財とみなされます．ここで，治安や道路が「公共」財と呼ばれているのは，それらが非競合的かつ非排除的であるからであって，それが警察や役所のような「公共」機関によって供給されているためではないことに，よく注意してください．

■ 政府の役割

もっとも，以上の例からもわかるように，現実ではほとんどの公共財が民間企業ではなく公的機関によって供給されていることも事実です．これは，公共財が排除性を持たないために，民間企業が公共財を供給しても利潤を確保することがむずかしいためです．しかし政府であれば家計や企業から税金を徴収することができますので，民間企業にかわって公共財を供給することができます．言い換えれば，企業と家計だけからなる完全競争市場には公共財を供給する機能がありません．競争市場は公共財を扱うことができず，その意味において市場は失敗しているのです．

この章までに見てきた多くの経済問題は，政府の力を借りずとも，市場内部の努力によって少なくとも部分的には解決が可能でした．たとえば独占や寡占による非効率性は，超過利潤をねらった新規参入や熾烈な価格競争によって解消されました．そこでの政府の役割は，独占禁止法を制定したり，新規参入が自由に行えるための法整備を行うといった補助的なものにとどまりました．また非対称情報が引き起こす種々の弊害についても，保険契約の適切なデザインや教育のシグナル機能の利用などの，政府の力に頼らない企業と家計の努力によって軽減されました．

しかし，特定の産業から垂れ流される廃棄物による環境汚染問題を解決するためには，あるいは全国の隅々にまで舗装道路を行き渡らせる大事業を遂行す

るためには，積極的な政府の市場介入が必要になります．政府は法の整備といった補助的な役割だけでなく，企業に税を課し，市場に公共財を供給するなどの積極的な行動が望まれることになるのです．外部性と公共財が引き起こす問題を解決するために，市場は政府を必要とします．

この章の目的は，市場経済システムにおいて政府が果たすべき役割を理解することです．以下では，外部性と公共財のそれぞれについて，まずはそれらがどんな問題を引き起こすのかを簡単なモデルによって理解します．次に，その問題を解決するために政府には何ができるのかを考えることにしましょう．

7.2　外部性

■ 市場と公害

その経済成長の過程において，日本の社会はさまざまな**公害**に苦しめられてきました．古くは19世紀末，栃木県日光市足尾地区にて発見された銅脈の大規模な採鉱によって，足尾鉱毒事件が起こっています．銅の精錬過程で生じた有毒ガスは足尾一帯に高濃度の酸性雨を降らし，この地域の森林を壊滅状態に追いやりました．さらに，有毒な重金属成分を含む排水が大量に渡良瀬川に流れ込み，そこから取水していた田畑での農業にも深刻な被害を与えました．

1910年には富山県の神通川流域でイタイイタイ病が発生します．これは河川の上流に位置していた鉱山から，大量の排水が未処理のまま垂れ流されていたことによって起こった公害病です．1956年には熊本県水俣市で水俣病の発生が確認され，続いて1965年には新潟県でも同種の公害病である第二水俣病が発生しました．これらに，1960年代に問題化した三重県四日市市における四日市ぜんそくを加えて，日本の**四大公害病**と称します．

これらの公害病はいずれも，周囲に与える影響を無視した民間企業の利益追求が引き起こしたものです．たとえこれらの企業が価格受容者であり，市場が完全競争的であったとしても，その結果にもたらされる市場均衡は多数の家計の生命と健康を奪う悲惨なものになりえます．

■ モデルの設定

負の外部性が社会に与える影響を分析するために，企業と家計1つずつからなる経済を考えましょう．企業は財を生産して市場に供給し，家計はその財を市場から購入して消費します．企業も家計も価格受容者であり，その意味で市場は完全競争的です．

財の消費量を x とするとき，家計の便益は $B(x) = 24x - x^2$ となるものとします．ただし $0 \leq x \leq 12$ とします．また，$B(x)$ のグラフはすでに第6章の図6.1で与えています．このとき限界便益は表3.5により，

$$MB(x) = 24 - 2x$$

であり，需要関数は $p = MB(x)$ を変形して，

$$x = 12 - \frac{1}{2}p$$

となります．

企業の費用関数は $C(x) = x^2$ であるとしましょう．表3.5により限界費用は，

$$MC(x) = 2x$$

と計算され，供給関数は $p = MC(x)$ を変形して，

$$x = \frac{1}{2}p$$

となります．

さらに，企業が1単位の生産を行うたびに，1単位の有毒ガスが発生してしまうものと仮定しましょう．そして，この有毒ガスが1単位発生するごとに，家計の便益が4単位減少してしまうものとします．つまり，企業の生産活動は，家計に負の外部性を及ぼしています．このとき，市場均衡はどのようなものになるでしょうか．

■ 均衡

以上の設定のもとで，完全競争市場の均衡条件は，

$$x = 12 - \frac{1}{2}p = \frac{1}{2}p$$

となります．したがって均衡価格は $p = 12$，均衡数量は $x = 6$ となります．また，企業が 6 単位の生産を行う過程で 6 単位のガスが発生していますので，それによって家計の便益が $6 \times 4 = 24$ 単位減少します．よって，家計が手にする消費者余剰は，

$$CS = \underbrace{(24 \times 6 - 6^2)}_{便益} - \underbrace{12 \times 6}_{支出} - \underbrace{24}_{外部性} = 12$$

となります．また企業が得る生産者余剰は，

$$PS = 12 \times 6 - 6^2 = 36$$

ですから，社会的余剰の大きさは $SS = 12 + 36 = 48$ と計算されます．

■ 政府の介入

この均衡においては，6 単位の有毒ガスが発生し，それによって消費者余剰は 24 単位減少しています．つまり公害によって家計の厚生が損なわれている状態です．そこで政府が市場に介入して，価格は $p = 12$ のままで，生産量を 5 単位に抑制することを企業に強制するものとしましょう．

このとき，家計が得る消費者余剰は，

$$CS = \underbrace{(24 \times 5 - 5^2)}_{便益} - \underbrace{12 \times 5}_{支出} - \underbrace{4 \times 5}_{外部性} = 15$$

となります．消費量の減少によって便益は減っていますが，それ以上に負の外部性が減少しているため，全体として消費者余剰は改善しています．家計にとって政府の介入は，財が買いにくくなるのは難点であるけれども，それ以上に有毒ガスが減少するために歓迎できる政策であるということです．

その一方で企業が得る生産者余剰は，

$$PS = 12 \times 5 - 5^2 = 35$$

表 7.2　外部性がある市場への政府介入の効果

	消費者余剰	生産者余剰	社会的余剰
介入前	12	36	48
介入後	15	35	50

となりますから，社会的余剰の大きさは，

$$SS = CS + PS = 15 + 35 = 50$$

と計算されます．以上の結果をまとめると，表7.2のようになります．

この結果からわかるように，政府の介入によって市場は以前よりも効率的になっています．第4章の分析によれば，外部性の存在しない完全競争市場への政府による介入は社会的余剰を減らしこそすれ増加させることは決してありませんでしたが，負の外部性が存在する市場では，政府の介入によって社会的余剰が増加するのです．

■ 社会的に最適な生産量

それでは市場介入をさらに強めて，価格は $p = 12$ のまま生産量の上限を $x = 4$ 単位に設定するとどうなるでしょうか．このときの消費者余剰は，

$$CS = (24 \times 4 - 4^2) - 12 \times 4 - 4 \times 4 = 16$$

生産者余剰は，

$$PS = 12 \times 4 - 4^2 = 32$$

であり，したがって社会的余剰は $SS = 16 + 32 = 48$ です．これは，生産量を $x = 5$ 単位に規制していたときの社会的余剰よりも小さな値になっています．市場介入を強めたことで有毒ガスの発生がさらに減り，家計の得る消費者余剰はさらに上昇したのですが，企業が得る生産者余剰が大きく減ってしまったために，社会全体としての余剰はかえって低下したのです．

この政策が歓迎されるべきものであるかどうかは判断がわかれるところです．政府が家計の厚生を重視するのであれば，たとえ社会的余剰が減少していたと

してもこの政策を実施するかもしれません．しかし政府が企業と家計を等分に扱うのであれば，企業が受け取る生産者余剰が大幅に減少する政策は望ましくないと考えるかもしれません．そこで本書では，複数ありうる価値基準のうちの一つとして，社会的余剰の大きさを採用することにします．つまり，社会的余剰を最大にする政策を最善のものと考えます．

ここで考えている具体例においては，社会的に最善の生産量は次のようにして求められます．価格を p 円，生産量を x 単位であるとすれば，このときの消費者余剰は，

$$CS = (24x - x^2) - p \cdot x - 4x$$

によって計算されます．また生産者余剰は，

$$PS = p \cdot x - x^2$$

となります．したがって社会的余剰を生産量 x の関数として表せば，

$$SS = \left[(24x - x^2) - p \cdot x - 4x\right] + \left[p \cdot x - x^2\right] = 20x - 2x^2$$

あるいは $SS = -2(5-x)^2 + 50$ となります．このグラフは図7.1です．この図からもわかるように，社会的余剰を最大にする生産量は $x = 5$ 単位です．

■ 社会的費用と私的費用

社会的に望ましい生産量は，以下のように考えればグラフによっても見出すことが可能です．そもそも，負の外部性によって均衡が効率的でなくなる理由は何かといえば，企業が外部性の存在を無視して，自分の利潤の最大化だけを考えて供給量を決定するからでした．しかし，企業による x 単位の生産は $4x$ の被害を家計に与えているのです．

もしも企業が非常に良心的であり，自分の生産活動が家計に与える影響を真剣に考慮しているのであれば，企業は x 単位の生産を行うたびに生じる $4x$ の負の外部性を打ち消すために，家計に同額の「お見舞金」を支払うでしょう．このときの生産費用の総額は「お見舞金」に要する費用を加味した，

第7章 外部性，公共財と政府の役割 257

図 7.1　社会的余剰と生産量

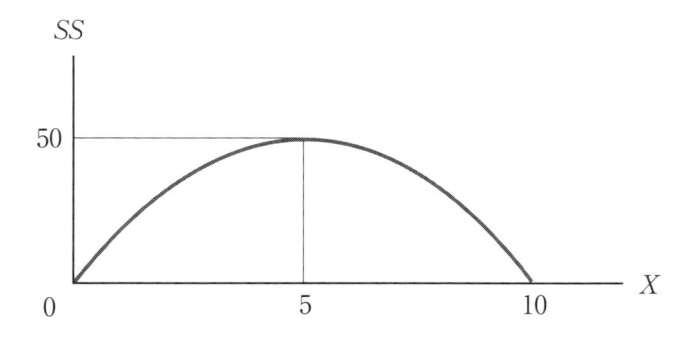

$$SC(x) = x^2 + 4x$$

になります．このように，企業が負の外部性の存在を考慮している場合の費用を**社会的費用**（Social Cost, SC）と称します．これに対して，外部性の存在を無視している通常の費用を**私的費用**（private cost）と呼ぶことがあります．

企業が負の外部性の存在を自覚しているとき，追加1単位の生産がもたらす**社会的限界費用**（Social Marginal Cost, SMC）は，表3.5により，

$$SMC = 2x + 4$$

となります．これは，外部性を無視した**私的限界費用**（Private Marginal Cost, PMC）である $2x$ に，生産1単位当たりの「お見舞金」4を加えたものです．したがって，「お見舞金」の支払いまで含めた利潤最大化条件は，これまでの $p = 2x$ から，

$$p = 2x + 4$$

に変更されることになります．

一方で家計による便益最大化条件は，これまでの $p = MB(x)$ あるいは，

$$p = 24 - 2x$$

から変わりません．これらの社会的限界費用（SMC），私的限界費用（PMC），

図 7.2　社会的限界費用（SMC），私的限界費用（PMC），および限界便益（MB）

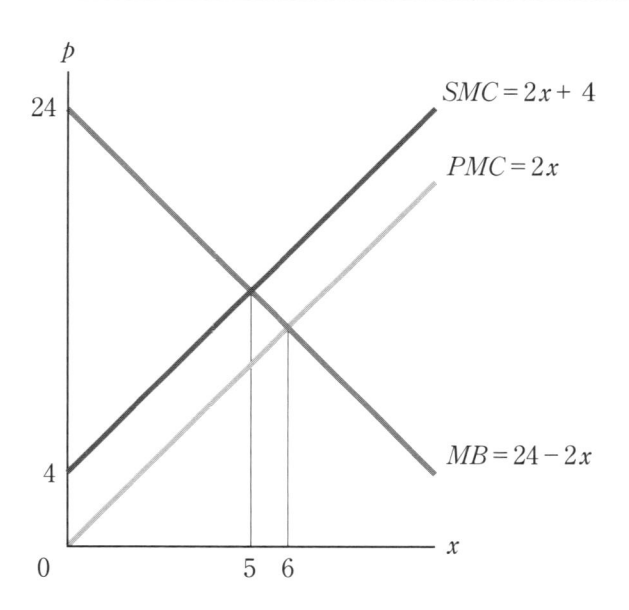

および限界便益（MB）の関係を示したものが図 7.2 です．

　これらの直線のうち，私的限界費用 $PMC = 2x$ と限界便益 $MB = 24 - 2x$ が一致する生産量は $x = 6$ 単位となります．これは外部性を無視した完全競争市場における均衡数量の値です．それに対して社会的限界費用 $SMC = 2x + 4$ と限界便益 $MB = 24 - 2x$ が一致するのは $x = 5$ 単位のときです．これは社会的余剰を最大にする生産量に等しい値です．したがって，負の外部性が存在するときに社会的に望ましい生産量は，限界便益曲線と社会的限界費用曲線の交点から求められることになります．

■ ピグー税

　現実には，そこまで真剣に社会的責任を自覚している民間企業は少数です．企業から周辺住民への還元事業は**企業フィランソロピー**あるいは**メセナ**などと呼ばれて近年さかんですが，それはあくまでも慈善事業（あるいはイメージ戦

略？）であって，企業の生産活動が近隣に与える被害を補償するという性質のものではありません．この節の冒頭で挙げた四大公害病の事例にしても，公害を引き起こしていた企業が自分たちの責任を認めて被害者に賠償金を支払ったのは，長い年月と多くの訴訟を経たあとでのことでした．

というわけで，いよいよ本章のテーマであった政府の出番となります．政府は外部性を発生させている企業に対して課税を行い，それによって生産量を抑制させ，社会を望ましい状況に導きます．この節で考えている具体例の場合には，政府は企業に対し4の従量税を課します．税率の「4」という数字は，企業の生産が家計にもたらす負の外部性の大きさに等しく設定されたものです．このとき企業の限界費用は，私的な生産費用に税額を加えた，

$$MC = 2x + 4$$

となります．これは社会的限界費用と同じ大きさです．一方で家計の限界便益は $MB = 24 - 2x$ でしたから，課税後の市場均衡は，

$$p = 2x + 4 = 24 - 4x$$

を解いて，$(p, x) = (14, 5)$ であることがわかります．こうして，課税によって企業の私的限界費用を社会的限界費用に一致させ，社会的に望ましい均衡を達成することができました．

このように，課税によって負の外部性の影響を緩和する政策を，考案者であるイギリスの経済学者**アーサー・セシル・ピグー**（Arthur Cecil Pigou, 1877～1959）の名前を冠して**ピグー的課税政策**あるいは単に**ピグー税**（Pigovian tax）と呼びます．

> **ピグー税**
> 企業の生産1単位につき家計の余剰が e 単位減少する負の外部性が発生しているものとする．このとき政府は企業に e 単位の従量税を課すことによって社会的余剰を最大化できる．

表 7.3 外部性がある市場におけるピグー課税の効果

	消費者余剰	生産者余剰	社会的余剰
課税前	12	36	48
課税後	25	25	50

■ ピグー税の効果

この具体例において各余剰を計算してみましょう．課税後の均衡では5単位の生産が行われますので，政府の税収は $4 \times 5 = 20$ 単位です．政府は税収の全額を，外部性の被害者である家計に補助金として支給するとしましょう．したがって政府余剰は0になります．

家計が得る消費者余剰は，

$$CS = \underbrace{(24 \times 5 - 5^2)}_{便益} - \underbrace{14 \times 5}_{支出} - \underbrace{4 \times 5}_{外部性} + \underbrace{20}_{補助金} = 25$$

となります．負の外部性が，政府からの補助金によって完全に相殺されていることに注意してください．

さらに企業が得る生産者余剰は，

$$PS = 14 \times 5 - 5^2 - 4 \times 5 = 25$$

であり，したがって社会的余剰は $SS = 25 + 25 = 50$ です．

以上の結果をまとめれば表7.3になります．政府の仲介によって企業から家計へ25の移転が発生しているため，消費者余剰は大きな値になっています．以上の説明からもわかるように，ピグー的課税政策とは，政府が企業から公害の「お見舞金」を強制的に徴収し，それを家計に与える政策として解釈することが可能です．

■ 家計への課税

負の外部性によって生じる問題を解決するには，実はもう一つ，ピグー税とは別の方法があります．それは，きわめて直感に反する方法なのですが，企業

表7.4　家計に課税した場合の効果

	消費者余剰	生産者余剰	社会的余剰
課税前	12	36	48
課税後	25	25	50

ではなく家計に課税するという政策です．つまり家計へ課税することで需要量を抑制し，それによって財の流通量を減らすことで，結果として負の外部性を軽減しようという発想です．

今度は，家計が1単位の財を消費するごとに，政府は家計から4の従量税を徴収します．すると家計の限界便益は，

$$MB = (24 - 2x) - 4$$

となり，その一方で企業の限界費用は $MC = 2x$ のまま変わりません．このときの均衡数量は $(24 - 2x) - 4 = 2x$ より $x = 5$ 単位となって，確かに社会的に望ましい生産量が達成されています．また，この均衡における市場価格は $p = 10$ 円です．

政府は家計から得た税収 $4 \times 5 = 20$ 単位を一括補助金として再び家計に与えるとします．このときの各余剰を計算すれば表7.4のようになることがわかるでしょう．これは企業に課税した場合とまったく同じ結果です．

■ コースの定理

公害の被害者であるはずの家計に対して課税するという政策は直感にも良識にも反するものです．しかし表7.4を見るかぎりでは，確かに家計への課税によっても望ましい結果が得られています．

この考え方をさらに推し進めたのが，アメリカの経済学者**ロナルド・コース** (Ronald H. Coase, 1910〜2013) です．コースは，負の外部性が生じている状況において，加害者側から被害者側へ補償を支払うことによっても，逆に被害者の側から加害者の側へ補償を支払うことによっても社会的に望ましい結果が得られることを示しました．この発見は**コースの定理**（Coase theorem）としてまとめられ，コースはこの業績によって1991年のノーベル経済学賞を

受賞しています.

　入門書のレベルを超えるため本書ではコースの定理の詳細について解説することはしませんが,そのアイデアの本質は次のような簡単な例によっても理解できます.あるマンションに,2人の住人AとBが隣り合って住んでいるとしましょう.住人Aは毎日2時間,楽器の演奏を楽しみます.その隣に住む住人Bは,Aが発生させる騒音から苦痛を感じています.この状況は,ある種の負の外部性として考えることができます.

　この状況を改善するには,次の2つの方法があります.第一は,住人Aが,住人Bの苦痛を相殺するのに十分な額の補償金を支払ったうえで,これまでどおりに楽器の練習を続けるというものです.第二の方法は,住人Bが一定の補償金を支払うことで,住人Aに楽器の演奏をあきらめてもらうというものです.補償金を支払う側と受け取る側が入れ替わっているにもかかわらず,これらはどちらも等しく状況を改善する政策となっています.

■ 政府の役割

　こうして市場に負の外部性が存在する場合には,政府による介入が市場の効率性を改善することがわかりました.これは第4章における分析の結果とは正反対の結論です.第4章では負の外部性の存在を想定していなかったため,いかなる市場介入によっても社会的余剰を増加させることはできませんでした.しかし,公害のような負の外部性が存在する場合には,市場介入やピグー税によって生産量を抑制し,負の外部性の害を緩和することで,社会的余剰を増加させることができます.

　ただし,現実においてピグー的課税政策を実行するには,ある問題があります.それはピグー税の額をどうやって定めるかという問題です.ピグー税の額を決定するには負の外部性の大きさを知る必要があります.しかし実際に負の外部性の大きさを測定するのは,なかなか厄介な問題です.仮に政府が家計に直接,企業の生産からどれだけの苦痛を受けているのか,その大きさを金銭価値で教えてほしいと頼んだとしても,家計は大きな値を答えるほど補助金の総額が増えることを知っていますから,正しい値を答えるインセンティブを持ちません.おそらく家計は,実際よりも大きな数字を答えるのではないでしょう

か．この問題を解決し，家計が感じている負の外部性の大きさを客観的に測定する方法を開発するために，**環境経済学**（environmental economics）の分野ではさまざまな研究が行われています．

政府による積極的な市場介入が効果を発揮する状況は，負の外部性が存在する場合だけではありません．次節で学ぶ公共財のケースでは，政府が市場に介入するどころか，政府が中心になって市場を運営しないかぎり 1 単位の財すらも交換されない状況が生じます．その意味で，公共財の場合には，政府の役割はさらに重要になるといえます．

例題7-1

ある財を生産する企業の費用関数が $C(x) = \frac{1}{2}x^2$ であるとする．この財を x 単位消費した家計は $B(x) = 24x - x^2$ 単位の便益を受け取る．企業が財を 1 単位でも生産すると，家計は 10 の負の外部性を受ける．ただし，この外部性の大きさは生産量が増えても変化しないものとする．以上の設定のもとで次の問に答えよ．

(1) 企業が外部性の存在を無視する場合に，均衡における生産量を計算せよ．

(2) 生産量が x 単位であるときの社会的余剰を計算し，これを最大にする生産量を求めよ．

(3) この市場に政府が介入して生産量を変化させる必要はあるか．

解説

(1) 表3.5により私的限界費用は $PMC = x$，限界便益は $MB = 24 - 2x$ である．したがって均衡生産量は $x = 24 - 2x$ より $x = 8$ である．

(2) 財の価格を p 円，生産量を $x(>0)$ 単位とすれば，企業が得る利潤は $PS = p \cdot x - \frac{1}{2}x^2$ であり，家計が得る便益は $CS = (24x - x^2) - p \cdot x - 10$ である．したがって社会的余剰は，

$$SS = p \cdot x - \frac{1}{2}x^2 + (24x - x^2) - p \cdot x - 10 = 24x - \frac{3}{2}x^2 - 10$$

となる．これを最大にする生産量は $x = 8$ である．

（3）この例により，外部性の大きさが生産量にかかわりなく一定である場合には，完全競争均衡において社会的余剰は最大になることがわかる．したがって，政府が市場に介入して生産量を抑制する必要はないことになる．

7.3 公共財

■ モデルの設定

公共財の性質を理解するために，次のようなお話を考えてみましょう．

とある風光明媚な小島があり，その島では 2 軒の高級レストラン A，B が営業しています．観光シーズンには毎年それなりの数の観光客が島を訪れ，レストランのどちらかで食事をして，大いに満足して帰ります．しかし島に渡るには午前に 1 本，午後に 1 本の船便があるだけです．このままでは，どちらのレストランも現在以上には利潤が増えません．

そこで 2 軒のレストランのオーナーたちは，資金を出し合って本土と島をつなぐ橋を架けることを計画しました．建設会社の見積もりをとったところ，橋の建設には総計 C 億円の費用が必要です．しかし，島への橋が完成すれば観光客の数が増え，最終的にはどちらのレストランも収入が 10 億円増加することが見込まれます．このときレストランのオーナーたちは，橋を建設するための費用負担を受け入れるでしょうか．

■ 利得表

以上の設定を利得表の形にまとめたものが表 7.5 です（利得表のくわしい見方については第 6 章補論を参照してください）．もしも両方のレストランが出資するのであれば，費用総額 C 億円を半分ずつ負担すればよいのですから，各自の利得（＝橋の建設から追加的に得る利潤）は $10 - \dfrac{C}{2}$ 億円です．もしも 2 軒のレストランのうち一方だけ（たとえばレストラン A だけ）が費用負

表7.5 2軒のレストランの問題

A\B	負担する	負担しない
負担する	$\left(10 - \dfrac{C}{2}, 10 - \dfrac{C}{2}\right)$	$(10 - C, 10)$
負担しない	$(10, 10 - C)$	$(0, 0)$

担を引き受けたならば，レストランAがC億円の建設費用をすべて負担することになります．しかし，橋が完成してしまえばどちらのレストランでも客の数が増えることになりますので，利得の組み合わせは$(10 - C, 10)$となります．両方ともに費用負担を拒否すれば，島に橋が架かることはなく，利得の組み合わせは$(0, 0)$です．

■ $C < 10$ であるとき

この利得表を見ながら，レストランのオーナーたちがどのような決断をするのか考えてみましょう．まずは橋の建設費用があまり高額でなく，$C < 10$である場合を考えましょう．たとえば$C = 6$とします．このとき，2軒のレストランの利得の組み合わせは表7.6のようになります．

まずはレストランAの視点に立つことにしましょう．ただし，すでにレストランBは建設費用を「負担する」ことを決めていると仮定します．このときレストランAの利得は，Bとともに費用を「負担する」のであれば7であり，「負担しない」のであれば，費用を払うことなく客の数が増えることの恩恵だけを受けて10となります．したがって，レストランAは「負担しない」ことを選択します．

今度は，レストランBが「負担しない」ことにしている場合を考えましょう．このときには，レストランAが費用を「負担する」のならば利得は4，「負担しない」のであれば橋は架からず，利得は0です．これより，レストランAは，たとえ自分だけが費用を払うことになっても，それでも橋が架からないよりはましであると考えて，費用を「負担する」ことを選ぶでしょう．

レストランBの視点で考えても状況は同じです．レストランAが「負担す

表 7.6　$C = 6$ のとき

A＼B	負担する	負担しない
負担する	(7, 7)	(4, 10)
負担しない	(10, 4)	(0, 0)

る」のであればBは「負担しない」を選び，逆にAが「負担しない」のであれば，そのときはBが「負担する」を選びます．したがって $C < 10$ であるときのナッシュ均衡は，（負担する，負担しない），あるいは（負担しない，負担する）のどちらかです．建設費用の負担は常に一方のレストランに集中し，両方のレストランが協力して橋をつくることはありません．

■フリーライダー

このような状態がナッシュ均衡となってしまうのは，橋が排除性を持たないためです．もし橋に排除性を持たせることができるなら，建設費用を負担しているレストランは，自分の店に来る客だけが渡ることのできる橋をつくるでしょう．しかし橋に排除性がないのであれば，相手が橋の建設費を出してくれる場合には，自分は1円も負担せずに，相手がつくってくれた橋の誘客効果に「ただ乗り」したほうが得をします．

このような「ただ乗り」行為のことを，経済学では**フリーライド**（free ride）と呼びます．また，フリーライドする経済主体は**フリーライダー**（free rider）と呼ばれます．公共財の供給に際しては，フリーライダーの存在がしばしば頭の痛い問題になります．

■$C > 10$ であるとき

フリーライダーが引き起こす問題は，橋の建設費が高額な場合にはより深刻になります．たとえば，橋の建設費用が非常に高く $C > 10$ である場合を考えましょう．考えやすいように，とくに $C = 12$ とします．このとき，利得表は表7.7のようになります．

ふたたびレストランAの視点に立って表7.7を眺めてみましょう．そうす

第 7 章　外部性，公共財と政府の役割　267

表7.7　$C = 12$ のとき

A \ B	負担する	負担しない
負担する	(4, 4)	(−2, 10)
負担しない	(10, −2)	(0, 0)

れば，レストランBが「負担する」を選んでも，あるいは「負担しない」を選んでいても，どちらの場合でも「負担しない」を選んだほうが利得が高いことがわかります．レストランBの視点に立っても状況は同じです．したがって $C > 10$ のときには，ナッシュ均衡は（負担しない，負担しない）のみになります．

　というわけで，橋の建設費用があまりにも高価である場合には，2軒のレストランにまかせていても橋は建設されません．この均衡よりは，両方のレストランが半額ずつ出資する (4, 4) の場合のほうがどちらのレストランにとっても有利な状況であるはずです．それにもかかわらず，実現するのは (4, 4) ではなく (0, 0) なのです．これは第6章の補論で説明した「囚人のジレンマ」的状況です．

■ 政府の役割

　したがって橋の建設費用が非常に高額な場合には，政府が介入しないかぎり橋の建設は実現しません．政府であれば両方のレストランから6億円ずつの税金を取り立てることができます．そして，それを財源にして橋を建設するわけです．そうすれば島への観光客が増え，結果としてどちらのレストランでも収入は10億円増加します．レストランにとっては収入増分と徴税額との差はプラス4億円であり，どちらのレストランでも状態が改善します．

　この橋の例のように，排除性を持たず，かつ生産に要する費用が非常に高額である財は，政府によってしか供給されません．治安や国防のような財・サービスは一般にきわめて高価な公共財ですから，社会の構成員のすべてにとって望ましいものでありながらも，市場によって自発的に供給されるものではないのです．このように，市場だけでは公共財を供給できないという意味で，公共

財の存在は市場の失敗の一例とみなされます．

■ 公共財の数量が連続的である場合

以上では，「橋を建設する」あるいは「しない」という二者択一のケースを用いて，公共財の性質を考えてきました．しかし現実では，より多くの選択肢が存在するケースがほとんどです．たとえば，政府が環境保護に用いる年間予算の額を G 万円とすれば，G はさまざまな値をとりえます．このようなときに問題になるのは，G として最適な水準は何かということです．

簡単のために，2つの家計1，2と政府しかいない社会を考えましょう．この社会では，ある野生動物の絶滅の危機が問題となっています．そこで政府が，この動物を保護するために G 万円を支出したとすれば，家計1と2はそれぞれ $2\sqrt{G}$ 万円の便益を得ると仮定しましょう．つまり家計は，その野生動物が絶滅から救われることによって直接的な喜びを感じるのです．ここで，政府による支出 G が，両方の家計の便益関数に同時に現れていることに注意してください．これは公共財（＝政府による「野生動物保護サービス」）が非競合的であることを反映しています．

政府は，この政策の財源を確保するために，家計1からは t_1 万円，家計2からは t_2 万円の税金を徴収します．ここでは税収のすべてが政策の実行に回されるものと考えて，$G = t_1 + t_2$ が成り立つことを仮定します．

■ 最適な供給水準の決定

以上の設定のもとでは，政府の野生動物保護政策から家計1が得る純便益 W_1 は $2\sqrt{G} - t_1$ 万円に等しくなります．同様に，家計2が得る純便益 W_2 は $2\sqrt{G} - t_2$ 万円です．ここで政府は，家計が得る純便益の合計値，

$$W = W_1 + W_2 = 4\sqrt{G} - G$$

を最大化するように G を決定するものと考えましょう．すると，

$$W = 4 - (2 - \sqrt{G})^2$$

と変形できますので，最適な水準は $G = 4$ 万円となります．実際に $W =$

図 7.3　社会全体の純便益 $W = 4\sqrt{G} - G$ のグラフ

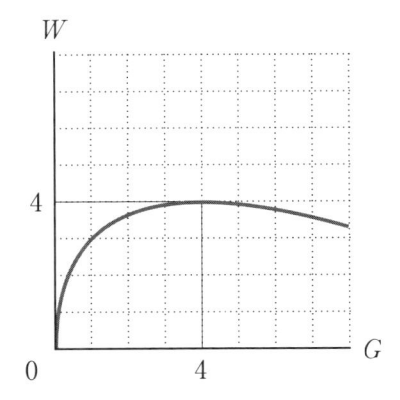

$4\sqrt{G} - G$ のグラフは図 7.3 のようになり，$G = 4$ において最大値をとっていることがわかります．またこのとき，各家計は平等に 2 万円の税金を納めます．

■ 最適な供給水準

より一般的に，G の増加による家計 1 の限界便益を MB_1，また家計 2 の限界便益を MB_2 とするならば，最適な公共財の水準のもとでは，

$$MB_1 + MB_2 = 1 \tag{7.1}$$

が成立します．これは，公共財を 1 単位追加することによる社会全体の便益増分 $MB_1 + MB_2$ が，そのために必要な増税分 1 単位と等しいときに，公共財の供給水準が最適になることを意味しています．つまり，$MB_1 + MB_2 > 1$ であれば増税をして G の値を増やしたほうが社会全体の純便益が増加しますし，逆に $MB_1 + MB_2 < 1$ であれば減税によって家計の負担を軽くしたほうがよいということです．したがって G の水準を変更する必要がないのは等号が成立するときだけです．

家計の便益関数が $B_1 = B_2 = 2\sqrt{G}$ であれば，第 3 章の表 3.5 により各家計の限界便益が，

$$MB_1 = MB_2 = \frac{1}{\sqrt{G}}$$

と計算されます．とくに社会的に最適な水準 $G = 4$ のもとでは，

$$MB_1 + MB_2 = \frac{1}{\sqrt{4}} + \frac{1}{\sqrt{4}} = 1$$

が実際に成立していることが確認できます．

■ フリーライダー，ふたたび

　ここで，もし政府が介入をやめたとすれば何が起こるかを考えてみましょう．つまり政府が野生動物保護をやめ，すべてを家計にまかせることにしたとします（環境保護事業の民営化です）．今度は家計が自発的に寄付金 t_1，t_2 を出し合って野生動物の保護を実施します．それ以外の状況はこれまでとまったく同じですから，社会全体にとって望ましい $G = t_1 + t_2$ の水準は 4 であり，それを実現する寄付額は $t_1 = t_2 = 2$ となります．

　さてここで，家計2は2万円の寄付を続けるものとして，家計1だけが寄付額を見直すことができるとしてみましょう．家計2の寄付額を $t_2 = 2$ に固定したまま，家計1の寄付額を t_1 とすれば，寄付の総額は $t_1 + 2$ になります．この全額を環境保護のために用いれば，$G = t_1 + 2$ が成り立ちます．このとき，家計1が得る純便益 W_1 は，

$$W_1 = 2\sqrt{t_1 + 2} - t_1$$

となります．これをグラフにしたものが図7.4です．これより家計1の純便益が最大になるのは $t_1 = 0$ のときであることがわかります．家計2が2万円の寄付を行っているとき，家計1にとって最適な寄付額は 0 なのです．家計1は，家計2による寄付にフリーライドして，自分は寄付をやめてしまいます．

　逆に，もし家計1が2万円を寄付しているなら，今度は家計2がそれにフリーライドします．すなわち，社会的に望ましいはずの寄付額の組み合わせである $(t_1, t_2) = (2, 2)$ はナッシュ均衡ではないのです．こうして，島に橋を架ける問題と同様に，自然保護の場合にも，政府の介入なくしては社会的に望ましい状況は実現しません．

図 7.4 家計 1 の純便益 $W_1 = 2\sqrt{t_1 + 2} - t_1$

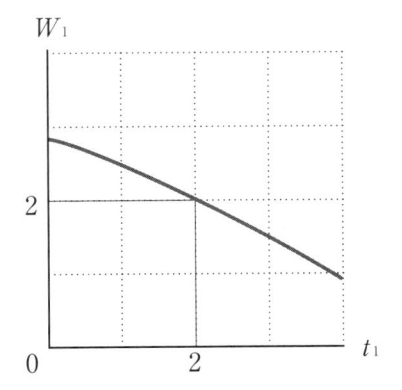

■ なぜフリーライドが生じるのか

この例においてフリーライドが生じてしまう理由を考えてみましょう．社会的に望ましい公共財の供給水準は (7.1) 式によって特徴づけられていました．この式は，1 単位の追加的な税負担による限界費用と，それがもたらす追加的な総便益額が等しいときに，公共財の供給水準が社会的に望ましいものとなることを示していました．

しかし，(7.1) 式の左辺は 2 人の家計についての合計値なのですから，家計それぞれの限界便益の大きさは $\frac{1}{2}$ 単位にすぎません．つまり各家計の視点からすれば，(7.1) 式が成立するのは，1 単位の負担増加によって便益が $\frac{1}{2}$ しか増えないような状況であるときなのです．これは各家計にとっては明らかに重すぎる負担です．したがって (7.1) 式が成立しているとき，各家計には寄付額を引き下げて負担を減らそうとするインセンティブが生じてしまうのです．

例題7-2

各家計の便益関数が $B(G) = \frac{2}{3} G$ であるとする．
(1) 政府が家計から徴税して，その税収のすべてを用いて公共財を G 単位供給するときの社会的余剰を計算せよ．
(2) 社会的余剰を最大にする G を求めよ．

(3) 各家計が自発的に寄付を持ち寄って公共財を供給するものとせよ．各家計の寄付額はいくらになるか．

> **解説**
>
> (1) 家計1の納税額を t_1，家計2の納税額を t_2 とすると，$G = t_1 + t_2$ 単位の公共財が供給されることになる．このとき各家計の得る余剰を合計すれば，
>
> $$SS = \left(\frac{2}{3}G - t_1\right) + \left(\frac{2}{3}G - t_2\right) = \frac{4}{3}G - (t_1 + t_2) = \frac{1}{3}G$$
>
> となる．
>
> (2) 社会的余剰が $SS = \frac{1}{3}G$ であるので，公共財を供給すればするほど社会的余剰はかぎりなく増加する．したがって，社会的余剰を最大にする G は無限大である．
>
> (3) 仮定により，公共財の供給量が1単位増えるごとに家計1の便益は $\frac{2}{3}$ 単位増加する．しかし公共財の供給量を1単位増加させるためには，家計1は1単位の寄付を追加しなくてはならない．得られる便益が寄付額を下回るため，家計1にとっては寄付をしないことが合理的になる．まったく同様に考えて，家計2も寄付を行わないことがわかる．したがって，いずれの家計の寄付額も0である．

■市場と政府

本章では，情報の非対称性以外の市場の失敗の例として外部性と公共財について説明しました．外部性が生じているときには，政府は適切な課税によって社会的余剰を改善できます．また公共財の例においては，政府が直接的に財を供給しないかぎり，市場が消滅してしまうことすらありました．このような失敗している市場には，政府の積極的な介入が望まれることになります．

政府の介入なしでは市場が最善の状態に至らないという意味では，第5章の5.2節の最後に触れた自然独占のケースもまた市場の失敗の一例に数えることがあります．これまでに本書で紹介した市場の失敗の例を表7.8にまとめてお

表 7.8 市場の失敗と政府の介入

原因	生じる問題	政府の介入
情報の非対称性	逆選択,モラルハザード	取引の仲介や情報開示の促進
外部性	社会的に過剰な生産	ピグー税による生産抑制
公共財	フリーライダーの発生	課税により政府が財を供給
自然独占	独占企業による新規参入阻止	価格規制

きます.

本章のまとめ

1　企業の生産活動が，市場価格の変動などによらずに直接に家計の余剰に影響を与えるとき，市場には外部性が存在するといいます．

2　財が排除性と競合性の性質を持つとき，その財は私有財であるといいます．またそのどちらも持たないときには公共財であるといいます．

3　企業の生産活動に負の外部性が存在するとき，企業が私的利潤を最大にする水準で供給を行うと，社会全体としては過剰な生産が行われることになります．政府は課税によって企業の生産量を適切な水準に抑え，社会的余剰を増加させることができます．

4　公共財には排除性がないため，代価を支払わない経済主体によるフリーライドを防ぐことができません．とくに生産費用の高い公共財の場合には，企業のかわりに政府が財を供給する必要が生じます．

5　参加者の誰もが価格支配力を持たない完全競争市場であるにもかかわらず，均衡が望ましくない性質を持ってしまうときには，市場の失敗が生じているといいます．市場の失敗の代表例には，情報の非対称性，外部性，公共財，および自然独占があります．市場の失敗が生じているときには，政府による積極的な市場介入が望まれます．

本章のキーワード
非競合性　　非排除性　　私的財　　準公共財　　私的費用　　社会的費用　　ピグー税　　コースの定理　　フリーライダー

演習問題

1 下の(a)〜(e)について，空欄に当てはまる語句を答えなさい．
(a) ある家計が消費しているとき，他の家計がその財を消費できなくなるような財の性質を（　　）という．
(b) 外部性の効果を加算した限界費用は（　　）と呼ばれる．
(c) ピグー税政策において従量税の大きさは，課税後の限界費用が（　　）に等しくなるように設定される．
(d) 他の経済主体に公共財の費用を負担させ，自分は便益だけを得る行為を（　　）という．
(e) 市場の失敗の要因としては，非対称情報，外部性，公共財の他に（　　）が知られている．

2 ある通信機器を生産する企業がある．この機器の生産には1台当たり20の平均費用を要する．企業は価格受容者であり，したがってこの機器の価格は $p = 20$ に固定されるものとする．また，この市場には100人の消費者が存在している．各消費者が通信機器1台から得る便益は m であるとする．ただし，m はすでにこの機器を保有している消費者の人数である．すなわち，その通信機器の使用者数が多いほど，新たにその財を買う消費者の便益は高くなるものと考える．このように，財の保有者数が経済主体の厚生に影響を与えるタイプの外部性を**ネットワーク外部性**（network externality）という．各消費者は最大でも1単位までしかこの機器を買わないものとして，以下の問に答えよ．
(1) すでに財を保有している消費者の数が $m = 10$ 人であるとする．このとき，11人目の消費者は，この通信機器を購入するだろうか．
(2) m がいくつ以上になれば，すべての消費者がこの財を購入するだろうか．

3 以下の問(1), (2)に答えよ.

(1) 日本国内の家庭用ゲームソフト市場は，2000年には4000億円を超える規模であったものの，2013年には2500億円程度にまで縮小している（コンピュータエンターテインメント協会による）．その一方で，日本国内のオンラインゲーム市場の規模は2013年までに8000億円を超えるまでに成長した（日本オンラインゲーム協会による）．本章で学んだ財の排除性の観点から，近年のオンラインゲーム市場の拡大要因として考えられるものを述べよ．

(2) ゲームソフト以外のコンテンツ産業についても，(1)に述べられたことと同様の現象が生じていないだろうか．具体的な事例について調べよ．

> コラム

いつまでうな丼は食べられるか
― 共有地と日本の漁業の悲劇

　2014年6月12日，スイスに本部のある国際自然保護連合（IUCN）は，ニホンウナギを絶滅のおそれのある野生動物の1つに指定しました．この団体は世界の科学者が組織しているもので，指定したからといって法的な拘束力はありませんが，ワシントン条約が保護対象を決めるのに参考にしているといわれています．すでに日本の環境省が2013年2月に同様の指定を行っていましたが，それ以上にウナギをめぐる問題が国際的に明らかになったといえるでしょう．

　日本人がとくに好むウナギが絶滅危惧種に指定されたことは重大なニュースです．その背景には，ニホンウナギの漁獲量が年々減っていることがあります．

日本におけるシラスウナギと成魚の漁獲量変動（農林水産統計）

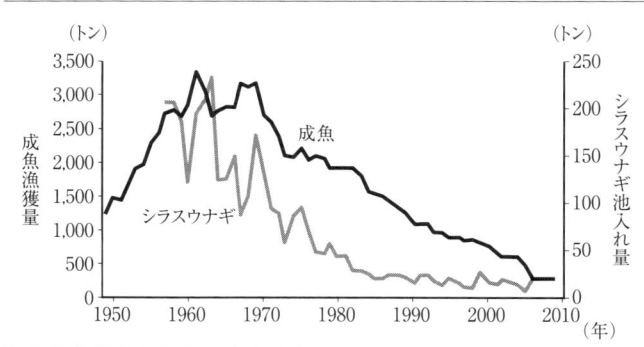

（出所）東アジア鰻資源協議会日本支部編（2013）『うな丼の未来――ウナギの持続的利用は可能か』青土社，p. 17.

　漁獲量減少の原因については，乱獲，河川環境の悪化，そして海洋環境の変化などが指摘されていますが，ここでは乱獲の問題を取り上げてみましょう．

　この問題を考えるヒントは，**共有地の悲劇**（tragedy of the commons）という言葉にあります．共有地とは，人々が共同所有している土地あるいは資

源のことであり，非排除性がありながら非競合性がない準公共財にあたります．共有地の悲劇についてガレット・ハーディン（Garett Hardin, 1915～2003）という学者は，次のように論じました．牧草地が共有地であるとします．牛を放牧する畜産農家は，自分の利益を最大化することだけを考えて牛に牧草地の草を食べさせます．どの畜産農家も同じように行動するならば草はすべて食べつくされてしまいます．食べつくされてしまうと誰も牛に草を食べさせられないという悲劇的な結果に終わります（Garrett Hardin（1968）"The Tragedy of the Commons," *Science*, Vol. 162, No. 3859）．

歴史的には，たとえば日本では入会地というものがありました．これは村民が薪をとるための山林や草刈り場を共有地としていたものです．そういう共有地をうまく維持するためには資源の境界を確定して外部者を入れないといった，さまざまな条件が必要となります（そうした条件が何かを分析した功績で，エリノア・オストロム（Elinor Ostrom, 1933～2012）は2009年ノーベル経済学賞を受賞しました）．

ウナギは共有地の悲劇の典型例のように見えます．漁業資源はとりすぎてしまうと，維持ができなくなります．ウナギは乱獲が進んだために，絶滅危惧種に指定されるまで減ってしまったのです．

日本の漁業の問題はウナギに限りません．マサバ，スケソウダラ，クロマグロなど，日本の漁業は乱獲を続けるあまり漁獲量が減少しています（勝川俊雄（2012）『漁業という日本の問題』NTT出版）．

どういう解決策がありうるでしょうか．もしも日本人だけが消費する水産物であれば，税が役に立ちます．とくに漁業者に従量税をかけるならば，価格は押し上げられ，需要の抑制につながるでしょう．

そして資源管理が必要です．日本で乱獲が進んだのは，漁業資源割り当ての仕方に問題がありました．日本では国単位の漁獲量には割り当てがありますが，個別の漁業者には割り当てがありません．しかも全体の割り当て量に到達した時点で漁業ができなくなる仕組みですから，個別の漁業者には早い者勝ちで漁獲競争をするインセンティブがあります．結果として小ぶりの稚魚も漁獲してしまい，漁業資源の維持がむずかしくなっています．これに対して，漁船ごとの漁獲量を指定する方法があります．こうすると，個々の漁業者は早い者勝ち競争をする必要がなく，市場で高評価される大ぶりの魚だ

けを選別することになり，漁業資源の維持が可能になります．こういう制度をノルウェーなどが実施してニシンの漁獲量を安定化するのに成功を収めました．

ノルウェー：ニシンの水揚げ量

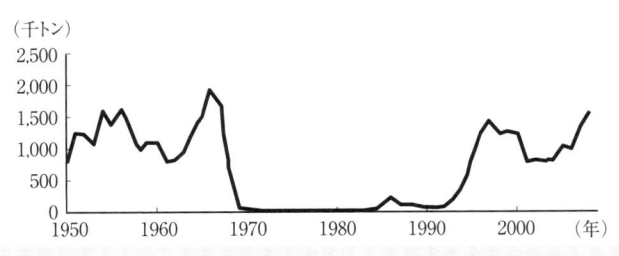

（出所）片野歩（2014）「日本の漁業は崖っぷち　水産庁・資源管理のあり方検討会　世界から取り残される日本の漁業」『Wedge Infinity』4月15日．http://wedge.ismedia.jp/articles/-/3769?page=1

　将来もうな丼を食べつづけるためには，経済学を積極的に利用する必要があるといえます．

第 II 部
PART 2

マクロ経済学

第8章 マクロ経済学とは何か

本章からマクロ経済学を学びます．マクロ経済学の目的は一国全体の経済活動の解明であり，ミクロ経済学とは異なり，集計量を分析対象とします．集計量はルールに従って集められ，時には加工されていますから，特徴を知らなければその指標を使って分析することはできません．本章では，マクロ経済学の理論分析を始める前に，マクロ経済学で分析対象とされる主な指標を学びます．

8.1 マクロ経済学の目的

本章からマクロ経済学について勉強していきます．マクロ経済学は，ミクロ経済学とともに経済学の2大分野と考えられ（現在は計量経済学を含めて3大分野ともいわれます），両分野を学ぶことにより経済学の基礎知識を一通り身につけることができます．マクロ経済学もミクロ経済学と同様，主に市場経済での取引を観察し分析します．ただし，市場のとらえ方はミクロ経済学と大きく違います．文字通り「マクロな視点」からとらえるからです．また，手法も通常大きく異なっています．

マクロ経済学で扱われる問題は以下のようなものです．

- 一国の生産量はどのように決まるのか？
- 物価変動（インフレーション，デフレーション）の原因は何か？
- 財や資産の取引を外国と行うとき，自国の経済はどのような影響を受けるか？
- 政府の行動によって，一国の経済状態は改善されるか？
- 一国の経済成長率を決定するものは何か？

いずれの問題も重要な経済問題であるということは理解してもらえると思います．たとえば，第9章，第11章では一国の生産量が変化する原因を扱います．第10章や第13章では物価水準がどう決まるか，第9章の一部や第12章

では外国と取引のある状態を扱います．最後の第14章では経済成長の源泉について学びます．

　じつは学問としてマクロ経済学が確立したのはそれほど昔のことではありません．マクロ経済学の出発点は，1936年に出版された**ジョン・メイナード・ケインズ（John Maynard Keynes, 1883～1946）**の『雇用・利子および貨幣の一般理論』（通常『一般理論』と呼ばれています）とされています．そもそもこの本が書かれた目的は，1929年に始まった大恐慌に対しての原因究明と処方箋を与えることでした．1929年のアメリカ株式市場の大暴落に象徴される大不況においては，1933年までにアメリカでの失業率は25パーセントに達し，鉱工業生産も60パーセント以上下落しました．影響はアメリカ国内だけにとどまらず，日本，フランス，イギリス，ドイツなどでも，数年にわたって生産が減少しました．このように深刻な不況が起こったにもかかわらず，当時の経済学では不況を体系的に分析し，対処する手法が確立していませんでした．ケインズの『一般理論』は，失業の増大や生産の減少などの不況を分析する，最初の体系的理論と考えられています．

　このように現実的な目的を持って出発したマクロ経済学ですが，スタート地点で整備しなければならない問題がありました．それは，そもそも国全体の経済活動をどのように計測するかという問題です．

　たとえば人口が1億人を超える日本には，約5000万の独立した家計と，約400万の企業が，数え切れないほどの財・サービスの生産を行っています．個々の家計の所得，消費，貯蓄などのデータを集めるのは現実的ではありませんし，特定の企業の生産量を計測するにはその企業の公開している情報から判断することができますが，一国全体となると簡単にはいきません．また，一国全体の経済活動を反映しているのは生産量だけではありません．消費や投資の大きさなども重要な指標となります．このような状況に対して，のちにノーベル経済学賞を受賞するサイモン・スミス・クズネッツ（Simon Smith Kuznets, 1901～1985）が中心となって整備した初めての国民所得統計が発表されたのが1937年でした．大恐慌はマクロ経済を分析する理論の構築だけでなくデータ整備も促したということです．

　マクロ経済のデータを整備することは，不況のようなある特定の時期のみの

分析に有益というだけではありません．長い間データを蓄積することにより，ある世代が親や祖父母の世代とくらべてどれくらい豊かになっているのか，どのような産業が活発になりどのような産業が衰退しているのかがわかります．たくさんの国が同様のデータを蓄積することにより，世界中の国々の経済パフォーマンスがどのように違っているのかを理解するのに役立ちます．つまり上で挙げたマクロ経済学で扱う問題に取り組むにはマクロ経済のデータ整備が必要なのです．

　以上でマクロデータの重要性が理解できたでしょうか．理論は現実のデータを分析するためにあるものですから，第Ⅱ部ではまず各種マクロデータが計測しているものを正確に理解することを最初の目的とします．

8.2　マクロ経済学の重要な概念

　ここでは，代表的なマクロデータについて学ぶために理解しておくべき重要な概念についてまず整理しておきます．

■ フローとストック

　経済データはフローとストックに分けることができます．フロー変数とは期間を区切ったときに存在するような経済変数で，ストック変数は過去から現在，そして将来へと長い期間存在しうる経済変数です．たとえば，今月の所得や先月の預金口座への入金額などはフロー変数であり，一方，今月の預金残高はストック変数です．その他，投資額や輸入額，輸出額などはフロー変数で，工場や機械などの資本・土地などはストック変数です．

　水を注いでいるお風呂をイメージするとわかりやすいでしょう．蛇口から出ている水量は「毎分5リットル」などと期間を区切って測られるものですからフローです．浴槽内にたまっている水は，時間がたっても存在しつづけますからストックです．

　この例でわかるようにストックの変化量はフローによってもたらされます．毎月の預金口座への入金（もしくは出金額）によって，ある月の預金残高が決定されますし，各期の投資額によってある期の資本量が決定されます．日々目

図 8.1　フローとストック

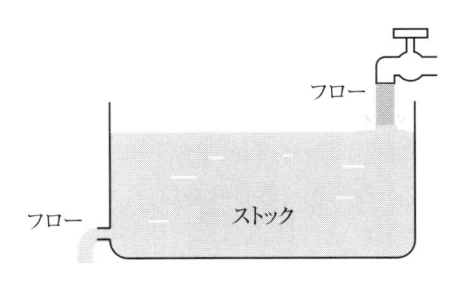

にする経済量やこれから学ぶ経済変数がストックなのかフローなのか，どのフロー変数によってどのストック変数が変化しているのかを考えるとマクロ経済を把握するのに役立つでしょう．

■国民と国内

どんなに小さな国でも海外と経済的な交流があります．輸入や輸出といった財の取引だけではなく，出稼ぎや海外資産の保有などといったことも日常的です．出稼ぎとは労働という生産要素が，外国企業の株や債券のような海外資産の保有とは資本という生産要素が，国境を越えて財・サービスの生産に貢献するということです．

このように生産要素が国境を越えて移動すると，「国民」と「国内」の概念を区別する必要が出てきます．なぜなら，「日本人」である私が，半年間オーストラリアの大学で教員として働いた場合，教育というサービスが発生した場所は「日本」とは異なるからです．また，「日本人」の私がアメリカ企業の株を保有し配当を受け取った場合も，私のお金が生み出した価値の発生した場所は「日本」とは異なります．

以上2つの例はいずれも，日本人の経済活動として計上すべきですが，日本国内の経済活動としては計上すべきではない例です．もちろん逆の例もあります．日本に短期間滞在して働く人も大勢いますし，海外の人が日本企業の株を保有したり資金提供をしたりもしています．ある国の国民全体が海外から受け取った所得からその国が他国の国民に支払った所得を引いたものを「海外からの要素所得の純受取」といいます．

■ 名目と実質

　マクロデータは長期間にわたって蓄積されることにより人々の豊かさを計測することに役立つと期待されますが，マクロ経済データで見る数値の大きさがそのまま豊かさを表していないこともあります．たとえば賃金構造基本統計調査によると，1976年に9万4300円だった大卒初任給は2010年に20万300円となっています．賃金は2倍以上に増えていますが，新入社員が2倍以上豊かになったといえるでしょうか．

　この判断には物価水準に関するデータが必要です．なぜなら，財やサービスの値段が上昇していれば，賃金の上昇はそのまま生活の豊かさにつながらないからです．実際，1976年から2010年のあいだに消費者物価指数と呼ばれる物価水準を表す指標は1.6倍になっています．（消費者物価指数については後にくわしく説明します）．したがってこの間，賃金の上昇ほどには生活は豊かになってないということになります．このように，マクロデータを扱う際には物価水準の変化を除外し，財やサービスをどれくらい購入できるかという大きさ（このような大きさを**購買力**（purchasing power）といいます）で表すことが重要な場合があります．物価水準の影響を除去し，購買力で測った変数を**実質**（real）値，除去することを「実質化」といいます．金額表示の経済変数のことを**名目**（nominal）値といいます．

8.3　マクロデータ概観

　この節では，マクロ経済学で注目するデータについて説明していきます．

■ 国内総生産（GDP）

　上で述べたように，マクロ経済学の研究はデータの整備から始まりました．現在の日本では，内閣府経済社会総合研究所がGDP統計に代表される**国民経済計算**（System of National Accounts, SNA）を推計し，発表しています．SNAはマクロデータを整備するうえで国連が提唱した体系（システム）で，一国経済の全体像を記録する国際基準となっています．ここで計測された各種

データが国際比較にも使われますので，各国が同一基準でデータを整備することが求められているのです．

　国内総生産（Gross Domestic Product, GDP）は「国内で一定期間内に生産された財やサービスの付加価値の合計額」と定義されます．簡単な定義のように見えますが一つ一つの単語にきちんと意味があります．「国内」という言葉で，一国のなかの経済活動をとらえ，それがどのような国籍の人によって生産されたかは問わないということを示しています．「一定期間内」という定義からGDPはフロー変数であるということがわかります．具体的には四半期もしくは1年単位で測られます．**付加価値**（added value）とは各企業の生産活動の結果，新たに生み出された財・サービスの価値を表します．生産額（売り上げ）から投入費用を引いたものと考えてかまいません．

　GDPそのものは生産額を測ろうという指標ですが，経済全体の生産活動を網羅していることから，支出面，分配面からとらえることもできます．重要なのは「生産面」でとらえられたGDP,「支出面」でとらえられたGDP,「分配面」でとらえられたGDPはいずれも等しくなるということです．これを**国民所得三面等価の原則**といいます．一国の経済活動を3つの面から見るとはどういうことでしょうか．以下の簡単な例を使って確認してみましょう．

　いま，ある国の住人はオレンジジュースしか消費しないとします．オレンジジュースを生産するために，この国には3種類の生産者，オレンジ農家，ジュース加工業者，ジュース販売業者が存在しています．オレンジジュースはオレンジ農家が生産するオレンジから生産されますが，消費者の手に渡るまでにはジュース加工業者による「ジュース加工」とジュース販売業者による「瓶詰め」を必要とします．いずれの部門も労働と機械を生産活動のために使います．たとえばオレンジ農家はオレンジを収穫するために労働者が必要で，オレンジを仕分けるためには機械を使います．ジュース加工や瓶詰めも労働者が操作する機械によって行われていると考えてください．この経済では，オレンジそのものはオレンジジュースをつくるための材料として投入されるだけです．このように原材料として使われる財を**中間財**（intermediate goods）といいます．一方，オレンジジュースはそれ以上加工されることなく消費されています．このようにそれ以上加工されないで使用される財を**最終財**（final goods）

表 8.1 GDP 計算の例

(単位 円)

	売り上げ	中間投入	付加価値	賃金	利潤
オレンジ農家	2億	0	2億	2000万	1億8000万
ジュース加工業者	3億	2億	1億	3000万	7000万
ジュース販売業者	4億	3億	1億	6000万	4000万

といいます．

　表 8.1 ではオレンジ農家にはすでにオレンジの木が植わっており，収穫するだけで出荷できるとしているので「中間投入」は 0 となっています．オレンジ農家の生産額はジュース加工業者の投入費用，ジュース加工業者の生産額はジュース販売業者の投入費用になっていることに注意してください．もし，この国の生産活動を表すのに，各部門の売り上げを単純に足し合わせると 9 億円になります．しかし，これは間違っているでしょう．なぜなら，ある部門の生産額が他の部門の投入費用になっていることを考慮してないからです．ジュース加工業者の売り上げ 3 億円はジュース販売業者の投入費用になっているので，マクロ経済全体では相殺されなければなりません．

　このような生産額の二重計算を避けるために，GDP は付加価値の合計として定義されています．付加価値を計算するときには投入費用を引いていますので，二重計算を避けることができます．計算の結果，この経済の GDP は 4 億円になっています．同時にこの例は付加価値の合計が最終財の生産額と等しいことも示してくれています．したがって，GDP を「国内で一定期間内に生産を通じて新たに生み出された『最終財・サービス』の価値」と定義することもできます．また，生産されたオレンジジュースはかならず消費されていますので，支出額と生産額が等しくなっています．これが，「生産面」でとらえられた GDP と「支出面」でとらえられた GDP が等しいということです．

　さらに，この例は GDP を分配面でとらえるということもわかりやすく説明してくれます．生産を行うためには土地，オフィスビル，労働者などの**生産要素**（factor of production）が必要です．各部門で生み出された付加価値は生産を行うのに利用した土地やオフィスビルへ地代や賃料を払ったり，働いてく

図8.2 日本のGDP（2012年）

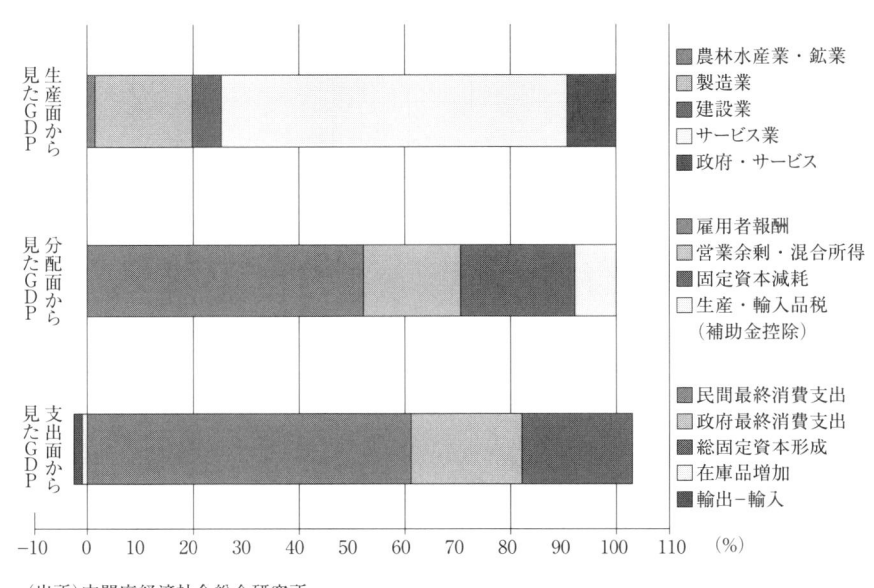

（出所）内閣府経済社会総合研究所．

れた労働者に賃金を払ったり，借りてきたお金に利子を払ったりするのに使われます．このように生産に貢献した生産要素に対して支払われた報酬を「所得」と呼びます．

各企業が払う所得の源泉は，その企業が生み出した付加価値です．例では簡単化のため生産要素を労働と機械の2種類のみとしています．利潤とは機械の所有者への報酬です．この2種類の生産要素に付加価値が分配されますが，どのような割合で分配されるかについてはここでは問いません．どのようなルールで分配されるにしろ，かならず分配された所得の合計は付加価値と等しいということを理解してください．したがって，分配面でとらえられたGDPは必然的に生産面でとらえられたGDPと等しくなります．

図8.2は，内閣府経済社会総合研究所が発表した2012年の日本のGDPの内訳を簡略化してまとめたものです．2012年のGDPの総額は約473兆7771億円でした．

■ 生産面から見た GDP

　生産面から見た GDP は経済活動別国内総生産と呼ばれます．そこでは，産業別に生産された最終財の価値を知ることができます．GDP は基本的に市場で取引された財・サービスのみで計算されます．したがって，家庭内労働サービス（炊事・洗濯など）は GDP に含まれませんが，家政婦にお金を払って家事を代行してもらえば，サービスが生産されたとして，その分は GDP に算入されます．

　一方，市場で取引されていなくても GDP に算入される例もあります．農家の自家消費や持ち家の生み出すサービス等は市場取引ではありませんが，GDP に参入されることになっています．

■ 分配面から見た GDP

　分配面から見た GDP では，生産された付加価値が，どのような経済主体に分配されたかを表しています．

　「雇用者報酬」は付加価値のうち労働者へ分配されたもの，つまり労働所得に対応しています．「営業余剰・混合所得」は企業や自営業者へ分配されたものです．生産に使われた土地への地代や，借りたお金への利子や配当などもここに含まれています．「固定資本減耗」とは，資本が一定期間生産に使われることにより棄損した大きさ，つまりこの期間に失われたストックの価値を表しています．生み出された付加価値のうち「固定資本減耗」分の大きさは，失われたストック価値を代替する分に相当するので，労働や土地，生産要素としての資本に分配することはできません．

　また，分配面で測られた GDP には「生産・輸入品税（補助金控除）」という項目があります．これは実際には，「生産・輸入品に課される税」から「補助金」を引いた額として計算されます．たとえば消費税が存在すると，生産額から投入費用を引いたものとして計算された付加価値のなかには消費税分が含まれますが，この部分は生産要素でなく政府に分配されます．また，私立大学の経営には国からの補助金が支払われていますが，このため授業料などの教育サービスの価格は安くなり，本来の付加価値より低い授業料しか支払われてい

第 8 章　マクロ経済学とは何か　291

ません．このような政府の市場経済への介入を反映するためにこの項目が存在しています．

■ 支出面から見た GDP

　支出面から見た GDP では，分配された国内総生産がどのようにして使われるのかということが表されています．

　消費は主に家計による最終財の購入を表します．家計による消費は，SNAでは「民間最終消費支出」という項目で把握されています．GDP 全体に占める割合はもっとも大きく，6 割弱となっています．また，消費の大きさは以下で見る投資と異なり，景気の変動にもあまり変化しないことが知られています．消費の大きさが何に依存してどのように決まるかということは，マクロ経済学の理論のなかでも重要なトピックです．

　投資とは一般に企業による新たな機械や設備の購入を表します．国民経済計算の支出面で，投資に関係する項目として「総固定資本形成」と「在庫品増加」という項目があります．「総固定資本形成」は民間企業によるオフィスビルの建設，作業機械・ソフトウェアの購入のほか住宅投資も含まれます．「在庫品増加」とは生産されたもののうち企業の手元に残ったものです．もし生産した以上に売り上げがあったときには，この項目はマイナスで計上されます．2012 年に在庫品は約 3 兆円減少しました．

　国民経済計算には政府の活動も反映されています．「政府最終消費支出」がそれで，教育や国防などの公共サービスのための支出額や，医療保険・介護保険の政府負担分等を合計したものになっています．

　ここで一つ注意点があります．国民経済計算は，基本的に市場でどれだけの財・サービスの取引があったかを計算しています．しかし，政府活動の大部分は市場では取引されません．たとえば，代金を支払わなくても事件に巻き込まれたとき警察は捜査をしてくれますし，義務教育に関しては入学料や授業料はかかりません．国民経済計算では，この点を政府がみずから生産した財・サービスをみずから消費するという考え方によって処理しています．

　輸出－輸入の統計は海外との取引を示しています．2012 年には輸出額より輸入額のほうが大きく，輸出－輸入はマイナスとなっています．

表 8.2　GDP，GNI，国民所得

国内総生産（GDP）	海外からの所得の純受取

| 国民総生産（GNP）＝国民総所得（GNI） | |

| 市場価格表示の国民所得 | 固定資本減耗 |

| 要素費用表示の国民所得 | 生産・輸入品に課される税－補助金 | 固定資本減耗 |

■ 国民総所得（GNI）

　SNA には所得の概念として**国民総所得（Gross National Income, GNI）**があります．「国民」と「国内」の違いは海外からの所得の純受取を加えたものですので，国民総所得は国内総生産に海外からの所得の純受取を加えたものとして定義されます（かつては国民総生産といわれていました）．2012 年における海外からの所得の純受取は約 15 兆 448 億円でした．したがって，2012 年の GNI は GDP にこの額を加えた約 488 兆 8219 億円になります．日本における GDP と GNI の違いは 3 パーセント程度とごく小さい値です．GDP と GNI の概念の違いは重要ですが，多くの先進国では数パーセント程度の違いです．通常，各国の経済規模をくらべるときは GDP を使います．ただし，フィリピンなどのように海外での出稼ぎ労働が多い国では，GDP と GNI が 30 パーセントも違うこともありますので，注意が必要です．

　GNI から，固定資本減耗を引いたものを市場価格表示の国民所得といい，さらに生産・輸入品税（補助金控除）に対応する額を引いたものを要素費用表示の国民所得といい，単に国民所得といった場合にはこれを指すことが多いです．

■ 失業率

　みなさんが高等教育を受けている理由の一つに，卒業後のより高い収入を挙げる人も多いでしょう．しかし，経済が不況状態に陥っているときには，そもそも就職先をさがすことが困難になってしまいます．上で GDP の計測を理解した人はわかるように，各人が労働サービスという生産要素を提供して生産活動に貢献し所得を得て，それをもって財・サービスに支出するという流れが，多くの人の経済活動への参加方法です．しかし失業しているとそのような経済活動への参加が困難になってしまいます．また，その期間，生産に貢献できなかった労働力が存在するということは，社会的に見てもたいへんな無駄といえます．さらに，就業の形態が正規雇用なのかパートあるいはアルバイトなのか，性差や年齢層によって就業状態が異なるのかなども，経済情勢を判断するうえで重要な指標となります．

　完全失業率は労働市場の現状を把握するもっとも代表的な指標で，「働く意欲のある人のうち仕事に就けず求職活動をしている人の割合」を表しています．失業率の計算のもとになっている統計が，総務省統計局が毎月実施している「労働力調査」です．この調査は約 4 万世帯に居住する 15 歳以上の人口 10 万人に対して月末 1 週間における就業・不就業の状況を調査したものです．失業率を求めるには，この 15 歳以上人口を労働力人口と非労働力人口に分け，さらに労働力人口を就業者と完全失業者に分けます．

　非労働力人口とは専業主婦や学生，高齢者，病弱者などの働く意思がない人々のことをいいます．完全失業者は，1「調査対象の 1 週間に就業していなかった」，2「仕事があればすぐ就くことができる」，3「調査対象の 1 週間に仕事を探す活動や開業の準備をしていた（過去の求職活動の結果を待っている場合を含む）」，という 3 条件すべてを満たす必要があります（これは国際労働機関〈ILO〉の定義に従っています）．完全失業率は，労働力人口に占める完全失業者数の割合として定義されます．式で表せば，

$$\text{完全失業率} = \frac{\text{完全失業者数}}{\text{労働力人口}} = \frac{\text{完全失業者数}}{\text{就業者数} + \text{完全失業者数}}$$

です．したがって，完全失業率とは「働く意欲のある人のうち仕事に就けず求

図 8.3　労働力人口と非労働力人口

15 歳以上人口 { 労働力人口 { 完全失業者
　　　　　　　　　　　　　　就業者
　　　　　　　　非労働力人口

図 8.4　失業率の推移（1953〜2013 年）

(出所)総務省「労働力調査」．

職活動をしている人の割合」を示しているといえます．

　図 8.4 は日本の完全失業率の推移を表しています．高度成長期には 2 パーセント以下というきわめて低い失業率でしたが，第一次石油ショック（1973 年）以降徐々に上昇していきました．1980 年代後半からのバブル景気のさなかには再び 2 パーセント程度まで低下しましたが，バブル景気の崩壊とともに上昇していき，2000 年代には 5 パーセント前後の失業率で推移しています．

　表 8.3 は 2013 年 1 月の男女別，年齢別の失業率です．男女とも若い世代で失業率が高くなっていることもわかります．若い世代の失業率が高い理由は，

表 8.3　男女・年齢別失業率（2013 年 1 月）

男　　　　　　　　　　　　　　　　　　　　　　　　　　　　（%）

総数	15〜24歳	25〜34歳	35〜44歳	45〜54歳	55〜64歳
4.6	8.6	6.2	4.1	3.3	5.3

女

総数	15〜24歳	25〜34歳	35〜44歳	45〜54歳	55〜64歳
3.8	6.5	4.5	4.4	2.7	3.7

（出所）総務省「労働力調査」．

労働力としての能力が低い，就業経験が少なく自分に合った就職先を見つけるのがむずかしい，また若く健康な人が多いので就業意欲が高いという理由もあるでしょう．

完全失業率の定義から，働きたいという意欲が高いほど失業率が高くなる傾向があります．逆に失業率が低くても，それがたくさんの人が働く意欲を失って，非労働力人口に属するようになったという結果であれば社会的な問題としてとらえるべきでしょう．たとえば，女性の完全失業率は 30 歳代から減少しつづけますが，これは一度仕事から離れた女性が再就職するのはむずかしいと思い，求職活動をやめてしまった結果かもしれません．また，近年若年層で就学も就職も職業訓練も行っていない人たち（いわゆるニート）の存在が問題になっています．日本では「15〜34 歳の非労働力人口のうち，通学，家事を行っていない者」をニートと定義していますが，厚生労働省の発表によると，2002 年以降 60 万人台で推移しています．15 歳から 34 歳までの完全失業者数はおよそ 100 万人ですので，ニートの人数もかなり多いといえます．

■ 国際収支統計

SNA は主に国内の経済活動を把握するために計測されていますが，国境を越えた財・サービスや資産の流れをとらえるための統計もあります．ここでは，海外のさまざまな経済主体との経済取引を補足している「国際収支統計」の見方について説明します．国際収支統計は，財務省と日本銀行によって，一国のすべての対外経済取引を IMF（国際通貨基金）の定めたマニュアルに従って

図 8.5　2012 年の国際収支統計

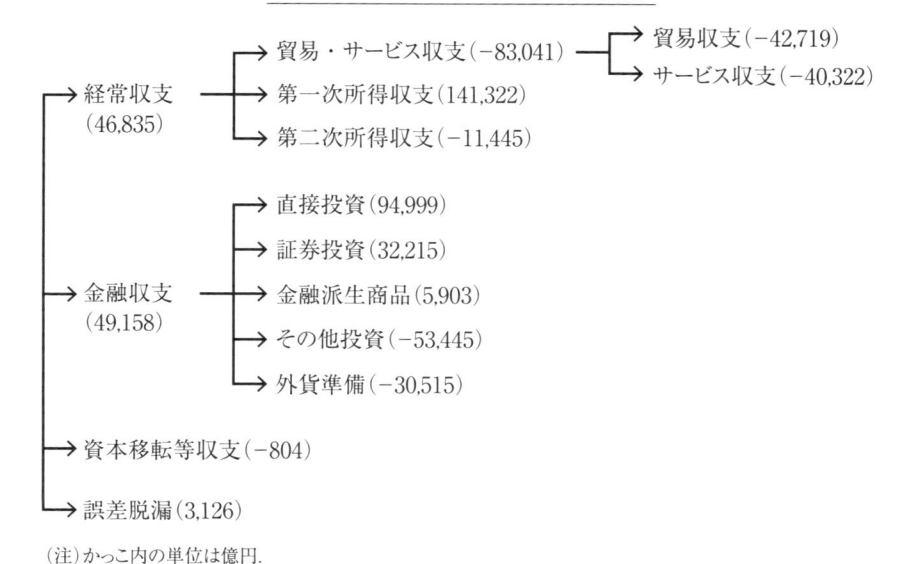

```
                    ┌→ 貿易・サービス収支(−83,041) ┬→ 貿易収支(−42,719)
                    │                              └→ サービス収支(−40,322)
    ┌→ 経常収支    ─┼→ 第一次所得収支(141,322)
    │  (46,835)     └→ 第二次所得収支(−11,445)
    │
    │                ┌→ 直接投資(94,999)
    │                ├→ 証券投資(32,215)
    ├→ 金融収支    ─┼→ 金融派生商品(5,903)
    │  (49,158)      ├→ その他投資(−53,445)
    │                └→ 外貨準備(−30,515)
    │
    ├→ 資本移転等収支(−804)
    │
    └→ 誤差脱漏(3,126)
```

(注)かっこ内の単位は億円.
(出所)財務省.

体系的に記録した統計です．図 8.5 は 2012 年の日本の国際収支をまとめたものです．

　経常収支は，諸外国との財・サービスのやりとりを集計します．経常収支のなかには，貿易・サービス収支，第一次所得収支，そして第二次所得収支の 3 つの項目があります．貿易・サービス収支は財とサービスの輸出入の差を示し，SNA の輸出入の項と対応しています．第一次所得収支は雇用者報酬の受取・支払や対外資産からの利子・配当金の受取・支払を示し，海外からの受取のほうが多ければプラスになります．第二次所得収支は無償の資金援助や資金協力を表し，マイナスになっていますので日本から海外への資金援助が多いということを意味しています．図 8.5 から，2012 年の財・サービスの受取が支払より約 4 兆 6835 億円多かったことがわかります．ただし，貿易・サービス収支だけを見るとマイナスですので，輸入が輸出を上回っていました．

　金融収支は海外との資産のやりとりを計上する項目で，民間経済主体による取引を表す項目（直接投資，証券投資，金融派生商品，その他投資）と，中央

銀行が保有する対外資産の増減を記録する**外貨準備**から構成されます．その国の居住者が海外に持っている資産（株や不動産）から非居住者が国内に持っている資産を引いた残高を対外純資産といいますが，金融収支の額は，ある一定期間に対外純資産がどれだけ増加したかを表しています．図8.5から，2012年に日本は対外純資産を5兆円近く増やしたことがわかります．

資本移転等収支は，外国政府等に対する債務免除や特許権や著作権などの取得・処分を記録します．

国際収支統計では，すべての取引が2度計上されることになっています．たとえば，日本企業がその製品をアメリカに輸出したとします．財の輸出ですから，経常収支にその製品の代金がプラスで計上されます．と同時に，その代金を受け取ったということを，金融収支にプラスで計上します．また，たとえば途上国向けに貸し出していたお金の返済を免除する場合には，債務免除にともなう対外資産の減少が金融収支の赤字として記録されると同時に，資本移転等収支に赤字として計上されます．したがって，

$$経常収支 + 資本移転等収支 \equiv 金融収支 \qquad (8.1)$$

という関係が常に成立するはずです．ここで，（≡）という記号は，どのような経常収支，資本移転等収支，金融収支の水準であっても，この式が常に成立することを表しています．ただ，現実には集計上の誤差が存在するので，調整項として**誤差脱漏**という項目が立てられていて，

$$経常収支 + 資本移転等収支 + 誤差脱漏 \equiv 金融収支$$

という関係となっています（図8.5の数値は四捨五入の関係で，完全には上の式が成立していません）．

経常収支と金融収支の関係については，次章の9.5節で利用しますので，そこで改めてくわしい説明を行います．

国際収支統計の項目変更

本章で説明した国際収支統計の項目は，IMF国際収支マニュアルの変更にともない，2014年1月の発表において大幅に変更されたものです．

項目変更の大きな目的は，現代の金融経済情勢を的確にとらえること，国民経済計算との整合性を高めることなどです．それ以前の項目との主な相違点は以下のとおりです．

- 第一次所得収支，第二次所得収支は，かつては所得収支，経常移転収支と呼ばれていた．
- 金融収支は資本収支と呼ばれており，かつ資本移転等収支はその他資本収支と呼ばれ，資本収支の1項目であった．
- 資本収支において，対外純資産の増加はマイナスの値で記録されていた．
- 外貨準備は外貨準備増減と呼ばれ，独立した項目であった．

以前は，3番目の対外純資産の増加をマイナスで表すということが，理解しづらい点でした．いまの表記のほうが，直感的に理解しやすくなっているといえます．したがって，(8.1) 式に相当する関係は，

$$経常収支 + 資本収支 + 外貨準備増減 \equiv 0 \qquad (8.2)$$

と表されていました．図 8.6 は図 8.5 と同じ 2012 年の旧項目による国際収支統計です．くらべてみてください．

図 8.6 旧項目による 2012 年の国際収支統計

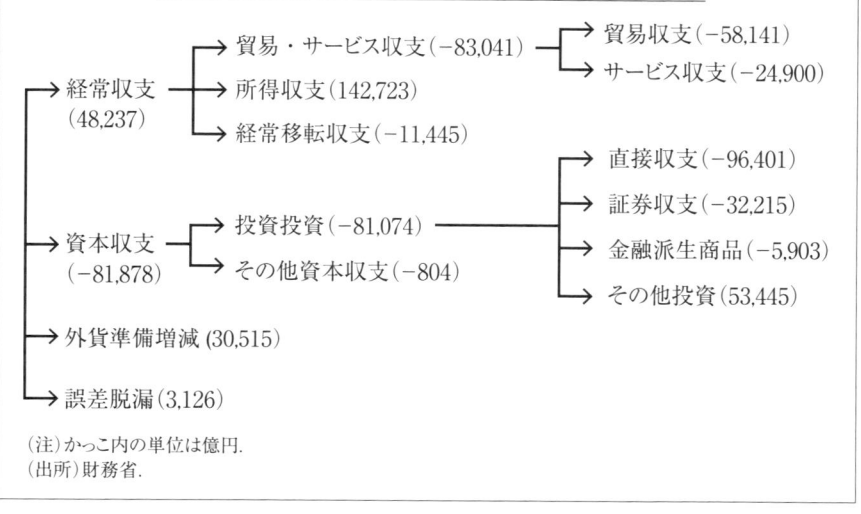

```
→ 経常収支     → 貿易・サービス収支(-83,041) → 貿易収支(-58,141)
  (48,237)                                    → サービス収支(-24,900)
               → 所得収支(142,723)
               → 経常移転収支(-11,445)

                                             → 直接収支(-96,401)
                                             → 証券収支(-32,215)
→ 資本収支     → 投資投資(-81,074) ─────────→ 金融派生商品(-5,903)
  (-81,878)                                  → その他投資(53,445)
               → その他資本収支(-804)

→ 外貨準備増減 (30,515)
→ 誤差脱漏 (3,126)
```

(注) かっこ内の単位は億円．
(出所) 財務省．

■ 物価水準

長期間にわたる経済指標を比較するには，物価水準の変化について把握することが必要です．注意してほしいのは，ここで問題にしている物価水準とは個別の財の価格ではなく，経済全体の平均的な価格水準であるということです．したがって，物価水準を求めるにはある作業が必要になります．ここでは，物価水準の代表的指標である GDP デフレーターと消費者物価指数について説明します．

■ GDP デフレーター

GDP デフレーターを計算するには**名目 GDP** と**実質 GDP** をまず求める必要があります．名目 GDP とは財・サービスの価値を現在の価格で測った GDP で，図 8.1 で示されていたのは名目 GDP です．名目 GDP は現在の価格水準が反映されていますから，過去のデータからの変化が価格が変化したからなのか取引量が変化したからなのかがわかりません．そこで，価格の変動を取り除くために「実質 GDP」という考え方を導入します．

実質 GDP を計算するにはまず，ある年の価格を基準年価格として選びます．たとえば 2010 年を基準年として選びましょう．もし世の中で取引されている財が，機械とオレンジとバナナだけであれば，2010 年，2011 年，2012 年の実質 GDP は，

2010 年の実質 GDP ＝（機械の 2010 年の価格×機械の 2010 年の生産量）
　　＋（オレンジの 2010 年の価格×オレンジの 2010 年の生産量）
　　＋（バナナの 2010 年の価格×バナナの 2010 年の生産量）

2011 年の実質 GDP ＝（機械の 2010 年の価格×機械の 2011 年の生産量）
　　＋（オレンジの 2010 年の価格×オレンジの 2011 年の生産量）
　　＋（バナナの 2010 年の価格×バナナの 2011 年の生産量）

2012 年の実質 GDP ＝（機械の 2010 年の価格×機械の 2012 年の生産量）

$$+ （オレンジの 2010 年の価格 \times オレンジの 2012 年の生産量）$$
$$+ （バナナの 2010 年の価格 \times バナナの 2012 年の生産量）$$

と計算されます．

　2010 年を基準年として選んでいるので，2010 年の実質 GDP と名目 GDP は同じです．その他の年の実質 GDP を計算するときにも基準年価格を使っていることに注意してください．このため，実質 GDP の変化は生産量の変化のみを反映しているといえるのです．

　このように計算した実質 GDP から GDP デフレーターを求めることができます．

GDP デフレーターの計算式

$$\text{GDP デフレーター} = \frac{\text{名目 GDP}}{\text{実質 GDP}} \times 100$$

　基準年の GDP デフレーターはかならず 100 ですから，GDP デフレーターの変化は基準年にくらべてどれくらい物価水準が変化したのかを示しているといえます．

■ 消費者物価指数

　GDP デフレーターの計算は GDP に計上される取引がもとになっていますから，かならずしもその変化が消費者の実感とはあっていないかもしれません．たとえば，企業や政府が購入するような投資財や軍事品の価格変化が GDP デフレーターに反映されますが，消費者にとってはそれほど重要ではないでしょう．それに対して，消費者物価指数は消費財のみを対象として作成される物価水準ですので，GDP デフレーターよりも消費者の実感に近い物価水準といえます．消費者物価指数の作成方法は以下のようになります．機械は消費者が購入することがないとすれば，オレンジとバナナが消費財となり消費者物価指数計算の対象となります．上と同様に 2010 年を基準年としますと 2012 年の消費者物価指数は，

図 8.7　GDP デフレーターと消費者物価指数

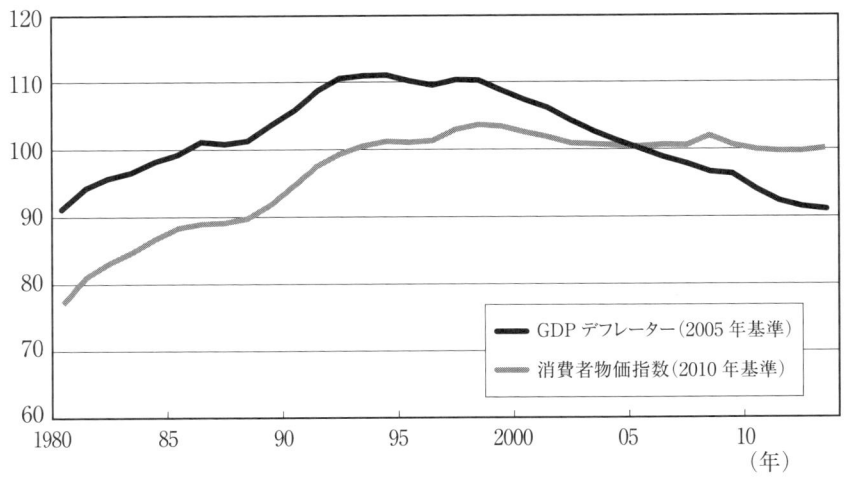

(出所) IMF World Economic Outlook.

2012 年の消費者物価指数

$$= \frac{\left\{\begin{pmatrix}\text{オレンジの}\\ \text{2012 年の}\\ \text{価格}\end{pmatrix} \times \begin{pmatrix}\text{オレンジの}\\ \text{2010 年の}\\ \text{消費量}\end{pmatrix}\right\} + \left\{\begin{pmatrix}\text{バナナの}\\ \text{2012 年の}\\ \text{価格}\end{pmatrix} \times \begin{pmatrix}\text{バナナの}\\ \text{2010 年の}\\ \text{消費量}\end{pmatrix}\right\}}{\left\{\begin{pmatrix}\text{オレンジの}\\ \text{2010 年の}\\ \text{価格}\end{pmatrix} \times \begin{pmatrix}\text{オレンジの}\\ \text{2010 年の}\\ \text{消費量}\end{pmatrix}\right\} + \left\{\begin{pmatrix}\text{バナナの}\\ \text{2010 年の}\\ \text{価格}\end{pmatrix} \times \begin{pmatrix}\text{バナナの}\\ \text{2010 年の}\\ \text{消費量}\end{pmatrix}\right\}} \times 100$$

と計算されます．GDP デフレーターと異なり基準年の数量（消費量）を固定していることに注意してください．消費者物価指数は GDP デフレーターとは作成方法も異なっています．消費者物価指数のように基準年の数量を固定する物価指数は**ラスパイレス指数**（Laspeyres Index）といい，GDP デフレーターのように基準年の価格を固定する物価指数を**パーシェ指数**（Paasche index）といいます．それぞれの名称は考案者の名前にちなんでいます．

消費者物価指数には，すべての家計が購入するすべての財・サービスを対象として計算されたもの，生鮮食品を除いて計算されたもの，食料およびエネルギーを除いて計算されたものがあります．生鮮食品や食料品の価格は天候に左右されやすいですし，エネルギーの価格は国際的な情勢に左右されやすいので，

これらの価格変化を除去することにより，長期的なインフレーションの動向を把握することができます．

図8.7はGDPデフレーターと消費者物価指数を図示したものです．近年のデフレ傾向を反映して2000年以降は両物価指数とも低下もしくは横ばいになっていることがわかると思います．

本章のまとめ

1　マクロ経済データは国民経済計算（SNA）にしたがって計測されます．代表的なマクロ経済データに国内総生産（GDP）と国民総所得（GNI）があり，両者の差は海外からの所得の純受取によって生じます．

2　GDPは理論的には生産面から見ても，支出面から見ても，分配面から見ても等しくなっており，これを国民所得三面等価の原則といいます．

3　完全失業率は働く意欲のある人のうち仕事に就けず求職活動をしている人の割合を表しています．

4　国際収支表は国境を越えた財・サービスや資産の流れをとらえるための統計です．大きく，経常収支，金融収支，資本移転等収支，誤差脱漏という項目に分かれており，経常収支＋資本移転等収支＋誤差脱漏≡金融収支という関係が成立しています．

5　物価水準の変化をとらえる統計には，GDPデフレーターと消費者物価指数があります．GDPデフレーターはパーシェ指数を用いて計算され，消費者物価指数はラスパイレス指数を用いて計算されます．

本章のキーワード

フロー　　ストック　　GDP　　国民所得三面等価の原則　　GNI
完全失業率　　経常収支　　金融収支　　外貨準備　　資本移転等収支
GDPデフレーター　　消費者物価指数　　ラスパイレス指数　　パーシェ指数

演習問題

1 以下の(1)〜(5)について，空欄に当てはまる語句を答えなさい．

(1) ある期から次の期へと期間を超えても存在しつづけるような量のことを（　　）という．一方，ある一定の期間のみに存在する量のことを（　　）という．

(2) 国内で一定期間内に生産された財やサービスの付加価値の合計額のことを（　　）という．

(3) 国内総生産と国民総所得の差は（　　）によって生じる．

(4) 国際収支表において，（　　）は（　　），（　　），（　　）の合計に等しい．

(5) 物価水準の代表的指標には（　　）と（　　）がある．

2 いま，経済でオレンジとバナナとパイナップルのみが取引されているとする．2001 年と 2011 年における価格と生産量が以下のように与えられている．

オレンジ

	2001 年	2011 年
価格	20	15
生産量	10	15

バナナ

	2001 年	2011 年
価格	5	10
生産量	20	15

パイナップル

	2001 年	2011 年
価格	10	15
生産量	5	8

(1) 2001 年と 2011 年の名目 GDP を求めなさい．

(2) 2001 年を基準年としたときの 2011 年の実質 GDP を求めなさい．

(3) 2011 年の GDP デフレーターを求めなさい．

(4) オレンジ，バナナ，パイナップルをともに消費財であると考え，2001 年を基準年としたときの 2011 年の消費者物価指数を求めなさい．

3 国際収支統計は日本銀行が集計・推計し，財務省と共同で公表している．日本銀行もしくは財務省のホームページで，最新の国際収支統計を確認し図 8.4 と同様の図を完成しなさい．

4 以下の問 (1), (2) に答えよ．

(1) 一国の豊かさを国内総生産（GDP）で測ることについて問題点があるか考えなさい．

(2) 一国の経済状態を完全失業率によって判断するときに気をつけるべき点を考えなさい．

> コラム1

失業のコスト

　失業は，何よりも貴重な人間という資源が使われないという意味で非効率的です．しかし，失業はそれだけでなく，人の自尊心を傷つけたり，家庭や地域社会に悪い影響を及ぼしたりします．また若年層で仕事に就けないとその後の人生で必要な技能や基本を得ることがむずかしくなります．さらに，長期にわたる失業が続くとこれまで獲得してきた技能が劣化し，仕事に就くのがさらにむずかしくなります．

　失業のコストとしてもっとも悲劇的なのは，自ら命を絶つ人が出てくることです．ことに日本の場合，失業率と自殺率との間には強い相関関係があることが知られています（下図）．また40代，50代男性失業者の自殺率は，有職者の倍以上に及びます．

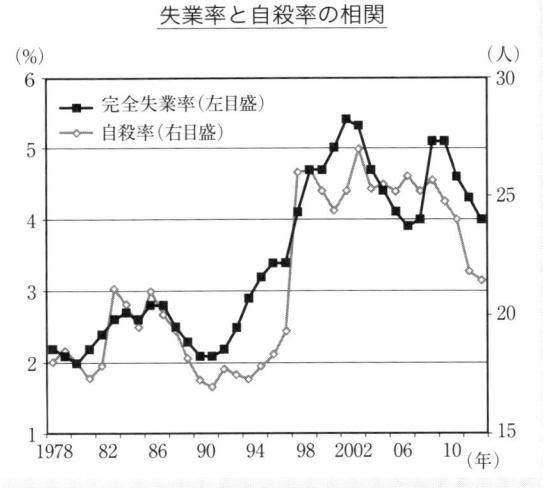

失業率と自殺率の相関

（注）自殺率は，人口10万人当たり自殺者数．
（出所）総務省統計局「労働力調査」，警察庁「平成25年中における自殺の動向」から筆者作成．

　日本の失業率は金融危機があった1997〜98年に急激に上昇し，それにともなって自殺率も上昇しました．1998年から14年間，年間自殺者の数

が3万人を超えつづけ,さらに20代,30代の年齢層での自殺が増えています（澤田康幸・上田路子・松林哲也（2013）『自殺のない社会へ——経済学・政治学からのエビデンスに基づくアプローチ』有斐閣,第2章）.20歳から39歳までの層の死因の第1位は自殺です.これはアメリカ,イギリスなどの先進7カ国とくらべてもっとも高い比率になっています（内閣府『平成25年版自殺対策白書』).最近では,失業率の低下とともに自殺率は減少していますが,依然として高い水準です.

失業率の変動は,人々の幸福度にも影響を及ぼします.ここで幸福度というのは,かなり主観的な幸福感を指しますが,最近注目を集めている考え方です.実際には「全体として,あなたは現在,幸せですか,あるいは不幸せですか」という質問をして,それに対する答えを聞くという形をとることが多くあります.幸福度は主観的な幸福感を尋ねるものなので,解釈には注意が必要ですが,人々の実感を尋ねるものとして有用でもあります.

そうした最近の幸福研究では,次のことがわかっています.第1に,その人の失業経験や失業状態はその人の幸福感に影響を及ぼすこと,第2にその人が失業を経験したりするかどうかだけでなくマクロ経済全体の失業率が人の幸福感に影響を及ぼすことです.

日本の場合も,アンケートや「国民生活選好度調査」を用いて調べてみたところ,「失業者の幸福度は低くなり,失業不安は幸福度を引き下げる」という結果が得られています.もちろん,失業をすると所得が減ってしまったりしますので,それが幸福度に与える影響は適切に除いてあげなければなりません.そういう処理をした後でも,かりに所得の水準や年齢は同じであったとしても,現実に失業しているか,過去に失業を経験しているか,将来の失業に対する不安が強くなったりすると,幸福度は下がるとのことです（大竹文雄・白石小百合・筒井義郎編著（2010）『日本の幸福度』日本評論社,第5章）.

第9章 長期モデル

マクロ経済学では通常，長期，中期，短期に分けて分析を行います．この章では価格の調整が完全に行われた状態を描写する長期モデルについて学びます．長期モデルは，生産や所得の決定が単純なため，このあとに学ぶ短期モデル，中期モデルの基礎ともなっています．各経済主体の需要行動（消費需要，投資需要，政府支出）の原理についてもここで学び，長期モデルの財・サービス市場の均衡条件によって利子率が決定されることを理解します．さらに開放経済についての考え方を学びます．

9.1 長期モデルとは

本章から「モデル」によってマクロ経済を分析していきます．本書の第Ⅰ部「ミクロ経済学」を読んだ人であれば，モデルとは，現実の家計や企業の行動，市場の特徴を，単純化して表現したものということがわかっていると思います．単純化されていながら，分析対象の特徴を失っていないようなモデルが，優れたモデルといえます．

マクロ経済学で長期，中期，短期に分けてモデル分析を行うのは，市場の特徴が時間の長さによって変わるということが反映されています．それは，労働賃金や財・サービスの価格が市場の需給を調整するには時間がかかり，かつそれによってマクロ経済全体の生産量や消費量の決定，ひいては財政政策や金融政策の効果が異なってくることがわかっているからです．

長期モデルでは，労働賃金や財・サービスの価格が調整されたあとの状態を考えます．これはかなり極端な（もしくは単純化された）経済状態と思われるかもしれませんが，経済全体の活動水準がどのように決まるのか，財政政策や金融政策がどのように作用するのかなどを最初に学ぶのにわかりやすいモデルになっています．また，そのあと学んでいく中期モデル，短期モデルの基礎モデルとして考えることもできます．

9.2 生産

　現実世界では数え切れないほどの財やサービスが生産されています．マクロ経済学ではそのような個別の財・サービスの生産量や個別企業の生産活動には注目せず，経済全体でどのような生産量が実現するかを考えます．前章で学んだ国内総生産はまさしく，ある国全体で一定期間に生産された財・サービスの付加価値の合計でした．以下で述べる財・サービスの生産量とはGDP，つまり付加価値の合計であると考えてください．

　財・サービスの生産は，生産要素と生産技術によって行われます．代表的な生産要素としては労働サービスと資本が挙げられます．資本はオフィスビルや工場のような不動産から工作機械やパーソナルコンピュータのような比較的小さなものまで含みます．生産技術は過去の生産活動によって見出された効率的な生産方法や，技術開発研究によって発見された新しい技術などの総称です．個々の企業が生産技術によって生産要素を組み合わせて生産を行っています．また，生産技術が高まれば生産要素の量が変わらなくても生産量が高まります．これを**技術進歩**（technological progress あるいは technical progress）といいます．

　第2章で学んだように経済学では生産技術・生産要素と生産量との関係を生産関数として表します．マクロ経済学ではとくに経済全体の生産量に着目するために，経済全体の生産要素・生産技術と経済全体の生産量との関係を，マクロの生産関数として表します．YをGDP，Lを労働サービスの量，Kを資本量とすれば，GDPの大きさは，

$$Y = F(L, K)$$

と表されます．$F(L, K)$がマクロの生産関数です．

　このような生産関数で生産量が表されたとき，長期モデルでの生産水準はどのように決定されるでしょうか．長期モデルではすべての価格の調整が完了している状態を考えています．ここですべての価格というのは賃金を含んでいます．

　財・サービスなどの生産物は生産物市場で，労働や資本などの生産要素は生

図 9.1 長期モデルでの生産水準

物価水準

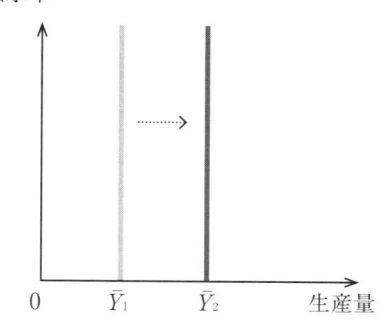

0　　$\bar{Y}_1$　　$\bar{Y}_2$　　生産量

産要素市場で取引されています．すべての価格が調整されているということは，生産物市場で需給が一致していると同時に生産要素市場でも需給が一致していることを意味しています．したがって，すべての労働者は雇用され資本が利用された状態で生産が行われます．全労働サービスの量を $\bar{L}$，全資本量を $\bar{K}$ とすると，

$$F(\bar{L}, \bar{K})$$

となります．このようにすべての生産要素が利用されて達成される生産量を**潜在的産出量**と呼びます．もしくはすべての働きたい人が働けている状況ということで，**完全雇用産出量**と呼びます．ただし，「すべての働きたい人が働けている状況」を失業率が0とは解釈しないでください．

一般に，失業は，**摩擦的失業**（frictional unemployment），**自発的失業**（voluntary unemployment），**非自発的失業**（involuntary unemployment）の3種類に分けられます．摩擦的失業は，自分に合った職業を探すために情報を収集したり，移動をするには時間がかかるために発生する失業です．自発的失業は，現在の賃金水準が低すぎると考え，働かないという選択をすることによる失業です．最後の非自発的失業は，現在の賃金水準で働きたいと思っているにもかかわらず職に就けない状態を指します．通常，「すべての働きたい人が働けている状況」というのは，非自発的失業が0という状態を指します．また，このような状態で成立する失業率を**自然失業率**（natural unemployment rate）

第 9 章 長期モデル　311

といいます.

縦軸に物価水準,横軸に生産量をとったとき,潜在的産出量は垂直線となります.その経済にある生産技術や資本量や労働力は物価水準と無関係に決まっているからです.潜在的産出量が増加する要因としては,生産技術の向上,資本量,労働力の増加が考えられます.このようなことが起こると,図9.1のように $\bar{Y}_1$ から $\bar{Y}_2$ のように垂直線の右シフトが起こります.

9.3 総需要

需要面は前章で見たように,経済主体によって分けて考えます.主に消費者が行う消費,企業が行う投資,政府が行う政府支出です.この章ではまず,閉鎖経済について考え,それから開放経済に議論を拡張していきますので,海外からの需要である貿易・サービス収支の決定については本章後半の9.5節で議論します.

■消費

私たちは,所得から食料品,書籍などの財を購入したり,映画に行ったり塾に行ったりして各種サービスを享受し,残りを将来のために貯蓄しています.9.2節で述べたように,マクロ経済においては財・サービスを1種類と想定して考えます.ミクロ経済学では消費者は2種類以上の財の選択に直面し,相対価格の変化によって各財への支出をどのように変化させるかという問題意識で,消費者行動をとらえていました(たとえば第2章では,パンと魚の消費量を決定していました)が,マクロ経済学では財・サービスの種類は1種類と考えていますので,家計は消費と貯蓄の選択に直面していると考えます.つまり私たちは,所得の一部で現在の消費のためにさまざまな財・サービスを購入し,残りを将来のために貯蓄しようとしています.

消費はGDPのなかでもっとも高い比率を占めるもので,また私達自身の厚生(満足度)に直接関係しているものです.したがって,消費がどのような要因によって決定されるのかについては,長年,研究・議論が積み重ねられてきました.

たとえば，ある人は他の人より将来のことを深く考えていないため，消費を多めに貯蓄を少なめに行うかもしれません．お年寄りは30代，40代の人にくらべて貯蓄の必要性がなく，所得のうちより多くを消費に回しているかもしれません．このようにさまざまな要因が消費の決定に影響を与えると考えられますが，そのなかでも所得がもっとも重要と考えられます．

ケインズはマクロ経済の分析において，消費は所得の関数として考えました．より正確には「今期の消費」が「今期の所得」によって決定されると考えました．この考え方は後年批判されることになりますが，その話はあとに譲るとして，まずはケインズの考え方に従った消費関数を紹介します．**ケインズ型消費関数**は次のように定式化されます．

$$C = C_0 + c \cdot (Y - T), \quad C_0 > 0, \quad 0 < c < 1 \tag{9.1}$$

Cは消費量，Yは所得，Tは税額を表しています．$Y-T$は**可処分所得**（disposable income）と呼ばれ，以下ではY_dと表します．$C_0 > 0$という条件は可処分所得が0であっても行われる正の消費量を行うということを表しています．このことからC_0は**基礎消費**と呼ばれます．まったく所得がない状態でどのように消費をするのかと疑問に思う人もいるかもしれませんが，これは過去の貯蓄を切り崩していたり，借金をしたりしていると考えてください．

cは**限界消費性向**（marginal propensity to consume）と呼ばれ，「1単位所得が上昇したときに消費がどれくらい上昇するか」を示しています．通常は所得が増えれば消費を増やしますから，限界消費性向は正と考えられます．一方，所得が増えたときに，貯蓄を切り崩してまで，所得の増分以上に消費を行うことは考えにくいので，限界消費性向は1以下と想定されます．図9.2は横軸を可処分所得，縦軸を消費としてケインズ型消費関数を図示したものです．

具体的な例としては，

$$C = 50 + 0.7 Y_d \tag{9.2}$$

のような関数が考えられます．この例では限界消費性向は0.7ですから，可処分所得が1000円増えると，消費が700円増加します．限界消費性向と別に**平均消費性向**（average propensity to consume）という概念があります．これ

図9.2 ケインズ型消費関数

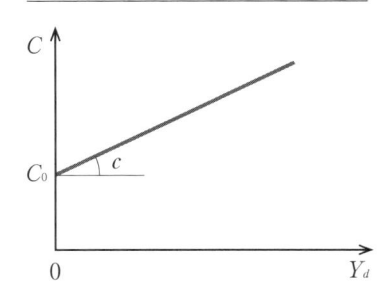

は式では $\frac{C}{Y_d}$ と表され，家計の可処分所得のうちどれくらいの割合が消費に回されているかを示しています．

可処分所得のうち消費されなかったものは貯蓄に回されます．したがって，貯蓄量 S は，

$$S \equiv Y - T - C \tag{9.3}$$

と表されます．これは貯蓄の定義式ですので，≡という記号を使っています．消費は (9.1) 式で決定されますから貯蓄量は，

$$S = (1 - c) \cdot Y_d - C_0 \tag{9.4}$$

と表せます．係数 $(1 - c)$ は「可処分所得が1単位上昇したときに貯蓄がどれくらい増加するか」を表しています．これを**限界貯蓄性向**（maiginal propensity to save）と呼びます．限界貯蓄性向も0から1のあいだの値をとりますので，貯蓄は可処分所得の増加関数になります．(9.1) 式と (9.4) 式をくらべると，限界消費性向と限界貯蓄性向を足すと1になることがわかります．これは，消費者には所得の使い道が消費と貯蓄の2種類しかないことによります．

さきほど，ケインズ型消費関数を紹介する際「この考え方は後年批判されることになります」と述べました．このような消費関数のどこが問題になるのでしょうか．(9.1) 式で表されているような関数では次のような人が同じ消費を行うということになってしまいます．

Aさん　昇進したので今月から月給 30 万円を確実にもらえるようになった．

Bさん　月給 30 万円だが今月限りで解雇されることが決まっている．

（9.1）式に当てはめればAさんもBさんも同じ量の消費を行いますが，おそらく大部分の人はBさんよりAさんのほうが今月の消費量が多いと考えるのではないでしょうか．Bさんは来月以降に収入の当てがありませんから，30 万円の所得のうち貯蓄に回す金額は多いでしょう．一方，Aさんは来月以降も同額の収入が得られますので，ほとんど使ってしまっても今後の生活に困ることはないでしょう．このように，ケインズ型消費関数は将来の所得に関する予想を現在の消費量の決定に組み込むことができないという欠点があります．将来予想を組み込んだ消費関数を考えることは重要で，上級のマクロ経済学ではそのような消費関数を考えて議論することが主流になっていますが，この本では基礎的なマクロ経済学を学ぶという趣旨から，ケインズ型消費関数を想定して話を進めていきます．

■ 投資

投資は企業が将来収益を予想して，資本財を調達して資本量を変化させることです．ケインズは企業の予測行動のことをアニマル・スピリットと名づけ，将来予測が楽観的になったり悲観的になったりすることにより，投資が変動しそれが景気を変動させると考えました．ここでは，企業の予想形成については深入りせず，投資の費用面のことを重視して投資行動を定式化します．

いま企業が多数の投資計画に直面していると考えます．それぞれの投資計画はその収益が異なっています．たとえばこれからLED電球をつくるための工場をつくることは収益の高い投資計画と考えられます．一方，いまや携帯電話の生産を増やすような投資はそれほど収益が高いとは思えません．すべての投資計画をその収益率の順番に並べてみたのが図 9.3 です．この図ではAという投資計画がもっとも予想収益率が高くなっています．そしてこの投資には20 の投資額が必要とされています．Bはその次に予想収益率が高く，投資額に関しては 5 だけ必要です．

この投資計画から実際に行う計画を選ぶには，投資の費用を考えなければな

図 9.3 投資の予想収益

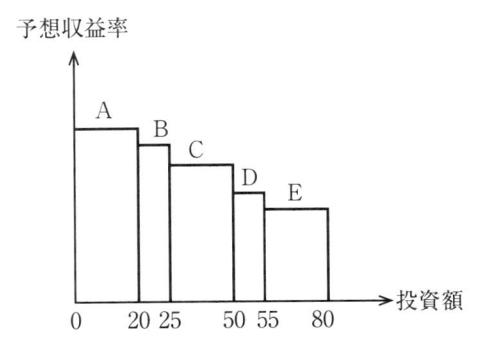

```
予想収益率
  ↑
  │ ┌──┐
  │ │ A│┌──┐
  │ │  ││ B│┌──┐
  │ │  ││  ││ C│┌──┐
  │ │  ││  ││  ││ D│┌──┐
  │ │  ││  ││  ││  ││ E│
  │ │  ││  ││  ││  ││  │
  └─┴──┴┴──┴┴──┴┴──┴┴──┴──→ 投資額
  0  20 25  50 55  80
```

りません．企業は投資を実行するために，さまざまな手段で投資資金を調達してきます．たとえば，ある投資に1億円の費用がかかり，銀行から借り入れてまかなったとします．企業は一定期間後（たとえば1年後）に，利子をつけて返さなければなりません．たとえば，1年間の借り入れで利子率が10%であれば，1000万円多く返却する必要があります．投資したということは，それに見合った工場や機械などが存在していますので，元金の1億円ではなく，1000万円が投資の費用です（以上の議論は単純化のため，固定資本減耗を無視しています）．したがって，投資の費用は利子率が表していると考えられます．

もし，この企業に潤沢な手元資金があり，銀行から借り入れをする必要がなくても投資のコストは存在します．それはやはり利子率です．なぜなら，銀行に預ければ得られたであろう利子収入を失っているからです（機会費用の考え方です）．企業はそれぞれの投資の収益率と費用である利子率を比較して，利子率よりも高い収益率をもたらすような投資を実行しようとし，利子率以下の収益率しかもたらさない投資計画は実行しないでしょう．

もし利子率が上昇すれば，企業は投資を手控えるでしょう．もし利子率が低下すれば，それまで行う予定のなかった投資も実行することができます．利子率が図9.4のような水準であれば投資計画A，B，Cが実行されるでしょう．

したがって，利子率を r と表すと投資需要を表す投資関数は r の減少関数として，たとえば，

図 9.4 投資額の決定

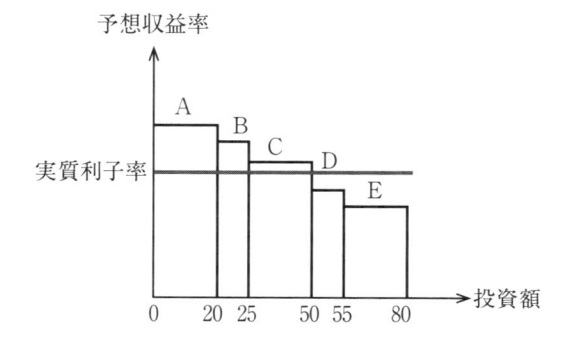

予想収益率

実質利子率

投資額

0　20　25　　50　55　　80

$$I = I_0 - \beta \cdot r, \quad \beta > 0 \tag{9.5}$$

と表されます．後にくわしく説明しますが，企業投資に影響を与える利子率は**実質利子率**（real interest rate）と呼ばれる利子率です．みなさんがニュースや新聞で目にする利子率は**名目利子率**（nominal interest rate）と呼ばれるもので，両者の間には密接な関係がありますが，区別しなければなりません．くわしい説明は 9.6 節で行います．

■ 政府支出

　需要のもう一つの要素である政府支出 G は，どのように決まるでしょうか．たとえば日本では，内閣が予算案を作成しそれを国会が審議し議決することにより，各年度の政府支出の総額および構成が決まります．予算案の作成や国会での審議は国民の声が反映されているはずですが，多数の意見がどのようにまとめられているのかをモデル化するのは非常にむずかしいことです．

　ここでは，政府支出は他の経済変数などに依存しているとは考えずに，政府が直接その大きさをコントロールすると考えていきます．つまり，政府支出は外生変数になります．同様に税額 T も政府が直接その額を決定できる外生変数と考えます．政府支出と税額の差 $G - T$ は，**財政赤字**を表しています．$G - T$ が負であれば**財政黒字**を計上しているということになります．財政赤字を計上しているときは，政府は国債を発行して必要な資金を調達しています．

9.4 財・サービス市場の均衡

　以上で生産および需要側の各項目がどのように決定されるかが説明されました．したがって，財・サービス市場の様子を描写することができます（財・サービスという表記は煩雑なので，ここからは財・サービスを単に「財」と表記します）．生産量と需要量が釣り合っている状態は以下のように書くことができます．

$$\bar{Y} = C + I + G \tag{9.6}$$

$\bar{Y}$ はすべての生産技術と生産要素を使った状態での生産量，つまり潜在的産出量を表しています．財の需給が釣り合っていれば，財市場にはそれ以上の調整は起こる必要がありませんから，(9.6) 式は財市場の均衡条件を表しているといえます．生産と所得はマクロ経済全体では等しいこと，また消費や投資は (9.1) 式や (9.5) 式によって決まることがわかっていますので，(9.6) 式を，

$$\bar{Y} = C_0 + c \cdot (\bar{Y} - T) + I_0 - \beta \cdot r + G \tag{9.7}$$

と書き直しましょう．国民所得三面等価の原則より，マクロ経済全体では総生産と総所得は等しいので，消費の大きさも総生産の大きさによって決定されます．投資量は実質利子率によって決まりますから，政府支出や税額が一定であれば，財市場の均衡条件は実質利子率を決定する式と見ることができます．

　財市場で決定されるのが実質利子率であるということを理解するために，(9.7) 式を次のように変形してみます．この変形は両辺から税額 T を引いて，(9.4) 式を適用しています．

$$S(\bar{Y} - T) = I(r) + (G - T) \tag{9.8}$$

$S(\bar{Y} - T)$ は，貯蓄が可処分所得に依存していることを表しています．$I(r)$ は投資量 $I_0 - \beta \cdot r$ を置き換えたもので，投資が実質利子率に依存していることを表しています．財市場の均衡条件はこのように，貯蓄 S と投資 I の関係を示す式と書き換えることができます．このため，財市場の均衡条件は IS 方程式もしくは IS 式とも呼ばれます．

図9.5 財・サービス市場の均衡

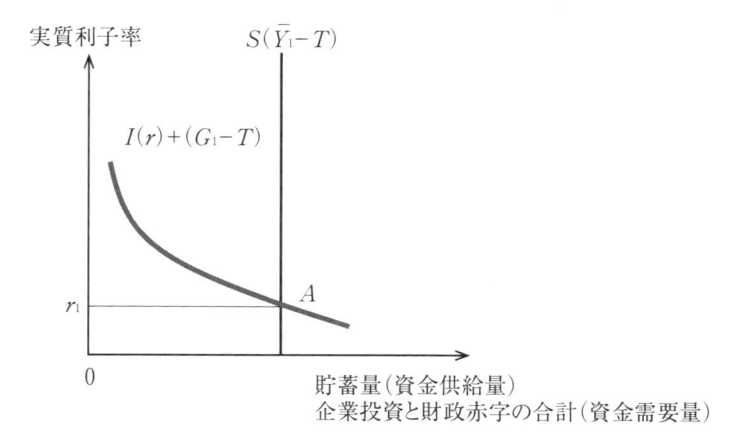

　左辺は貯蓄ですが，貯蓄とは家計が今期の所得のうち今期消費しなかった部分です．財やサービスはそのままでは将来に持ち越すことはできませんので，現実の経済では貯蓄は，家計が銀行を通じて企業に貸し付けたり，国債を購入して政府に貸し付けたりして行われています．家計の貯蓄は企業や政府への**資金供給**になっているのです．

　一方，右辺は企業投資と財政赤字の合計ですが，それぞれの需要をまかなうために企業や政府が必要としている財の量といえます．現実の経済では，投資を行うために企業は銀行から借り入れを行ったり，税額以上の支出を行うために政府は国債を発行しています．このような行動が右辺に対応しています．ですので，右辺は国内の**資金需要**を表していると見ることができます．つまり，財市場の均衡条件は資金供給と資金需要が一致した状態でもあるということがわかりました．

　いま，所得は $\bar{Y}$ で一定ですから，政府支出や税額が一定であれば，(9.8)式から国内の資金供給と資金需要を等しくするように実質利子率が決まります．このような実質利子率決定の考え方は**貸付資金説**と呼ばれています．

　(9.8) 式で表されている，財市場の均衡状態は図9.5のように描くことができます．潜在的産出量を $\bar{Y}_1$，政府支出を G_1 とします．縦軸に実質利子率，横軸に貯蓄量（資金供給量）および企業投資と財政赤字の合計（資金需要量）

第9章　長期モデル　319

図 9.6 政府支出増加による実質利子率の変化

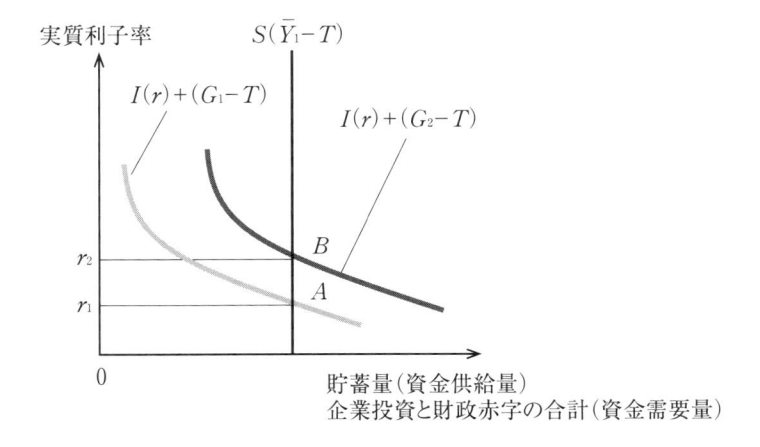

をとります．貯蓄量（資金供給量）は潜在的生産量によって決まっていますから，実質利子率に関係なく垂直な直線となります．一方，実質利子率によって投資需要は減少しますから，企業投資と財政赤字の合計（資金需要量）は右下がりの曲線として描けます．そして均衡点 A で実質利子率が決定されます．

■実質利子率と政策の関係

政府が政府支出を変化させると，均衡の実質利子率に影響を与えます．たとえば，政府が政府支出を G_1 から G_2 に増加すると，経済全体の資金需要が増加します．これは図 9.6 において曲線の右シフトとして表せます．新しい均衡点 B では実質利子率が上昇しています．家計からの資金供給量は変わっていないので，企業による資金需要量を減少させるように実質利子率が上昇したのです．政府が政府支出を減少させた場合はどうでしょう．今度は，曲線の左シフトとして表され実質利子率の低下を引き起こします．

> **例題9-1**
>
> 消費関数,投資関数が以下のように与えられている.
>
> $$C = 50 + 0.8 Y_d$$
> $$I = 100 - 500r$$
>
> ここで,C は消費,Y_d は可処分所得,I は投資,r は実質利子率を表す.税額は0と考えて,以下の問に答えなさい.
>
> (1) 潜在的産出量が500である場合,政府支出を0として均衡の利子率を求めなさい.
>
> (2) 政府支出が10である場合の,均衡利子率を求めなさい.
>
> **解 説**
>
> (1) 生産量を Y と表すと,財市場の均衡条件は,
>
> $$Y = C + I$$
>
> である.与えられている消費関数,投資関数および潜在的産出量を代入すれば,
>
> $$500 = 50 + 0.8 \times 500 + 100 - 500r$$
>
> となる.これを解いて $r = 0.1$ となる.
>
> (2) 政府支出を G で表せば,財市場の均衡条件は,
>
> $$Y = C + I + G$$
>
> となる.これに,消費関数,投資関数,政府支出額,潜在的産出量を代入して解けば,$r = 0.12$ となる.

■ 長期モデルの特徴

ここまで考えてきた長期モデルでは,潜在的産出量の水準に総所得が決定さ

第9章 長期モデル 321

れていますので，ケインズ型消費関数を前提とすると消費量および貯蓄量も決まってしまいます．したがって，投資量も企業の投資意欲とは無関係に決定されてしまうのです．このように長期モデルでは，その経済がどれくらい生産できるかという供給面の条件が，消費量，投資量などの需要の大きさを決定しているという特徴があります．

経済活動の大きさが供給面のみによって決定されるということは，賃金を含めたすべての価格が調整されているという長期モデルの特徴を理解すれば不思議なことではありません．供給された財や労働力が，需要されるようにすべての市場で価格が調整されているのです．第14章でよりくわしく勉強しますが，一国の経済成長や長期間にわたる各国経済の格差は，需要の大きさの違いというよりも，生産能力の違いによってもたらされていると考えるのは直感的に納得のいくことではないでしょうか．また，ここまでの分析では物価水準の決まり方については，何も触れていないことにも注意してください．つまり長期モデルにおいては，財の生産量や消費量，投資量などの実物変数に貨幣供給量はまったく影響を与えないということになります．これは**貨幣の中立性**（neutrality of money）とか**古典派の二分法**（the classical dichotomy）といわれ，長期モデルで成立する重要な性質です．

詳細な物価水準の決定は第10章で分析しますが，気になる人のために簡単に説明しておきましょう．いま，世の中に出回っている貨幣量が2倍になったとしましょう．生産量は生産技術，資本量，労働サービス量によって決定されていますから貨幣供給量によって変化しません．したがって，いままでと同じ量の財に対して2倍の貨幣があると，財の価格がすべて2倍になって同じ量の財が取引されるようになります．つまり，物価水準は貨幣量によって決定されます．またこれは，長期モデルにおいては，貨幣量を変更するような金融政策は実物経済に対して無効であるということを意味しています．

9.5 開放経済

この節では，開放経済における長期的な生産量とその他の経済変数の決定について学びます．ある国が経済的に開放されているということは，海外と財の

取引が行われているだけでなく，対外資産（もしくは対外負債）を所有していたり海外に出稼ぎに出ている人がいたりします．このような経済活動は前章で説明した国際収支統計のなかの，経常収支や金融収支でとらえられていました．以下では，財市場の均衡条件に注目しながら，貿易・サービス収支や対外資産の変化がどのように決定されるかを学びます．また，以下では簡便化のため，経常収支のなかの貿易・サービス収支のみに着目し，第一次所得収支や第二次所得収支については0と考えて無視します．

■ 名目為替レートと実質為替レート

　開放経済の理論分析に入る前に，為替レートの知識について整理しておきます．財の取引であれ資産の取引であれ，国際的な取引であれば，自国通貨と外国通貨の交換が必要になります．通貨の交換比率のことを**名目為替レート**（nominal exchange rate）といいます．交換比率ですから，どちらの通貨を基準にしてもかまわないのですが，通常自国通貨を基準に外国通貨の価値を表します．みなさんもテレビや新聞で「1ドル100円」や「1ポンド200円」という表現を聞いたことがあると思います．これを「1円0.01ドル」や「1円0.005ポンド」といっても同じ交換比率を表していますが，慣習として前者の言い方を採用しています．ですから，名目為替レートの値が大きくなるということ（たとえば「1ドル100円」から「1ドル120円」になる）は，外国通貨の価値が上昇し，自国通貨の価値が減少している状態です．これを外国通貨が**増価**（appreciation）している，同じことですが自国通貨が**減価**（depreciation）しているといいます．

　名目為替レートに対して，**実質為替レート**（real exchange rate）という概念もあります．これは自国財を基準にした外国財の価値を表します．または，自国財を基準財にしたときの外国財の相対価格ともいえます．名目為替レートと実質為替レートのあいだには一定の関係があります．いま，名目為替レートを e，外国通貨で表された外国の物価水準を P^*，自国通貨で表された自国の物価水準を P としましょう．実質為替レートを ε（イプシロンと読みます）とすると，

$$\varepsilon = \frac{eP^*}{P} \tag{9.9}$$

と表されます．これは次のような考え方で導くことができます．

いま，外国財 1 単位の価値は外国通貨単位で P^* ですから，自国通貨で表せば eP^* です．一方自国財 1 単位の価値は P ですから，外国財 1 単位で自国財は $\frac{eP^*}{P}$ 単位購入できます．これはまさに，自国財を基準にした，外国財の価値を表していますので，$\frac{eP^*}{P}$ は実質為替レートを表しています．実質為替レートが大きくなると相対的に外国財の価格が高くなり，実質為替レートが小さくなると相対的に外国財が安くなっています．

実質為替レートの実際の計算には，ある特定の財の価格ではなく，両国の物価水準（たとえば消費者物価指数）が必要です．ここでは，簡単化のため，日本もアメリカも自動車のみをつくり，それぞれ相手国に輸出を行っている状況を考えてみましょう．日本車の価格は 100 万円でアメリカ車の価格は 2 万ドル，名目為替レートが 1 ドル 100 円であったとすると，実質為替レートは，

$$\frac{100(円／ドル) \times 2 万ドル}{100 万円} = 2$$

と計算されます．これは，アメリカの車が日本車 2 台分の価値で取引されている（相対的にアメリカ財が日本財にくらべて高い）ことを意味します．

■開放経済における財・サービス市場の均衡条件

長期モデルという前提は変わっていませんから，生産量は閉鎖経済と同じく生産技術，資本量，労働サービス量によって潜在的産出量の水準に決定されます．一方，需要面については開放経済では海外からの需要が財市場の均衡条件に加わります．したがって，貿易・サービス収支を表す記号を TB とすれば，閉鎖経済の財市場の均衡条件（9.6）式が，

$$\bar{Y} = C + I + G + TB \tag{9.10}$$

と書き換えられます．TB が正であれば**貿易黒字**，TB が負であれば**貿易赤字**といわれます．また，貿易・サービス収支 TB は輸出と輸入の差ですから，輸出を X，輸入を M と書けば，

$$TB = X - M \tag{9.11}$$

と表すことができます．以下では，この財市場の均衡条件（9.10）式を使って，開放経済において消費量，投資量，貿易・サービス収支などがどのように決定されるかを見ていきます．

■ 小国開放経済

消費量，投資量は変わらず（9.1）式，（9.5）式によって，決定されると考えます．（9.8）式を導いたときと同様に，貯蓄の定義式（9.3）式を使えば，（9.10）式は，

$$S(\bar{Y} - T) = I(r) + (G - T) + TB \tag{9.12}$$

と変形できます．閉鎖経済では，貯蓄という資金供給に見合っただけの資金需要が実現するように実質利子率が決定されました．しかし，（9.12）式を見るとわかるように，開放経済では，かならずしも家計貯蓄が企業投資と財政赤字の合計と等しくなる必要はありません．

このように，開放経済で財市場の均衡条件では自国の実質利子率が決まりません．それでは自国の実質利子率はどのように決まるのでしょうか．

ここでは2つの仮定をおくことにより実質利子率の水準を決定します．

仮定1 自国は**小国開放経済**（small open economy）である．
仮定2 国際的な資産取引にリスクやコストはない．

仮定1の小国開放経済とは，経済規模が世界全体とくらべて小さく，その国の貯蓄や投資が世界全体の資金供給額や資金需要額に影響しないような国のことです．たとえば，香港やシンガポールなどが小国に相当するでしょう．したがって，世界全体の資金需要と資金供給を一致させる市場（国際金融市場）で成立している実質利子率は，自国の経済活動と関係なくある水準 r_f に決定されます．

仮定2で述べているコストとは資産の売却や購入にかかるコストのこと，リ

スクとはいわゆるカントリーリスクのことです．たとえ他国の企業や政府が発行している債券の利子率が少々高くても，資産の売却や購入にコストがかかれば，人々は資産の組み替えを簡単には行わないでしょう．カントリーリスクとは，その国の政治的・経済的不安定さから収益の回収が困難になるおそれのことです．たとえば，その国において政治的対立が激しくなり国内情勢が不安定になれば，その国の国債を購入するのは手控えるでしょう．政治的に不安定な国は，税制・経済インフラの整備等についての見通しも不透明になりますので，その国の企業の株や債券の利子率が少々高くても購入には慎重にならざるをえません．また，ある国がすでに大量の国債を発行しているとき，投資家は国債の償還に不安を持ちこの国の債券を持つことにリスクを感じるでしょう．

仮定2で想定しているように，このようなコストやリスクがなければ，小国開放経済における実質利子率はr_fに等しくなります．なぜなら，もし小国開放経済内でr_fよりも実質利子率が高いと，リスクもコストもないので，より高い利子率を求めて自国内のみならず世界中の投資家が自国債券を保有しようと殺到します．しかし，企業にとっては実質利子率が低いほど得ですから，資金供給が殺到している状況では，より低い実質利子率の債券で資金調達しようとするはずです．逆に，小国開放経済においてr_fより実質利子率が低いと，自国内の資金はすべて，高い実質利子率がつく外国に流失してしまい，自国企業がまったく資金調達できなくなってしまいます．これでは，まったく投資が行えませんから，自国企業はより高い実質利子率を約束する債券で資金調達しなければなりません．結局，小国開放経済内での実質利子率はr_fと等しくなると考えられます．つまり，

$$r = r_f \tag{9.13}$$

が成立します．財市場の均衡条件（9.12）式に，この関係を代入しますと，

$$S(\bar{Y} - T) = I(r_f) + (G - T) + TB \tag{9.14}$$

となります．

閉鎖経済では財市場の均衡条件を（9.8）式のように変形して，国内の資金供給と資金需要が等しくなっている状態を表していると見ることができました．

(9.14) 式も同じように見ることができます．それには，前章 8.3 節で学んだ国際収支統計にもあった，経常収支と金融収支の関係を理解することが必要です．前章で，金融収支が経常収支，資本移転等収支を合計したものと原則的に等しいことを学びました．いま第一次所得収支や第二次所得収支，資本移転等収支は無視していますから，貿易・サービス収支は金融収支と等しいことになります．貿易・サービス収支は財やサービスの取引を記録し，金融収支は金融資産の取引を記録していますが，具体的には以下のように2つの取引が結びついています．

たとえば，ある一定期間で貿易・サービス収支が0であれば，輸出で受け取った外国通貨をすべて輸入のために使ったということになりますが，貿易・サービス収支がプラスであれば，輸出で受け取った外国通貨のすべてを輸入には使わず，一部が外国通貨のままであるということになります．実際は，外国通貨をそのまま保有することはほとんどなく，外国債や外国企業の株などの金融資産で運用しています（つまり自国の対外純資産の増加です）．貿易・サービス収支がマイナスであれば，逆に外国の人がこの国の資産の保有を増やしたことになります（つまり自国の対外純資産の減少です）．これが，貿易・サービス収支と金融収支（対外純資産の変化）が等しいということの背後にある人々の行動です．

したがって，金融収支の額を ΔNFA と表すと，$TB = \Delta NFA$ と書けます．Δ という記号は，経済学では，ある変数の変化分を表すのによく使われます．金融収支の額は「対外純資産（Net Foreign Asset）の変化分」でしたので，ΔNFA という文字で表しています．これを (9.14) 式に代入すれば，

$$S(\bar{Y} - T) = I(r_f) + (G - T) + \Delta NFA \tag{9.15}$$

となり財市場の均衡条件は，貯蓄 $S(\bar{Y} - T)$ と，企業投資 $I(r_f)$ と財政赤字 $G - T$ の合計の差の分だけ対外純資産が変化することを表す式となりました．

長期モデルでは貯蓄量は潜在的生産量によって決まっています．さらに小国開放経済では投資量が国際金融市場の実質利子率によって決定しています．貯蓄量が，投資量と財政赤字の合計よりも大きければ，国内で過剰な資金供給が存在している状態です．(9.15) 式は，開放経済では，この過剰な資金供給は

海外に流れ,対外純資産を増加させているということを表しています.もちろん,もし,貯蓄が投資と財政赤字の合計よりも小さければ,国内での資金供給が不足しているので,海外からの借り入れ(対外純資産の減少)が生じます.

しかし,私たちが行う輸出や輸入によって決まってくる貿易・サービス収支がなぜ,自国と海外の資金のやりくりの大きさと一致するのでしょうか.それには,そもそも貿易・サービス収支がどのように決定されるかを考える必要があります.

輸出や輸入に一番影響を与えるのは,自国財と外国財の相対価格でしょう.自国財が相対的に安ければ自国財への需要が増え,輸出が増えますし,外国財が相対的に安ければ輸入が増えます.自国財と外国財の相対価格は実質為替レートそのものです.

したがって,貿易・サービス収支 TB は,実質為替レートを ε で表すと,

$$TB = TB(\varepsilon) \tag{9.16}$$

と書けるでしょう.$TB(\varepsilon)$ は貿易・サービス収支関数と呼ばれ,ε の増加関数です.

これで,貿易・サービス収支と対外資産の変化が一致するメカニズムが明らかになりました.貿易・サービス収支と対外純資産の変化が一致するように,つまり以下の式が成立するように実質為替レートが変化するのです.

$$\Delta NFA = TB(\varepsilon) \tag{9.17}$$

たとえば,貿易・サービス収支がプラスであるときは,外国人から見た場合輸出している額以上の財を輸入していることになります.このような取引をするために,外国人はこの国の通貨(自国資金)を用意しなければなりません.ΔNFA は自国から海外への資金供給を表していましたので,(9.17)式は自国資金の供給が外国人による自国資金の需要と等しくなるように,実質為替レートが調整されていると見ることができます.

以上の議論を図にまとめてみましょう.図9.7の上図は財市場の均衡条件を表しています.閉鎖経済の様子を表していた図9.5と異なり,小国開放経済では実質利子率は国際金融市場の実質利子率 r_f と等しくなっており,国内の資

図9.7 対外純資産の変化量および貿易収支の決定

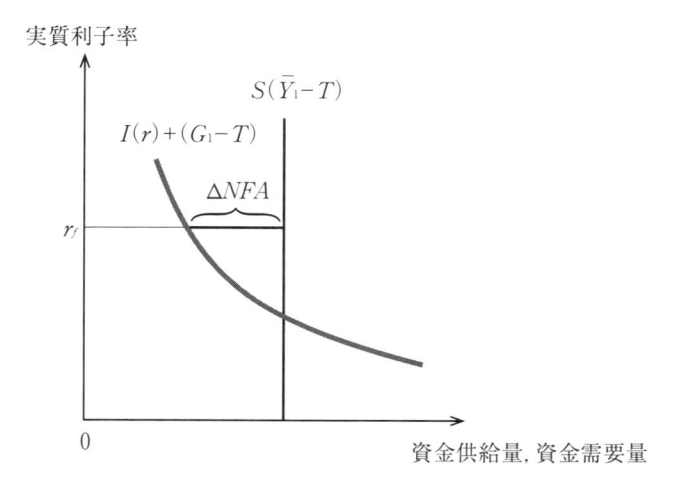

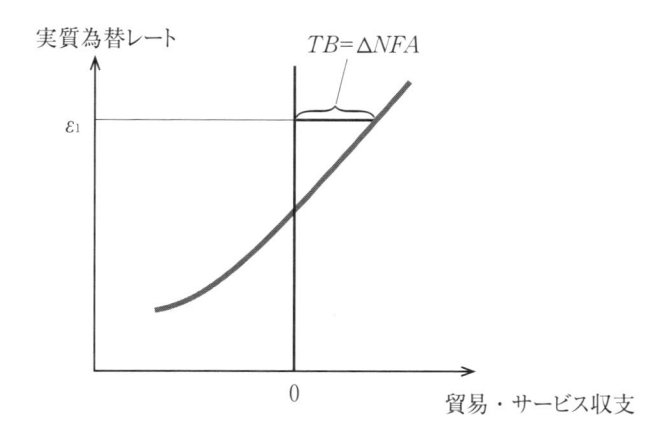

金供給量と資金需要量は一致していません．この図では，資金供給量が資金需要量を上回り対外資産が増加している状態を示しています．また下図は (9.17) 式で表されていた，実質為替レートと貿易・サービス収支の大きさの関係を表しています．縦軸に実質為替レート，横軸に貿易・サービス収支をとっていますので，右上がりの曲線として書かれています．TB が対外純資産の変化と同じになる様に実質為替レートが決まっています．

第9章　長期モデル　329

図 9.8 開放経済における政府支出増加の効果

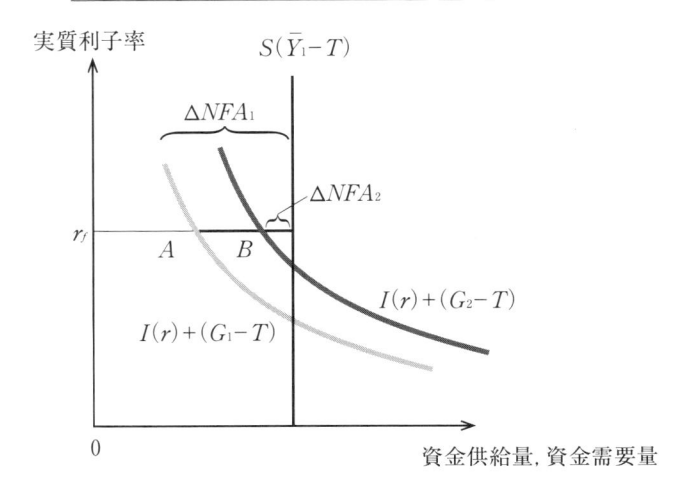

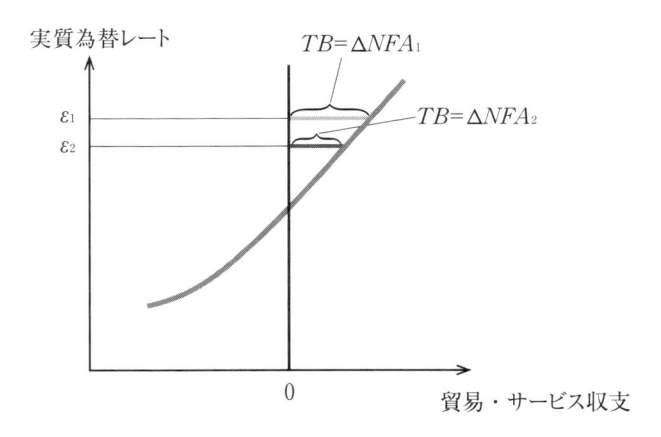

なお，名目為替レートの決定を論じるには，物価水準がどう決まるかがわからなければなりません．物価水準の決定は次章のテーマですので，名目為替レートの決定については次章で扱います．

■ 開放経済における政策分析

ここでは，開放経済における政策の影響を分析していきます．閉鎖経済の分

析では政府支出や税額の変化は，実質利子率の変化をもたらしました．小国開放経済では，自国の経済活動の変化は仮定により r_f に影響を与えません．以下で見るように，貿易・サービス収支が変化します．

ここで，政府が政府支出を G_1 から G_2 に増加したとします（図9.8）．これは財市場の均衡条件（9.15）式の右辺を大きくしますから，曲線を右方にシフトさせます．その結果，均衡点が A から B へ移動し，対外純資産の増加量が小さくなっています（ΔNFA_1 から ΔNFA_2 へ変化）．これは，政府の資金需要が増加したため，自国から海外へ流れる資金が減ったからです．また，このとき実質為替レートが ε_1 から ε_2 へと小さくなる（自国財が高くなる）ことにより，貿易・サービス収支も小さくなります．

例題9-2

ある小国開放経済の消費関数，投資関数が以下のように与えられている．

$$C = 50 + 0.8 Y_d$$
$$I = 100 - 500r$$

ここで，C は消費，Y_d は可処分所得，I は投資，r は実質利子率を表す．税額は0として以下の問に答えなさい．

(1) 潜在的産出量が600であり，外国での実質利子率が0.06の場合，政府支出を0として貿易・サービス収支を求めなさい．

(2) 政府支出が70となったときの，貿易・サービス収支の大きさを求めなさい．

(3) 貿易・サービス収支関数が，

$$TB = -100 + 10\varepsilon$$

で与えられているとする．ただし，ε は実質為替レートである．問題(1),(2)のそれぞれで成立している実質為替レートを求めなさい．

解説

(1) 財市場の均衡条件は，

第9章 長期モデル 331

$$Y = C + I + TB$$

である．小国開放経済では，国内の利子率は国際金融市場の実質利子率に等しくなる．したがって，問題文に与えられている，消費関数，投資関数，実質利子率，潜在的産出量を代入すれば，

$$600 = 50 + 0.8 \times 600 + 100 - 500 \times 0.06 + TB$$

が成立している．これを解いて，$TB = 0$ となる．

(2) 財市場の均衡条件は，

$$Y = C + I + G + TB$$

となるから，これに，消費関数，投資関数，実質利子率，政府支出額，潜在的産出量を代入して解けば，$TB = -70$ となる．

(3) 問題(1)，(2)でそれぞれ，貿易・サービス収支は 0 および -70 と求められているから，それぞれを貿易・サービス収支関数に代入すれば，実質為替レートはそれぞれ 10 および 3 と求められる．

9.6 実質利子率と名目利子率

9.3 節の「投資」の項で企業による投資量の決定について説明をしたとき，投資量を決定する利子率は実質利子率であると述べました．ここで，実質利子率と名目利子率の違いについて説明します．みなさんが新聞やテレビ，銀行の店頭などで目にする利子率は名目利子率と呼ばれるものです．名目利子率は，銀行に 100 円預けたときに何円多く戻ってくるかを表しています．たとえば，銀行の店頭で 1 年間の定期預金の金利が 10 パーセントと提示されていたとき，100 円を預ければ 1 年後に 110 円が手に入ります．

一見すると，名目利子率が高ければお金を預けることにより，生活が豊かになるような気がするかもしれませんが，かならずしもそうではありません．預けたお金が返ってくるときに，いまより物価水準が高くなっていると購入でき

る財やサービスの量が思ったより多くなかったり，ひどいときには減っているかもしれません．以下の例を見てください．

現在，あんパンが1個50円で売られていたとします．あなたは100円を持っているので現在あんパン2個を買うことができますが，銀行の店頭で1年間の定期預金の利率が50パーセントという表示を見たので預けることにしました．1年後，利子と元金合わせて150円を引き出し，あんパンを買いに行きましたが，1個150円に値上がりしていたので1個しか買えませんでした．現在2個あんパンを買えたのに，そのお金を預けたら1年後に1個しか買えなくなってしまいました．

以上の例は極端ですが，物価上昇が起こると1円で買える量（1円の購買力といいます）が減ってしまう可能性があるということが，わかってもらえたと思います．実質利子率とは，100円を預けたとき購入できる量がどれくらい変化するかを表すものにほかなりません．

数式を使って実質利子率を表してみましょう．いま，M円持っていて，物価水準がP_tであったとします．この時点での購買力（1円で購入できる量）はM/P_tです．利率が$100 \times i$パーセントであれば，来期には$(1+i)M$円だけのお金が手に入りますが，物価水準がP_{t+1}^eであると予想すれば，来期の購買力は$(1+i)M/P_{t+1}^e$です．来期の価格は予想でしかないのでexpectationの意味でeを添字としてつけています．実質利子率（購買力の変化率）は，

$$\frac{(1+i)M/P_{t+1}^e}{M/P_t} - 1 = \frac{1+i}{1+\pi_{t+1}^e} - 1 \tag{9.18}$$

と表せます．ここで今期から来期にかけての期待インフレ率$\left(\frac{P_{t+1}^e - P_t}{P_t}\right)$を$\pi_{t+1}^e$と表しています．これは，実際のインフレ率がわかる前に，計算される実質利子率ですから，正確には**事前的実質利子率**と呼ぶべきものです．実際のインフレ率がわかったあとであれば，今期から来期からの実質利子率は実際のインフレ率π_{t+1}をつかって，$\frac{1+i}{1+\pi_{t+1}} - 1$と計算されます．これは**事後的実質利子率**と呼ばれます．

実現されたインフレ率が名目利子率よりも高いと，事後的実質利子率が1よりも小さい，つまりお金を預けたことでかえって購入できる財の量が減ってしまうということがわかると思います．逆にインフレ率がマイナス（デフレー

ション）のときは，名目利子率以上に購買力が増加します．

実質利子率は（9.18）式のように表現されましたが，よく，

$$r = i - \pi^e_{t+1} \quad \text{もしくは} \quad i = r + \pi^e_{t+1} \tag{9.19}$$

のようにも表現されます．これは名目利子率や物価水準は通常数パーセントという小さい数字ですので，（9.18）式で求めた値も（9.19）式で求めた値も大きな違いはなく（9.19）式のほうが簡単に計算できるからです．たとえば名目利子率2パーセント，期待インフレ率1パーセントであれば（9.18）式で計算するとおよそ0.0099となります．（9.19）式では0.01ですからほとんど違いはありません．この本でも以下では（9.19）式で実質利子率を表していきます．

さて，それではなぜ投資は名目利子率ではなく実質利子率に依存するのでしょうか．企業は生産した財やサービスを売って収入を得ます．投資のために借り入れたお金は名目利子率で返済額が決まっていますが，物価水準が上昇したとき（ここで考えている物価水準の上昇とは，すべての財・サービスの価格が上昇していることを意味しています），自分の生産している財やサービスの価格も上昇しているので，その分収入額は増加しています．したがって，もしインフレーションを正確に予想できていれば，名目利子率のうちインフレーションが反映されている部分は実質的な負担とはならず，インフレーションを除いた実質利子率分だけが実質的な借り入れコストとなります．これが，投資関数が実質利子率に依存している理由です．厳密には，投資関数は事前的実質利子率に依存します．投資で借り入れたお金は，将来返済するものだからです．本書では投資関数の議論においては，簡単化のため，事前的実質利子率と事後的実質利子率を区別せずに使っていきます．

本章のまとめ

1 長期モデルは各市場の価格調整が完全に行われた状態を描写しています．
2 長期モデルでの生産量は，潜在的産出量の水準で決まります．
3 ケインズ型消費関数では，今期の消費は今期の所得によって決まります．
4 実質利子率は投資のコストを表すので，投資関数は実質利子率の減少関数です．
5 財・サービス市場は経済全体の資金供給と資金需要の調整の場として機能していると考えられます．
6 小国開放経済では，国内の実質利子率は国際金融市場での水準と同じ水準に決まります．
7 長期モデルでの小国開放経済の財・サービス市場の均衡条件は，対外純資産の変化量を決定する式とみなせます．また，実質為替レートの調整により，貿易・サービス収支と対外純資産の変化量が等しくなります．
8 名目利子率は貸し借りをした際の貨幣で測った収益率を表し，実質利子率は貸し借りをした際の購買力の変化を表します．実質利子率はインフレーションの分だけ名目利子率よりも小さくなり，デフレーションの分だけ名目利子率よりも大きくなります．

本章のキーワード

技術進歩　潜在的産出量　摩擦的失業　自発的失業　非自発的失業　ケインズ型消費関数　限界消費性向　限界貯蓄性向　貸付資金説　小国開放経済　実質利子率　名目利子率

演習問題

1 以下の(1)～(5)について，空欄に当てはまる語句を答えなさい．
(1) マクロ経済学では，通常代表的な生産要素として（　　）と（　　）を考える．
(2) すべての生産要素が利用されることにより達成される生産量を（　　）と呼ぶ．
(3) 総需要は一般に（　　），（　　），（　　），（　　）によって構成される．
(4) 1単位所得が上昇したときに消費がどれくらい上昇するかを表す値を（　　）という．
(5) 名目利子率と実質利子率の差は（　　）による．

2 ある経済が，次のような数式で描写されるとする．

$$C = 80 + 0.7 Y_d$$
$$I = 120 - 400 r$$

潜在的産出量は450，政府支出は30，税額は50として以下の問に答えなさい．
(1) 均衡利子率を求めなさい．
(2) 政府支出が40に増えたとき，民間投資がどれだけの額減るかを求めなさい．またそのときの利子率を求めなさい．
(3) いま，この国が小国開放経済として海外と取引を始めたとする．国際金融市場で実質利子率が0.18であったとき，貿易・サービス収支の大きさを求めなさい（政府支出は40のままとする）．

3 以下の問(1), (2)に答えよ．
(1) 長期モデルでは，財・サービス市場も生産要素市場も調整されている状態を考えていた．現実にはどの市場がもっとも調整されにくいと考えられるであろうか．

(2) 2014年からNISA（少額投資非課税制度）と呼ばれる制度が始まった．この制度では，株や投資信託などからの運用益や配当金が一定額非課税になる．このような制度の導入は，長期モデルのもとでは投資量や利子率にどのような影響をもたらすであろうか．閉鎖経済と小国開放経済それぞれの場合で考えなさい．

> コラム
> ## 「短期」「長期」は実際にはどれくらいの長さか

かつて日本経済は，世界の優等生といわれたことがあります．それが1990年以降，日本の経済成長率は傾向的に低下し，長期停滞が続いています．いま本書を読んでいるあなたが大学生ならば，生まれたときから日本経済は停滞していたということになります．

その原因と処方箋をめぐっては世界中の経済学者，エコノミストの間で大きな論争が起き，現在でも続いています．一方では，失業者が増えたり減ったりしながらも，全体として失業者が多く，また物価も下がりつづけていたのだから（デフレ：これについては第10章で取り上げます），不景気が続いたのだという考え方があります．他方では，景気の上げ下げというのはたかだか1，2年で終わるものだから，通常の景気循環とは違うところに日本経済低迷の原因を求めるべきだという考え方があります．

ここで短期と長期を区別する1つの尺度は，需給ギャップあるいはGDPギャップ（output gap）というものです．これは，経済が完全雇用で資源を目いっぱい使っているときに生産される潜在的産出量（GDPの大きさ）と，実際の産出量の差を見たものです．具体的には，

$$需給ギャップ = \frac{実際の産出量 - 潜在的産出量}{潜在的産出量}$$

で定義されます．なお，第14章で見るように，経済成長とともに潜在的産出量は増えていくことがあります．

この尺度を使うと，短期とは需給ギャップがマイナスになっている状態，長期は完全雇用が達成され需給ギャップがゼロかプラスになっている状態ということができます．

歴史的に需給ギャップを見るならば，需給ギャップがマイナスの状態が1，2年以上続くことは珍しくありません．いちばん有名なのは，1930年代の大恐慌です．アメリカの需給ギャップを計測したある研究によると，マイナスは1929年から1941年まで，およそ13年間続いたと考えられます．しかも，もっともひどい1933年には需給ギャップは40％近くに達しています（Robert J. Gordon and Robert Krenn (2010) "The End of the Great Depression: VAR Insight on the Roles of Monetary and

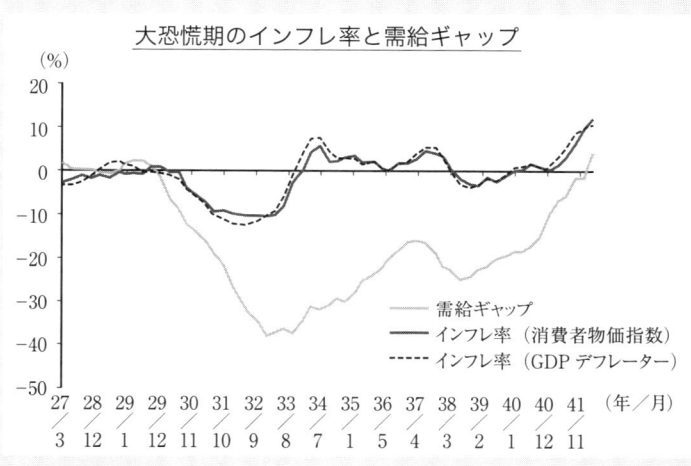

大恐慌期のインフレ率と需給ギャップ

（出所）Gordon and Krenn（2010）.

Fiscal Policy."）．

　2つ目は日本の場合です．日本では内閣府がGDP統計を作成・発表しています．その統計を1990年から現在まで見たものが以下の図です．1990年以降，1996～97年，2006～07年といった時期を除いて，ほとんどの期間でマイナスの需給ギャップがあったことがわかります．

日本の需給ギャップ

（出所）内閣府経済社会総合研究所．

さらに，3つ目の例として，2007〜08年に始まった経済危機後の状況を見てみましょう．今回の経済危機は2007〜08年の金融危機に始まり，生産・所得・雇用が落ち込む大きな不況になりました．最近ではこれをThe Great Recession と呼びます．大不況とまぎらわしいので，大後退と呼んでおきましょう．金融危機の発生から数年が経過していますが，先進国の需給ギャップはいまだにマイナスの領域にあります（なお，ここでは先進各国の需給ギャップを比較するために，GDPに対する比率でなく，総額としてギャップを表しています）．

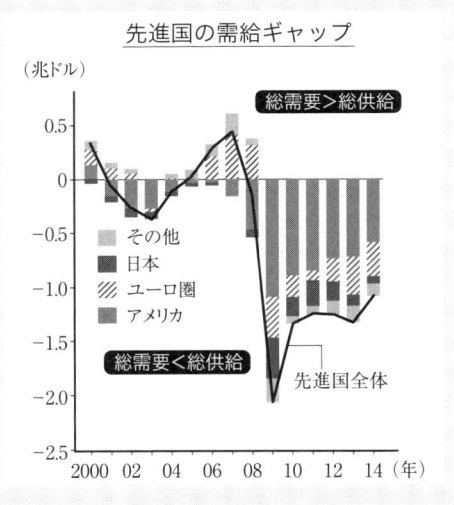

先進国の需給ギャップ

（兆ドル）

凡例：その他，日本，ユーロ圏，アメリカ
総需要＞総供給／総需要＜総供給
先進国全体

（出所）「先進国需要不足110兆円」『日本経済新聞』2014年5月10日朝刊．

　なぜマイナスの需給ギャップが長期にわたって持続するのでしょうか．これについては，経済学者の間でも議論があります．また，需給ギャップの計算はさまざまな仮定を置いていますので，注意が必要になります．そうした仮定が変わると数値も変わります．さらに，需給ギャップという考え方が適切ではないという批判もあります．しかし，本章のような入門で学ぶ教科書からすれば，「短期」が十数年に及ぶこともありうるというのが大事なことです．

第10章 貨幣と物価水準

本章では貨幣について学びます．この本を読み始める前には「経済学はお金についての学問だ」と思っていた人もいるかもしれません．しかし，ミクロ経済学のパートも含めて，ここまで貨幣に関しての議論はありませんでした．ようやく本章で貨幣をきちんととりあげます．

まず，経済学で考える貨幣とはどのようなものかを説明します．その後，貨幣需要の決定要因や貨幣供給のメカニズムを解説します．貨幣需要，貨幣供給は次章以降の短期分析でも重要な役割を果たしますのでここでしっかり理解してください．貨幣供給のメカニズムを理解するには民間銀行，中央銀行の行動についての理解も必要です．最後に物価水準が継続的に変化していく現象（インフレーションやデフレーション）の弊害について学びます．

10.1 貨幣とは

■ 貨幣の機能

「**貨幣**（money）とは何ですか？」と問われたとき，みなさんは何を思い浮かべるでしょうか．あるいはどう答えるでしょうか．1000円札かもしれませんし，10円玉かもしれません．あるいは「価値のあるもの」「持っていてうれしいもの」「自分の欲しいものと交換できるもの」と答えるかもしれません．

経済学では以下の3つの機能を持つものを貨幣と呼びます．
① 価値尺度機能
② 交換手段機能
③ 価値貯蔵機能

以下，順番にそれぞれの機能が何を表しているのか説明していきます．

■ 価値尺度機能

1番目の価値尺度機能とは，貨幣は価格の単位を統一する機能を持っているということを表しています．この本の第2章に書かれているように，財の価格を表す方法には「相対価格」という方法があります．第2章のパンと魚の例ではパンの価格を P_1，魚の価格を P_2 とし，$\frac{P_1}{P_2}$ をパンの相対価格と呼んでいました．$\frac{P_1}{P_2}$ はパン1個が魚何匹分かを表しています．つまりある財（この例では魚）を価値尺度財（ニューメレール）として定め，その他の財の価値を「価値尺度財何個分か」と表せば，価値尺度財の価格は1となり，その他の財の価格は価値尺度財何個分かで表されます．したがって価値尺度の機能は財でも可能です．

しかし，世の中にある無数の財からどれか1つを価値尺度財として選ぶのは困難です．このため通常，財以外のものが価値尺度機能を持ちます．日本では「円」，アメリカでは「ドル」がその機能を担っており，日本ではリンゴ1個100円，アメリカではリンゴ1個1ドルなどと貨幣単位で価値が表示されています．

■ 交換手段機能

2番目の交換手段機能とは，貨幣が財・サービスと交換できるということを意味しています．貨幣がなくても物々交換によって財・サービスの取引はできます．しかし，貨幣が交換手段として使われることによって，世の中の取引は格段にスムーズになります．

これは，世の中に貨幣がなかった場合を考えればわかります．もし貨幣がなかったら，あなたの手元にある財を自分の欲しい財に交換するためには，あなたの持っている財を欲しがっていて，かつあなたの欲しい財を持っている人をさがさなければなりません．たとえば，あなたが自分が消費する以上の米を持っていて，パンと交換したいと思っているとします．このとき，パンを手放したいと思っている人が見つかったとしても，その人がバターを欲しがっているのであれば，交換は成立しません．パンを持っていてかつ米を欲しがっている人を見つけて，初めて交換が成立するのです．

このようにお互いの欲しいものが一致する状態を**欲望の二重一致**（double coincidences of wants）といいますが，欲望の二重一致が成立しないと交換が起こらないことは，物々交換の困難さを表しています．その一方で，もし誰でも交換に応じてくれるようなものが存在すれば，あなたは自分の持っている財を欲しがっている人を見つけて，それと交換し，改めて自分の欲しい財を持っている人をさがせばよいのです．相手が自分の持っている財を欲しているかどうかはもう気にしなくてかまいません．したがって，貨幣のような誰でも交換に応じてくれるようなものの存在によって取引にかかる時間が大幅に短縮されます．

通常その国が発行する貨幣がその国における交換手段を担いますが，いつでもそうというわけではありません．それが交換手段となるためには，「誰でも交換に応じてくれるようなものである」とみなが信じてなくてはいけません．たとえば1980年代にメキシコやペルーなどでは，自国貨幣ではなくドルを持とうという動きが進みました．このころ，これらの国では財政赤字や高インフレーションなどの経済の混乱がありました．その結果，自国の貨幣への信頼が揺らいでいたのです．

■ 価値貯蔵機能

3番目の価値貯蔵機能は，財にはない特性として貨幣に期待されている機能です．みなさんが農作物を収穫したとしましょう．すべての収穫物をすぐさま消費するということは希で，将来にわたって消費を少しずつ行いたいと思うのが普通の消費行動です．そのようなとき，財のままで保存した場合には品質の保持がむずかしいので，なるべく品質の変わらないもので保存する必要があります．貨幣に交換すれば，腐ることはありませんから価値の貯蔵が行えます．

ただし，貨幣以外の資産も価値貯蔵機能を持っています．しかも他の資産，たとえば株や債券は，配当や利子，もしくはそれ自身の値上がりによるキャピタルゲインを期待することができます．また，もし財の価格が高くなってしまえば，同じ量の貨幣（たとえば1000円）で買える財の量は減ってしまいます．つまり，貨幣の価値は減ることがあります．したがって，価値貯蔵手段としての貨幣保有は，他の資産にくらべると不利なように思われます．しかし，現実

には株式や債券などの収益資産が常にキャピタルゲインを生むわけではありません．値下がりによりキャピタルロスを被ることもあります．また現実には，財の価格が予想外に急激に変化するというのも，そうありそうではないので，貨幣は，株や債券にくらべると安全な資産といえます．収益の機会をあきらめることになっても安全な資産である貨幣をある程度持とうというのは，合理的な行動であるでしょう．

じつは以下で説明するように，経済学で考える貨幣には現金だけでなく預金口座の残高も含めます．預金口座の残高には，若干の利子がつきます．ただ，他の資産にくらべると預金利子による収益は著しく小さいので，ここではそれを無視した議論を行っています．

■ 貨幣の範囲

以上のような3つの機能を持つものを，経済学では貨幣と呼びます．みなさんのポケットや財布に入っている**現金通貨**（cash currency）がこのような機能を満たしていることは自明でしょう．その他に銀行預金の一部も，**預金通貨**（bank money）として貨幣に含まれます．たとえば普通預金は，キャッシュカードを使ってそこから簡単に現金を引き出すことができますし，デビットカードやクレジットカードの引き落とし口座として使うことができます．また，家賃や公共料金は銀行口座からの引き落としが広く普及しています．多くの人は今月の家賃や光熱費を払えるかどうかを考えるときに，財布のなかだけでなく銀行口座に入っている預金も含めて，支払い可能かどうかを判断するはずです．ですので，普通預金はほとんど現金と同じような役割を果たしていると考えてよいでしょう．

また，一般の消費者にはあまりなじみがありませんが，当座預金という預金口座は，利子がまったくつかない一方で小切手や手形の支払い口座として使うことができます．当座預金を持っている企業は小切手を発行し，それを現金のように取引に使うことができます．

さらに，定期預金も貨幣に加えてもいいかもしれません．なぜならクレジットカードや家賃の引き落とし口座にはできませんが，少しの手間の解約手続きをすれば，残高を普通預金に振り替えることができます．

実際，貨幣にどの種類の預金までを含めるのかについては正解はなく，慣習的な基準が存在するだけです．これは10.4節「貨幣供給」でくわしく説明します．

10.2 物価水準の決定

　第8章でマクロ経済におけるGDPデフレーターと消費者物価指数を例に，物価水準の測り方について学びました．ここでは，経済全体の平均的な物価水準と貨幣量とのあいだの理論的な関係について見ていきます．

■ 貨幣数量説

　貨幣と物価水準の関係を明らかにするために，人々がどのように貨幣を利用するのかということから考えていきましょう．市場での取引はかならず貨幣との交換をともないます．交換の際には，価格が貨幣と財・サービスの交換比率を示しており，それに従って交換が行われます．この，ある種当たり前の関係から貨幣量と物価水準の関係を導こうというのが**貨幣数量説**（quantity theory of money）という考え方です．

　簡単な例から始めましょう．いま，パン屋とリンゴ農家だけが存在しているとします．パン屋はパンを生産していますが，リンゴも消費したいと思っています．同様にリンゴ農家もリンゴを生産していますが，パンも消費します．

　まず，今日パン屋が1個100円のリンゴを50個買ったとします．合計金額5000円を5000円札で払ったとしましょう．この取引を，

$$100円 \times 50個 = 5000円札 \times 1回$$

という数式で表すことができます．1回というのは5000円札が使われた回数を表しています．

　1週間後に，リンゴ農家が1個250円のパンを20個購入し，5000円札で支払いを行ったとします．この取引を，

$$250円 \times 20個 = 5000円札 \times 1回$$

図 10.1　財と貨幣の交換

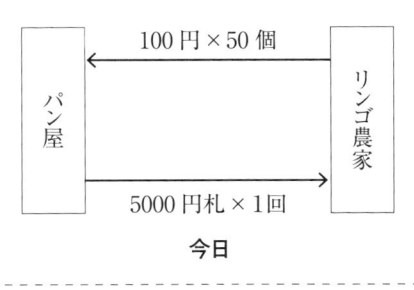

```
       100 円 × 50 個
パン屋 ←──────────── リンゴ農家
       5000 円札 × 1 回
       ────────────→
              今日
```

```
       250 円 × 20 個
パン屋 ────────────→ リンゴ農家
       5000 円札 × 1 回
       ←────────────
            1 週間後
```

と書くことができます．左辺は取引金額，右辺はそれにともなって支払われた貨幣の価値を表しています．

現実にはある一定期間（たとえば 1 年間）にこのような取引が無数に行われています．それらを集計すれば，

$$PT \equiv MV \tag{10.1}$$

という式が成立するでしょう．ここで P は物価水準，T は取引量，M は貨幣量，V は**貨幣の流通速度**を表します．また，（≡）という記号はこの式が恒等式，つまりいつでも成立するということを示しています．この式を貨幣数量方程式といいます．

貨幣の流通速度とは耳慣れない言葉ですが，これはある一定期間に貨幣が何回持ち主を変えたか，つまり何回取引に使われたかを表しており，上のパン屋とリンゴ農家の例ではそれぞれの取引で 1，つまり 1 週間で 2 でした．この式自体は，すべての市場取引が把握されていれば事後的にはかならず成立しますので，物価水準を決める式と考えることはできません．

ここで貨幣の流通速度が変化しない，つまり V が $\bar{V}$ で一定である，と考えてみます．また，取引量 T を生産量 Y で置き換えます．この生産量は8.3項で学んだ，ある一定期間に生じた付加価値の合計，つまり GDP のことです．取引量と生産量は同じものではありませんが，おおむね比例関係にあると考えて置き換えています．すると，(10.1) は，

$$PY = M\bar{V} \qquad (10.2)$$

となります．貨幣の流通速度が変化しないという仮定を導入したので，もう恒等式ではなくなりました．この式はある生産量に対して物価水準は貨幣量と比例的な関係があるということを示しています．このように，貨幣の流通速度を一定にして物価水準と貨幣量の関係を見る考え方を貨幣数量説といいます．生産量は，前章で見たように，長期的には技術水準や労働，資本，土地などの生産要素によって決まります．もし，貨幣の流通速度が長期的にも一定であれば，長期的には物価水準 P は貨幣量 M によって決まると主張できます．

　9.5節の「小国開放経済」の項では，名目為替レートの決定についての議論は後回しにしていました．物価水準が (10.2) 式から決定されるのであれば，名目為替レートの水準については簡単に求められます．実質為替レートが (9.17) 式のように，貿易・サービス収支と対外資産の変化が等しくなる水準に決定されていれば，(9.9) 式を使うことにより名目為替レートが決定されます．

　ところで，本当に貨幣の流通速度は一定と考えてもよいのでしょうか．図10.2 は，名目 GDP を貨幣供給量（ここではマネタリーベースといわれる貨幣量を使っています．マネタリーベースについては，10.4節「貨幣供給」で改めて説明します）で割った値を，1970年から2011年までプロットしたものです．

　図10.2 を見ると貨幣の流通速度は長期的に低下傾向にあり，一定とはいえないことがわかると思います．したがって，貨幣量と物価水準の関係は単純ではありません．しかし，図10.3 に見られるように，おおむね貨幣発行量が多いと物価水準も高くなると考えて良いという統計もあります．図10.3 は，世界40カ国の1961年から2013年までの，平均インフレ率と貨幣量の平均成長率（ここでは広義流動性という指標を使っています．広義流動性についても

図 10.2 貨幣の流通速度

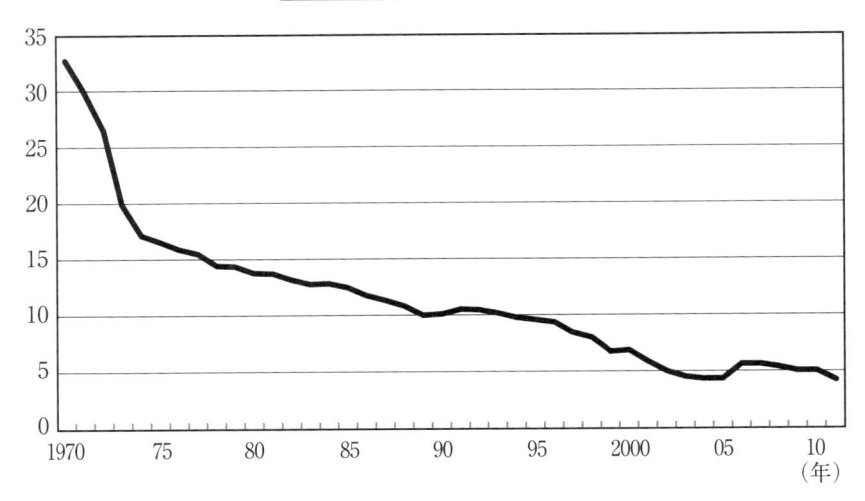

(出所) 日本銀行.

10.4 節で説明します) の関係を示したものです.

このように, 長期的には貨幣量と物価水準は比例していそうです.

貨幣数量説と, 生産量が潜在的産出量によって決まっているという考え方を組み合わせると, 貨幣量は物価水準にだけ影響を与え生産量には影響を与えない, つまり, 9.4 節の「長期モデルの特徴」の項でふれた「古典派の二分法」という考え方になります (古典派の二分法は「貨幣ヴェール観」ともいわれます).

古典派とは 18 世紀後半から 19 世紀前半に活躍した経済学者たちの総称で, 彼らは生産量や雇用量などの実物の決定と物価水準の決定は別々に考えることができる, つまり二分できると考えました. 前章と本章の議論から, この考え方は生産が技術水準や生産要素の量のみによって決定されるような長期において成立するものだ, ということがわかります.

物価水準や貨幣供給量が生産量や雇用量と関係がないというのは, 現実的ではない考えだと思うかもしれません. 実際, 次章から扱う短期分析では古典派の二分法が成立しない状況, 貨幣供給量が変化すると生産量も変化するという状況を考えていきます. それでも, 経済の長期的な状態を分析することが目的

図 10.3　貨幣量とインフレ率の関係

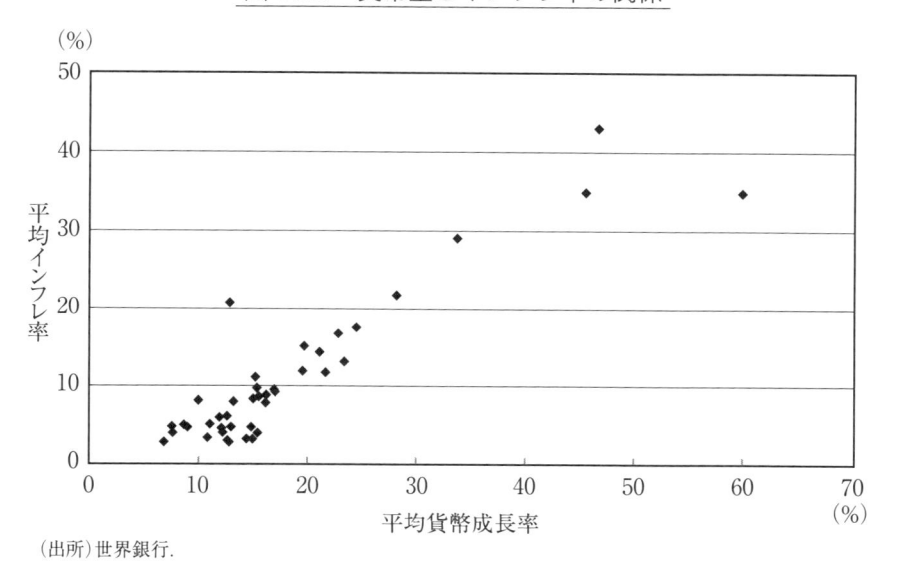

(出所) 世界銀行.

の場合，古典派の二分法は非常に有用な考え方ですので，よく理解しておいてください．

10.3　貨幣需要

　貨幣数量説は財やサービスを取引するために人々が貨幣を保有するという事実に基づいていました．貨幣の機能で説明したように，貨幣は財やサービスとの交換のためだけでなく，資産としても保有されます．ここでは，人々の貨幣需要を関数として表せるように，貨幣保有の動機を考えていきます．

■ 取引需要

　まず，財取引のために需要される貨幣量について考えましょう．取引量は一般的に所得が増えれば増えていきますから，貨幣需要を所得の増加関数と考えて問題ありません．このような貨幣需要を**取引需要**と呼びます．所得 Y のときに行う取引量を，

$$L_1(Y)$$

という関数で表しましょう．$L_1(Y)$ は Y の増加関数です．人々は，この取引を行うのに必要な貨幣量を需要します．言い換えれば，財単位で表された貨幣需要量は $L_1(Y)$ にほかなりません．貨幣単位の貨幣需要量は，物価水準×取引量ですから $P \times L_1(Y)$ です．$L_1(Y)$ を（取引需要に由来する）実質貨幣需要量，$P \times L_1(Y)$ を（取引需要に由来する）名目貨幣需要量と呼びます．（名目と実質の言葉の定義については 8.2 節の「名目と実質」の項を読んでください）．経済学の分析では貨幣需要を実質で表したほうがわかりやすいことが多いので（たとえば第 11 章や第 12 章の分析），実質貨幣需要という考え方を理解しておいてください．

　貨幣需要のことを L という記号で表すことはマクロ経済学の慣習になっています．これは，ある資産がどれだけ財の取引に利用しやすいかを示す**流動性 (liquidity)** という言葉に由来します．土地や家屋などの資産はどんなに価値があろうとそのまま財の購入に使うことはできません．一度貨幣に変える必要がありますし，そのためには，不動産業者を介して買い手をさがすなど多大な時間や費用がかかります．このような資産は「流動性が低い」といわれます．貨幣はそもそも「交換手段」として社会に受け入れられているものですから，流動性が一番高い資産です．このことから貨幣そのものを「流動性」と呼ぶことがあります．貨幣需要の L は liquidity の頭文字をとったものです．

　貨幣を保有する理由は取引のためだけではありません．私たちは価値貯蔵機能を求めても貨幣需要を行います．以下では価値貯蔵機能に基づく貨幣需要が名目利子率に依存することが明らかにされます．

■ 資産需要

　貨幣が担っている機能の 1 つに，価値貯蔵機能がありました．財をそのままで持っていればどんどん品質の劣化が進んでしまいますが，貨幣と交換すれば品質の劣化は防げます．貨幣のこのような機能を求めて行われる貨幣需要を，**資産需要**（もしくは**投機的需要**）といいます．ただし，上でも述べたように，価値貯蔵機能は貨幣以外の資産に，債券や株式などによっても提供されていま

す．貨幣を保有することは債券や株で保有していたら得られたであろう，収益を失っていることになります．また物価水準が上昇すれば保有している貨幣の価値は目減りします．ですので，貨幣の資産需要は他の代替的な資産の収益率や物価水準の変化に依存します．

　資産として貨幣を保有することによる損を，厳密に表現すると，次のようになります．債券などの収益資産の実質利子率を r と表しましょう．貨幣で持つことは，この実質利子率を放棄していることになります．また，物価水準の上昇，つまりインフレーションが起こると予想されているときは，貨幣の価値が目減りしてしまうので，これも貨幣保有によって被る損になります．結局，資産として貨幣を保有することによって，実質利子率と期待インフレ率の合計の分だけ，つまり名目利子率の分だけ損をしているのです（前章9.6節で，名目利子率が実質利子率と期待インフレ率の和で表されることを学びました．）．序章0.2節で「機会費用」という概念が説明されていますが，期待インフレ率と他の資産の生み出す利子率の合計（名目利子率）は貨幣保有の機会費用になっています．

　以上より，名目利子率が高いときは，機会費用で測った貨幣保有のコストが高くなるので，貨幣の資産需要は減ると考えられます．関数で表すと，価値貯蔵機能を求めての貨幣需要は期待インフレ率と実質利子率の合計の減少関数と表すことができます．したがって，資産需要に由来する実質貨幣需要を関数で表すと，

$$L_2(r + \pi^e)$$

となります．ここで r は実質利子率，π^e は期待インフレ率で，L_2 は r や π^e の減少関数です．取引需要の場合と同じように，L_2 は資産需要に由来する実質貨幣需要といえます．

■ 予備的需要

　貨幣需要としてはその他に**予備的需要**と呼ばれるものもあります．これは，将来急な支出が必要になることに備えて，とりあえず多めに貨幣を保有しておくというものです．貨幣は収益を生みませんが，それほど急激に価値が目減り

することはないので，念のため保存しておくには適しています．家計や企業がたくさんの取引を行っているほど不意の支出も多くなるでしょうから，予備的需要に関しても国民所得の増加関数と考えられます．

■ 貨幣需要関数

以上で考えた貨幣需要をすべてまとめますと，たとえば実質貨幣需要関数は，

$$L_1(Y) + L_2(r + \pi^e)$$

のように表すことができます．

以下では L という関数で，取引需要，資産需要，予備的需要を合計した実質の貨幣需要全体を表していきます．つまり実質貨幣需要関数を，

$$L(Y, r + \pi^e)$$

と表します．実質貨幣需要は国民所得 Y が増えると増え，r や π^e が大きくなると貨幣需要は減ります．後者の性質は，貨幣需要が名目インフレ率の減少関数であると言い換えることもできます．

例題10-1

月給 y 円を受け取る労働者が，翌月の給料日までに全額使い切っているとしよう．銀行に預けることによる1カ月当たりの名目利子率は i である．また，引き出し1回につき b 円だけの費用がかかるとする．1回につき引き出す金額は同じであると考えて以下の問に答えなさい．

(1) 1カ月に n 回銀行に行くとしたとき，1回に引き出す金額を求めなさい．

(2) この人の手元にある平均金額を求めなさい．

(3) 1カ月の引き出し回数が n 回であるとき，手元に現金を保有するために支払っていると考えられる費用を求めなさい．

(4) (3)で得られた費用を最小化する，最適な引き出し回数を求めなさい（微分の知識が必要である．序章の表0.4を参照せよ）．

(5) この人の最適な現金引き出し額を求めなさい．

解説

(1) $\dfrac{y}{n}$ 円．

(2) 手元にある現金 $\dfrac{y}{n}$ 円が0円にまで徐々に減っていくので，平均的には $\dfrac{y}{2n}$ 円が手元にある．

(3) n 回引き出しに行くのでその費用が bn 円，また，手元に現金を置いておくことにより失っている利子収入が $\dfrac{yi}{2n}$ 円である．合計して $bn + \dfrac{yi}{2n}$ 円となる．

(4) (3)で得られた費用のグラフは下図のようになっている．したがって，(3)で得られた費用を n で微分して0とおけば，最適な引き出し回数が $\sqrt{\dfrac{y}{2b}i}$ と求まる．

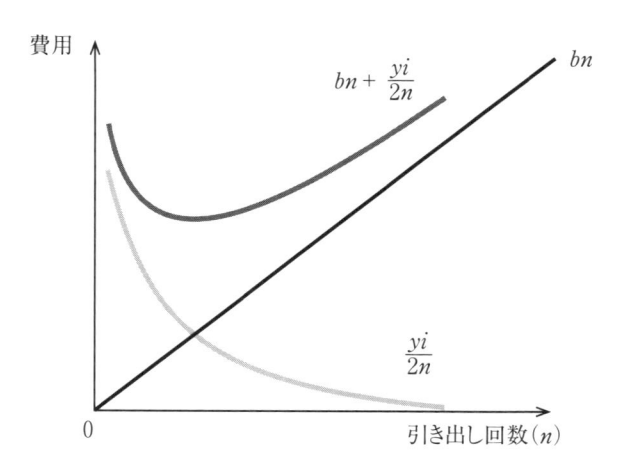

(5) (4)で得られた最適な引き出し回数を(1)の解答に代入して，$\sqrt{\dfrac{2by}{i}}$．

この問題は，ボーモル＝トービン・モデルと呼ばれる，取引動機に基づく貨幣保有を最適行動から説明しようというモデルを下敷きにしている．このモデルでは，財・サービスの購入に使える貨幣は，現金のみと単純化して考えている．したがって，(5)で求めた現金引き出し額が最適な貨幣需要量を表すことになる．ボーモル＝トービン・モデルでは，取引動機に基づく貨幣需要が所得の増加関数であるだけでなく，名目利子率の減少関数

第10章 貨幣と物価水準 353

となっている.

10.4 貨幣供給

　需要の次は供給について考えてみましょう．現金と預金の合計額を**貨幣供給量**もしくは**マネーサプライ**（money supply）と呼びます（日本銀行による統計資料ではマネーストックと呼んでいます）．多くの国では銀行券（紙幣）の発行は中央銀行，硬貨の発行は政府が行っています．中央銀行とは，日本では日本銀行，アメリカでは連邦準備制度理事会（Federal Reserve Board, 略してFRB），ユーロ圏では欧州中央銀行（European Central Bank, 略してECB）のことです．政府も現金を発行できるのですが，多くの国では制度上中央銀行を介して流通することになっているので，以下では中央銀行のみが現金を発行していると考えます（韓国やフィリピンでは中央銀行が紙幣も硬貨も発行しています）．

　「貨幣の範囲」の項で学んだように経済学で考える貨幣とは銀行券や硬貨のような現金だけでなく，預金通貨も含みます．以下では預金通貨の量が，中央銀行が発行した現金を，民間銀行がどのように貸し出しを行い，家計や企業がどのように預金をするのかに依存していることが明らかにされます．

■ 信用創造

　まず民間銀行の貸し出し行動を理解しましょう．出発点は中央銀行が供給する現金です．たとえば，中央銀行から民間銀行に200万円が渡ったとします（中央銀行から，具体的にどのように民間銀行に現金が渡るかについては，「中央銀行の政策手段」の項で説明します）．民間銀行は，利益を求めて家計や企業に貸し出しを行います．貸し出しを受けた家計や企業は通常一部分のみを引き出して現金化し，残りを銀行に預けておきます．現金と預金の比率（現金預金比率）を，たとえば25%とすれば，40万円が現金化され（図10.4の現金①に対応します），160万円が預金となります（図10.4の預金①に対応します）．この160万円は預金通貨です．

民間銀行はこの 160 万円をもとにさらに他の家計や企業に貸し出しを行います．ただし，ここで預金額の 160 万円をすべて貸し出してしまうと，預金の引き出しに対処できなくなってしまうので，一部を中央銀行の当座預金に預けることが義務づけられています．このような預金を**準備預金**といい，預金総額に対する準備預金の比率を**準備率**といいます．たとえば，準備率を 10% とすれば，16 万円を中央銀行当座預金に預け入れ（図 10.4 の準備預金①に対応します），144 万円だけが新たな貸し出しの源泉となります（図 10.4 の貸し出し②に対応します）．貸し出しを受けた家計や企業は，やはり一部分のみを引き出して現金化し，残りを銀行に預けておきますでしょうから，また残された預金から準備預金に必要な額を引いた分をもとに貸し出しを行うことができます．このプロセスは何回も繰り返されます．

　とりあえず，144 万円が貸し出されてそのまま預金として残っている時点でのマネーサプライを計算してみます．中央銀行の当座預金口座に預けられた準備預金 16 万円および引き出された現金 40 万円の合計は 56 万円です．預金通貨は，最初に預けられた 160 万円と貸し出しを受けた家計もしくは企業の預金額 144 万円の合計，304 万円になっています．貨幣量が，最初中央銀行が発行した 200 万円から，現金，準備預金および預金通貨を合計した 360 万円に増えていることがわかります．これは民間銀行の存在により預金通貨という貨幣がつくられていることが理由です．このように銀行の貸し出しによって貨幣量が増加することを**信用創造**（credit creation）と呼びます．

　貸し出しプロセスが無限回繰り返されたときの，最終的な預金通貨，家計や企業の手元にある現金，中央銀行の準備預金残高の総額を計算してみましょう．民間銀行からの最初の貸し出しを H とすると，H のうちの $\frac{0.25}{1+0.25}$ つまり 20% が現金化（図 10.4 の現金①に対応します）され，$1 - \frac{0.25}{1+0.25}$ つまり 80% が預金のまま残ります（図 10.4 の預金①に対応します．次の貸し出し可能額は，預金として残った $H \times 80\%$ から準備率 10% を掛けた準備預金（図 10.4 の準備預金①に対応します）を引いた，$H \times 0.8 \times (1 - 0.1)$ で（図 10.4 の貸し出し②に対応します）．このうちまた 20% が現金化され（図 10.4 の現金②に対応します）80%（図 10.4 の預金②に対応します）が預金のまま残ります．この預金からの準備預金の額が $H \times 0.8 \times (1 - 0.1) \times 0.8 \times 0.1$ です（図 10.4

図10.4 信用創造のプロセス

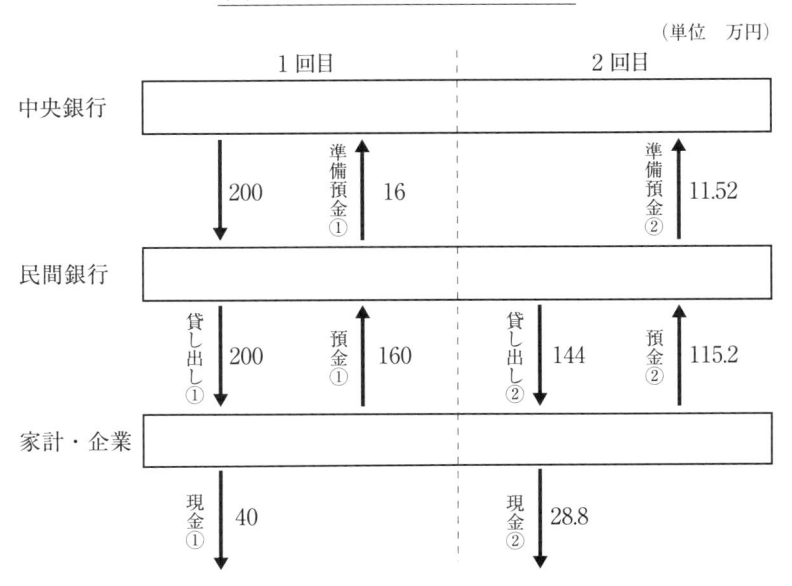

(単位 万円)

```
          1回目              2回目
中央銀行 ┌─────────────┬─────────────┐
        └─────────────┴─────────────┘
         ↓200  ↑16        ↑11.52
         準備預金①         準備預金②
民間銀行 ┌─────────────┬─────────────┐
        └─────────────┴─────────────┘
         ↓200  ↑160  ↓144  ↑115.2
         貸し出し① 預金①  貸し出し② 預金②
家計・企業┌─────────────┬─────────────┐
        └─────────────┴─────────────┘
         ↓40           ↓28.8
         現金①         現金②
```

の準備預金②に対応します）．このようなプロセスが無限回繰り返されるわけです．

　最初の貸出額が200万円でしたから，預金通貨の総額は，

$$200 \times 0.8 + 200 \times 0.8 \times 0.8 \times (1-0.1) + 200 \times 0.8 \times 0.8 \times (1-0.1) \times 0.8 \times (1-0.1) + \cdots\cdots$$
$$= 200 \times 0.8 \times \{1 + 0.72 + 0.72^2 + \cdots\cdots\}$$
$$= 160 \times \frac{25}{7} \fallingdotseq 571 \text{万円}$$

となります．2行目から3行目の計算は無限等比級数の公式を使っています．同様にして現金の総額は，

$$200 \times 0.2 + 200 \times 0.8 \times (1-0.1) \times 0.2 + 200 \times 0.8 \times (1-0.1) \times 0.8 \times (1-0.1) \times 0.2 + \cdots\cdots$$
$$= 200 \times 0.2 \times \{1 + 0.72 + 0.72^2 + \cdots\cdots\}$$
$$= 40 \times \frac{25}{7} \fallingdotseq 143 \text{万円}$$

となり，準備預金残高の総額については，

$$200 \times 0.8 \times 0.1 + 200 \times 0.8 \times (1-0.1) \times 0.8 \times 0.1 + 200 \times 0.8 \times (1-0.1) \times 0.8 \times (1-0.1) \times 0.8 \times 0.1 + \cdots\cdots$$
$$= 200 \times 0.8 \times 0.1 \times \{1 + 0.72 + 0.72^2 + \cdots\cdots\}$$
$$= 16 \times \frac{25}{7} \fallingdotseq 57 \, 万円$$

となります．

　現金の総額と準備預金残高の総額の和がちょうど200になっています．これは中央銀行が供給した貨幣は，現金として企業や家計の手元に存在するか，または準備預金として中央銀行に戻ってくるかのどちらかだからです．最終的なマネーサプライは預金通貨の総額と現金総額を合計した$200 \times \frac{25}{7}$万円（約714万円）です．

■ **貨幣乗数**

　上の例でわかるように，中央銀行が直接発行した貨幣は，現金通貨もしくは準備預金として存在しています．現金通貨と準備預金の合計を**ハイパワードマネー**（もしくはマネタリーベース）といいます．民間銀行の信用創造は，ハイパワードマネーをもとに行われていますので，ハイパワードマネーとマネーサプライとの関係を一般的に数式で表すことができます．まず，ハイパワードマネーは現金通貨もしくは準備預金ですから，

$$H = C + R \tag{10.3}$$

と表せます．Hはハイパワードマネー，Cは現金通貨，Rは準備預金を表しています．一方，マネーサプライは現金通貨と預金通貨の合計ですから，

$$M = C + D \tag{10.4}$$

と表すことができます．Dは預金通貨を表しています．（10.3）式と（10.4）式の比をとると，

$$\frac{M}{H} = \frac{C+D}{C+R} = \frac{\frac{C}{D}+1}{\frac{C}{D}+\frac{R}{D}} \tag{10.5}$$

となります．ここで，$\frac{C}{D}$ は現金預金比率，$\frac{R}{D}$ は準備率で，それぞれ上の例では 25％，10％となっていました．$\frac{R}{D}$ は 1 より小さいので，$M > H$ であること，つまりマネーサプライは常にハイパワードマネーより多いことがわかります．上の例の数値例を使うと，貨幣乗数は $\frac{0.25+1}{0.25+0.1} = \frac{25}{7}$ となります．上で無限等比級数の合計として求めたマネーサプライとハイパワードマネーの比と等しいことを確認してください．(10.5) 式で表される比率を**貨幣乗数（money multiplier）**といいます．貨幣乗数は準備率，現金預金比率が大きくなるほど小さくなります．これは，準備預金が増えたり人々が手元に置いておく現金が多くなるほど，民間銀行が貸し出しに利用できる預金が減り，預金通貨が少なくなるからです．

　実際の統計でマネーサプライの量を確認してみましょう．預金といっても現実にはさまざまな種類の預金がありますから，どのような預金を貨幣に含めるかによってマネーサプライの量が変わってきます．通常，以下の表にあるような指標が使われます．

　表 10.1 は 2014 年 6 月の「貨幣量」を示しています．それぞれの指標には以下のような関係があります．

　　　M1 ＝ 現金通貨＋流動性預金
　　　M3 ＝ M1 ＋準通貨＋ CD
　　　広義流動性 ＝ M3 ＋金銭の信託＋投資信託＋金融債＋銀行発行普通社債
　　　　　　　　　＋金融機関発行 CP ＋国債＋外債

M1 の構成要素である流動性預金とは当座預金，普通預金などのことです．M3 の構成要素である準通貨とは，定期預金に代表される解約することで普通預金のように利用できる預金のことです．CD とは譲渡性預金（certificate of deposit）のことで，主に企業が利用する譲渡可能な預金のことです．これより，M1，M3，広義流動性の順に金額が大きくなることがわかると思います（郵政民営化を契機に，マネーサプライに関する統計が全面的に見直され，2008 年 5 月以降は，マネーサプライの代表的指標として M3 が使われていま

表 10.1　さまざまなマネーサプライ指標（2014 年 6 月）

(単位　兆円)

現金通貨	ハイパワードマネー	M1	M2	M3	広義流動性
82.0	243.4	587.0	871.9	1182.5	1550.5

(出所) 日本銀行.

す）．

　M2 は以下のように定義されています．

　　　M2 ＝ M3 －ゆうちょ銀行，その他金融機関（信用組合や労働金庫，農業協同組合など）の預金

　M1，M3，広義流動性には全預金取扱金融機関が含まれていましたが，M2 にはゆうちょ銀行と信用組合や労働金庫，農業協同組合などの金融機関は含まれていません．M2 と CD の合計は 2008 年以前の代表的マネーサプライの指標でした．郵便貯金の運用は政府が行っていたり，信用組合や労働金庫，農業協同組合などは営利目的よりも組合員の互助組織としての役割が大きく，一般の民間銀行と目的が異なっているということから，区別されていたのです．現在の代表的指標は M3 ですが，過去のデータとの比較のため，引き続きゆうちょ銀行などの預金を除いた指標として M2 が発表されています．

　どの預金までを貨幣に含めるかによりマネーサプライの量は変わりますが，現金通貨より預金通貨の割合が大きいことがわかると思います．預金通貨の量は民間銀行の貸し出し行動や，企業や家計の預金行動に依存しています．したがって，中央銀行がマネーサプライをコントロールできるかは重要なテーマで，専門家でも「コントロールできる」と主張する人と「コントロールはむずかしい」と主張する人がいます．しかし，信用創造のもととなっているのは中央銀行が発行しているハイパワードマネーですから，中央銀行の行動がマネーサプライに大きな影響があることは確かです．この本では，中央銀行が完全にマネーサプライをコントロールできると考えて議論していきます．

第 10 章　貨幣と物価水準　　359

> **例題10-2**
>
> いま，預金準備率が 0.04 で，現金預金比率が 0.02 であるとする．ハイパワードマネーが 600 であるとき，以下の問に答えよ．
> (1) 貨幣乗数を求めなさい．
> (2) マネーサプライを求めなさい．
> (3) この経済に存在する現金通貨，預金通貨および準備金を求めなさい．
>
> **解説**
>
> (1) 貨幣乗数の公式 $\dfrac{\frac{C}{D}+1}{\frac{C}{D}+\frac{R}{D}}$ に代入すれば 17 となる．
>
> (2) マネーサプライはハイパワードマネーに貨幣乗数を掛けたものであるから，10200 となる．
>
> (3) 問題文から，
>
> $$H = C + R = 600 \tag{10.6}$$
>
> が，(2)の答えから，
>
> $$M = C + D = 10200 \tag{10.7}$$
>
> であることがわかっている．預金準備率が 0.04 ということは $R = 0.04D$ である．これを (10.6) 式に代入して，(10.7) 式と連立させて解けば，預金通貨 D が 10000，現金通貨 C が 200 となる．現金通貨が 200 であるから，(10.6) 式に代入すれば，準備金は 400 とわかる．

10.5 中央銀行

ここでは中央銀行の目標と具体的な役割について学びます．

■ 中央銀行の目的

　一般に中央銀行の目的は，「貨幣発行を通じた物価の安定」と「金融システムの安定」です．

　10.2 節の「貨幣数量説」の項で説明したように，物価水準とマネーサプライの間におおむね正の関係があります．もし中央銀行が大量の貨幣を発行したらインフレーションが起こってしまいます．以下の 10.6 節で説明するように，インフレーションやデフレーションにはさまざまな弊害があります．なにより，物価が安定していることは，貨幣の購買力が安定しているということでありますから，現金通貨の唯一の発行主体にはその価値を維持する責任があると考えるのは自然なことです．

　2 つ目の目的にある金融システムとは，中央銀行以下，普通銀行，証券会社，保険会社，公庫などの金融機関の資金仲介機能，決済機能を取り巻く制度的枠組みや仕組み全体のことを表します．金融機関による資金仲介により，お金を預けたい家計や企業からお金を必要とする家計や企業にお金が融通され，投資が行われ，ひいては経済発展につながります．また，振り替えや振り込みによる決済機能により，私たちはいちいち現金をやりとりしなくても，円滑に財やサービスを購入できます．

　ところで，信用創造の説明の過程でも明らかになったように，銀行は預金に対して通常わずかな現金しか持っていません．平時であれば預金の引き出し額はそれほど多くないのでとくに問題は起きません．しかし，もし，自分の預けている銀行の経営が傾いていると知ったら，預金者はすぐにでも自分の預金を引き出そうとするでしょう．さらに問題なのは，一般の人にはどの銀行が健全でどの銀行が本当に経営が傾いているのか，にわかには見分けがつかないことです．ある銀行が，ずさんな経営により破綻しそうになると，別の銀行の預金者も不安になり，引き出そうとするかもしれません．預金者が引き出しに殺到すれば，健全な銀行も手元に現金がなくなったり，貸出先の企業に急な返済を要求したりして，決済や資金仲介が滞ってしまいます．金融システムが不安定になると金融機関だけでなく，広く経済に影響を及ぼすのです．

　このような状況に対処しなければならないのは中央銀行です．なぜなら，多

くの銀行に預金者が殺到している状態では，民間銀行間で現金を融通し合うことはできませんが，現金を供給できる唯一の主体である中央銀行であれば，民間銀行に緊急融資を行うことができるからです．

1927年3月14日，当時の片岡直温蔵相が，実際には破綻していなかった東京渡辺銀行が破綻したと発言したため，人々の間に金融システムへの不安が広がり，次々と閉鎖に追い込まれる銀行が出てきました．これを昭和金融恐慌といいます．最終的には，日本銀行が民間銀行への緊急融資を行い，さらにその融資に政府の損失補償をつけることにより，ようやく昭和金融恐慌は収束しました．

■ 中央銀行の政策手段

中央銀行がマネーサプライを変化させるための具体的な手段を説明しましょう．(10.5) 式からわかるように，貨幣乗数が安定していれば，ハイパワードマネーの変化によりマネーサプライも変化します．

ハイパワードマネーを調整する一般的な方法は，中央銀行による国債や手形の購入もしくは売却です．これは**公開市場操作**といわれ，たとえば中央銀行が，市場で国債や手形を民間銀行から購入すれば購入代金として，民間銀行にハイパワードマネーが供給されます．逆に国債や手形を売却すれば，中央銀行がハイパワードマネーを吸収します．中央銀行が国債や手形の購入を行うことを**買いオペレーション**（略して買いオペ），売却を行うことを**売りオペレーション**（略して売りオペ）といいます．

また，(10.5) 式からわかるように，準備率の変更によってもマネーサプライは変化します．準備率を下げれば，民間銀行は貸し出し量を増やせますから，信用創造が活発になってマネーサプライが増えます．逆に準備率を上げればマネーサプライが減ります．しかし，中央銀行は準備率は決定することができますが，現実には変更されることはまれで，日本では1991年10月に準備率を変更して以来，現在（2014年11月）まで準備率の変更を行っていません．

10.6 インフレーションとデフレーション

　中央銀行の目的の1つには「物価の安定」が掲げられていました．貨幣の価値を安定させるためと，インフレーションやデフレーションによる弊害を防ぐためです．

　それではインフレーション（以下略してインフレ）やデフレーション（以下略してデフレ）は，具体的に人々の暮らしにどのような悪い影響があるのでしょうか．「価格が上がるのだから生活が苦しくなる．インフレが悪いのは当たり前だ」とか「デフレは物価が下がるのだから良いことに決まっている」と考える人がいるかもしれません．じつはインフレやデフレが「善」か「悪」かというのは，それほど単純な話ではありません．

　まずこれまでの議論からわかっていることを整理しておきます．8.3節で，

物価水準とは対象となる財の価格を合成してつくられた，社会全体の一般的な物価を示すような指数である

ということを学びました．相対価格の変化は，ある財・サービスの値段が上がり，他の財・サービスの価格が下がっていることを意味します．しかし，物価水準の変化は経済全体の財の価格が同じように変化していることを意味しているので，相対価格が変化せずとも生じる現象です．もちろん物価水準が変化しつつ各財やサービスの相対価格も変化するということもありますが（現実にはそれが普通だと思います），ここでは簡単化のため相対価格はいっさい変化せず物価水準だけが変化していくことを想定します．このように考えることによって，物価水準の変化であるインフレやデフレがもたらす弊害を際立たせることができます．

　また，第8章と本章との議論から，

長期的な生産量はマネーサプライや物価水準とは無関係に決定される

ということもわかっています．物価水準の変化は産出量に影響を与えませんから，インフレやデフレについて議論する必要はないと思われるかもしれません．しかし，現実にはインフレもデフレも社会的な問題になっています．どうしてでしょうか．この節では，インフレやデフレによって現実に起こるであろう問題を叙述していきます．

■ 予期されたインフレの弊害

　インフレの弊害は，そのインフレが予期されたインフレであるのか，予期しないインフレであるのかによって大きく異なってきます．

　予期されたインフレによる弊害として，ここでは2つ挙げます．まず**靴底コスト**といわれるものがあります．これはインフレが起こっているとき，貨幣を保有することの費用が高くなってしまうので（貨幣保有の機会費用が名目利子率だったことを思い出してください），なるべく高い収益が期待できそうな資産の形で持っておこうという行動から生まれます．

　このような資産選択をしていると，取引のために貨幣が必要になるたびにわざわざ収益資産を貨幣に変換して引き出してこなければなりません．いまはこのような手続きの大部分はインターネットですませることができますが，昔はいちいち証券会社や銀行に出向いて株，債券，定期預金を現金化する手続きをとらなければなりませんでした．靴底コストの名前の由来はこのような手続きのために靴底がすり減ってしまうということから来ています．現在は「靴底」が減ることはなくなったかもしれませんが，財・サービスの購入のたびにわざわざ資産の組み替えをするための時間や手間は社会的なコストになります．

　2番目には**メニューコスト**（menu cost）が挙げられます．価格を改定しようとするとメニューを書き換える必要がありますが，現実にはその書き換えに印刷代や用紙代がかかります．また，価格を改定するためには顧客に理由を説明して理解を求めるという手間もかかります．このような価格改定にかかるコストを，総じてメニューコストといいます．インフレが予想されれば，企業は頻繁に価格を改定しなければなりませんが，このようなコストはインフレがなければ避けられた社会的なコストと考えられます．このメニューコストという考え方は，次章以降で導入される価格の硬直性というマクロ経済学において重要な考え方につながります．

■ 予期せぬインフレの弊害

　予期せぬインフレには次のような弊害があると考えられています．
　まずは**予期せぬ所得の再分配**です．お金の貸し借りを行っているときには，

通常名目利子率で契約が結ばれています．みなさんの預金に，たとえば，年率5%の利子が約束されているとしましょう．また人々は1年後も物価水準は変わっていないと予想しているとします（期待インフレ率が0%ということです）．100万円の預金を持っていれば，1年後に5万円の利子がもらえます．しかし，予想がはずれて1年後に物価水準が2倍になっていた（予期せぬインフレが起こった）とすれば，この5万円で購入できる財やサービスの量は当初考えていた量の半分になっています．財・サービスの単位で測られた大きさを「実質」という言葉で表しますが，この例では予想外のインフレにより利子収入の実質的な価値が半分になったということができます．一方，利子を払う側である銀行にとっては，利子の5万円は当初想定していた実質的な負担の半分しかありません．この例は，インフレの結果，貸し手であるみなさんから，借り手である銀行に「予期せぬ所得の再分配」が起こったということができます．

　予期せぬ所得の再分配が起こりうる別の例には，年金給付があります．予期せぬインフレは，若年層が支払う年金保険料および老年層が受け取る年金給付の実質的な価値を減じます．これは老年層から若年層へ「予期せぬ所得の再分配」が起こったということです．重要なのは，このような所得の再分配が「予期せぬインフレ」によって引き起こされているということです．もしインフレが予期されているのであれば，最初に契約をするときにインフレを織り込んだ契約をするはずですので，「予期せぬ」所得の再分配が起こることはありません．

　一般的にいえば，予期せぬインフレが起こると債権者（お金を貸している人）から債務者（お金を借りている人）へ所得の再分配が起こります（年金の例でなぜ若年層が債務者に対応して，老年層が債権者に対応するのか考えてみてください）．所得の再分配ですので，経済全体での所得額は変化していませんが，予期しない所得の再分配が頻繁に起これば人々の間に不満が生じるので，望ましい状態とはいえません．

　現実にはこのような予期せぬ所得再分配を調整する制度も用意されています．たとえば年金には物価スライド制が適用されており，原則として年金の支給額を物価の変動率に応じて年度ごとに改定することになっています．

　予期せぬインフレから起こる弊害には**予期せぬ増税**と呼ばれるものもありま

第10章　貨幣と物価水準　365

表10.2 課税所得と限界税率

課税所得	限界税率（%）
195万円以下	5
195万円を超え330万円以下	10
330万円を超え695万円以下	20
695万円を超え900万円以下	23
900万円を超え1800万円以下	33
1800万円超	40

（出所）国税庁.

す．累進課税になっている所得税では，所得額によって税率が高くなっています．日本では，表10.2のようになっています．

物価水準と年収が同率で変化していれば，購買力は変わりません（つまり本質的に豊かにはなっていません）．しかし，表10.2で表されているような税制のもとでは，以前より高い税率が適用されてしまうかもしれません．具体的には，たとえば当初の年収が100万円だったとしましょう．税引き後の収入は，95万円です（計算の簡便化のため各種所得控除は無視し，年収と課税所得が等しいと考えています）．物価水準が2倍になると同時に，年収200万円になったとします．このときの税引き後の収入は，189万7500円ですが，物価水準が2倍になっているので，購買力はインフレが起こる前よりも下がっています．つまり，インフレ自体が購買力に対しては中立的であったとしても，累進課税のもとでは実質的な収入が小さくなることがあるのです．

次に物価が持続的に低下するデフレのコストを考えてみます．

■ 予期されたデフレの弊害

デフレが予期されていたとき，それに見合って名目賃金が下がらないと，**名目賃金の下方硬直性**によるコストが生じることが考えられます．財やサービスの価格が低下すれば，企業収入が少なくなっていますから，企業としては名目賃金も下げる必要があります．しかし，実際は契約や労働組合の存在などにより，名目賃金を下げるのは財やサービスの価格を下げるよりもむずかしいで

しょう．賃金を下げることがむずかしいので，企業は雇用を減らすという調整を行うでしょう．つまり失業という社会的コストが発生するということになります．

また，デフレの場合も価格を下げるためには，インフレの場合と同様にメニューを書き換える必要があります．したがって，メニューコストが生じます．

■ 予期せぬデフレの弊害

インフレは継続的な物価上昇，デフレは継続的な物価下落ですから，予期せぬデフレが起こると，インフレの場合と逆に「債務者から債権者への予期せぬ所得の再分配」が起こります．インフレの場合と異なる例を挙げますと，住宅ローンのケースが考えられます．住宅ローンを借りている人にとってはデフレが起こると，返済金額が一定であっても実質的な返済負担は大きくなっています．

所得の再分配自体は，社会全体でみれば相殺されて社会的なコストはないという考え方もありますが，債務者と債権者の消費行動が違うと，不況という社会的コストにつながる可能性があります．債権者とくらべたとき債務者の限界および平均消費性向は債権者よりも大きいと考えられます（だからこそ，そもそも借金をしているのでしょう）．とすると，予期せぬ所得の再分配が起こったとき，実質負担増による債務者の消費の抑制効果が，債権者の実質負担減による消費の拡大効果よりも大きく，経済全体で消費が減少してしまい不況状態を招きます．このような，債務者から債権者への再分配が不況につながるのではないかという**デット・デフレーション**（**debt deflation**）という考え方があります．

以上のように，インフレにもデフレにも弊害があります．しかも，所得分配の問題をともないますので，一概にどちらが良いかはいえません．また，インフレでもデフレでも，どのような人々がそのコストを被るのかは，それが予期されたものであるのか，予期されていないものかということにより変わってきます．

そもそもインフレやデフレの原因は何でしょうか．貨幣数量説に基づけばマネーサプライの変化のみが原因となりますが，それ以外の原因もありえます．

第13章では貨幣数量説以外のインフレ，デフレの原因について学びます．

15年ほど前までは，マクロ経済学ではそれほどデフレの研究は行われてきませんでした．マクロ経済学誕生のきっかけとなったのはデフレ不況といえる大恐慌ですが，その後の世界経済は，デフレよりもインフレに悩まされることが多かったからです．近年，日本をはじめとして多くの先進国がデフレ不況に陥り，多くの経済学者がデフレの原因や対処法を分析しはじめています．

本章のまとめ

1　経済学で考える貨幣とは，価値尺度機能，交換手段機能，価値貯蔵機能の3つの機能を持つものです．

2　貨幣数量説は物価水準と貨幣量の長期的な関係を表していると考えられます．

3　貨幣需要は，取引需要，資産需要，予備的需要により構成され，貨幣需要関数は所得の増加関数，名目利子率の減少関数となります．

4　マネーサプライは現金通貨と預金通貨の合計で，M3が代表的指標として使われています．

5　ハイパワードマネーとは現金通貨と準備預金の合計で，中央銀行が直接コントロールできる貨幣量です．

6　預金通貨の量は，ハイパワードマネーと民間銀行による信用創造によって決まります．

7　中央銀行の目的は，物価の安定と金融システムの安定です．

8　インフレーションやデフレーションの弊害は，予期されたインフレーションなのか予期せぬインフレーションかによって分けることができます．

9　予期されたインフレーションの弊害としては，靴底コスト，メニューコストがあります．

10　予期せぬインフレーションの弊害としては，予期せぬ所得の再分配，予期せぬ増税があります．

11　予期されたデフレーションには，メニューコストや名目賃金の下方硬直性によるコストという弊害があります．

12 予期せぬデフレーションにも，予期せぬインフレーションと同様に予期せぬ所得の再分配効果があります．デフレーションによる債務の実質負担増が，経済全体の不況につながるのではないかというデット・デフレーションという考え方があります．

> **本章のキーワード**
>
> 貨幣数量説　　古典派の二分法　　取引需要　　資産需要　　予備的需要　　流動性　　信用創造　　金融システム　　ハイパワードマネー　　公開市場操作　　予期されたインフレーション（デフレーション）　　予期せぬインフレーション（デフレーション）　　靴底コスト　　メニューコスト　　デット・デフレーション

演習問題

1 以下の(1)〜(6)について，空欄に当てはまる語句を答えなさい．
(1) 貨幣には（　）と（　）と（　）の3つの機能がある．
(2) 貨幣需要は（　）と（　）と（　）から構成されていると考えられる．
(3) マネーサプライの代表的指標としては，（　）が用いられており，これは（　）と（　）と（　）の合計である．
(4) 中央銀行による国債や手形の購入を（　）といい，これはマネーサプライを（　）させる．
(5) 予期せぬインフレーションが生じると，（　）から（　）への予期せぬ再分配が起こる．
(6) 長期モデルにおける，財・サービスの生産量やその他の実物変数に貨幣量はまったく影響を与えないという性質を（　）という．

2 いま，ある銀行にAとBの2人だけが預金を持っているとする．それぞれの預金額は10万円である．銀行は預金総額の半分を企業に貸し出しているので，現在どちらか一方の預金者が引き出すだけであれば対応できるが，すべての預金を引き出そうとすると，預金の半分しか払い戻しをすることができずつぶれてしまう．貸出先の企業の経営は健全で，将来は企業からの返済が行われ10万円の利子をつけて2人の預金者の引き出しに対応できる．

下の表により，各預金者の可能な行動に応じて実現する，引き出し可能額のあり方を一覧できる．各欄に示されている数字は，左がAの，右がBの引き出し可能額を表している．たとえば (20, 20) は預金者A, Bとも預けたままのときに得られる各預金者の引き出し額を表している（解答には，第6章補論で解説されているゲーム理論の知識が役に立つ）．

預金者A \ 預金者B	預けたまま	引き出す
預けたまま	(20, 20)	(0, 10)
引き出す	(10, 0)	(5, 5)

(1) 他の人が預けたままだろうと予想するとき，各預金者は預けたままにするだろうかそれとも引き出しを行うだろうか．

(2) 他の人が引き出しを行うだろうと予想するとき，各預金者は預けたままにするだろうかそれとも引き出しを行うだろうか．

(3) このゲームのナッシュ均衡を求めなさい．

(4) 中央銀行が「この銀行が，いかなる場合でも預金全額の引き出しに対応できるように融資を行う準備がある」と宣言し，AとBがそれを信じたとき，表のなかの引き出し可能額の値はどのように変わるだろうか．またこのとき，他の人が引き出しを行うと予想したとき，各預金者は預けたままにするだろうかそれとも引き出しを行うだろうか．

3 以下の問(1), (2)に答えよ．

(1) クレジットカードやデビットカード，電子マネーの普及は，物価水準にどのような変化をもたらすであろうか．また，中央銀行は物価安定のためにはどのような対処をすべきか．貨幣数量方程式を念頭に置いて考えなさい．

(2) 日本は1990年代後半から金融早期健全化法，金融機能強化法などを成立させ民間金融機関に政府資金を注入するための法律を整備してきた．民間企業である銀行に税金が原資である公的資金を注入することの是非を論じなさい．

コラム

人口減少や外国からの低価格品輸入が
デフレの原因か

　本書で学んだように，物価が継続的に下がることをデフレと呼びます．かつてデフレは歴史上何度も起きていましたが，第二次世界大戦後ではほとんど見られません．そのきわめて稀な現象が我が国で起きました．GDPデフレーターでみると1994年の第4四半期から，消費者物価指数でみると1998年ごろから物価が下がる現象が続きました．

　その原因をめぐっては，昨今の日本の経済論壇ではいくつかの説がまことしやかに唱えられました．そのうち人口減少デフレ原因説と低価格品輸入デフレ原因説の2つを検討してみましょう．人口減少デフレ原因説は，日本の人口が減少し，生産人口も減少していることに着目します．人口が減ると，経済の総需要も減るから物価が下がる，というわけです．実際に日本の人口が減りつつあるのは事実ですから，この説はちょっと説得力があるように聞こえるかもしれません．ただし，人口が減ると，経済の総供給も減る可能性もあるので，理論的には物価が下がるとはいいきれません．

　理論的にはともかく，これを実証的に検討してみるとどうなるでしょうか．日本の場合，1990年から2012年の（消費者物価指数で測った）インフレ率と人口増加率の相関をとると，0.4程度になります．これだけみると，人口が減ると物価が下がるように見えます．けれども，直近の2000年から2012年をみると相関係数はマイナス0.2となり，相関は逆になってしまいます．ちなみに，相関係数とは2つの変数間の相関の度合いを数字で表したもので，マイナス1から1の間の値をとります．マイナスの場合は，2つの変数が別の方向に動くこと，プラスの場合は同じ方向に動くことを示します．経済学ではだいたい0.6くらいの相関係数があるかどうかが，相関のあるなしの目安となります．

インフレ率と人口増加率（1990〜2012年）

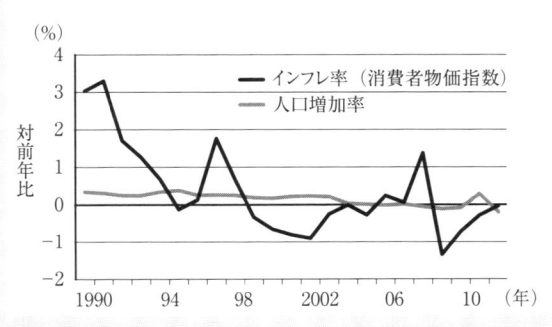

（出所）World Bank データベースより筆者作成．

インフレ率と人口増加率（2000〜12年）

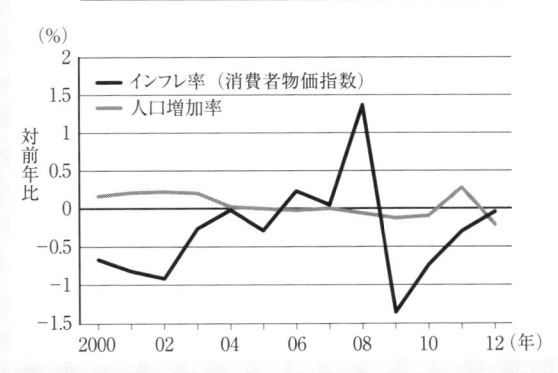

（出所）World Bank データベースより筆者作成．作図については，髙橋洋一（2011）「『デフレの正体』信じる愚劣」『FACTA』3月号を参考にした．

　世界各国にデータを広げてみるとどうなるでしょうか．2000年から2012年の世界157カ国について物価上昇率と人口増加率についての相関をみると，相関係数は0.1程度でほとんど相関関係がありません．次のグラフを見るとわかるように，世界には人口成長率がマイナスになっている国は日本以外にもありますが，日本のようにデフレになっている国はありません．なお，人口増加率でなく労働人口増加率でみても相関係数は0.26程度と低いままにとどまっています．

第10章　貨幣と物価水準　373

インフレ率と人口増加率（世界157カ国，2000〜12年）

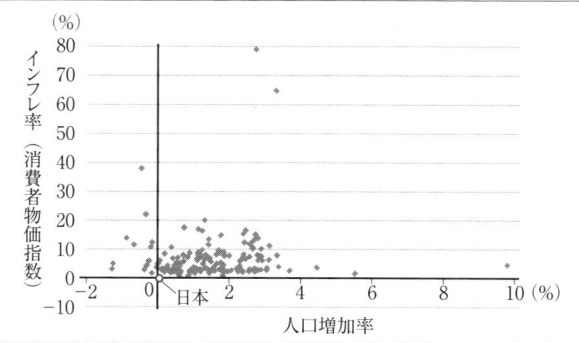

縦軸：インフレ率（消費者物価指数）(%)
横軸：人口増加率(%)

（出所）World Bank データベースより筆者作成．作図については，髙橋洋一（2011）「『デフレの正体』信じる愚劣」『FACTA』3月号を参考にした．

　もう1つの低価格品輸入デフレ原因説というのは，外国から安い価格の製品が輸入されると，日本国内の物価が下がる，というものです．実際，中国や東南アジア製の衣料品や食品が日本に輸入されてきていますから，実感には訴えやすいかもしれません．けれども，そもそも物価というのは経済全体のさまざまな財やサービスの平均をとるものですから，外国からの輸入品の価格が安くなったからといって他の価格も下がるとは限りません．たとえば，自分の名目所得が変わらずに，衣料品の価格が安くなったとしましょう．その分，実質的な所得は増えるので，他の財やサービスに支出することができます．そうなると支出対象となる財やサービスの価格は上がることになります．全体の物価がどうなるかは場合によります．

　実証的にはどうでしょうか．いちばん取り上げられることの多い中国からの輸入を考えてみましょう．俗に先進国クラブと呼ばれる経済協力開発機構（OECD）加盟諸国34カ国を対象として，中国からの輸入が自国の国内総生産GDPに占める割合と物価上昇率との間に相関関係があるかどうかを調べてみましょう．ここでは物価上昇率はGDPデフレーターを採用しています．GDPの項目には輸入品が入っていますから，輸入財価格の変化を反映するGDPデフレーターは物価指数のなかでより適切といえます．図には傾向線が書かれていますが，ほとんど相関関係はないといってよいでしょう．

　2013年3月に就任した日本銀行の黒田東彦総裁は，4月4日，「量的・

中国からの輸入と GDP デフレーター

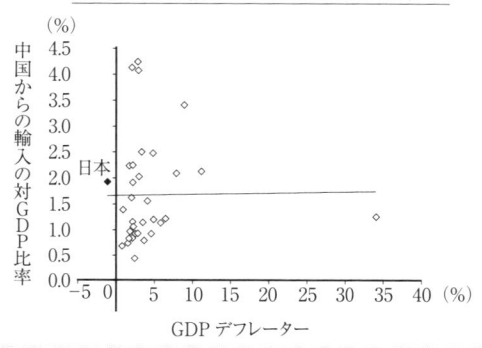

(注) 対象としたのは OECD 加盟 34 カ国.
(出所) IMF「Direction of Trade」, OECD「OECD.StatExtracts」より片岡剛士氏作成. 片岡剛士 (2014)「金融政策で物価をコントロールすることは可能である」『統計』1 月号.

質的金融緩和」を実行し，マネタリーベースの量を大幅に増やす計画を発表しました．2013 年 3 月末の時点で 146 兆円のマネタリーベースを，2 年後の 2015 年末には 270 兆円にまで拡大し，物価上昇率については 2015 年内で 2% 程度を目標としています．さらに 2014 年の 10 月 31 日には，2014 年末の時点で 275 兆円に到達するように増加させました．現時点で，日本の物価は上昇に転じ，長年続いたデフレは終わりかけています．一方，その間も日本の人口の減少は続き，中国との貿易は相変わらず活発です．物価に関するかぎり，珍説奇説よりも教科書で学ぶマクロ経済学のほうが説明力があるというべきでしょう．

第11章 短期モデル (IS-LM モデル)

本章では短期モデルについて学びます．前章までは，各市場の価格調整が完了し生産量が潜在的産出量と一致するという長期モデルを扱ってきました．そこでは，生産量が技術と生産要素の量によって決まること，貨幣量は物価水準を決定し生産量（所得）には影響を与えないことなどの重要な性質を学びました．長期モデルは一国の長期的な豊かさが潜在的産出量によって決まるということを理解することには役立ちますが，失業や不況という状況の分析はできません．本章では，価格調整が行われない状況を想定し，総需要が総供給（国民所得）の大きさを決める短期モデルを扱います．また財政政策や金融政策がどのようなメカニズムで国民所得の水準に影響を与えるかも学びます．

11.1 価格の硬直性

長期モデルは価格調整後の経済状態を表していましたが，このような状態はいつでも成立するでしょうか．経済にはさまざまなショックが訪れます．たとえば，消費者の嗜好の変化もその1つです．それまで需給が一致していたような財でも，急に需要が減少して売れ残りが出てしまうことがあります．このようなとき，瞬時に価格が調整されれば売れ残りはすぐに解消されます．しかし，たとえ生産された財・サービスが余っているような状態でも，価格がすぐには調整されないような状況が考えられます．

まず，前章のインフレーションの弊害で紹介したメニューコストの存在です．前章ではメニューの書き換えにコストがかかると述べました．企業はそのようなコストを避けるために価格の改定をためらうかもしれません．また，商品によっては価格改定のタイミングがたまにしか訪れないかもしれません．たとえば，月刊誌・季刊誌などの定期刊行物の価格は，慣習的に年度はじめに決まっ

ていることが多いでしょう．

　経済学では，通常，価格によって市場の需給が調整されると考えます（第4章で価格によって市場均衡が達成されるワルラス的調整過程を学びました）．しかし，価格が硬直的であれば，価格に市場調整機能はありません．短期モデルでは，価格が硬直的なので，価格ではなく生産量が調整して市場での需給が一致すると考えます．上の例では，メニューコストが存在したり価格改定のタイミングが決まっていたりすると，ある財への需要が減少しても，企業は価格を下げることはせず，生産量を減らして対応するだろうということです．

　このように価格の硬直性は，生産量の決定に関して重要な転換をもたらします．物価水準はさまざまな財やサービスの価格から計算されますから，価格の硬直性があると物価水準も硬直的になります．マクロ経済学で「短期」とは，このような物価水準が動かないような短い期間を指します．ですから，短期がどれくらいの時間の長さを表すのかははっきりしているわけではありません．また，ミクロ経済学で想定する「短期」とは，生産要素のうち資本量が一定であるような期間でした（第2章参照）ので，その違いにも注意してください．

　以下では，物価水準が固定されているような短期においては，国民所得が潜在的産出量よりも小さいという意味での不況状態が発生することを明らかにします．その後，不況状態を脱するために必要な政策について議論します．

11.2 財・サービス市場

　この節ではまず，閉鎖経済を考えましょう（開放経済における短期モデルについては次章で扱います）．財・サービス市場（以下では単に財市場と呼びます）における総需要は，第9章と同様に消費 C，投資 I，政府支出 G によって構成されています．これまでと同様に，消費は可処分所得の関数（(9.1) 式を参照）によって，投資は実質利子率の関数（(9.5) 式を参照）によって，政府支出は外生的に決定されると考えると，総需要 D は，

$$D = C_0 + c \cdot (Y - T) - \beta \cdot r + I_0 + G \tag{11.1}$$

と書かれます．ここで c は限界消費性向，T は税額，r は実質利子率です．第

9章では実質利子率と名目利子率を区別し，投資行動は実質利子率に依存すると考えました．実質利子率と名目利子率の差は期待インフレ率でしたが，短期モデルでは物価水準が一定であると考えますので，物価の変化は予想されていない，つまり期待インフレ率もゼロと考えるのが妥当です．短期モデルを扱う本章と次章では，実質利子率と名目利子率を区別せずに単に利子率と呼びます．

長期モデルでは，総供給（国民所得）が潜在的産出量に等しくなっていましたが，物価水準が硬直的である短期モデルでは，総供給はそのようには決定されず，総需要の大きさによって決まります．以下で数式を使ってどのように総供給が決まるかを見ていきます．

財市場の均衡条件は，

$$Y_s = D \tag{11.2}$$

と書けます．ここで Y_s というのは実際の総供給量を表しています．短期モデルではかならずしも総供給が潜在的産出量と等しいとは限らないので，$\bar{Y}$ とは表せないのです．ただ，どのような総供給量であろうと，市場均衡では総需要と一致しているはずですから，(11.2) 式が成立します．

総需要が総供給を決めて，それにより国民所得が決定されるという経済のメカニズムを理解するのに，とりあえず投資 I が外生的に決まると考えましょう．利子率 r がどのように決まるかについての議論は，資産市場を導入してから行います．投資量が一定（$\bar{I}$ としておきます）であれば，総需要は (11.1) 式を書き換えて，

$$D = C_0 + c \cdot (Y - T) + \bar{I} + G \tag{11.3}$$

となります．税額 T や政府支出 G は政府が外生的に決めているので，総需要は国民所得 Y によって決まります．

一方，経済全体では総供給と国民所得は常に等しいので，

$$Y_s \equiv Y \tag{11.4}$$

という関係も成り立ちます．したがって (11.4) 式を考慮すれば，(11.2) 式と (11.3) 式から，

$$Y = C_0 + c \cdot (Y - T) + \bar{I} + G \qquad (11.5)$$

という式が成立します．この式を満たすような国民所得は総供給と総需要を一致させるような国民所得水準であり，**均衡国民所得**と呼ばれます．具体的には，均衡国民所得 Y^* は（11.5）式を整理することにより以下のように求められます．

$$Y^* = \frac{1}{1-c} \cdot (C_0 + \bar{I} + G - c \cdot T)$$

以上の分析は図 11.1 のように表されます．

縦軸は総供給と総需要を表しています．横軸は国民所得を表しています．(11.3) 式のグラフは右上がりの直線になっていますが，限界消費性向 c は 0 から 1 のあいだの値ですので，傾きは 45 度よりも小さくなります．また，(11.4) 式は傾き 45 度の原点を通る直線となります．両直線の交点が総需要と総供給が一致している状態で，かつ国民所得が総供給と等しくなっているわけです．図 11.1 では Y^* が均衡の国民所得になっています．総需要によって国民所得が決まる様子をグラフで表すことを **45 度線分析**ともいいます．「総供給と国民所得はかならず等しい」ということを意味する（11.4）式が 45 度の傾きを持つ直線になるからです．

総需要が総供給および国民所得を決定するという考え方を**有効需要の原理 (principle of effective demand)** といいます．有効需要とは，ケインズの考えた言葉で「貨幣的裏付けを持つ需要」という意味です．私たちは，ものが欲しいという欲望を持つことができますが，その欲望を実現する購買力を持っていなければ市場経済においては意味がありません．その欲望を実現する支出があって，生産がそれに応じて実現するのです．実際，上で求めた総需要の大きさは，Y^* という大きさの国民所得によって実現可能な大きさになっています．

もし，国民所得が Y^* という大きさでなかったとしたら財市場に何が起こるでしょうか．たとえば，図 11.1 において，Y^* よりも小さい Y_1 という国民所得であったとします．国民所得 Y_1 に対応している総供給と総需要をくらべると，総需要のほうが総供給よりも大きくなっています．生産よりも需要のほうが多いので財やサービスが足りない状態です（より現実的には，在庫が減って

図11.1 45度線分析

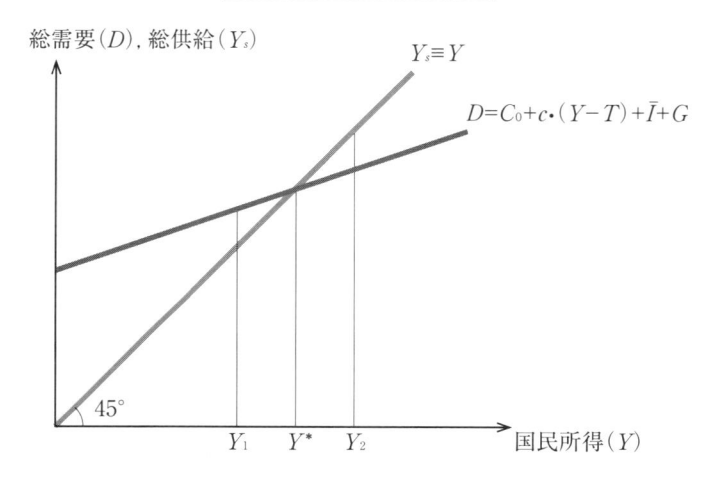

総需要(D), 総供給(Y_s)

$Y_s \equiv Y$

$D = C_0 + c \cdot (Y - T) + \bar{I} + G$

45°

Y_1　Y^*　Y_2　　国民所得(Y)

いっている状況といえます）．したがって，企業は生産を増やそうとするでしょう．それにともなって国民所得，総需要とも増え，Y^*に近づいていきます．逆に当初 Y_2 という国民所得であったなら，総供給のほうが総需要よりも大きいので財やサービスが余っている状態です（企業にとっては，在庫が意図せず増えていってしまっている状態です）．先ほどとは逆に，生産，国民所得，総需要とも減っていき，Y^*に近づいていきます．たとえ経済が当初均衡になくても，生産量の調整によって，財市場の均衡が達成されるということです．財市場の均衡が，物価ではなく生産量の調整によって達成されていることに注意してください．

また，財市場の均衡で達成された生産量 Y^* が潜在的産出量と等しくなる保証はないということにも注意してください．均衡の生産量（均衡国民所得）は，消費，投資，政府支出で構成される総需要と等しくなるように決定されているのです．

> **例題11-1**
>
> 消費関数を,
>
> $$C = 50 + 0.7 Y_d \tag{11.6}$$
>
> 投資量を 80, 税額を 50, 政府支出を 55 とする.
> (1) 総需要を表しなさい.
> (2) 均衡国民所得を求めなさい.
>
> **解 説**
>
> (1) 総需要 D は消費,投資,政府支出の合計だから,
>
> $$\begin{aligned} D &= C + I + G = 50 + 0.7(Y - 50) + 80 + 55 \\ &= 0.7Y + 150 \end{aligned}$$
>
> となる.
>
> (2) (1)で求めた総需要と,財市場の均衡条件 $Y_s = D$ および国民所得が総供給と等しいという条件 $Y_s \equiv Y$ を利用すると,$Y = Y_s = D = 500$ となる.
>
> 均衡国民所得の導出に,潜在的産出量の大きさはまったく関係なかったことに注意せよ.したがって,均衡国民所得 500 が,潜在的産出量に対応した国民所得と等しい可能性はほとんどない.

■ 乗数効果

総需要が総供給を決定しているということは,総需要を構成する消費,投資,政府支出が変化すると総供給も変化するということです.たとえば投資が増加すれば,それに応じて生産が増えるというのは簡単に予想が付くでしょう.さらに驚くべきことに,45度線分析では,当初の総需要の増加よりも大きな均衡国民所得の増加が生じるということが導かれます.このような効果を**乗数効果**(multiplier effect)といいます.

図 11.2　乗数効果

総需要(D), 総供給(Y_s)

$Y_s \equiv Y$

$D_1 = C_0 + c \cdot (Y - T_0) + I_1 + G_0$

$D_0 = C_0 + c \cdot (Y - T_0) + I_0 + G_0$

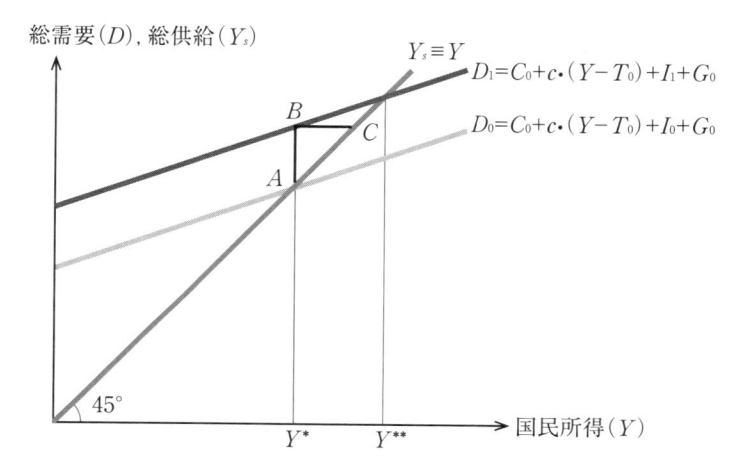

45°

Y^*　Y^{**}　国民所得(Y)

図 11.2 で確認してみましょう．

当初の投資量，税額，政府支出は I_0, T_0, G_0 という水準だったとします．財市場は Y^* で均衡しています．何らかの原因で，投資量が I_0 というレベルから I_1 という水準まで増加したとしましょう．線分 AB の長さは投資量の増加分を表しています．総需要を表す直線は平行に上方シフト（直線 D_0 から直線 D_1）し，交点で表される均衡国民所得は Y^* から Y^{**} まで増加します．

当初の総需要の増加（$I_1 - I_0$）よりも均衡国民所得の増加（$Y^{**} - Y^*$）のほうが大きい，という乗数効果は以下のように確認できます．図 11.2 をもう一度見てください．$Y_s \equiv Y$ は傾き 45 度の直線で，直線 D_1 は直線 D_0 を平行移動したものでしたから，線分 AB と線分 BC の長さは等しくなります．投資量の増加分が線分 BC で表されているわけですから，均衡国民所得の増加 $Y^{**} - Y^*$ は投資量の増加より大きいことがわかります．

数式を使うと次のように表されます．投資量が I_0 のときの総需要は $c \cdot (Y - T_0) + C_0 + I_0 + G_0$ ですから均衡国民所得は，

$$Y_s = C_0 + c \cdot (Y - T_0) + I_0 + G_0$$
$$Y_s \equiv Y$$

第 11 章　短期モデル　383

という 2 本の式から，

$$Y^* = \frac{1}{1-c} \cdot (C_0 + I_0 + G_0 - c \cdot T_0) \tag{11.7}$$

となります．もし，投資量が I_0 から I_1 に増えたら，新しい均衡国民所得は $\frac{1}{1-c} \cdot (C_0 + I_1 + G_0 - c \cdot T_0)$ となり，均衡国民所得の増分は $\frac{1}{1-c} \cdot (I_1 - I_0)$ です．限界消費性向 c は $0 < c < 1$ という条件を満たしていますから，確かに投資量の増加分より均衡国民所得は多く増えています．最終的な均衡国民所得の増加分と，当初の総需要増加分の比率を**乗数**（multiplier）といい，とくにいまの例は投資の増加による総需要の均衡国民所得に対する影響を表しているので**投資乗数**と呼ばれます．限界消費性向が c で表されているとき，投資乗数は $\frac{1}{1-c}$ と表されることがわかりました．

以上は図や数式による分析ですが，実際の経済で起こっているのは以下のような状況と考えられます．たとえば，ある企業 A が投資量を増やしたとき，そのための資材を別の企業 B から購入しています．企業 B の生産は増えますので，そこで勤めている労働者の所得も増えるはずです．ここで終われば，当初の総需要の増加（企業 A の投資量増加）に等しく生産，所得が増えるだけなのですが，所得の増えた労働者は消費を増やすでしょう．これがさらなる生産および所得の増加につながります．このような次々と起こる所得増の合計が均衡国民所得の増加となっているのです．

同じことを数値例で理解してみましょう．たとえば，投資額が 10 単位増えれば，総需要も 10 単位増えますので，生産および所得もその分増えます．この増加した所得はそのまま懐にしまわれているわけではなく，消費を促します．たとえば (11.6) 式のような消費関数を考えれば，$10 \times 0.7 = 7$ だけ消費が増加します．消費も総需要の 1 項目ですから，7 の派生的な総需要の増加を引き起こします．これは 7 だけの生産および所得の増加を導きます．この時点で経済全体の所得は $10 + 7 = 17$ 増加しています．もちろん 7 の所得の増加は，さらなる消費の増加（$7 \times 0.7 = 4.9$）を生み，生産，所得の増加を引き起こします．この永久に続く所得増加の合計値が，図 11.2 の上で $Y^{**} - Y^*$ で表されている均衡国民所得の増加に対応しています．

当初の総需要の増加とそれによって引き起こされる均衡国民所得の増加には，

以下のような明確な関係があります．総需要の増加により所得の増加が起こると，限界消費性向分だけ消費が増えますから，

$$国民所得の増加分 = 10 + 10 \times 0.7 + 10 \times 0.7^2 + 10 \times 0.7^3 + 10 \times 0.7^4 + \cdots\cdots \quad (11.8)$$

と表すことができます．右辺は初項10，公比0.7の無限等比級数ですから，$10 \times \frac{1}{1-0.7} = \frac{100}{3}$ となります．この例では当初の総需要増加の $\frac{10}{3}$ 倍だけ均衡国民所得が増えることになります．限界消費性向が0.7と想定されていたので，投資乗数 $\frac{1}{1-c}$ が $\frac{10}{3}$ となったのです．限界消費性向が大きいほど，投資乗数は大きくなります．これは，限界消費性向が大きいほど，所得の増加によってもたらされる消費の増加が大きいので，派生的に起こる総需要も大きくなり，最終的な均衡国民所得の増加も大きくなるからです．

■ 財政政策の効果

物価水準が硬直的な短期モデルでは，均衡で生産量が過小になることもあります．乗数効果の説明では，投資量が増えるという例を挙げましたが，不況にあるときに自律的に投資が増える保証はありません．何も手を打たなければ，失業が発生するなどの望ましくない状態が続いてしまいます．政府が政府支出の増加や減税などの**拡張的財政政策**を行い，総需要を増やすことが必要とされます．

■ 政府支出増加

まず，政府支出の増加について図を使って考えてみます．図11.3を見てください．

政府支出が G_0 から G_1 に増えますと，総需要を表す直線が上方シフトします．それにともなって，均衡国民所得が増加します．この均衡国民所得増加のプロセスは，投資量増加による均衡国民所得増加のプロセスと同じです．政府支出が G_0 のときの均衡国民所得，G_1 のときの均衡国民所得はそれぞれ，

$$Y^* = \frac{1}{1-c} \cdot (C_0 + I_0 + G_0 - c \cdot T_0)$$

図 11.3 政府支出増加の影響

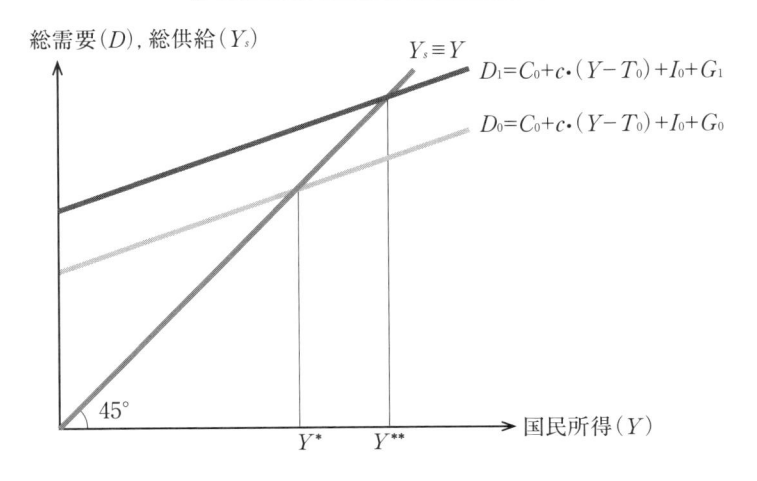

$$Y^{**} = \frac{1}{1-c} \cdot (C_0 + I_0 + G_1 - c \cdot T_0)$$

ですから，$Y^{**} - Y^* = \frac{1}{1-c} \cdot (G_1 - G_0)$ となり，**政府支出乗数**は $\frac{1}{1-c}$ です．政府支出の増加が国民所得を増やすプロセスは，投資の増加によるプロセスと同じですが，大きく違うのは，政府はみずからの意思決定で政府支出を増やすことができるという点です．政府支出増加により，総需要を増加させ過少生産という不況状態を改善できます．つまり政府支出増加は総需要管理政策の1つです．

■ 減税政策の効果

次は減税政策について考えましょう．減税の場合は，政府支出の変化と異なり直接総需要を変化させるのではなく，可処分所得の変化を通じて消費量を変化させることで，総需要に影響を及ぼします．たとえば，税額が10だけ減ったとき，同じ国民所得のもとで可処分所得は10増えます．限界消費性向が0.7であれば，消費は7増えますので，減税10に対応した当初の総需要の増加は7になります．したがって，減税10に対応した国民所得の増加を（11.8）式と同じように表すと，

$$国民所得の増加分 = 7 + 7 \times 0.7 + 7 \times 0.7^2 + 7 \times 0.7^3$$
$$+ 7 \times 0.7^4 + \cdots\cdots \quad (11.9)$$

となります．右辺は初項 7，公比 0.7 の等比級数ですから，$7 \times \dfrac{1}{1-0.7} = \dfrac{70}{3}$ と計算できます．この値は，減税額 10 より大きいですが，政府支出の増加 10 に対応した均衡国民所得の増加 $\dfrac{100}{3}$ よりは小さくなっています．

理由は，政府支出の増加 10 に対して当初の総需要増加が 10 であった一方，減税 10 に対して当初の総需要増加が 7 だったことです．1 単位の減税に対する均衡国民所得の増加は政府支出乗数に限界消費性向（いまの場合は 0.7）を掛けた分の大きさしかありません．

数式を使えば次のように表せます．均衡国民所得は（11.7）式で与えられていますが，税額が T_0 から T_1 に変化したとき，新しい均衡国民所得は，

$$Y^{**} = \frac{1}{1-c} \cdot (C_0 + I_0 + G_0 - c \cdot T_1)$$

となります．したがって，均衡国民所得の変化は $\dfrac{c}{1-c} \cdot (T_0 - T_1)$ と表すことができます．**租税乗数**を，1 単位増税すると何単位国民所得が増えるかを表すものとしましょう．実際には，増税すると国民所得が減り，減税すると国民所得が増えるので，租税乗数の符号はマイナスになります．つまり，租税乗数の大きさは $-\dfrac{c}{1-c}$ で，減税の効果が政府支出増加による効果より，限界消費性向の分だけ小さいことがわかります．

例題11-2

消費関数を，

$$C = 50 + 0.7 Y_d$$

投資量を 80，税額を 50，政府支出を 55 としたとき，例題 11-1 で，均衡国民所得が 500 であることがわかっている．

(1) 投資量が 110 になったときの均衡国民所得を求めなさい．
(2) 均衡国民所得の増加分と投資量の増加分の比（投資乗数）が，

$\dfrac{1}{1-限界消費性向}$ と等しくなっていることを確認しなさい．

(3) 投資量が 80 に戻ったとする．政府が増税を 50 行うと同時に，政府支出を 50 増やしたときの均衡国民所得を求めなさい．

> **解説**
>
> (1) 投資量が 110 になったとき，総需要 D は，
>
> $$D = 50 + 0.7(Y - 50) + 110 + 55$$
>
> となる．これを考慮して，(11.2) 式と (11.4) 式を使うと，均衡国民所得は 600 となる．
>
> (2) 均衡国民所得の増加は 100 であり，投資量の増加 30 との比は $\dfrac{10}{3}$ である．いま，限界消費性向が 0.7 であるから確かに $\dfrac{1}{1-0.7}$ と等しい．
>
> (3) 投資量が 80，税額が 100，政府支出が 105 のもとでの総需要は，
>
> $$D = 50 + 0.7(Y - 100) + 80 + 105$$
>
> である．(1)と同様にして均衡国民所得を求めると，均衡国民所得は 550 となる．
>
> 税額と政府支出を同額増やしても均衡国民所得が増えていること，また増分は 50 で政府支出の増加と等しいことに注意せよ．租税乗数が $-\dfrac{c}{1-c}$ であったから，増税は増税額の $\dfrac{c}{1-c}$ 倍だけ均衡国民所得を減少させる．一方，政府支出乗数は $\dfrac{1}{1-c}$ であったから，同額の増税と政府支出増は，乗数の差 $\dfrac{1}{1-c} - \dfrac{c}{1-c} = 1$ 倍だけ均衡国民所得を増やす．このように，政府支出と税額を同じだけ増加させたときの乗数を**均衡予算乗数**といい，それは 1 となる．

以上の分析で，政府支出の増加や減税といった財政政策が，不況に対して効果のある政策ということがわかったと思います．ただし，ここまでの分析において投資量は一定もしくは，外生的に増加すると考えていました．この想定は，乗数効果や財政政策の有効性を理解するには有用ですが，企業の投資の意思決

定を無視していたという点において不十分なものです．本来，企業は利子率に応じて投資量を決めると考えていました（(9.5) 式を見てください）から，利子率がどうやって決まるのかを明らかにしなければなりません．

長期モデルでは，生産量が潜在的産出量，つまり供給能力と等しいという想定のもとで，財市場の均衡条件から（実質）利子率が求まりました．短期モデルでは，生産量が供給能力によってではなく，総需要によって決まりますので，利子率が決定されるメカニズムを別途提示する必要があります．ケインズの慧眼は，人々の資産選択に目をつけた点です．彼は利子率の決定が資産市場において行われると考えました．以下では，資産市場での人々の行動を定式化しながら，利子率決定のメカニズムを明らかにしていきます．

11.3 資産市場

世の中にはさまざまな資産が存在します．貨幣，債券，株式，土地，住宅，貴金属，絵画などです．さまざまな実物資産や金融資産の組み合わせのことを**ポートフォリオ（portfolio）**，組み合わせを決定することを**ポートフォリオ選択（portfolio selection）**といいます．

資産市場とは，人々が自分にとってもっとも好ましいと思われる資産の組み合わせを実現するために，資産を取引する市場です．学生にとっては，ポートフォリオ選択といってもせいぜい定期預金を持つことぐらいしか現実的な選択ではないかもしれませんが，資産の総額が大きくなれば株式や債券などさまざまな資産を持つようになるでしょう．資産市場の分析とは，私たちがなぜ複数の資産を組み合わせて持とうとするのか，最適なポートフォリオとは何なのかということを分析することです．

なぜ，複数の資産を持つのでしょうか．それはそれぞれの資産が他の資産とくらべて優れている点もあれば，劣っている点もあるからです．たとえば，株式という資産は保有することによって，配当や値上がりによる収益を得ることが期待できます．一方で，値下がりの危険がありますし，なによりこの資産では直接財やサービスを購入することができません（何十万円という価値を持つ株式を，コンビニエンスストアに持っていっても何も買えないでしょう）．債

表 11.1 さまざまな資産の特徴

	収益性	流動性	安全性
貨幣	×	◎	◎
株式	◎	×	×
債券	○	×	○

券も似たような性質を持っていますが，債券への利子支払いや元本の償還額は確定しています．もちろんその企業が倒産してしまえば，約束された利子や元本は戻ってこないかもしれませんが，安全性は株式とくらべれば高いでしょう．

一般に，すべての資産は，収益性，流動性，安全性で特徴づけることができます．貨幣は，収益性には劣りますが，流動性，安全性は他の資産より高いでしょう．株式は収益性に優れていますが，流動性は低く，またその価値は下がるかもしれないので安全性が低いという点が他の資産より劣っていそうです．別の資産，たとえば土地ですと，収益性がさらに高いが，流動性は株式より劣っていると考えられます．代表的な資産の特徴をまとめると表 11.1 のようになります．それぞれの項目において，○が多いほどその特徴について優れていて，×は劣っていることを示しています．

これから資産市場の理論分析に入りますが，いくつかの仮定をおいておきます．まず，どのような資産についても，安全性に関する違いは存在しないと考えます．これにより資産の特徴を 2 種類（収益性と流動性）に限定し，分析を簡潔にすることができます．また，資産の種類を 2 種類，貨幣と債券に限定し，貨幣は収益性はないが流動性のある資産，債券は収益性はあるが流動性のない資産と仮定します．このように極端な仮定をおくことにより現実の資産市場をわかりやすく理論モデル化することができます．

■ 債券とは

これまで債券という言葉をくわしい説明なしに使ってきました．債券は企業や国などが資金を調達するために発行する借用証書です．債券は一般的に額面価格と償還期間と支払利子によって区別されます．額面価格とは，債券の表面に書かれている価格です．償還期間とは額面価格分の金額が保有者に支払われ

るまでの期間を表しています．たとえば日本国債には最短6カ月から最長40年の償還期間の違う債券が10種類以上存在しています．償還期間のあいだ，国債の保有者は支払利子を受け取ることができます．日本国債では利子支払いは通常半年に1回です．

　国債だけに絞っても現実には以上のようにさまざまな種類の国債が流通していますが，以下の理論分析では**コンソル公債**という特殊な債券のみが存在すると考えていきます．この債券は償還期間がない（別の言い方をすると償還期間が無限）という債券です．ですから，永遠に利子支払いが約束されている債券です．このような債券は，イギリス政府が実際に発行し，現在も流通しています．

　コンソル公債の具体例として，額面価格が1万円，利子支払いが年1回100円という例を考えてみましょう．債券が発行されると最初の保有者が決まります．新規発行の金融商品が取引される市場を**発行市場**といいます．1度発行された債券は，その後，保有量を減らしたくなった保有者によって売却されたり，新たに保有したいと思っている投資家に購入されたりします．このように発行済みの金融商品を取引する市場を**流通市場**といいます．これからの分析は現在保有している資産をどう組み替えるかという分析ですので，以下では流通市場に着目し，これを**債券市場**と呼びます．

■ 割引現在価値と債券価格

　株式や債券の価格は日々変動し，1日に数パーセント変動することも珍しくありません．一方，財やサービスの価格の調整は緩慢で，せいぜい年間で数パーセント程度しか変化しません．したがって，債券価格は債券市場の均衡を達成するように調整されると考えて差し支えないでしょう．この価格は現在の需給を反映して決まりますから，額面価格と等しいとは限りません．以下では債券価格の決定を，コンソル公債を例にとって考えていきます．

　債券をコンソル公債として考えると，債券価格と利子率のあいだに以下のような簡潔な関係が求まります（ここで論じられている利子率は，債券価格や利子が円表示であることから正確には名目利子率と呼ぶべきものですが，短期では両者を区別しないので，rで表します）．いまコンソル公債の利子をB円と

します．つまり，いまコンソル公債を購入すると，永遠に毎年 B 円の利子をもらいつづけることができるわけです．ですから，この債券の価値は永遠にもらえる利子の合計であるはずです．しかし，もらえる時点の異なる利子をそのまま合計することはできません．

なぜなら，いま利子率が r であると，1円を貯金すると来年 $1 + r$ 円になります．ですから，いまの1円と来年の1円は同じ価値とはいえません．つまり，時点が違うと金額が同じでも価値が違うのです．別の言い方をすると，いまの1円は来年の $1 + r$ 円と同じ価値といえます．逆に来年の1円はいまの $\frac{1}{1+r}$ 円と等しいともいえます．このように，現在の価値に直された将来に受け取れる価値を**割引現在価値**（discounted present value）といいます．したがって，コンソル公債の保有によって得られる利子を合計するには，現在の価値に割り引いて足し合わせる必要があるのです．具体的には，永遠に毎年 B 円の利子が支払われますから，

$$\text{利子の割引現在価値の合計} = \frac{B}{1+r} + \frac{B}{(1+r)^2} + \frac{B}{(1+r)^3} + \cdots\cdots$$

というように価値が計算できます．2年後の利子は $(1+r)^2$，3年後の利子は $(1+r)^3$ で割り引いています．右辺は初項 $\frac{B}{1+r}$，公比 $\frac{1}{1+r}$ の無限等比級数ですから $\frac{B}{r}$ と計算されます．これがコンソル公債の価値ということになります．このような債券が市場で取引されているとき，どのような価格がつくでしょうか．もしこの価値より高い価格がついていたら，誰も買おうとしないでしょう．逆に価値より低い価格がついていたらみなが買おうとして取引が成立しないでしょう．よって，債券の市場価格は債券の価値と等しくなると考えるのが妥当です．式で書くと，

$$\text{債券価格} = \frac{B}{r} \tag{11.10}$$

となります．債券価格と利子率 r の間には，債券価格が下落していると利子率は上昇しており，債券価格が上昇しているとき利子率が下落しているという簡潔な関係があります．

■ 債券市場と貨幣市場

　債券と貨幣を各人が売却したり購入したりする場として，債券市場と貨幣市場が存在します．市場ですので，それぞれの需給が一致するところが均衡となります．たとえば，あなたが100万円持っていたとします．あなたにはその100万円を，①そのまま貨幣として持っている，②利子を得るために，一部または全部を債券に換える，という選択肢があります．貨幣をそのまま持っていたいという需要が貨幣需要，債券に換えようという需要が債券需要です．貨幣供給は，民間銀行の発行する預金通貨まで含んでいますが，以下では前章で仮定したように中央銀行が完全にコントロールできると考えます．債券の供給量は国や企業が発行した債券の量（枚数）ですが，その量は一定と考えます．

　資産には貨幣と債券の2種類が存在していますから，両方の市場が均衡しないと，資産市場全体の均衡と呼べません．ただ，以下に説明する**資産市場のワルラス法則**の存在により，どちらか一方の市場で均衡が達成されていればもう一方の市場でも均衡していることが保証されます．

　いま，世の中にある資産はかならず誰かに保有されていますから，

$$資産供給 = 資産需要 \tag{11.11}$$

が成立します．資産は貨幣と債券しかありませんから，

$$資産供給 = 貨幣供給 + 債券価格 \times 債券供給 \tag{11.12}$$

および，

$$資産需要 = 貨幣需要 + 債券価格 \times 債券需要 \tag{11.13}$$

という関係が成立します．(11.11) 式に (11.12) 式と (11.13) 式を代入して整理すると，

$$貨幣供給 - 貨幣需要 = 債券価格 \times (債券需要 - 債券供給)$$

となります．左辺は貨幣市場における超過供給，右辺は債券市場における超過需要といえます．貨幣市場において超過供給（超過需要）が起こっているとき

には債券市場で超過需要（超過供給）が起こっている，もしくは貨幣市場が需給均衡しているときには債券市場も需給均衡しているということを表しています．これを資産市場のワルラス法則といいます．

■ 貨幣市場均衡

資産市場のワルラス法則から，貨幣市場もしくは債券市場のみを分析すれば資産市場全体の様子が分析できることがわかりました．貨幣市場，債券市場どちらに着目しても良いのですが，マクロ経済学では通常，貨幣市場に注目します．それは，のちに分析する金融政策が貨幣供給量の変化を通じて資産市場に影響を与えるので，貨幣市場に着目しておいたほうが分析が理解しやすいからです．

貨幣市場の均衡とは，貨幣需要と貨幣供給量（マネーサプライ）の等しくなった状態です．貨幣需要は，前章で国民所得と名目利子率によって決定されると明らかにされました．先ほどまでと同様に，短期モデルでは期待インフレ率は0と考えて良いので，

$$L = L(Y, r) \tag{11.14}$$

と，貨幣需要関数を表しましょう．Yは国民所得です．国民所得が増えれば，取引需要や予備的需要が増える結果貨幣需要が増えました．一方，利子率rの上昇は他の収益資産（いまの場合は債券）の保有が魅力的になるので，貨幣需要が減少すると考えていました．

マネーサプライは民間銀行の発行する預金通貨まで含んでいますが，前章で仮定したように，中央銀行が完全にコントロールできると考えます．マネーサプライをMと表すと，貨幣市場の均衡条件は，

$$M = P \cdot L(Y, r) \tag{11.15}$$

と書かれます．もしくは両辺を物価水準のPで割った，

$$\frac{M}{P} = L(Y, r) \tag{11.16}$$

と表されます．Mは金額表示（たとえば円単位）のマネーサプライでしたから，

図11.4 貨幣市場の均衡

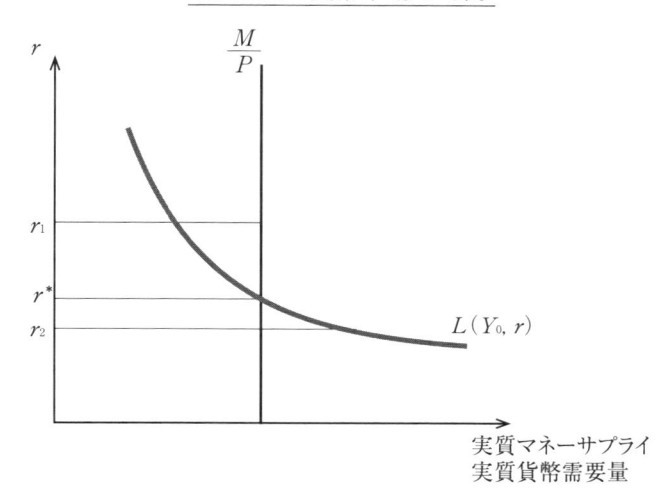

実質マネーサプライ
実質貨幣需要量

Mは正確には名目マネーサプライと呼ぶべきで，それに対して$\frac{M}{P}$は実質マネーサプライと呼ばれます．実質マネーサプライとは，財やサービスをどのくらい購入できるのかで表したマネーサプライの量です（名目と実質の違いは8.2節「名目と実質」の項を参考にしてください）．以下では (11.16) 式で貨幣市場の均衡条件を表していきます．貨幣市場の均衡条件はLM方程式もしくはLM式と呼ばれます．

貨幣市場の均衡の様子は図11.4のように描くことができます．縦軸は利子率を，横軸は実質マネーサプライと実質貨幣需要量を表しています．貨幣需要関数 (11.14) 式は国民所得と利子率に依存していますが，国民所得をY_0という水準に固定すれば，利子率が低下すると貨幣需要が増えるという関係を，右下がりの曲線として描くことができます．

実質マネーサプライは利子率に関係なく中央銀行の貨幣供給によって決まりますので，垂直線になります．交点のr^*が貨幣市場の均衡を成立させる利子率ということになります．先ほど示したワルラス法則から，貨幣市場の均衡条件が成立していれば債券市場も均衡が成立して，資産市場全体の均衡が成立しています．

第11章 短期モデル

■ 資産市場の均衡調整メカニズム

もし均衡が成立していなかったら，どのように均衡が達成されるでしょうか．これから説明する貨幣市場均衡（資産市場均衡でもあります）達成のメカニズムは少々複雑かもしれませんが，以下の3つの点に気をつけて理解すればよいでしょう．

① 債券市場の均衡は，債券価格の調整により達成される．
② 資産市場のワルラス法則により，貨幣市場の超過供給（超過需要）と債券市場の超過需要（超過供給）は同時に起こっている．
③ 債券価格と利子率は相反する関係にある．

「割引現在価値と債券価格」の項で述べたように，債券市場の均衡は債券価格によって達成されます．図11.4において，利子率が r_1 だったとします．この利子率の水準では実質マネーサプライが実質貨幣需要を上回っているので，貨幣市場で超過供給が生じています．そして，貨幣市場で超過供給が起こっているなら，債券市場で超過需要が起こっています．債券市場で超過需要ということは債券価格は上がるでしょう．同時に，(11.10)式から利子率は低下しています．利子率の低下は，貨幣需要を増加させますから，貨幣市場での超過供給が解消されていきます．

逆に利子率 r_2 では貨幣市場で超過需要，債券市場で超過供給が生じています．債券市場での超過供給を反映して債券価格は下がっていきます．債券価格の低下は利子率の上昇を意味しますので，貨幣需要が低下して，超過需要は解消し，資産市場の均衡が達成されます．

■ 金融政策の効果

中央銀行は名目マネーサプライを変化させるという金融政策を行うことができます．名目マネーサプライの変化は資産市場の均衡に影響を与えます．金融政策の効果は，まず図11.5を使って分析するのがわかりやすいでしょう．

当初，名目マネーサプライが M_0，物価水準が P_0 で，国民所得が Y_0 であったとします．均衡利子率は r^* となっています．M_0 から M_1 へ名目マネーサプライが増加すると，実質マネーサプライを表す直線が右方シフトします（短期

図11.5 名目マネーサプライ増加の影響

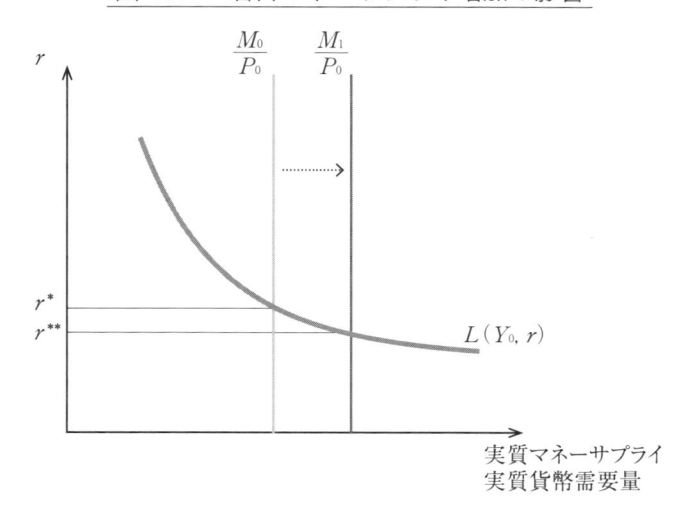

モデルでは物価水準は変化しません）．それにともない，利子率が低下し，新しい均衡利子率は r^{**} になります．つまり，名目マネーサプライの増加は，物価水準と国民所得一定のもとで，利子率を低下させます．

　名目マネーサプライの増加によって起こっている市場での調整は，以下のようなものです．まず名目マネーサプライが増えますと，実質マネーサプライが増え，貨幣市場で超過供給が起こります．このとき，ワルラス法則から債券市場では超過需要が起こっています．債券の超過需要を受けて債券価格が上昇します．債券価格の上昇は利子率の低下を意味します．利子率が低下すると，貨幣保有の機会費用が低下しますので実質貨幣需要が増加し，再び均衡状態が達成されます．

11.4　IS-LM 分析

　財市場の分析では，投資量を一定にしていました．利子率が一定であれば投資量は一定になりますから，言い換えれば利子率を一定にしたうえで国民所得が決定されていました．一方，資産市場の分析では，国民所得を一定にして利

子率が決定されました．勘のいい人は予想がつくように，財市場と資産市場を同時に分析すれば，国民所得も利子率も同時に決定することができます．短期モデルで財市場と資産市場を同時に考察することを *IS-LM 分析*といいます．この分析では，財市場の均衡条件と貨幣市場の均衡条件を，IS 曲線，LM 曲線という 2 本の曲線で表します．

■ *IS 曲線*

財市場の均衡条件（11.5）式を，投資が利子率に依存しているということを明確にして書き直せば，

$$Y = C_0 + c \cdot (Y - T) + I(r) + G$$

と書けます．両辺から税額 T を引いて整理すれば，

$$Y - T - c \cdot (Y - T) - C_0 = I(r) + G - T$$

となります．ここで，左辺は貯蓄（貯蓄の定義は $S \equiv Y - T - C$ でした）を表していますので，

$$S(Y - T) = I(r) + (G - T) \tag{11.17}$$

のように書くことができます．

（11.17）式の導出は第 9 章（9.8）式の導出方法と同じです．（11.17）式も IS 方程式もしくは IS 式と呼ばれます．しかし，（11.17）式の意味は（9.8）式と本質的に異なっています．（9.8）式では，長期モデルを考えていましたので国民所得は潜在的産出量の大きさで決定されます．したがって第 9 章（9.8）式から，財市場の均衡を達成する均衡利子率が決定されました．（11.17）式では，まだ国民所得が決定されていません．単に，財市場の均衡を成立させる Y と r の組み合わせを示しているだけです．

数学的には，（11.17）式という 1 本の式に対して，2 つの変数（国民所得 Y と利子率 r）が存在していますのでこのままでは Y も r も決定されません．国民所得 Y が決まれば利子率 r が決まると考えても，利子率 r が決まれば国民所得 Y が決まると考えても，数学的には違いはありませんが，経済学的な考

図 11.6　*IS* 曲線

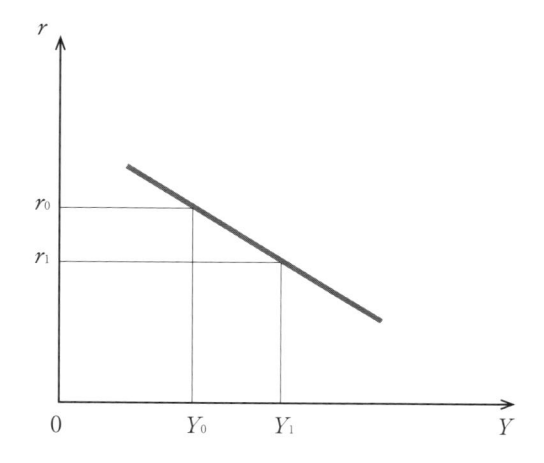

え方としては「利子率 *r* が決まれば国民所得 *Y* が決まる」と考えるべきです．(11.17) 式が財市場の均衡条件だからです．

　(11.17) 式で表されている関係を，図 11.6 のように描くことができます．まず縦軸に利子率，横軸に国民所得をとります．(11.17) 式は財市場を均衡させるような *Y* と *r* の組み合わせを示していますから，たとえば図中の (Y_0, r_0) が財市場の均衡条件を満たしているとします．この状態から，利子率だけが r_1 まで低下したとしましょう．すると (11.17) 式の右辺の投資量が増加しますから，もとの国民所得 Y_0 のままでは財市場の均衡条件は満たされません．数式で表せば，

$$S(Y_0 - T) < I(r_1) + (G - T)$$

となっているはずです．貯蓄は国民所得の増加関数でしたから，再び等号が成立するためには，国民所得が増加し（たとえば Y_1 まで増加し），貯蓄量が増加しなければなりません．つまり，(11.17) 式を満たす国民所得と利子率の組み合わせは，利子率が低下すれば国民所得は増加しなければならないという関係です．したがって，(11.17) 式を満たすような *Y* と *r* の組み合わせは，右下がりの関係として描けます．本書の分析では，消費関数や投資関数を (9.1)

式や (9.5) 式のように単純な線形関数として考えているので，(11.17) 式は具体的には，

$$(1-c) \cdot Y + c \cdot T - C_0 = I_0 - \beta \cdot r + G \tag{11.18}$$

となります．これは図に描くと図 11.6 のように直線として表されます．より一般的な消費関数や投資関数のもとでは，財市場を均衡させる国民所得と利子率の組み合わせは曲線として表され，このような曲線のことを *IS 曲線* と呼びます．本書でも，直線ではありますが，財市場を均衡させる国民所得と利子率の組み合わせを表すグラフのことを *IS* 曲線と呼んでいきます．

■ *LM* 曲線

次は資産市場の均衡条件を見てみましょう．以下では資産市場のワルラス法則を考慮して，貨幣市場の均衡条件だけを分析します．

貨幣市場の均衡条件は，

$$\frac{M}{P} = L(Y, r) \tag{11.19}$$

でした．この式も (11.17) 式と同じように 1 本の式に国民所得と利子率という 2 つの変数があります．(11.19) 式を利用して分析されるのは資産市場ですから，「国民所得 Y が決まれば利子率 r が決まる」と見るのが適当です．

(11.19) 式で表される関係も図に描くことができます．図 11.7 を見てください．当初 (Y_0, r_0) という組み合わせで (11.19) 式が満たされていたとします．利子率が変わらずに国民所得が Y_1 まで増加したとしましょう．国民所得の増加は取引需要や予備的需要を増やしますので，貨幣需要が増え，

$$\frac{M}{P} < L(Y_1, r_0) \tag{11.20}$$

という関係が成立しているはずです．再び均衡を達成するには，利子率が上昇して（図では r_1），貨幣需要を減らさなければなりません．つまり，貨幣市場を均衡させる国民所得と利子率の組み合わせは，国民所得が増加すれば利子率も上昇しなければならない関係ということです．図に描けば図 11.7 のように右上がりの曲線として描けます．この曲線のことを *LM 曲線* と呼びます．

図 11.7　*LM* 曲線

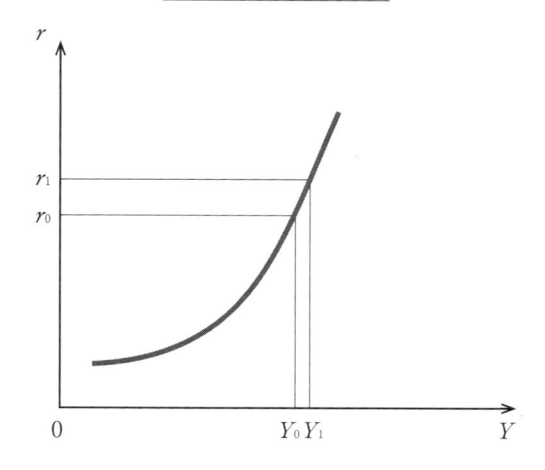

■ *IS-LM* 分析

　財市場の均衡条件を表す *IS* 曲線と資産市場の均衡条件を表す *LM* 曲線を図にすることができましたので，これで経済全体の均衡状態を描写することができます．

　財市場の均衡条件と貨幣市場の均衡条件を再掲します．

$$S(Y - T) = I(r) + (G - T) \tag{11.21}$$

$$\frac{M}{P} = L(Y, r) \tag{11.22}$$

この2本の方程式のグラフが，それぞれ *IS* 曲線，*LM* 曲線でした．同じ図に描いてみましょう．

　IS 曲線が右下がり，*LM* 曲線が右上がりですから交点が1つだけ存在します．この交点が *IS-LM* 分析における均衡の国民所得と利子率を示しています．短期モデルは *IS* 式と *LM* 式の2本で経済の均衡が描写されるので，**IS-LM モデル**ともいわれます．

　IS-LM 分析の結果で，国民所得と利子率が同時に決まりますが，この国民

図11.8 *IS-LM*分析

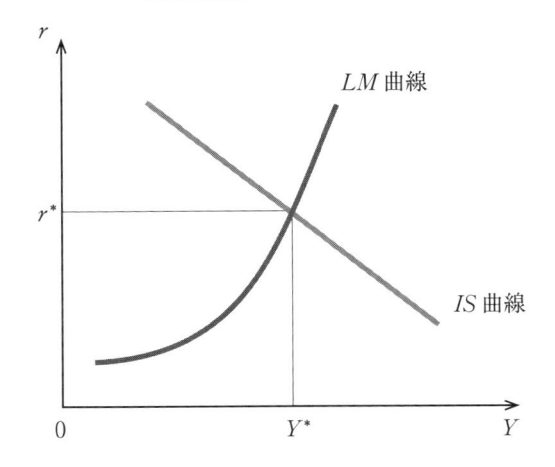

所得が潜在的産出量と等しくなる保証はありません．均衡国民所得は，潜在的産出量より大きくなることも小さくなることもあるのですが，とくに問題になるのは，均衡国民所得が潜在的産出量よりも小さいケースでしょう．このとき，世の中に存在している生産要素がすべては使われておらず，生産要素が余っているはずです．つまり，失業や遊休設備が存在しています．

■ケインズ経済学

第8章の冒頭で，「マクロ経済学は大恐慌を契機に生まれた」と述べました．物価水準が硬直的であると仮定することによって，均衡の生産量が潜在的産出量よりも低くなる可能性が生じました．一般にケインズ経済学といえば，「物価水準の硬直性を失業の原因とする」経済学と認識されています．確かにケインズは『一般理論』のなかで労働賃金が硬直的であろうということを議論しています．たとえ失業者がいても労働賃金が固定されていれば，失業は解消せず，生産量は潜在的産出量にくらべて過小になるでしょう．過少生産の裏側には，働きたいのに働けていない人（非自発的失業）が存在します．このような状況は，社会的な無駄で明らかに最適な状態ではありません．ケインズ経済学はこのように，「市場経済にまかせておいても社会にとって最適な状態は達成されないかもしれない」という結論を導いていますので，政府の介入，具体的には

政府が総需要を増やし産出量や国民所得を増やすことが期待されます．総需要をコントロールするような政策を**総需要管理政策**といいます．適切な総需要管理政策のあり方を分析することがケインズ経済学の重要な目的の1つです．

一方で，ケインズ経済学に対しては，物価や賃金の硬直性の原因が明らかでないという批判が行われてきました．それに対して，なぜ賃金や物価水準が硬直的なのかについて精緻な分析を行う研究者も多く出てきました．現在でも，ケインズ的な見方をする経済学者（**ケインジアン**といいます）とそうでない経済学者のあいだで論争が行われています．

例題11-3

経済が次の数式で表されるとする．

消費関数 $C = 50 + 0.7 Y_d$
投資関数 $I = 100 - 500r$
貨幣需要関数 $L = 0.3Y + 100 - 1500r$

政府支出は65，租税は50，名目マネーサプライは220，物価水準は1とする．

(1) IS式を求めよ．
(2) LM式を求めよ．
(3) 均衡の利子率および国民所得を求めよ．

解説

(1) 財市場の均衡条件は，

$$Y = C + I + G$$

である．可処分所得 Y_d は $Y - T$ であるから，与えられた消費関数，投資関数を使ってIS式は，

$$0.3Y + 500r = 180 \tag{11.23}$$

となる．

第11章 短期モデル 403

(2) 貨幣市場の均衡条件は,

$$\frac{M}{P} = L$$

である．これに与えられた貨幣需要関数,名目マネーサプライ,物価水準を代入して整理すれば,LM 式は,

$$0.3Y - 1500r = 120 \qquad (11.24)$$

となる．

(3) (11.23) 式と (11.24) 式を連立して, Y と r について解けば $Y = 550$, $r = 0.03$ となる.

均衡国民所得が潜在的産出量より下回っているときには，経済政策によって国民所得を増加させることが望まれます．IS-LM 分析では，図を使うことにより財政政策や金融政策の効果を簡単に分析することができます．ポイントは，財政政策や金融政策によって IS 曲線や LM 曲線がどのようにシフトするのかを理解することです．

■ 財政政策の効果

政府支出を増加させると経済にどのような影響を与えるでしょうか．(11.21) 式と (11.22) 式を見てください．政府支出 G の増加は直接的には IS 式のみに影響を与えることがわかります．具体的には次のように IS 曲線がシフトします．

政府支出を増加させると国民所得や利子率が一定のもとでは，(11.21) 式において右辺が大きくなります ($S(Y-T) < I(r) + (G-T)$)．したがって，それまでの国民所得よりも大きな国民所得になって貯蓄が増え，左辺が大きくならなければ財市場の均衡条件は成立しません．第 9 章で学んだように，右辺は資金需要を表していました．増加した資金需要をまかなうためには，より大きな国民所得に基づく貯蓄による資金供給が必要ということです．言い換えれば，政府支出が増加すると，同じ利子率のもとでは，より大きな国民所得で新しい財市場の均衡が達成されるということです．これは図 11.9 では，財政支

図 11.9 政府支出増加の影響

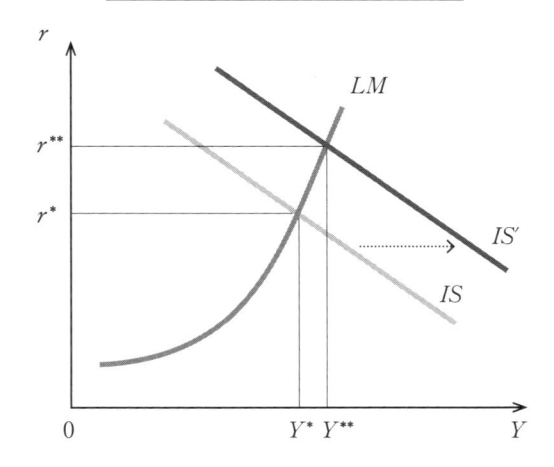

出の増加により IS 曲線が IS' 曲線へと右シフトすることを意味しています．この結果，LM 曲線との交点は (r^*, Y^*) から (r^{**}, Y^{**}) へと右上に移動します．つまり，国民所得は増加し利子率は上昇します．

　政府支出の増加が利子率を上昇させていることに注意してください．投資量は利子率の減少関数でしたから，政府支出の増加により投資量が減っていることになります．政府行動により民間の経済活動が抑制されてしまうことを，一般に**クラウディング・アウト**（crowding out）といいますが，ここで起こっていることは典型的なクラウディング・アウトです．政府支出による需要増の効果が，投資減少による需要減を上回っているので，結果として国民所得が増えていますが，民間企業の行動を抑制してしまうことは望ましくないでしょう．実際の財政政策においては，利子率の動きに注意しながら財政政策を進めていくことが求められます．

■ 金融政策の効果

　次に名目マネーサプライを増加させるという**拡張的金融政策**を考えましょう．(11.21) 式，(11.22) 式を見てください．マネーサプライの変化は LM 式にのみ影響を与えます．したがって，図 11.10 では LM 曲線のシフトという形で影

図 11.10　名目マネーサプライ増加の影響

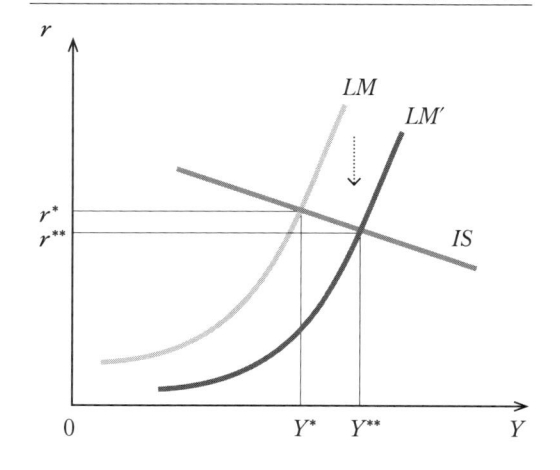

響が現れます．順を追って，金融政策変更の影響を見ていきます．

　中央銀行が名目マネーサプライを増加させると，物価水準が一定であるので実質マネーサプライが増加します．したがって，国民所得と利子率が一定であれば，(11.22) 式において左辺が大きくなります（$\frac{M}{P} > L(Y, r)$）．再度，貨幣市場の均衡が達成されるためには，利子率が低下し，右辺の貨幣需要が大きくなる必要がありそうです．

　実際，利子率の低下は，具体的には以下のようなプロセスで資産市場を再度均衡に導きます．まず名目マネーサプライの増加により貨幣市場で超過供給が生じていますが，これはワルラス法則から，債券市場では超過需要が起こっていることを意味します．債券市場の調整は債券価格によって達成されますので，超過需要に反応して債券価格が上昇（利子率は低下）し，債券市場および貨幣市場が再度均衡します．結局，名目マネーサプライ増加の結果，一定の国民所得のもとで，より低い利子率で，新しい貨幣市場の均衡が達成されました．

　以上のメカニズムは複雑かもしれませんが，重要なのは，マネーサプライが増加すると，国民所得一定のもとで，以前より低い利子率で資産市場の均衡が達成されたことです．これは，図 11.10 では以下のように LM 曲線の LM' 曲線への下方シフトとして表されます．

　IS-LM 図において，LM 曲線の下方シフトは均衡国民所得を増加させ，均

図 11.11 流動性の罠

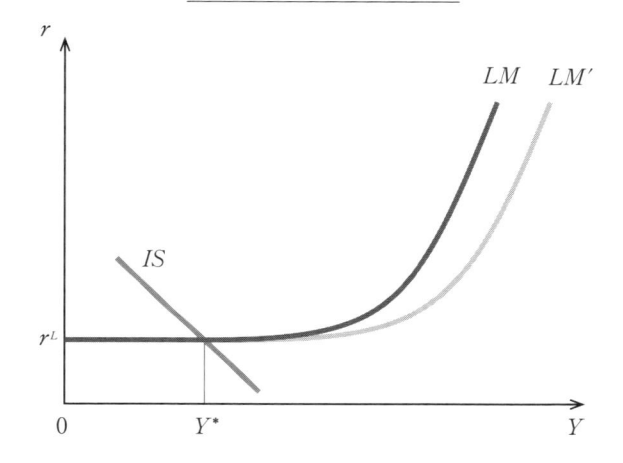

衡利子率を低下させます．財政政策とは異なり，均衡利子率が低下していることに注意してください．拡張的金融政策は均衡利子率を低下させることにより，投資を促し財市場での総需要を増加させ，国民所得を増加させるのです．

■ 流動性の罠

　以上のように拡張的金融政策は国民所得を増加させますが，金融政策の効果がない状況も指摘されています．図 11.11 のように LM 曲線に水平な部分があるときです．通常拡張的金融政策は，上で見たように LM 曲線の下方シフトを起こしました．これは債券市場での超過需要が起こっていたからです．しかし，債券価格が十分高い（利子率が十分低い）と，将来の値下がりによる損失をおそれ，人々がこれ以上債券を欲しいとは思わない状況が考えられます．言い換えると，人々がいくらでも貨幣を保有していいと思っている状況です．このような状況では，たとえマネーサプライが増えても，債券需要の変化が起こりませんので，債券価格（利子率）は変化しません．つまり，十分低い利子率のもとでは，マネーサプライを増やしても，資産市場を均衡させる利子率は一定のままなのです．このような状況を，資産需要が流動性（貨幣）への需要にとらわれているということから**流動性の罠**（liquidity trap）といいます．流動性の罠の状況では，資産市場を均衡させる利子率がある低い水準（図 11.11 で

第 11 章　短期モデル　407

は r^L) で一定となり，LM曲線は水平部分を持つことになります．

流動性の罠の状況では，マネーサプライをいくら増やしても，ある低い水準の利子率で LM 曲線は水平のままです．したがって，もし経済が図 11.11 の (r^L, Y^*) で表されるような状態であったならば，拡張的金融政策を行っても IS 曲線との交点にも変化がありません．つまり，金融政策によって国民所得を増やすことはできません．

1990年代以降の日本やリーマン・ショック後の欧米諸国の不況は，利子率が非常に低くなっています．その意味でこれらの国は流動性の罠にはまっている可能性が高いといえます．私たちが学んだ IS-LM 分析では流動性の罠において金融政策は完全に無効ですが，現実には各国の中央銀行は，長期国債の購入やインフレ目標など，**非伝統的金融政策**をとって景気を回復しようと挑戦しています．

■ ポリシー・ミックス

2つ以上の政策を組み合わせて同時に行うことを**ポリシー・ミックス** (policy mix) といいます．複数の政策を同時に行うと，複数の目的を同時に達成できます．以下，IS-LM モデルを利用して，ポリシー・ミックスの利点を見てみましょう．

財政政策の効果を思い出してみましょう．拡張的財政政策を行うと IS 曲線が右に移動します（図 11.12 の矢印 1 で表されています）．国民所得を増やすことはできましたが，同時に利子率も上昇しました（図 11.12 の (Y^*, r^*) から (Y^{**}, r^{**}) への均衡の移動で表されています）．このとき，投資量は減少しクラウディング・アウトが起こっています．ここで，拡張的金融政策も同時に行うことを考えてみましょう．名目マネーサプライの増加により，LM 曲線は下に移動します（矢印 2 で表されています）．すると，利子率は低下するので，クラウディング・アウトの度合いは弱まります．新しい均衡が (Y^{***}, r^*) になるように名目マネーサプライを十分増やせば，利子率を保ったまま（クラウディング・アウトを完全に相殺して）国民所得を増加させることができます．

つまり，ポリシー・ミックスにより「利子率を一定にしたままにする（クラウディング・アウトを起こさない）」という目的と「国民所得を増加させる」

図11.12 ポリシー・ミックス

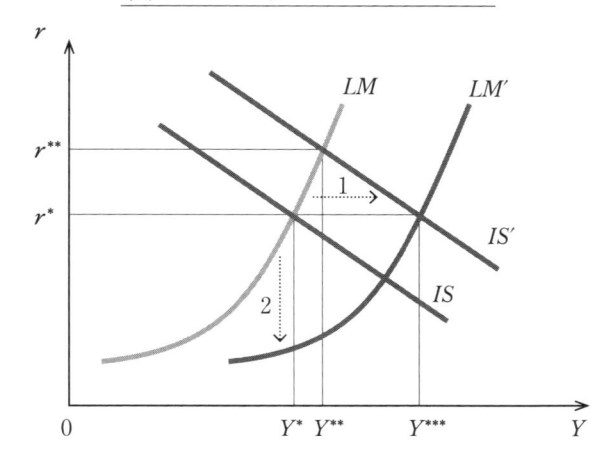

という2つの目的を同時に達成することができたのです．

■ 財政政策と金融政策の比較

　IS-LM分析によれば，財政政策と金融政策のどちらも国民所得を増加させる効果があります．ただし，実際の政策効果の評価に当たっては，以下の2点に注意しなければなりません．

　第1に，政策を実行するのにはさまざまな遅れ，**ラグ（lag）**が重要になります．こうしたラグには，大きく，

① 認知ラグ
② 決定ラグ
③ 実行ラグ
④ 波及（効果）ラグ

の4種類があります．

　①の認知ラグは，経済実態の変化を察知するまでにかかるラグのことです．経済統計の大部分はリアルタイムではありません．また，たとえリアルタイムであっても人間の理解には一定の限界があります．②の決定ラグとは，政策を決定するまでにかかる時間です．政策を決定するには政策担当者が意見を交換

第11章　短期モデル　409

し，合意する必要があります．③の実行ラグというのは政策が決定されてから，現実に実行されるまでのあいだ，連絡や準備にかかるラグのことです．④の波及（効果）ラグというのは，政策が実行されてから，経済に効果が表れてくるまでのラグです．

　財政政策と金融政策は，このラグにおいても異なります．とくに②の決定ラグについては，財政政策は金融政策以上に時間がかかります．金融政策は基本的に中央銀行内部で決定すれば良いのに対して，財政政策の決定には行政府だけではなく，立法府（日本では国会）も関与します．さらに③の実行ラグについても，財政政策のラグは長くなります．一方の金融政策は公開市場操作や利子率操作など，ラグが短いといえます．反対に，④の波及ラグについては，一般的に金融政策は財政政策以上に効果が出てくるまでの時間がかかることが知られています．

　第2に，現実の政策の実行には政治が絡んできます．財政政策を決定するのは政治家です．民主制において政治家は（普通思われている以上に）有権者の声を気にします．財政政策における政府支出，とくに公共事業の支出に関しては，政治家はそれを自分の選挙区に誘導しようとするインセンティブを有しています．それに対して，現代の先進国では，金融政策の適切な運営を期待して，金融政策は中央銀行の管轄とされることが多くなっています（中央銀行の独立性）．その場合，第10章「中央銀行の目的」の項で説明したように，中央銀行は国民所得の増加ではなく，「物価の安定」や「金融システムの安定」を目標として金融政策を運営しているかもしれません．政府と中央銀行の現状認識に食い違いが起きると，適切なポリシー・ミックスが実現されなくなる可能性があります．

本章のまとめ

1　本章では，物価水準が硬直的である状況を分析する基礎モデル *IS-LM* モデルについて学びました．

2　物価水準が硬直的であると，総需要が総供給および国民所得を決定するという有効需要の原理が成立します．

3　45度線分析から，均衡国民所得の増加分は，当初の総需要増加分よりも大きいことがわかりました．これを乗数効果といいます．

4　一般に，債券価格と利子率のあいだには，債券価格が下落していると利子率は上昇しており，債券価格が上昇しているときには利子率が下落しているという関係があります．

5　資産市場のワルラス法則から，貨幣市場において超過供給（超過需要）が起こっているときには債券市場で超過需要（超過供給）が起こっていることがわかります．

6　拡張的財政政策は，総需要を増やして国民所得を増加させる一方，利子率の上昇により民間投資を抑制してしまうクラウディング・アウトという副作用も起こします．

7　拡張的金融政策は，利子率を低下させることにより投資を促し，総需要を増やして国民所得を増やします．

8　債券価格があまりにも高い（利子率があまりにも低い）と，流動性の罠という状況に陥り，金融政策に効果がなくなります．

9　実際の政策評価に当たっては，さまざまなラグや，政府と中央銀行の目的の違いなども考慮する必要があります．

本章のキーワード

価格の硬直性　　有効需要の原理　　45度線分析　　乗数効果　　投資乗数　　政府支出乗数　　租税乗数　　資産市場のワルラス法則　　*IS* 曲線　　*LM* 曲線　　*IS-LM* 分析　　ケインズ経済学　　ケインジアン　　拡張的財政政策　　拡張的金融政策　　クラウディング・アウト　　流動性の罠　　ポリシー・ミックス　　ラグ

演習問題

1 以下の(1)〜(5)について，空欄に当てはまる語句を答えなさい．

(1) 短期モデルでは，（　　）に市場調整能力はなく，（　　）が調整して市場での需給が一致します．

(2) 総需要が総供給および国民所得を決定するという考え方を（　　）といいます．

(3) 最終的な均衡国民所得の増加分と，当初の総需要増加分の比率を（　　）といいます．

(4) （　　）によれば，貨幣市場において超過供給が起こっているときには債券市場で（　　）が起こっている．

(5) マネーサプライをいくら増やしても，すべて貨幣への需要となり利子率に変化がない状況を（　　）といいます．

2 ある経済が，以下のような数式で表されている．

消費関数 $C = 55 + 0.6Y_d$
投資関数 $I = 120 - 400r$
貨幣需要関数 $L = Y + 110 - 200r$

また税額を 75，政府支出を 10 として，以下の問に答えなさい．

(1) 名目マネーサプライが 400，物価水準が 1 のときの，均衡の国民所得および利子率を求めなさい．

(2) 政府支出が 30 に増えたときの均衡の国民所得および利子率を求めなさい．

(3) (2)と同じく政府支出が 30 のとき，利子率を(1)のままにしておくためには名目マネーサプライ M をいくつにすればよいか．また，そのときの国民所得も求めなさい．

(4) 再び政府支出を 10 とする．金融政策のみで国民所得を 290 まで縮小するためには名目マネーサプライ M をいくつにすればよいか．

3 以下の問(1), (2)に答えよ．

(1) *IS-LM*分析では不況の原因を価格の硬直性に求めていた．このような原因による不況状態のとき，以下で示す政策がもたらす帰結を論じなさい．①研究開発費用を税額控除する．②公共職業安定所（ハローワーク）の民間委託による効率化．③失業者への職業訓練受講給付金の授与．

(2) いま，国民所得が潜在的産出量よりも小さいとする．物価水準の下落は国民所得を潜在的産出量に近づけるであろうか．

> コラム

「流動性の罠」の新しい解釈が
アベノミクスの生みの親？

　教科書本文では、「流動性の罠」について学びました．本文にあるように，通常の *IS-LM* 分析では「流動性の罠」が起きると不況対策として金融政策は無効になり，財政政策のみが有効になります．これは，かつてのケインズ経済学では財政政策が重視される典型例としてよく取り上げられました．ちなみに，ケインズは『一般理論』では，「流動性の罠」にあたる場合を考えていましたが，そういう言葉を使っていません（この言葉をつくったのは，ケインズとも交流のあったデニス・ロバートソンという経済学者です）．しかも，ケインズは，「流動性の罠」が現実に起きる可能性は少ないと考えていました．

　けれども「流動性の罠」に類似した事態が現実に発生しました．それはほかならぬ，わが国です．1990年代の後半，日本の短期金利はほとんどゼロになりました．この時代，旧来の「流動性の罠」の理解に従って財政政策の必要性が叫ばれましたが，景気は一向に回復せず，同じ時期に日本経済はデフレに陥ってしまいました．

　こうした事態に触発されて，1998年，ポール・クルーグマン（現在プリンストン大学教授，2005年ノーベル経済学賞受賞者）というアメリカの経済学者が，「流動性の罠」についての新しい理解を提示しました（ポール・クルーグマン（2003）『クルーグマン教授の〈ニッポン〉経済入門』春秋社）．新しい理解は，実質と名目という2つの利子率の違いに着目します．名目利子率と実質利子率の間には，次のような関係が成り立ちます．

　　　名目利子率＝実質利子率＋期待インフレ率

これを変形すると，

　　　実質利子率＝名目利子率－期待インフレ率

となります．普通の *IS-LM* 分析では，期待インフレ率の部分が考えられていないか，あるいはゼロとみなされていますから，名目利子率と実質利子率は同じになります．けれどもデフレが現実に起きると，人々は今後もデフレ

が持続すると予想するかもしれません．その場合，名目利子率はゼロよりも小さくはなりませんが，実質利子率は期待デフレ率の分だけ高くなることになります．名目利子率は低いのに，実質利子率は高い，という状態になるわけです．こうなると，人々の行動に影響が出てきます．たとえば，第9章で見たように，企業の投資は実質利子率に依存して決まります．実質利子率が高くなると，企業の投資は下がります．そうなると，IS曲線が下方にシフトし，結果として国民所得は減少することになります．

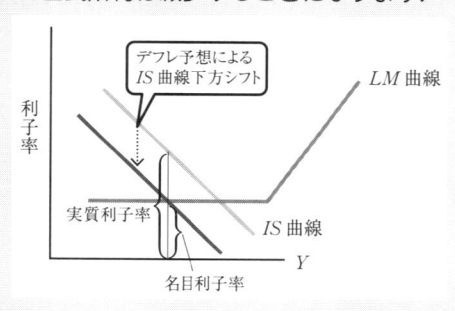

なお，このクルーグマンによる新しい「流動性の罠」理解のもとでも，単に貨幣量を増やすだけの金融緩和は不況対策としては効かないことになります．というのも，人々がデフレの持続を予想しているならば，単に貨幣量を増やすことはLM曲線を動かすだけで，国民所得Yには影響しないからです．この点は旧来の「流動性の罠」理解と同じです．しかし，かりにデフレ期待をインフレ期待に変えることができるならば，実質利子率が下がり，投資が増えます．そういう期待を変える手段としてクルーグマンは，日本銀行がインフレ目標を設定し，そのもとで大幅な金融緩和を行うことを提唱しました．また，財政政策についても一時的には有効だとも述べました．つまり，「大胆な金融緩和」と「機動的な財政出動」の組み合わせによって日本はデフレから脱却できるとしたわけです．

この論文が発表されてから14年後，2012年12月に第二次安倍政権が誕生しました．その経済政策は，首相の名前にちなんでアベノミクスと呼ばれるようになりました．政策の三本柱は，「大胆な金融緩和」，「機動的な財政出動」と「民間投資を呼び込む成長戦略」です．本文にあるように日本銀行は2013年1月にインフレ目標を設定し，さらに4月にはそのもとでインフレ目標を達成するために大幅な金融緩和を行うことを約束しました．こ

第11章　短期モデル　415

の政策で強調されているのはデフレ期待をインフレ期待に変えて，実質利子率を下げることです．さらに，政府は財政支出の拡大を行いました．この意味では，アベノミクスは，クルーグマンの提案を実行していると解釈することもできるでしょう．

第12章 短期開放経済モデル
（マンデル＝フレミングモデル）

本章では短期の開放経済モデルについて学びます．前章では，閉鎖経済の短期モデルにおいては，総需要の大きさが国民所得を決定することを学びました．開放経済では，総需要の1項目として貿易・サービス収支が加わり，その大きさは国民所得に影響を与えます．また，財政政策や金融政策の効果を考える際には，貿易・サービス収支への影響を考慮する必要があります．開放経済における政策の効果は，その国が変動為替相場制を採用しているのか固定為替相場制を採用しているのかで大きく変わります．変動為替相場制と固定為替相場制の仕組みを把握し，各制度のもとでの政策効果の違いをよく理解することが大切です．

12.1 外国為替市場と為替相場制

外国との財，サービス，資産の取引には異なる通貨の交換をともないます．まずは，異なる通貨が交換される場である外国為替市場と為替相場制について概観しましょう．

■ 外国為替市場

名目為替レートと実質為替レートについての説明は第9章で行っていますが，改めて整理しておきます．以下では，国際マクロ経済分析の慣例に従って**通貨**（currency）という言葉を使いますが，これまでの「貨幣」と同じものと理解してください．

名目為替レートは自国通貨を基準にした外国通貨の価値を，実質為替レートは自国財を基準にした外国財の価値を表します．名目為替レートを e，外国通貨で表された外国の物価水準を P^*，自国通貨で表された自国の物価水準を P としますと，実質為替レートは $\frac{eP^*}{P}$ と表されます（9.5節「名目為替レートと

図12.1 国際貿易における代金の決済

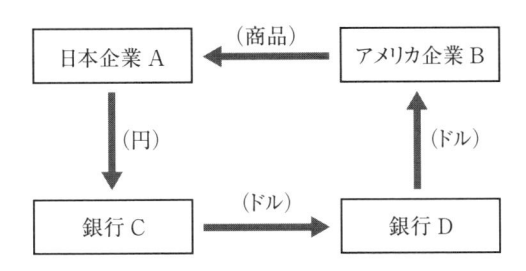

```
日本企業A  ←（商品）─  アメリカ企業B
  │                        ↑
 （円）                   （ドル）
  ↓                        │
 銀行C   ──（ドル）──→   銀行D
```

実質為替レート」の項を参照してください)．

　現在，異なる通貨の交換を主に行っているのは銀行です．たとえば，日本の企業Aがアメリカの企業Bから商品を買うとします．企業Aは自分の口座のある銀行Cに，企業Bの口座のある銀行D宛てにドル建て代金の振り込みを依頼します．その結果，企業Bに代金が渡ります．また，個人が外国旅行に行く場合の外国通貨への両替も銀行で行います．

　顧客からの通貨交換の依頼を受けた各銀行は，顧客の注文をこなすために外貨を調達する必要があります．調達先は別の銀行，もしくは為替ブローカーといわれる銀行間の取引を仲介する専門業者です．銀行と企業や個人との間の通貨取引が行われる市場を**対顧客市場**といい，銀行間もしくは銀行と為替ブローカーとの取引が行われる市場を**インターバンク市場**といいます．インターバンク市場には，為替レートの急激な変動を避けるために中央銀行も参加します．

　通常，インターバンク市場を**外国為替市場**（foreign exchange market）といいます．

■ 変動為替相場制

　為替相場制度は，**変動為替相場制**（floating exchange rate system）と**固定為替相場制**（fixed exchange rate system）の2つに大別されます．

　変動為替相場制は，名目為替レートの調整を外国為替市場にまかせている制度です．日本は1973年以降変動為替相場制を採用していますので，みなさんにもなじみがあると思います．1ドル97円とか1ユーロ140円など，円とそ

図12.2　外国為替市場

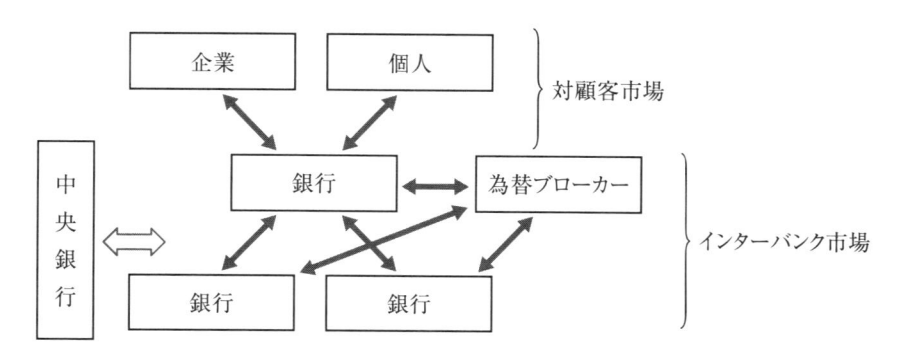

の他の通貨の交換レートが日々，変動しています．変動為替相場制の原理は，通常の市場と同じく，外国為替市場という市場で通貨に対する需要と供給の大きさで決まります．自国通貨への需要が供給にくらべて大きくなれば自国通貨が増価（外国通貨が減価）し，逆に自国通貨への需要が供給にくらべて小さくなれば自国通貨が減価（外国通貨が増価）します．名目為替レートが外国為替市場で決まる価格というわけです．現実には変動為替相場制を採用している国々でも，名目為替レートの調整を完全に外国為替市場に任せているわけではなく，名目為替レートの変動が大きすぎたり，望ましいと思われる水準から離れているときには，中央銀行が介入を行う場合もあります．ただし，本書の理論分析では，変動為替相場制での中央銀行の介入は考えません．

■ 固定為替相場制

　固定為替相場制は，名目為替レートが他国の通貨に対して一定となっている制度です．注意してほしいのは，固定為替相場制において，一定の名目為替レートが維持されるように責任を持っているのは中央銀行だということです．たとえば，1ドル360円という固定為替相場制を日本が採用していたとしたら，日本銀行は常に1ドル360円という交換レートで円とドルを交換しますという約束をしたことになります．

　さらに，もし中央銀行がこの約束を果たせるとみなが信じていれば，別の

第12章　短期開放経済モデル　419

レートで円とドルが売買されることはありません．たとえば1ドル100円という固定為替相場制のもとで，ある民間銀行が1ドル120円というレートで交換していたとします．このとき，1ドルをこの銀行で120円に交換し，それを日本銀行に持っていけば1.2ドルに交換してもらえます．つまり1ドルが，交換をするだけで1.2ドルになりました．このような状況では，世界中の人がドルをこの銀行に持ち込み円に交換しようとするでしょう．逆に1ドル90円というレートの場合は，世界中の人が円を持ち込んでドルと交換しようとするでしょう．

価格差のみを利用して利益を上げる取引を**裁定取引**（arbitrage trading）といいますが，中央銀行と別の経済主体の為替レートに差があれば，世界中の人が裁定取引による利益を求めて，ドルもしくは円を民間銀行に持ち込みますから，このような交換にいつまでも応じられるはずがありません．したがって，どのような経済主体間でも，中央銀行と同じ為替レートで通貨交換をするようになるでしょう．

日本をはじめとする，多くの先進国は1973年以前は固定為替相場制を採用していました．また，現在でも固定為替相場制を採用している国はたくさんあります．なぜ，多くの先進国がある時期に固定為替相場制を廃止し，他の国々が固定為替相場制をいまだに採用しつづけているのかについては，本書の範囲を越えますので触れません．興味のある人は，**国際金融**や**国際マクロ経済学**のテキストを参照してください．ここでは，為替相場の違いを理解するにとどめます．

固定為替相場制のもとで，中央銀行は名目為替レートを変更することもできます．変動為替相場制で，名目為替レートが変化することを増価，減価といいましたが，固定為替相場制では，自国通貨の価値が高まるような変化を，**切り上げ**（revaluation），自国通貨の価値が低下するような変化を，**切り下げ**（devaluation）といいます．たとえば，1971年に日本は円の対ドル為替レートを1ドル360円から1ドル308円に変更しましたが，これは日本円の切り上げです．

固定為替相場制を採用していれば，為替相場は安定します．変動為替相場制のように1日で数パーセントも動くようなことがあれば，貿易や海外との資産

取引から生じる利益はもちろん，他国に出稼ぎに行って得られる賃金にも不確実性が生じ，経済活動が阻害されてしまいます．為替相場の安定は，財・サービス，資産，人の取引を活発にさせるというメリットがあります．ですから，固定為替相場制では切り下げや切り上げはなるべく避けるべきです．そもそも頻繁に，切り下げや切り上げを行っていては，「固定」為替相場とはいえません．

しかし，現実には 1994 年のメキシコや 1997 年のアジア通貨危機におけるタイやマレーシアのように，自国通貨の切り下げや固定相場制の放棄（変動為替相場制への移行）が行われることがあります．詳細な分析は国際金融の授業や教科書などに譲りますが，このような状況は，**通貨危機**（currency crisis）あるいは**国際収支の危機**（balance of payment crisis）と呼ばれます．非常に重要な問題ですが，本章の分析ではこのような状況は排除し，中央銀行は約束した名目為替レートを維持できると考えます．

12.2　開放経済における財・サービス市場の均衡条件

すでに，第 9 章の長期モデルで開放マクロ経済の総需要の構成については学びました．(9.10) 式で示されていたように，開放経済では国際貿易の導入にともない，総需要の項目に貿易・サービス収支が加わります．

$$D = C_0 + c \cdot (Y - T) + I_0 - \beta \cdot r + G + TB \qquad (12.1)$$

第 9 章では長期モデルを想定していたので，総需要が常に潜在的産出量と等しいと表されていましたが，いま考えている短期モデルでは，物価水準が硬直的ですので総需要は潜在的産出量と等しいとは限りません．

TB の大きさの決定は，第 9 章と同様に考えていきます．再掲すると貿易・サービス収支 TB は，

$$TB = TB(\varepsilon) \qquad (12.2)$$

と，実質為替レートによって決定すると考えます．$TB(\varepsilon)$ は実質為替レート ε の増加関数です．物価水準の変化を考えない短期モデルでは，実質為替

レートの変化と名目為替レートの変化は同じと考えられます(実質為替レートと名目為替レートの関係 $\varepsilon = \frac{eP^*}{P}$ を思い出してください). したがって, TB (ε) が ε の増加関数であるということは, たとえば1ドル100円から120円というように円安が進むと, 貿易黒字が増えると仮定していることになります.

以下では分析しやすいように, 貿易・サービス収支が,

$$TB = TB_0 + \eta \cdot \varepsilon \tag{12.3}$$

という線形の関数で表されるとします. ここで, η は正の定数で, イータと読みます.

なお, 所得が増えると消費量が増え, 外国からの輸入が増えるとも考えられます. 貿易・サービス収支 TB は輸出 X と輸入 M の差でしたから, この場合, 貿易・サービス収支は,

$$TB = TB_0 + \eta \cdot \varepsilon - m \cdot Y \tag{12.4}$$

という関数で表されるでしょう. ここで m は正の定数です. 所得が増えると輸入が増え, TB が減るという関係が表されています. 章末の計算問題では貿易・サービス収支が実質為替レートだけでなく, 所得にも依存する場合を扱っており, とくに乗数について興味深い結論を得ていますので, 是非目を通してください.

■ 開放経済における乗数効果

11.2節にならって開放経済における乗数効果を見てみましょう.

ここでもとりあえず投資量が $\bar{I}$ で一定と考えます. すると, 総需要は消費関数 (9.1) 式, 投資関数 (9.5) 式および貿易・サービス収支関数 (12.3) 式を使って,

$$D = C_0 + c \cdot (Y - T) + \bar{I} + G + TB_0 + \eta \cdot \varepsilon \tag{12.5}$$

と表されます. これを財市場の均衡条件,

$$Y_s = D \tag{12.6}$$

図 12.3　開放経済における 45 度線分析

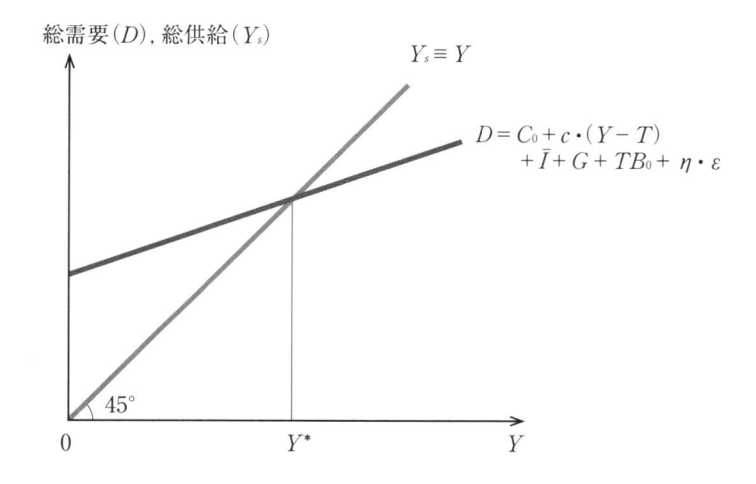

$$Y_s \equiv Y$$
$$D = C_0 + c \cdot (Y - T) + \bar{I} + G + TB_0 + \eta \cdot \varepsilon$$

に代入し，総供給と国民所得が常に等しいという関係，

$$Y_s \equiv Y \tag{12.7}$$

を考慮すれば，均衡国民所得 Y^* は，

$$Y^* = \frac{1}{1-c} \cdot (C_0 + \bar{I} + G - c \cdot T + TB_0 + \eta \cdot \varepsilon) \tag{12.8}$$

と整理できます．利子率，政府支出，税額，実質為替レートが決定されているときの均衡国民所得が，この式で表されています．図示すれば，図 11.1 と同様に，45 度線で表される (12.7) 式と (12.6) 式を表す直線との交点で表されます（図 12.3）．ただし，(12.6) 式の縦軸切片の大きさには，貿易・サービス収支の大きさも含まれています．

税額が T_0，政府支出が G_0 であれば均衡国民所得は，

$$Y^* = \frac{1}{1-c} \cdot (C_0 + \bar{I} + G_0 - c \cdot T_0 + TB_0 + \eta \cdot \varepsilon)$$

と表されます．いま，投資量や実質為替レートは変化せずに，政府支出が G_0 から G_1 まで増加したとしましょう．新しい均衡国民所得は，

$$Y^{**} = \frac{1}{1-c} \cdot (C_0 + \bar{I} + G_1 - c \cdot T_0 + TB_0 + \eta \cdot \varepsilon)$$

となります．当初の国民所得との差は $\frac{1}{1-c} \cdot (G_1 - G_0)$ です．つまり，均衡国民所得の増加は政府支出の増加の $\frac{1}{1-c}$ 倍となっており，小国開放経済でも閉鎖経済のときと同じように乗数効果が確認できました．

例題12-1

経済が次の数式で表されるとする．

$$消費関数\ C = 50 + 0.7\ Y_d \tag{12.9}$$
$$貿易・サービス収支関数\ TB = -10 + 10\varepsilon \tag{12.10}$$

投資量は45，政府支出は55，税額は30とする．

(1) 実質為替レートが4のときの均衡国民所得を求めよ．
(2) 実質為替レートが1になったときの均衡国民所得を求めよ．

解説

(1) 財市場の均衡条件は，

$$Y = C + \bar{I} + G + TB$$

であるから，これに，(12.9) 式，(12.10) 式，$\bar{I} = 45$，$G = 55$，$T = 30$，$\varepsilon = 4$ を代入して整理すれば $Y = 530$ が得られる．

(2) (1)と同様に計算して，430となる．

■ 開放経済における IS 曲線

開放経済における IS 曲線を導きます．投資量を投資関数 (9.5) 式で表し，(12.5) 式に (12.6) 式と (12.7) 式を使って，変形すれば，

$$Y - c \cdot (Y - T) - C_0 = I_0 - \beta \cdot r + G + TB_0 + \eta \cdot \varepsilon$$

となります．さらに両辺から税額 T を引いて，貯蓄の定義 ($S \equiv Y - T - C$)

図 12.4　開放経済における IS 曲線

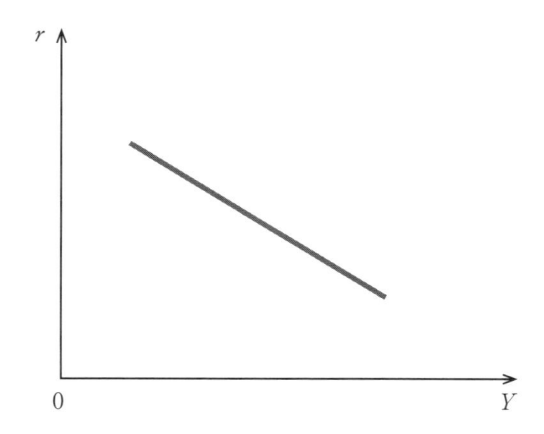

を使えば,

$$S(Y - T) = I(r) + G - T + TB_0 + \eta \cdot \varepsilon \qquad (12.11)$$

と表されます. 9.4 節における (9.8) 式や 11.4 節の (11.17) 式の導出と同様の手順を使っています. またそれらの式と同様に投資関数 $I_0 - \beta \cdot r$ で決定される投資の大きさを $I(r)$ と表しています. この式が開放経済における IS 式となります. 11.4 節の「IS 曲線」の項と同様に縦軸を利子率, 横軸を国民所得とする図に描写してみましょう.

軸に表れていない政策変数の T, G や実質為替レート ε は一定であると考えます. すると, 右辺の投資関数が利子率の減少関数であることや, 左辺の貯蓄が国民所得の増加関数であるという性質は, 閉鎖経済の IS 式と同じです. したがって, IS 曲線の図は閉鎖経済の場合と同じ様に右下がりの直線に描けます. 気をつけなければならないのは, IS 曲線を描写するにあたって, 政策変数の T, G だけでなく, 実質為替レート ε も一定と考えていたことです.

政策変数 T, G のシフトは, 閉鎖経済のときと同様のシフトを起こします. たとえば, 政府支出 G の増加は, IS 曲線を右にシフトさせます (11.4 節の「財政政策の効果」の項を参照してください). 名目為替レートの変化はどうでしょう. 自国通貨の減価によって ε が上昇すると, 貿易・サービス収支が増え,

第 12 章　短期開放経済モデル　425

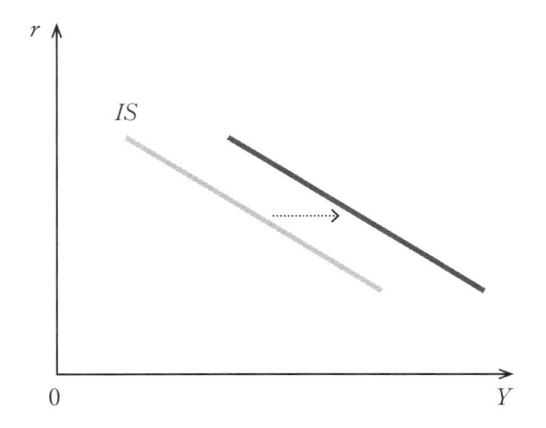

図 12.5　自国通貨安による IS 曲線のシフト

(12.11) 式の右辺が大きくなります．同じ利子率のもとで再び等号を成立させ財市場の均衡条件を達成するには，国民所得 Y が大きくなり貯蓄が増え，左辺が大きくならなければなりません．まとめると，図 12.5 のように ε の上昇は IS 曲線の右シフトを引き起こすことになります．

12.3　開放経済における資産市場の均衡

次に開放経済における資産市場の分析を行いましょう．前章の閉鎖経済の分析と同じように LM 曲線が導かれますが，開放経済では外国為替市場での通貨取引の原理も理解する必要があります．

開放経済では，財，サービスのみならず資産の国際的取引も自由ですから，人々は自国通貨，自国債券だけでなく外国通貨や外国債券も持つことができます．自国債券の利子率はこれまで同様，自国の資産市場が均衡するように決定されます．つまり，(11.19) 式と同じく，

$$\frac{M}{P} = L(Y, r)$$

が成立します．LM 曲線も図 11.7 と同様に右上がりの曲線として描写できます．金融政策による LM 曲線のシフトに関しても，閉鎖経済のときと同様

図12.6 *LM*曲線（再掲）

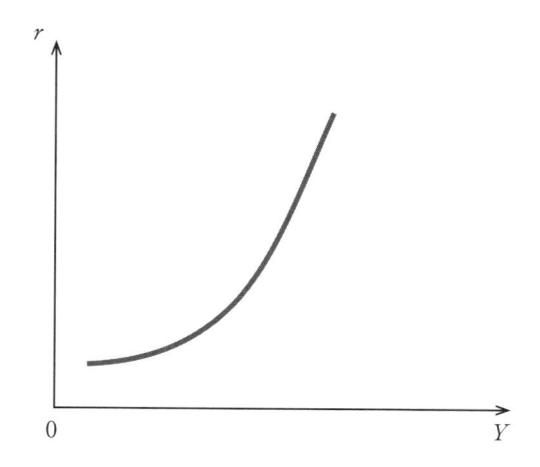

になります．

　続いて，外国為替市場および国際金融市場について考えましょう．まず，第9章と同じように以下の仮定をおきます．

　仮定1　自国は小国開放経済である．

　仮定2　国際的な資本取引にリスクやコストはない．

　小国開放経済の仮定から，国際金融市場での利子率（具体的には外国債券の利子率で，以下では外国利子率とよびます）は自国の経済状況にかかわらず一定です．また，2つ目の仮定から，第9章と同様に，小国開放経済における債券の利子率（以下では自国利子率とよびます）は外国利子率と最終的には等しくなるはずです．

　ただし，本章の分析では，自国と外国の利子率が異なっていたときに生じる投資家の行動も重要になってきます．なぜなら，投資家が国際的な資産取引を行うときは，このすぐ後に説明するように自国通貨と外国通貨の取引もともなうからです．通貨の取引は，変動為替相場制では名目為替レートに，固定為替相場制ではマネーサプライに影響を与えます．そして，本章のような短期分析では，為替レートの水準やマネーサプライの水準が自国の経済活動に大きな影響を与えます．

■ 変動為替相場制下での資産取引

　たとえば，自国利子率が外国利子率よりも高いとしましょう．このとき，9.5節の「小国開放経済」の項における議論のように，世界中の人々が外国債券でなく自国債券を持とうとします．このポートフォリオの組み替えには具体的には次のような手順が必要です．

　まず，外国債券を保有する人々は外国債券を売って外国通貨を手に入れます．そしてその外国通貨を外国為替市場で自国通貨に交換してから，自国債券を購入します．このようにポートフォリオの組み替えの際に，外国為替市場で通貨の取引が行われるのです．いまの例では，外国通貨が売られ自国通貨が買われているので，自国通貨の増価が起こると考えられます．逆に外国利子率が高いなら，自国債券を売って外国債券を買おうとしますので，ポートフォリオの組み替えの過程で自国通貨が売られ外国通貨が買われます．これは自国通貨の減価を引き起こします．

　外国為替市場でどこまで名目為替レートが変化するのかは，外国為替市場の分析だけではわかりません．以下で，財市場を含めた分析をすることにより決定されます．

■ 固定為替相場制下での資産取引

　固定為替相場制でも自国利子率が高いときには，変動為替相場制と同じように，人々は外国債券を売り自国債券を購入しようとします．この過程において，人々は外国通貨を売り自国通貨を購入する必要があります．固定為替相場制の場合，この通貨の交換は中央銀行が固定レートで行いますので，自国通貨のマネーサプライ増加が起こります．逆に自国利子率が外国利子率よりも低いときには，自国債券を売却したときに得た自国通貨が中央銀行に持ち込まれ，外国通貨に交換されます．これは，自国のマネーサプライ減少となります．

　マネーサプライがどれくらい変化するかは，資産市場の分析だけでは決まりません．やはり，以下で財市場を含めた分析をすることにより決定されます．

12.4 マンデル＝フレミングモデル

　ここから財市場と資産市場を組み合わせて分析していきます．つまり，前章で学んだ IS-LM 分析の開放経済への応用です．IS-LM 分析の枠組みを開放経済に応用した，開放マクロ経済モデルは，ロバート・A・マンデル（Robert Alexander Mundell, 1932～）とマーカス・フレミング（John Marcus Fleming, 1911～1976）によってほぼ同時に打ち立てられたので，**マンデル＝フレミングモデル（Mundell-Fleming model）** とよばれます．マンデル＝フレミングモデルでは，為替制度が変動為替相場制か固定為替相場制かによって，分析に違いが生じます．まず，変動為替相場制から分析していきましょう．

■ 変動為替相場制におけるマンデル＝フレミングモデル

　変動為替相場制のマンデル＝フレミングモデルの均衡状態は以下の3本の式で記述されます．

$$S(Y-T) = I(r) + G - T + TB_0 + \eta \cdot \varepsilon \tag{12.12}$$

$$\frac{M}{P} = L(Y, r) \tag{12.13}$$

$$r = r_f \tag{12.14}$$

1本目の式は財市場の均衡条件で，図では IS 曲線で描写されます．2本目の式は貨幣市場の均衡条件で，図 12.7 では LM 曲線で描写されます．これら2本の均衡条件は，閉鎖経済における IS-LM モデルの均衡条件と本質的に同じものです．開放経済では，さらに自国の利子率 r が外国利子率 r_f と等しいという条件が加わります．なぜなら，上の「変動相場制下での資産取引」の項で学んだように，自国利子率が外国利子率から乖離すると，ポートフォリオの組み替えが起こって，外国為替市場で名目為替レートの調整が起こっているからです．名目為替レートの調整が終了した後には，自国利子率と外国利子率が一致しているはずです．この3本目の式を，**利子率平価条件（interest parity condition）** と呼びます．

　均衡にないときは経済はどのような振る舞いをするでしょうか．

第12章　短期開放経済モデル

図12.7 変動為替相場制下での不均衡

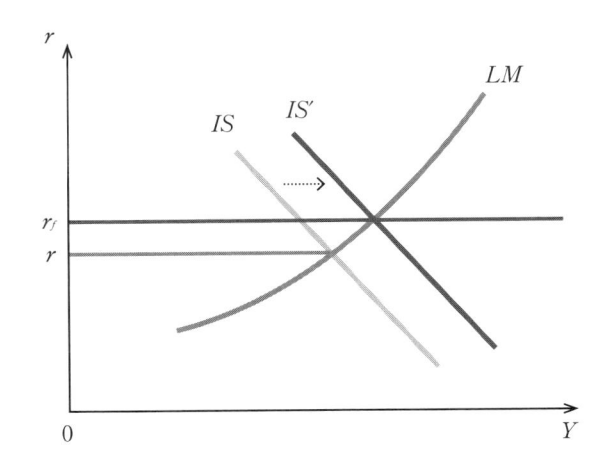

　当初の経済状態が IS 曲線と LM 曲線の交点で表されているとしましょう．この場合，自国利子率 r が外国利子率 r_f より低くなっています．したがって，(12.12) 式と (12.13) 式は満たされていますが，利子率平価条件 (12.14) 式は満たされていません．このようなとき，経済はどのような振る舞いをするでしょうか．「変動為替相場制下での資産取引」の項で説明したように，自国利子率が外国利子率より低いと，外国通貨への需要が高まり，自国通貨の減価が起こると考えられます．物価水準が固定されているとき自国通貨の減価は実質為替レートの減価（ε の上昇）となり，貿易・サービス収支を増やしますので，財市場の均衡条件つまり IS 曲線に影響を与えます．図 12.5 で見たように，実質為替レートの減価は，IS 曲線を右方にシフトさせます．シフトするにつれて，徐々に LM 曲線との交点である自国利子率が外国利子率に近づき，最終的に IS 曲線は IS′ まで移動し，経済全体の均衡状態が実現します．当初の経済状態において自国利子率が外国利子率より高いときは，逆に自国通貨への需要が高まり，自国通貨の増価が起こります．これは，IS 曲線を，自国利子率が外国利子率に等しくなるようにシフトさせます．

　均衡状態は図 12.8 のように 3 本の線の交点として表されます．
　右下がりの曲線，右上がりの曲線，水平な直線はそれぞれ，(12.12) 式，

図12.8 変動為替相場制下での均衡

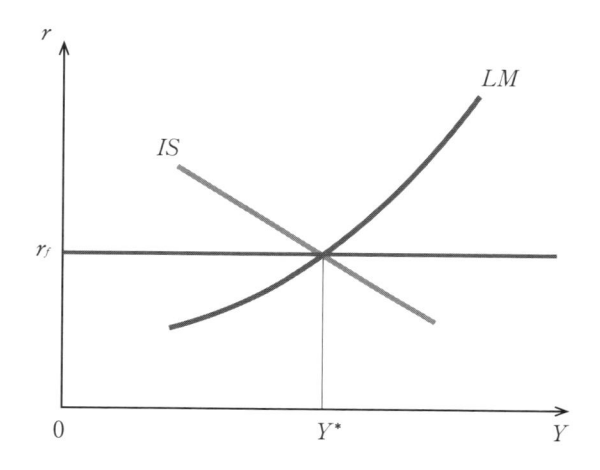

(12.13) 式, (12.14) 式を表しています. (12.12) 式と (12.13) 式の交点で決定される自国利子率が, 外国利子率 r_f と等しくなっています. つまり交点はこの経済の均衡になっています.

■ 変動為替相場制下での政策効果

短期モデルであるマンデル゠フレミングモデルでも, 均衡の国民所得が潜在的産出量と等しくなる保証はありません. 均衡の国民所得が潜在的産出量よりも小さいようなときには, 政府が総需要管理政策を行う必要があるでしょう. 閉鎖経済の IS-LM 分析と同様に財政政策, 金融政策の順番に変動為替相場制下でのその効果を見ていきましょう.

■ 財政政策の効果

財政政策として政府支出の増加を考えます. 図12.9を使って分析するのがわかりやすいでしょう.

変動為替相場制における均衡条件 (12.12) 式～ (12.14) 式において, 政府支出の増加は財市場の均衡条件 (12.12) 式に影響を与えます. 政府支出 G が上昇すると, 利子率や実質為替レートに関係なく総需要が増加します. これは,

第12章 短期開放経済モデル 431

図 12.9 変動為替相場制下での財政政策

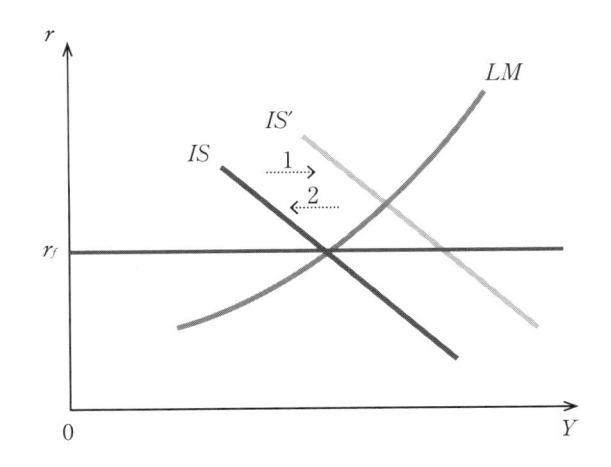

図 12.9 において矢印 1 のように IS′ 曲線への右シフトを意味します．すると，LM 曲線との交点で表される国内債券利子率が外国利子率 r_f より高くなります．閉鎖経済の分析の場合は，IS′ 曲線と LM 曲線の交点のような国民所得と利子率が上昇した状態が新しい均衡でした（11.4 節の「財政政策の効果」の項を見てください）．しかし，小国開放経済では，自国利子率が上昇すると，利子率平価条件の (12.14) 式は満たされず，均衡状態とはいえません．

開放経済では，自国利子率と外国利子率が異なるとポートフォリオの組み替えが起こり，外国為替市場で名目為替レートの調整が起こります．具体的には，「変動為替相場制下での資産取引」の項で見たように，自国利子率が外国利子率よりも高いと，自国通貨の増価が起こります．自国通貨の増価は実質為替レートの増価を引き起こし，均衡条件 (12.12) 式〜 (12.14) 式を見ればわかるように，財市場の均衡条件 (12.12) 式において，貿易・サービス収支の減少を引き起こします．これは，図においては IS′ 曲線の左方シフトを意味します（矢印 2）．（図 12.5 を参考にしてください）．左方シフトするにつれて，自国利子率は外国利子率に近づいていきます．

結局，自国利子率が外国利子率よりも高いかぎり，自国通貨増価→貿易・サービス収支の減少→ IS′ 曲線の左方シフトが起こりますので，自国通貨増価

432 第Ⅱ部 マクロ経済学

は IS' 曲線と LM 曲線の交点が r_f となるまで，つまり IS' 曲線が元の位置に戻るまで続きます．IS' 曲線が元の位置に戻るということは，最初の政府支出増加が貿易・サービス収支の減少により完全に打ち消されたということです．したがって，小国開放経済かつ変動為替相場制のもとでの財政政策は効果がありません．

■ 金融政策の効果

次に拡張的金融政策を考えましょう．図12.10を見てください．

当初 Y^* という国民所得の水準で経済が均衡状態にありました．中央銀行が名目マネーサプライを増やすと，均衡条件 (12.12) 式～ (12.14) 式のうち貨幣市場の均衡条件である (12.13) 式に影響を与えます．図11.10を使った議論と同様に，名目マネーサプライの増加により LM 曲線の下方シフトが生じます（矢印1で表しています）．閉鎖経済では，IS 曲線と LM' 曲線の交点のような，増加した国民所得と低下した利子率の組み合わせが新しい均衡状態でした．しかし，財政政策の分析と同様，開放経済ではこの状態は均衡ではありえません．

自国利子率が外国利子率よりも低いので，ポートフォリオの組み替えが起こります．具体的には，自国債券の売却にともない，自国通貨が売却され外国通貨が購入されるので自国通貨の減価が生じます．自国通貨の減価は実質為替レートの減価となり，貿易・サービス収支の増加を引き起こします．貿易・サービス収支の増加は財市場での総需要の増加ですので，IS' 曲線は右方シフトします（矢印2で表しています）．

自国利子率が外国利子率よりも低いかぎり，IS 曲線の右方シフトが続き，最終的には IS' まで移動します．このとき，自国利子率は外国利子率と等しくなっていますが，国民所得は当初より大きくなっています（図では Y^{**}）．したがって変動為替相場制において，拡張的金融政策は国民所得を増加させます．

財政政策と異なり，金融政策は変動為替相場制のもとでも，閉鎖経済のときと同様に効果があります．ただし，金融政策が景気を刺激するメカニズムはまったく異なっています．閉鎖経済のときは，利子率が低下し，国内投資が刺激されることによって国民所得が増えていました．いま考えている小国開放経

第12章 短期開放経済モデル 433

図12.10 変動為替相場制下での金融政策

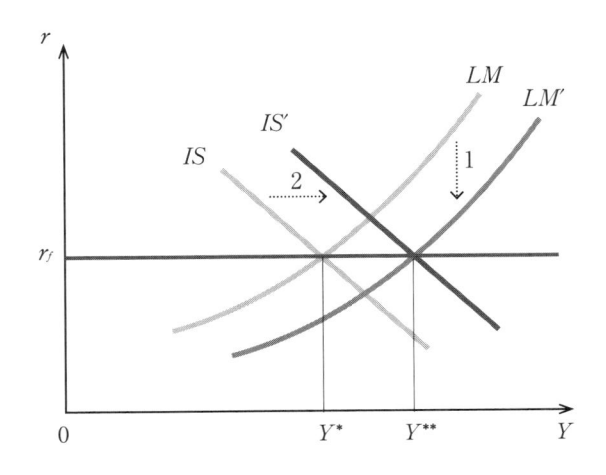

済では，新しい均衡状態でも自国利子率は当初と同じ（外国利子率と等しい）水準ですので，国内投資への刺激はありません．変動為替相場制下での小国開放経済で国民所得が増えているのは，自国通貨の減価による貿易・サービス収支の増加によります．

■ 貿易政策の効果

政府が輸入割当や関税を課すことがあります．たとえば，1980年代初頭，アメリカ市場における日本車のシェアの増加を懸念したアメリカ政府は日本政府に自動車の輸出台数を制限するように要求し，その結果日本の自動車メーカーは輸出の自主規制を行いました．アメリカ政府の意図は，日本からの輸入を制限し，国内企業の生産を増やし国民所得を増やそうということでした．このような貿易制限の帰結を，小国開放経済モデルで考えてみましょう．

輸入割当や関税を課すと，貿易・サービス収支が改善しますので，均衡条件 (12.12) 式～ (12.14) 式において，(12.12) 式に影響を与えます．具体的には，(12.12) 式の TB_0 が大きくなると考えられます．これは，拡張的財政政策の場合と同じ影響をIS曲線にもたらしていますから，IS曲線は右方にシフトします．したがって，政策の帰結も拡張的な財政政策の場合と同じであり，自国

通貨の増価が生じ，国民所得は当初と同じ水準に戻ります．小国開放経済かつ変動為替相場制を敷いているという想定のもとでは，貿易制限は自国通貨の増価を起こしてしまい，国民所得を増やすという目的は達成されません．

例題12-2

次の数式で表される小国開放経済モデルを考える．

$$\begin{aligned}
消費関数\ & C = 50 + 0.7\,Y_d \\
投資関数\ & I = 80 - 500r \\
貿易・サービス収支関数\ & TB = -10 + 10\,\varepsilon \\
貨幣需要関数\ & L = 0.3Y + 100 - 1500r
\end{aligned} \tag{12.15}$$

外国利子率は0.02，政府支出は55，税額は50，名目マネーサプライは250，自国及び外国の物価水準は1とする．

(1) 均衡における国民所得，実質為替レート，貿易・サービス収支を求めよ．

(2) 政府支出が5増加したときの均衡における国民所得，実質為替レート，貿易・サービス収支を求めよ．

(3) 政府支出は55に戻ったとする．名目マネーサプライが265になったときの，均衡における国民所得，実質為替レート，貿易・サービス収支を求めよ．

解説

(1) 開放経済における，財・サービス市場の均衡条件，

$$Y = C + I + G + TB$$

に与えられた条件を代入すると，

$$Y = 50 + 0.7\,(Y - 50) + 80 - 500r + 55 - 10 + 10\,\varepsilon$$

となる．均衡では，利子率 r は外国利子率と等しくなることがわかっているので，$r = 0.02$ を代入して整理すると，

$$0.3Y = 130 + 10\varepsilon \tag{12.16}$$

となる．これが IS 式である．

一方，貨幣市場の均衡条件は，

$$\frac{M}{P} = L$$

だから，これに与えられた条件を代入すると，

$$150 = 0.3Y - 1500r$$

となる．これが LM 式である．$r = 0.02$ を代入して整理すると，

$$Y = 600$$

となる．
このとき実質為替レートは（12.16）式を使って，

$$\varepsilon = 5$$

貿易・サービス収支は（12.15）式を使って，

$$TB = -10 + 10 \times 5 = 40$$

となる．

(2) 貨幣市場の均衡条件は変わらないから，均衡の国民所得は依然として，

$$Y = 600$$

のままである．財市場の均衡条件は，政府支出は 60 になったから，

$$Y = 50 + 0.7(Y - 50) + 80 - 500r + 60 - 10 + 10\varepsilon$$

となる．$r = 0.02$ を代入して整理すると，

$$0.3Y = 135 + 10\varepsilon$$

となる．これに $Y = 600$ を代入すれば，実質為替レートは，

$$\varepsilon = 4.5$$

貿易・サービス収支は (12.15) 式から，

$$TB = -10 + 10 \times 4.5 = 35$$

となる．

(3) 貨幣市場の均衡条件が，

$$165 = 0.3Y - 1500r$$

となるから，利子率が 0.02 であることを考慮して，

$$Y = 650$$

財市場の均衡条件は (12.16) 式であるから，

$$\varepsilon = 6.5$$

となる．貿易・サービス収支は貿易・サービス収支は (12.15) 式から，

$$TB = -10 + 10 \times 6.5 = 55$$

となる．

■ 固定為替相場制におけるマンデル゠フレミングモデル

ここからは固定為替相場制のもとでのマンデル゠フレミングモデルを考えます．固定為替相場制でのマンデル゠フレミングモデルの均衡状態は以下の 3 本の式で記述されます．

図12.11　固定為替相場制下での不均衡

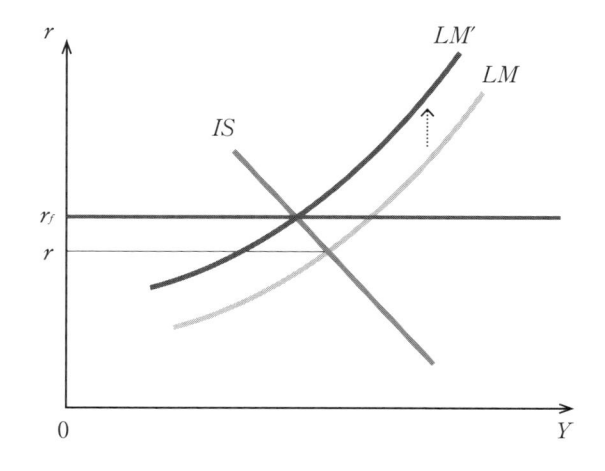

$$S(Y - T) = I(r) + G - T + TB_0 + \eta \cdot \varepsilon_0 \tag{12.17}$$

$$\frac{M}{P} = L(Y, r) \tag{12.18}$$

$$r = r_f \tag{12.19}$$

中央銀行が固定しているのは名目為替レートですが,両国の物価水準が一定ですので,実質為替レートが ε_0 という水準で一定となっています.固定為替相場制のもとでも,自国の利子率が外国の利子率と等しくなければ均衡ではありません.「固定為替相場制下での資産取引」の項で説明したように,利子率の乖離があるかぎり,人々が通貨を中央銀行に持ち込み,自国の名目マネーサプライが変化するからです.

均衡状態にないとき,たとえば図12.11のように自国利子率が外国利子率より低い場合,何が起こるでしょうか.自国利子率が低いので,人々は自国債券を売り外国債券を購入しようとします.この過程において,自国通貨が外国通貨に交換されます.固定為替相場制の場合,中央銀行には通貨交換に応える責任がありますので,このとき自国名目マネーサプライの減少が起こります.名目マネーサプライの減少は,貨幣市場の均衡条件に影響を与えます.貨幣市場で超過需要,つまり債券市場で超過供給が起こっていますから,債券価格の下

図12.12　固定為替相場制下での財政政策

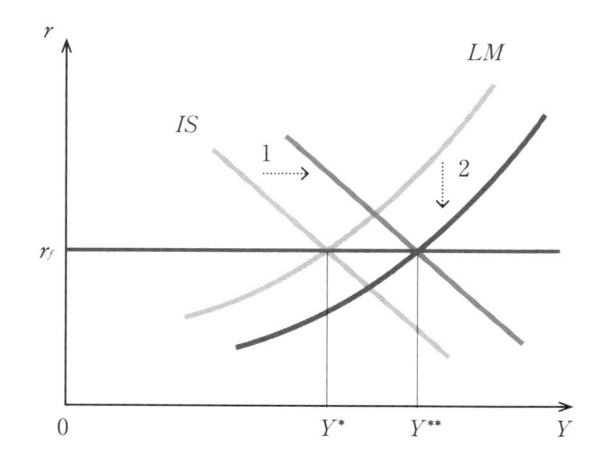

落，利子率の上昇が生じます．これは図12.11においてはLM曲線の上方シフトを意味しますので，徐々に自国利子率が外国利子率に近づいていきます．最終的にLM曲線がLM'の位置まで移動し，自国利子率と外国利子率が等しくなります．このように不均衡状態から均衡状態へ向かうメカニズムが固定為替相場制にも備わっています．

■ 固定為替相場制下での政策効果

固定為替相場制下での政策の影響を見ていきます．変動為替相場制のもとでの政策効果と同じように，政策の変更による自国利子率と外国利子率の乖離が，ポートフォリオの組み替えを促し，政策効果に影響を与えます．

■ 財政政策の効果

財政政策として政府支出の増加を考えます．図12.12を見てください．政府支出の増加は財市場の均衡条件（12.17）式に影響を与え，IS曲線が右方にシフトします（矢印1で表されています）．

よって，自国利子率は外国利子率より高くなります．国内債券のほうが外国債券より魅力的になりますから，外国債券が売られ国内債券が購入されます．

この過程で，外国通貨が中央銀行に持ち込まれ自国通貨に交換されます．これは名目マネーサプライの増加となり，国内貨幣市場における超過供給となりますので，LM曲線の下方シフトが起こります．名目マネーサプライ増加によるLM曲線の下方シフトは，自国利子率と外国利子率に乖離がある限り起こりますので，最終的には自国利子率と外国利子率が等しくなるまでLM曲線は移動します（矢印2で表されています）．その結果，国民所得はY^*からY^{**}へと増加しています．

閉鎖経済のときと同様に，固定為替相場制の場合でも財政政策は効果があります．閉鎖経済のときと異なるのは，固定為替相場制のもとでは名目マネーサプライも増えていることです．

■ 金融政策の効果

金融政策として名目マネーサプライの増加を考えます．名目マネーサプライを増加させると貨幣市場で超過供給が起こります．貨幣市場での超過供給つまり債券市場での超過需要は債券価格の上昇，利子率の低下を引き起こしますので，LM曲線は下方シフトします．したがって，IS曲線との交点である自国利子率が外国利子率より低くなります．これは，自国債券の売却，外国債券の購入というポートフォリオの組み替えを促します．その過程で自国通貨が中央銀行に持ち込まれ外国通貨と交換されます．これは名目マネーサプライの減少を意味し，当初と逆にLM曲線が上方シフトします．自国利子率が外国利子率より低いかぎり，このようなLM曲線の上方シフトが起こりますから，結局LM曲線は元の位置に戻ります．したがって，いま想定している小国開放経済かつ固定為替相場制のもとでは，金融政策は効果がありません．

■ 名目為替レート変更の効果

固定為替相場制では中央銀行がマネーサプライを変化するような金融政策は無効でした．しかしそれでも，中央銀行は名目為替レートを変化させるという政策を実施できます．

名目為替レート切り下げの結果，実質為替レートがε_0からε_1に切り下がったとします（つまり$\varepsilon_0 < \varepsilon_1$です）．切り下げはまず，財市場の均衡条件

図 12.13　固定為替相場制下での金融政策

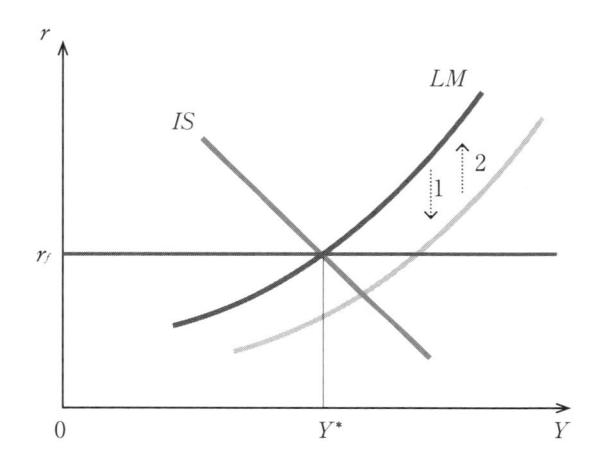

図 12.14　名目為替レート切り下げの効果

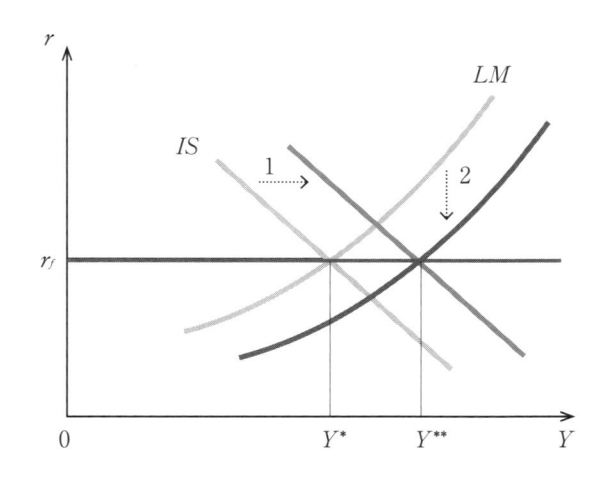

(12.17) 式に影響を与えます．図 12.5 で議論したように，名目為替レートの低下は IS 曲線を右シフトさせます（図 12.14 において矢印 1 で表されています）．その結果 LM 曲線との交点は右上に移動します．このとき自国利子率が外国利子率を上回っていますから，外国債券を売って自国債券を買おうというポー

第 12 章　短期開放経済モデル　441

表12.1 小国開放経済における政策の効果

	変動為替相場制	固定為替相場制
財政政策	無効	有効
金融政策	有効	無効
貿易政策	無効	有効

トフォリオの組み替えが起こります．この取引の過程で，外国通貨が中央銀行に持ち込まれ自国通貨に交換されます．これは名目マネーサプライの増加を意味しますから，LM 曲線は下方シフトし，自国利子率は外国利子率へと近づいていきます（矢印2で表されています）．結局，自国利子率は外国利子率と等しい水準に戻り，国民所得は増加しています．

自国通貨の切り下げは，自国財や自国のサービスを相対的に安くし，輸出を促進し，かつ名目マネーサプライを増加させるので国民所得を増やします．中央銀行による通常の名目マネーサプライの変化による金融政策は無効でしたが，名目為替レートの切り下げという政策が可能になっています．しかし，自国通貨の切り下げを総需要管理政策のように使うことは，頻繁には行えません．そもそも固定為替相場制のメリットの1つが，為替の安定にありました．国民所得を増やすために頻繁に切り下げを行っていてはそのメリットが失われて，その国の通貨を使っての取引も躊躇する人が多くなるでしょう．

■ 貿易政策の効果

変動為替相場制の場合と同じように，貿易制限を「同じ国民所得，同じ名目為替レートのもとで貿易・サービス収支が改善するような政策」と考えます．当初の効果は変動為替相場制の場合と同様に，図の上で IS 曲線を右シフトさせます．したがって，政策の帰結は IS 曲線の右シフトを起こした拡張的な財政政策や名目為替レートの切り下げの場合と同じです．つまり，固定為替相場制の場合，貿易政策は一時的に自国利子率が外国利子率よりも高くなることにより，名目マネーサプライの増加を促し，国民所得を増加させます．

拡張的な財政政策，名目為替レートの切り下げ，貿易政策は，いずれも総需要を直接増加させるような政策といえます（(12.1) 式を参照してください）．

小国開放経済で固定為替相場制を敷いている場合は，財市場において直接総需要を増加させるような政策は有効です．

変動為替相場制，固定為替相場制における，金融政策の効果・財政政策の効果・貿易政策の効果を，表 12.1 のようにまとめることができます．

> **例題12-3**
>
> 次の数式で表される，小国開放経済モデルを考える．
>
> 消費関数 $C = 50 + 0.7Y_d$
> 投資関数 $I = 80 - 500r$
> 貿易・サービス収支関数 $TB = -10 + 10\varepsilon$ (12.20)
> 実質貨幣需要関数 $L = 0.3Y + 100 - 1500r$ (12.21)
>
> 外国利子率は0.02，政府支出は55，租税は50で，自国および外国の物価水準は1，名目為替レートは2に固定されているとする．
>
> (1) 均衡の国民所得，名目マネーサプライ，貿易・サービス収支を求めよ．
>
> (2) 政府支出が15増加したときの均衡の国民所得，名目マネーサプライを求めよ．
>
> (3) 政府支出が70のままで名目為替レートが5に切り下げられたときの，均衡の国民所得，名目マネーサプライ，貿易・サービス収支を求めよ．

解説

(1) 開放経済における，財市場の均衡条件は，

$$Y = C + I + G + TB$$

である．いま自国および外国の物価水準は1であるので，実質為替レートも2である．与えられた条件を財市場の均衡条件に代入すると，

$$Y = 50 + 0.7(Y - 50) + 80 - 500r + 55 - 10 + 10 \times 2$$

となる．均衡では，利子率 r は外国利子率と等しくなることがわかってい

るので，$r = 0.02$ を代入して整理すると，

$$Y = 500$$

となる．

一方，貨幣市場の均衡条件は，

$$\frac{M}{P} = L$$

であるから，$P = 1$ および（12.21）式を利用すると，

$$M = 0.3 \times 500 + 100 - 1500 \times 0.02 = 220$$

となる．

貿易・サービス収支は（12.20）式から，

$$TB = -10 + 10 \times 2 = 10$$

となる．

(2) 政府支出は 70 になったから，財市場の均衡条件は，

$$Y = 50 + 0.7(Y - 50) + 80 - 500r + 70 - 10 + 10 \times 2$$

となっている．$r = 0.02$ を代入して整理すると，

$$Y = 550$$

となる．

貨幣市場の均衡条件から，名目マネーサプライは，

$$M = 0.3 \times 550 + 100 - 1500 \times 0.02 = 235$$

となる．

(3) 実質為替レートも 5 になるから，財市場の均衡条件は，

$$Y = 50 + 0.7(Y - 50) + 80 - 500r + 70 - 10 + 10 \times 5$$

となる．$r = 0.02$ を代入して整理すると，

$$Y = 650$$

となる．

貨幣市場の均衡条件から名目マネーサプライは，

$$M = 0.3 \times 650 + 100 - 1500 \times 0.02 = 265$$

となる．

貿易・サービス収支は（12.20）式から，

$$TB = -10 + 10 \times 5 = 40$$

となる．

本章のまとめ

1　開放経済に拡張された IS-LM モデルは，マンデル＝フレミングモデルといわれます．

2　変動為替相場制において，名目為替レートは通貨の需給に応じて外国為替市場で決まります．

3　固定為替相場制では，固定された為替レートで自国通貨と外国通貨の交換を中央銀行が責任を持って行います．

4　変動為替相場制において，国際的な資産取引は名目為替レートの調整をともないます．

5　固定為替相場制において，国際的な資産取引は自国マネーサプライの変化をもたらします．

6　マンデル＝フレミングモデルは IS 式，LM 式，利子率平価条件の 3 本で表されます．

7　変動為替相場制のもとでは，財政政策は無効，金融政策は有効，輸入制限のような貿易政策は無効です．

8　固定為替相場制のもとでは，財政政策，為替レートの変更，貿易政策は有効，金融政策は無効です．

本章のキーワード

変動為替相場制　　固定為替相場制　　増価　　減価　　切り上げ
切り下げ　　マンデル＝フレミングモデル　　利子率平価条件

演習問題

1 以下の(1)〜(6)について，空欄に当てはまる語句を答えなさい．

(1) 変動為替相場制で，1ドル120円から1ドル100円に為替レートが変化したとき，自国通貨が（　　）したという．

(2) 固定為替相場制で，1ドル360円から1ドル300円に為替レートが変更されたとき，円が（　　）られたという．

(3) 変動為替相場制で拡張的財政政策を行うと，自国通貨が（　　）する結果，貿易・サービス収支が（　　）し，最終的な国民所得の水準に変化はない．

(4) 変動為替相場制で拡張的金融政策を行うと，自国通貨が（　　）する結果，貿易・サービス収支が（　　）し，最終的に国民所得が増える．

(5) 固定為替相場制で拡張的財政政策を行うと，自国マネーサプライが（　　）し，最終的に国民所得が増える．

(6) 固定為替相場制で拡張的金融政策を行っても，自国利子率が外国利子率よりも（　　），自国通貨が中央銀行に（　　），最終的に国民所得の水準に変化はない．

2 いま，貿易・サービス収支が，

$$TB = TB_0 + \eta \cdot \varepsilon - m \cdot Y$$

という関数で表されるとする．ここでηとmは正の定数である．所得が増えると，外国財への需要つまり輸入が増えるということを考慮して，TBが実質為替レートεだけでなく，国民所得Yにも依存しその減少関数となっている．

(1) 消費関数が (9.1) 式，投資関数が (9.5) 式で表されているとして財市場の均衡条件を記述し，政府支出乗数を求めなさい．得られた政府支出乗数を (12.3) 式のもとでの政府支出乗数とくらべなさい．ただし，$0 < 1 - c + m < 1$が満たされているとする．

(2) 変動為替相場制のもとで，経済が次の数式で表されるとする．

消費関数 $C = 50 + 0.7 Y_d$
投資関数 $I = 100 - 500r$
貿易・サービス収支関数 $TB = 20 + 10\varepsilon - 0.1Y$
貨幣需要関数 $L = 0.3Y + 100 - 1500r$

外国利子率は0.02，政府支出は35，税額は50，名目貨幣供給量は220，自国および外国の物価水準は1とする．均衡国民所得，為替レート，貿易・サービス収支を求めよ．

3 以下の問(1), (2)に答えよ．

(1) 利子率平価条件の成立には2つの仮定が必要であった（12.3節を参照せよ）．もし，自国の政府支出増加による財政赤字がこの国のカントリーリスクを高めるなら，政府支出が国民所得に与える影響はどのようなものか．変動為替相場制のもとで考えなさい（カントリーリスクについては9.5節「小国開放経済」の項を参照せよ）．

(2) 海外から自国財への需要が何らかの理由（自国財の品質に対する懸念や経済制裁など）により減少したとする．このとき，変動為替相場制と固定為替相場制とでは，どちらの方が自国への影響が大きいであろうか．この国が小国開放経済として考えなさい．

コラム：貿易収支・経常収支赤字は「悪い」のか

貿易収支や経常収支が赤字になると，「国際競争力が落ちた」「稼ぐ力が衰えた」と心配する人がいます．あるいは「外貨を稼ぐためには貿易収支・経常収支の黒字が必要だ，受け取るお金が出ていくお金を上回っていなければならない」と考える人はいるかもしれません．

黒字とか赤字とかいうと，何となく黒字は良くて赤字は悪いという連想が働いてしまうのかもしれません．確かに，家計や企業ですと，黒字は良くて赤字は悪いということはあるかもしれません（ただ，家計も企業も借金をすることはおかしなことではありませんので，一概に赤字が悪いともいえません）．

連想が働く理由の1つは国際収支統計のつくり方にあります．財務諸表では，「どれくらい儲けているか，どれくらい損をしているか」を示すものを損益計算書といいます（以下，片岡剛士（2014）『日本経済はなぜ浮上しないのか』幻冬舎，の解説を参考にしました）．

けれども国際収支統計は日本経済の損益計算書ではなく，国境を越えたお金とモノの出入りを計算したものにすぎません．そのため，国際収支の一部の項目である貿易収支や経常収支が黒字であるか，赤字であるかを議論してもあまり意味はありません．

ただ，貿易収支，経常収支を経済の状態と結びつける考え方には根強いものがあります．かつて，16世紀から18世紀にかけて重商主義という学説がありました．これは，貿易黒字を稼ぐことがその国の経済発展にとって重要だと考えた学説でした．現代の経済学ではこれは間違いとされていますが，黒字，赤字というのが人々の「直感」に訴えかけやすいためか，いまだに残っています．

実際，経常収支が大きいからといって，その国の実質成長率が上がるわけでも，失業率が下がるわけでもありません．イギリスやアメリカは，最近30年間近く経常収支は赤字です．オーストラリアの経常収支は，ここ50年あまり赤字です．カナダのように，事実上の建国（1867年の自治連邦結成）以来現在に至るまでほとんどの期間，経常収支が赤字という国もあります．

図からわかるように，統計をとることのできる世界131カ国について経常収支（対GDP比）と実質成長率の関係を見てみると，ほとんど関係はありません（相関係数はマイナス0.05です）．同じく統計をとることのできる世界68カ国について経常収支（対GDP比）と失業率との関係を見ても，ほとんど関係はありません（相関係数はマイナス0.31です）．

経常収支対GDP比と実質成長率の関係（1990～2009年）

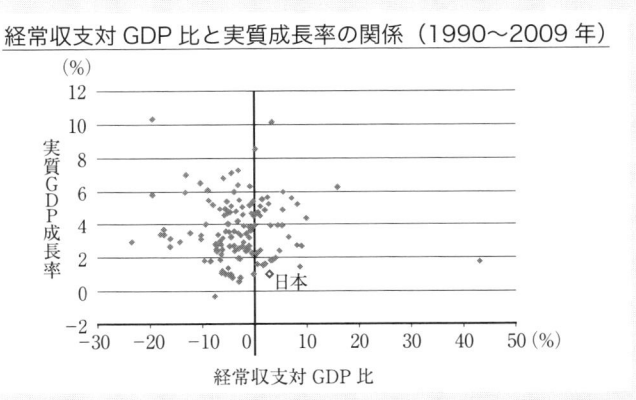

（出所）国際通貨基金．

経常収支対GDP比と失業率の関係（1990～2009年）

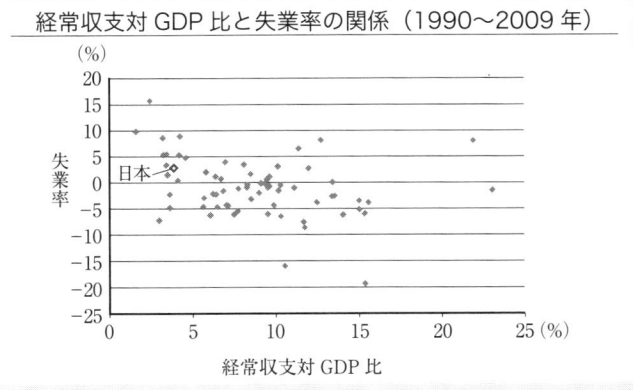

（出所）国際通貨基金．

　貿易には外貨が必要で，その外貨は輸出によって稼がなくてはいけない，という考え方についてはどうでしょうか．日本の企業（たとえば商社）がア

メリカから食料を輸入したいと思います．その代金はドルで払う必要があるとします．その場合，日本の企業は日本円をドルに換えて支払うことになります．その日本円は日本銀行が発行する通貨です．別に日本が輸出をして外貨を稼いでいなくても，外貨の調達はできます．結果として，日本経済全体の貿易収支が輸入超過になったとしても，それで外貨の調達ができなくなるわけではありません．かつて日本円が兌換通貨の時代には，金や銀がないと究極的には外貨の調達ができないということがありました．しかし，現代のような不換通貨の時代にはそういうことは必要ないのです．

第 13 章　総需要−総供給モデル
（AD-AS モデル）

　本章では総需要−総供給モデル（AD-AS モデル）と呼ばれる，物価水準と産出量が同時に決定されるモデルについて学びます．これまで学んだ長期モデルや短期モデルは，物価水準が財・サービス市場の状態とは無関係に決まっているという点で極端な経済を描写していました．本章では，物価水準と産出量が同時に決まる状況を考えます．物価水準と産出量が同時に決定されると聞くと，ミクロ経済学で習った需給均衡を思い出すかもしれませんが，マクロ経済学で考えている需要と供給とは，すべての財・サービスの価値を合計した総需要や総供給でした．したがって，これから学ぶ物価水準の決定もミクロ経済学で学んだ価格決定の考え方とは異なります．よく注意して理解してください．

　以下では，まず物価水準と総需要・総供給の大きさの関係を示す総需要曲線と総供給曲線を求めます．

13.1　総需要曲線と総供給曲線

　この章の最初の目的は**総需要曲線**（*AD* **曲線**，Aggregate Demand curve）と**総供給曲線**（*AS* **曲線**，Aggregate Supply curve）を導くことです．導出方法の詳細な説明は以下でなされますが，まずその形状を見てみましょう．

　総需要曲線，総供給曲線は縦軸に物価水準をとり，横軸に総需要と総供給をとると図 13.1 のように描写されます．

　AD と名前がつけられている右下がりの曲線が総需要曲線です．総供給曲線 AS は $\bar{Y}$ まで右上がりで，そこから垂直になっている曲線です．$\bar{Y}$ は潜在的産出量を表しています．縦軸に物価水準をとっていますから，総需要曲線は物価水準が上昇するほど総需要は減少していくことを表しています．総供給曲線は，物価水準の上昇にともない潜在的産出量までは総供給は上昇していきます

図 13.1　総需要曲線と総供給曲線

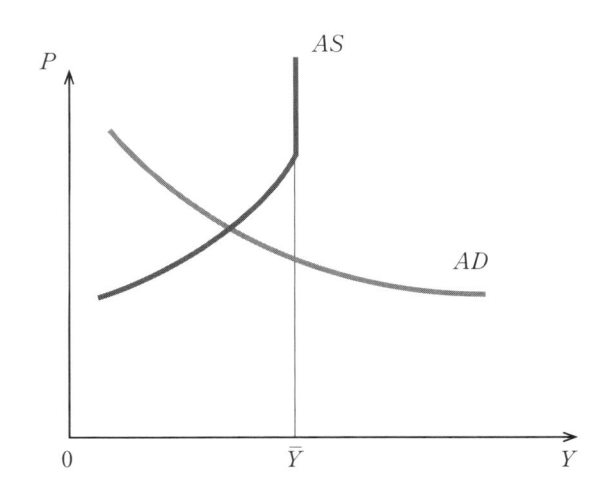

が，それよりは大きくならない，ということを表しています．

　両曲線の交点は均衡の物価水準と均衡国民所得を表しています．交点では総需要と総供給が等しく，財市場が均衡しているので，均衡国民所得を表しているといえます．総需要曲線・総供給曲線の形状やその交点による均衡の物価水準と国民所得（総供給量）の決定は，ミクロ編第4章で提示されている需要曲線や供給曲線を使った分析とよく似ていると思うかもしれませんが，以下で示されるように，その導出方法や意味することはまったく異なります．なぜなら，物価水準とは個別の財の価格ではなく，経済全体の平均的な価格ですし，総需要や総供給も個別の財の需要量や供給量でなく，すべての財・サービスの需要や供給の価値を合計したものだからです．以下では，順に総需要曲線，総供給曲線の導出を行っていきます．

13.2　総需要

　まず，総需要曲線の意味をはっきりさせておきましょう．総需要曲線は以下のように定義されます．

**　さまざまな物価水準における総需要の大きさをグラフに表したものを総需**

要曲線という

第 11 章および第 12 章で学んだ短期モデルでは，物価水準を一定とすることにより，総需要が産出量を決定する状況を描写しました．そこでは，IS 曲線，LM 曲線の交点がその経済の総需要でした．したがって，総需要曲線を導くためには，物価水準が変化したときに総需要がどのように変化するか，つまり IS 曲線，LM 曲線の交点がどのように移動するかを考えればよいのです．

IS 式，LM 式を再掲します．

$$S(Y - T) = I(r) + (G - T) \tag{13.1}$$

$$\frac{M}{P} = L(Y, r) \tag{13.2}$$

$S, Y, T, I, r, G, M, P,$ はそれぞれ貯蓄，国民所得，税額，投資，利子率，政府支出，名目マネーサプライ，物価水準を表していました．図 13.2 で，LM 曲線（$P = P_0$）は物価水準 P_0 のもとでの LM 曲線です．物価水準は LM 曲線にのみ直接影響を与えることに注意してください．

物価水準 P が変化すると，実質マネーサプライ $\frac{M}{P}$ が変化します．たとえば，物価水準が P_0 から P_1 に低下したとすると，実質マネーサプライが増加します．これは貨幣市場に与える影響としては物価水準が一定のまま名目マネーサプライ M が増加することと同じです．したがって，LM 曲線のシフトは，第 11 章の図 11.10 を使って得られた結果と同じになります．つまり，貨幣市場で超過供給が起こると同時に債券市場で超過需要が起こっていますので，債券価格の上昇つまり利子率の低下が起こり，LM 曲線の下方シフトが生じます．交点は Y^* から Y^{**} に移動します．まとめますと，

物価水準の低下　→　LM 曲線の下方シフト　→　総需要の増加

という関係が得られます．この関係を，縦軸が物価水準，横軸が総需要の図に描写すると，図 13.3 のように右下がりの曲線として描けます．

「物価水準が下がると総需要が増える」という関係は，一見ミクロ経済学における「価格が下がるとその財への需要が増える」という関係と同じだと思うかもしれませんが，まったく異なる理由から導かれています．ミクロ経済学における価格変化は，相対価格の変化ですので，価格が高くなった財の消費を減

図13.2 　IS-LM 分析

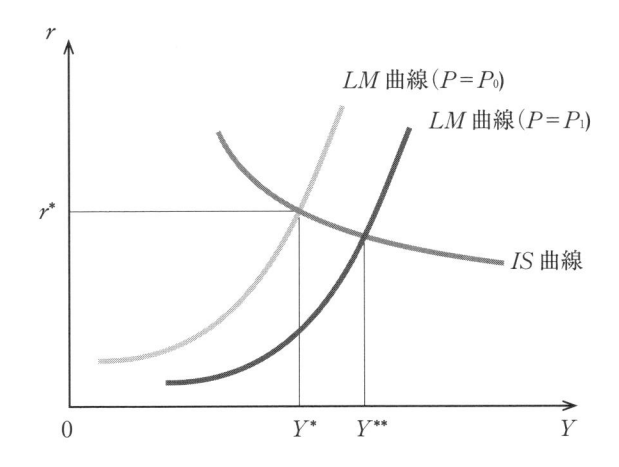

図13.3 　総需要曲線

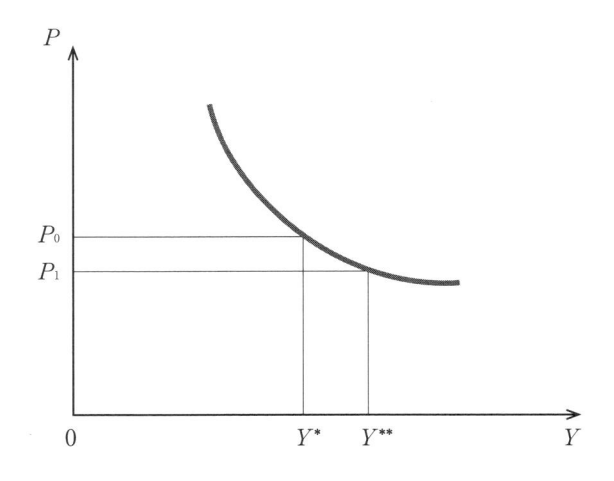

らし価格が下がった財の消費を増やすという消費者の行動からその関係が導かれています．一方，いま求めた物価水準と総需要の関係においては，財の相対価格の変化とは関係ありません．物価水準の変化が，LM 曲線の下方シフトを，つまり利子率の低下をもたらし，投資を活発にして総需要を増加させたの

図 13.4 総需要曲線のシフト

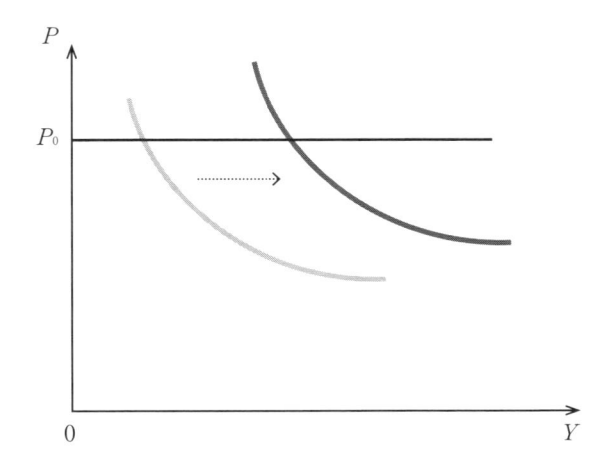

です．

■ 総需要曲線のシフト

　第 11 章で学んだように，総需要は財政政策・金融政策によっても変化します．これらの政策による総需要の変化は，総需要曲線のシフトとして現れます．財政政策として，政府支出の増加を考えましょう．政府支出の増加は IS 曲線を右シフトさせ，総需要を増加させました（図 11.9 での議論を思い出してください）．これは，物価水準一定のもとで総需要が増えた，ということを意味しますから，図 13.4 のように総需要曲線は右にシフトします．

　次に金融政策として名目マネーサプライの増加を考えましょう．名目マネーサプライの増加は，(13.2) 式の左辺の M を増加させます．したがって名目マネーサプライの増加も，図 11.10 での議論のように，総需要を増加させます．これは図では，政府支出の増加と同様に，総需要曲線の右シフトとして表されます．

13.3 総供給

■ 総供給曲線の導出

次に総供給曲線を導出します．私たちは第9章の長期モデルで垂直な総供給曲線を求めています（図9.1参照）．しかし，現実には常に潜在的産出量が実現されているわけではありません．非自発的失業者が存在していたり，工場やオフィスビルなどの資本にも使われていないものがありえます．実際，以下で説明される物価水準の変化と生産量の関係に関する事実は，垂直な総供給曲線では説明できません．

■ フィリップス曲線とオークンの法則

物価水準と総供給の間に密接な関係があるだろうという考え方の背景には，**フィリップス曲線（Phillips curve）** という，名目賃金と失業率の関係があります．フィリップス曲線は経済学者アルバン・W・フィリップス（Alban William Housego Phillips，1914〜1975）によって発見されました．フィリップスは1958年の論文で，イギリスのデータを使い，図13.5のように，失業率と名目賃金の上昇率に負の関係があることを示しました．失業率が高いときには名目賃金は低下傾向にあり，失業率が低いときには名目賃金の上昇が見られるということです．

フィリップス曲線は，次のような労働市場の様子を描写していると考えられます．すなわち，失業率が高いときには働きたくても働けない人が多いので賃金は下がっていき，逆に失業率が低いときには労働市場が逼迫しているので，労働者を確保するために高い賃金がどんどん提示されていく，という様子です．

このように，フィリップス曲線自体は労働市場の様子のみを表しているにすぎませんでしたが，後に名目賃金は物価水準とほぼ同じように動くという事実から，名目賃金の変化ではなく物価水準の変化と失業率の関係が注目されるようになりました．当然，物価水準と失業率も右下がりの関係になります．物価水準の変化率と失業率の関係を示すグラフは，正しくは「物価版フィリップス曲線」と呼ばれるものですが，現在ではフィリップス曲線という言葉でこちら

図 13.5　フィリップス曲線

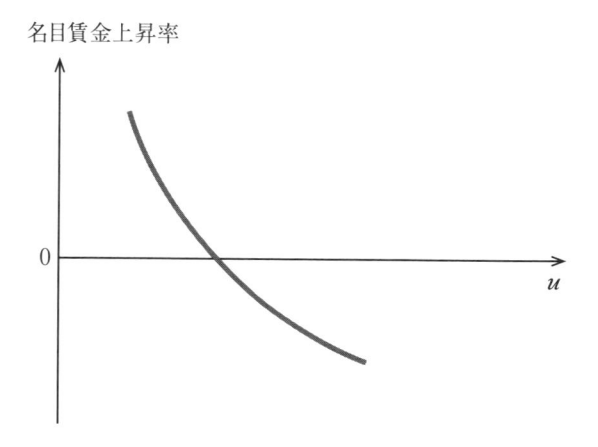

（縦軸：名目賃金上昇率、横軸：u）

を指すことが多いようです．

　さらに，失業率は生産量と大いに関係があると考えられます．第 8 章でも述べたように，経済全体の生産量は，利用されている生産要素の量によっておおむね決まっています．通常複数の生産要素を組み合わせて生産活動が行われていますが，代表的な生産要素の 1 つである労働の雇用量が少ない（失業率が高い）状態であれば，生産量も少なくなりそうです．実際，アメリカの経済学者のアーサー・オークン（Arthur Melvin Okun, 1928～1980）は 1962 年に，「GDP が 3 パーセント上昇すると，失業率が 1 パーセント下がる」という関係をアメリカのデータで示しました．現在でも，GDP と失業率のより正確な関係を求めようという研究が世界各国で行われています．

　たとえば，最近でもローレンス・ボールらが，アメリカについては 1948 年から 2011 年まで，主要先進国 20 カ国については 1980 年から 2011 年までのデータを使って，**オークンの法則**を検証しました．その結果，生産量と失業率の間には強い負の関係があることが確認されました（Laurence M. Ball, Daniel Leigh, and Prakash Loungani (2013) "Okun's Law: Fit at Fifty?" NBER Working Paper, No.18668）．

　生産量と失業率に負の相関があるのであれば，生産量の変化率（GDP 成長

図13.6 GDP 成長率と完全失業率の変化

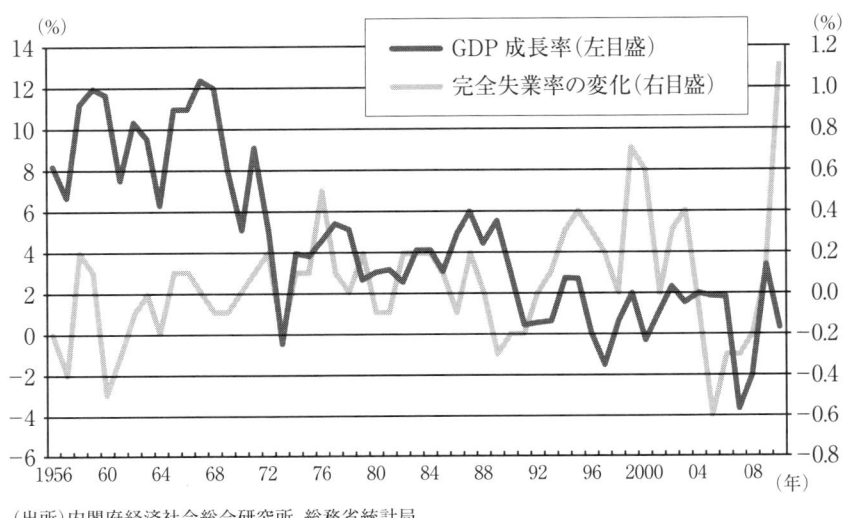

(出所)内閣府経済社会総合研究所,総務省統計局.

率)と完全失業率の変化にも負の関係が導かれます．図13.6は，1956年以降の日本について，GDP成長率と完全失業率の変化をプロットしたものです．日本では，アメリカほど，GDPが変化しても失業率は変化しないという指摘もありますが，図から大まかな関係として負の関係が見て取れる，つまりオークンの法則は日本にも当てはまりそうです（以上の分析は齊藤誠・岩本康志・太田聰一・柴田章久『マクロ経済学』有斐閣を参考にしています）．

以上の（物価版）フィリップス曲線とオークンの法則を結びつけてみましょう．物価水準の変化と失業率には負の関係，失業率と生産量には負の関係がありましたから，結局「物価水準が上昇しているときに生産量が増える」という関係が得られることになります．

第9章では，長期モデルということで，すべての生産要素が利用されている状況を考え，垂直な総供給曲線を求めました．実際のデータは，総需要と総供給の一致している状態ですが，総供給曲線が垂直であれば，産出量は常に潜在的産出量 $\bar{Y}$ に等しいので，「物価水準が上昇すると生産量が増える」という関係は得られません．

図 13.7　右上がりの部分を持つ総供給曲線

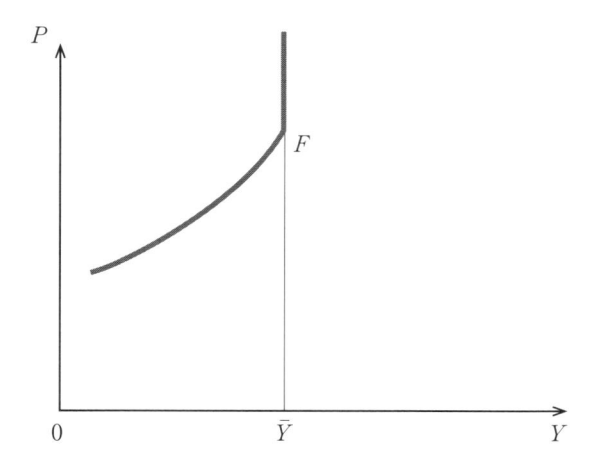

　物価水準が上昇すると生産量が増えるという正の関係が財・サービス市場で見られるためには，右上がりの総供給曲線が必要になります．総供給が潜在的産出量 $\bar{Y}$ に達していれば，それ以上総供給を増やすことはできませんので第9章同様，総供給量と物価水準との関係は垂直線で表されます．

　図に表せば，図13.7のようになります．点 F より左側では，総供給量が潜在的産出量 $\bar{Y}$ に達していませんので，右上がりの関係となっています．総供給量が潜在的産出量に達すると，生産量はそれ以上増やせませんので，点 F で総供給曲線は垂直になっています．

■ なぜ，総供給曲線は右上がりの部分を持つか

　以上の議論で，データから見られる現実の経済の動きを説明するのに，総供給曲線には右上がりの部分が必要だということはわかってもらえたと思います．しかし，「なぜ，総供給曲線は右上がりの部分を持つか」ということは，理論的には説明されていません．経験則に合致するように，総供給曲線が描かれただけです．総需要曲線は，家計，企業の行動を反映した消費関数や投資関数から導かれていました．読者のみなさんは，当然右上がりの総供給曲線の背景にはどのような経済主体の行動があるのかと疑問を持つでしょう．

総供給曲線の導出にはさまざまな考え方があります．さまざまな考え方があるということは，現在も研究者たちがよりよい考え方を求めて議論をしているということでもあります．経済学者たちの議論に追いつくことが本書の目的ではありませんので，ここでは名目賃金の硬直性に着目した，比較的わかりやすい考え方を説明します．

■ 名目賃金の硬直性と右上がりの総供給曲線

　第11章で短期モデルを分析した際，価格の硬直性について学びました．現実の経済では「メニューコスト」や「価格改定のタイミング」の影響で，価格はそう頻繁には変更されないだろうという考え方です．さまざまな価格のなかでもっとも硬直的だと思われるのは労働賃金です．たとえば，**インサイダー・アウトサイダー理論（insider-outsider theory）**と呼ばれる考え方では，労働組合の行動を重視します．ここで，インサイダーとはすでに企業に職を得ている人を指しており，アウトサイダーとは職を得ていない人，つまり失業者を表しています．賃金交渉を行う労働組合は，失業者が多数いても雇用されている人の賃金が下がるのを嫌がり，名目賃金の下落に抵抗するでしょう．インサイダー・アウトサイダー理論では，失業が存在しても名目賃金が下がらないという，労働賃金の下方硬直性を強調します．

　別の考え方としては，**暗黙の契約理論（implicit contract theory）**と呼ばれる考え方もあります．多くの人にとって通常，労働賃金は唯一の所得ですから，人々はあまり賃金が変動することを好みません．一方企業は，内部留保や借り入れなどで，労働者よりは手元資金の変動を緩和することができますので，労働者にくらべれば収入の変動を受け入れやすいでしょう．したがって，労働者と企業との間では，売り上げが高い好景気にも売り上げが低い不況期にも名目賃金があまり変わらないという契約がなされることになります．

　いずれにしろ，名目賃金に硬直性があれば，物価水準の上昇は実質賃金を下げます．実質賃金とは，名目賃金（貨幣単位で表された賃金のことで，たとえば10万円とか，1000ドルとか表されるものです）を物価水準で割ったもので，賃金を財単位で測ったものです．実質賃金の変化は企業の生産活動に影響を与え，総供給を変化させることになります．このことを理解するためには，労働

市場における企業行動を理解する必要がありますが，これまで労働市場の分析は第8章以降のマクロ編ではまったく行ってきませんでした．ただ，この本を最初から読んでいる読者は，企業の利潤最大化行動を第3章で勉強しました．そこでは，

企業の利潤最大化の条件は実質賃金が限界生産力と等しいこと

とありました．限界生産力とは「労働投入を1単位増加させたときの生産量の増分」です．つまり，企業は追加的な雇用が生み出す価値が，実質賃金で表されている労働者への支払いと等しくなるまで労働者を雇おうとするのです．

また，限界生産力には，

労働投入量が増えるほど限界生産力は逓減する

という，限界生産力逓減の法則が成立しました．したがって，実質賃金が低下すると，限界生産力がその水準まで低下するように，よりたくさんの労働者を雇うようになります．

以上の議論をまとめますと，

物価水準の上昇 → 実質賃金の低下 → 雇用量の上昇 → 生産量増加

という，物価水準と生産量の間に右上がりの関係が生まれます．もちろん，いくら実質賃金が下がろうとも，雇用量を完全雇用量よりも増やすことは不可能ですから，総供給曲線は完全雇用の水準つまり潜在的産出量で垂直になります．

総供給曲線が右上がりになる理由は他にもいろいろありますが（**硬直価格モデル**（sticky-price model）や**不完全情報モデル**（imperfect information model）等），興味のある人はより上級のマクロ経済学の教科書を参考にしてください．

■ 総供給曲線のシフト

生産量に影響があるような変化が経済にあると，総供給曲線のシフトが起こります．そのような要因としては生産コストの変化や技術進歩があります．

たとえば，1973年の第一次オイルショックのときには，石油輸出国は原油価格を70パーセントも値上げすることを決定しました．日本は，当時も現在も石油をほぼ100パーセント輸入に頼っていますから，多くの企業にとって生産のためのコストが増加しました．したがって，同じ量の生産をするために

図 13.8 コスト増による総供給曲線のシフト

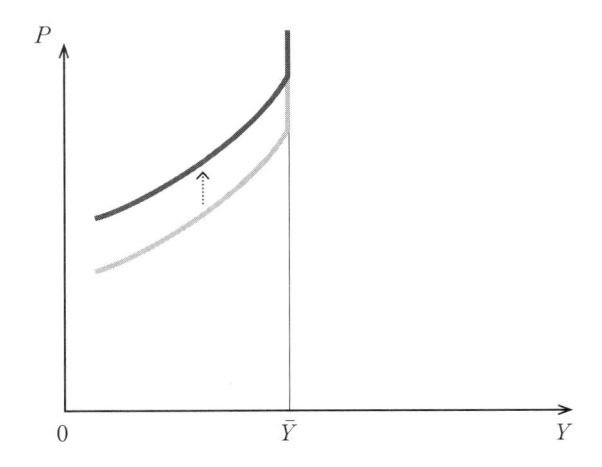

　は，コストをカバーするためにより高い価格で売れることが必要になりました．これは図 13.8 のように，総供給曲線の右上がりの部分の上方シフトとして表されます．

　技術進歩も総供給曲線をシフトさせます．たとえば，新しい製造方法や効率的な生産工程が生み出されたとしましょう．新しい技術により，以前より少ないコストで生産が行えるようになるので，同じ量の生産を以前より低い価格で行うでしょう．これは総供給曲線の右上がりの部分の下方シフトとして表されます．また，経済全体で使える生産要素の量が変わらなくても，より多くの生産が行えることにもなるので，潜在的産出量が増え垂直部分も右にシフトすると考えられます．この様子は，図 13.9 では，供給曲線の右上がりの部分が下方シフトするとともに，潜在的産出量が $\bar{Y}_0$ から $\bar{Y}_1$ へと増加していることで表されています．

13.4 物価水準と国民所得の決定

　ミクロ編で価格と生産量は需要と供給の一致するところで決定されると学びましたが，総需要 – 総供給（AD-AS）モデルでも均衡の国民所得と物価水準

図 13.9　技術進歩による総供給曲線のシフト

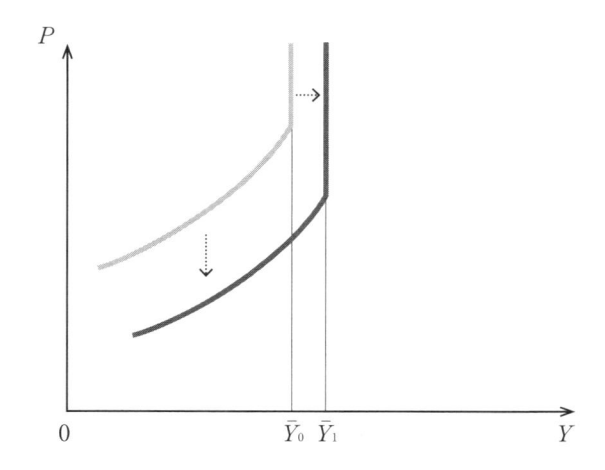

　が総需要と総供給が一致するところで決まります．総需要曲線は，IS-LM 分析をもとに右下がりの関係として求まりました．一方，総供給曲線は右上がりの部分と垂直部分を持つ関係として求められました．したがって，図 13.10 の A 点のように右上がりの部分で交点を持つ場合と，B 点のように垂直部分で交点を持つ場合の 2 つの場合があります．いずれにしろ，総需要と総供給の一致する点がただ 1 つ得られます．交点では総需要と総供給が等しくなっていますから，その産出量は均衡の国民所得でもあります．

　図 13.10 の A 点のように，均衡国民所得が潜在的産出量よりも小さければ，不況状態となり，前章までの短期分析で扱った経済状態そのものです．IS-LM 分析では，物価は一定の水準に固定されていましたが，ここでは総供給曲線を用いることにより，物価水準も産出量と同時に決定することができます．このような物価水準と産出量が同時に決定されるモデルのことを**中期モデル**と呼びます．総需要の変化があってもまったく物価水準が動かない短期モデルよりは長いが，物価水準が潜在的産出量が達成されるように完全に調整される長期モデルよりは短いような時間の長さを想定しているからです．

　さらに A 点のような不況状態のときには，第 11 章で考えたような財政政策や金融政策が有効です．拡張的な財政政策や金融政策を行えば，総需要曲線が

図 13.10　物価水準と国民所得の決定

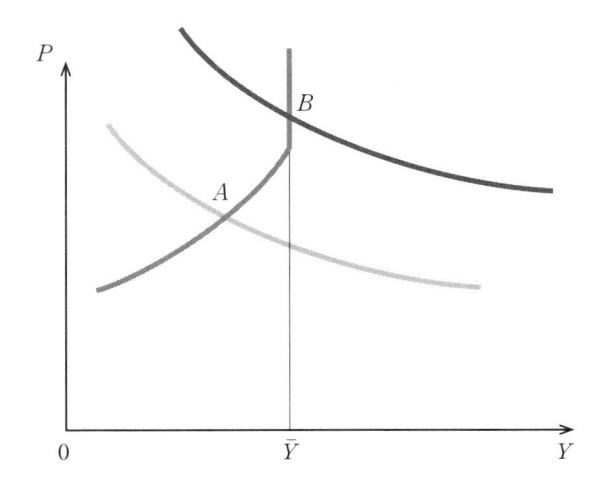

右にシフトするので，国民所得が増加します．このとき物価水準も上昇します．この物価水準の上昇は以下のような現実経済の状態に対応しているでしょう．

拡張的な財政政策や金融政策によって増加した総需要に応じて，企業は生産量を増やすためにより多くの労働者を雇おうとします．その結果，より高い賃金を支払わなければならなくなり，そのコストをまかなうために財の価格も高くなっているのです．他方，B 点のように，すでに潜在的生産量が実現しているときには，総需要を増大させてもそれ以上国民所得は増えず，物価水準が上昇するだけとなります．この場合も，増加した総需要に対応するように生産量を増やそうと，高い賃金が提示され財価格が上昇しているのですが，産出量が潜在的産出量を上回ることがないのです．

13.5　インフレーションやデフレーションの要因

先ほどは，総需要の増加による物価水準の上昇を見ましたが，総需要が変動することによって引き起こされるインフレーションのことをディマンド・プル・インフレーション（demand-pull inflation）といいます．拡張的な財政政策や金融政策によるインフレーションは典型的なディマンド・プル・インフ

図 13.11　ディマンド・プル・インフレーション

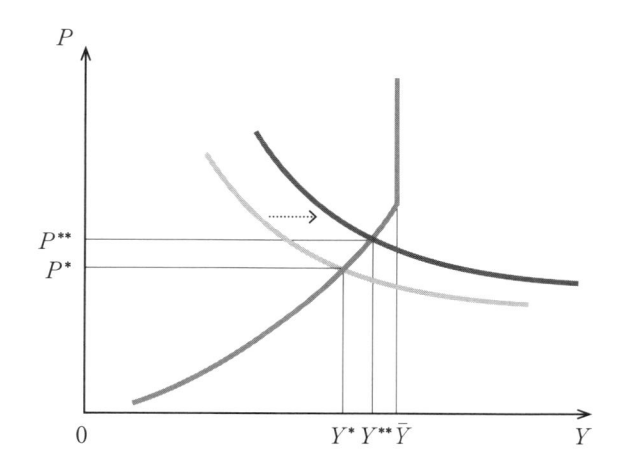

図 13.12　コスト・プッシュ・インフレーション

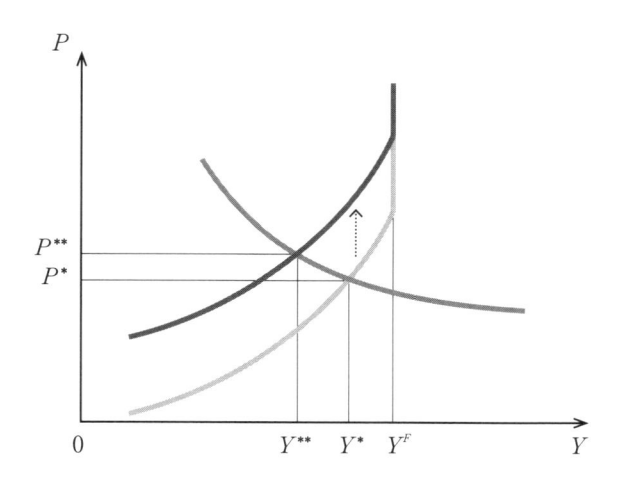

レーションの例です．逆に消費意欲の減少など総需要を減らす変動が起きると，国民所得が減少するとともに物価水準は低下し，デフレーションが起こります．

一方，総供給曲線のシフトによっても物価の変動が起こります．総供給曲線が上方シフトすれば，国民所得が減少する一方物価水準が上昇しますし，逆に

第 13 章　総需要−総供給モデル　467

総供給曲線が下方シフトすれば国民所得が上昇し物価水準が下落します．総供給の変動によるインフレーションのことを**コスト・プッシュ・インフレーション**（cost-push inflation）といいます．賃金や原材料費の高騰による生産コストの上昇が，コスト・プッシュ・インフレーションを招きます．また，技術進歩が起こると総供給曲線が下方シフトしますので，物価水準が低下しデフレーションが起こります．

例題13-1

次の数式で表される経済を考える．

消費関数 $C = 20 + 0.7Y_d$
投資関数 $I = 80 - 500r$
実質貨幣需要関数 $L = 0.3Y + 150 - 1000r$ (13.3)

政府支出は10，税額は50，名目マネーサプライは120とする．

(1) 物価水準を P として総需要と物価水準の関係を表す総需要関数を求めよ．

(2) 総供給と物価水準の関係が次のように与えられている（これを総供給関数とよぶ）．

$$Y = 20 + 330P \quad (13.4)$$

潜在的産出量は350とする．均衡物価水準と均衡産出量を求めなさい．

解説

(1) IS 式は，

$$0.3Y = -500r + 75 \quad (13.5)$$

LM 式は，

$$\frac{120}{P} = 0.3Y + 150 - 1000r \quad (13.6)$$

と表される．(13.5) 式を使って (13.6) 式から利子率を消去すれば，

$$P = \frac{400}{3} \times \frac{1}{Y} \tag{13.7}$$

となり，これが総需要関数である．

(2) (13.4) 式と (13.7) 式から，

$$Y^2 - 20Y - 44000 = 0 \tag{13.8}$$

が得られる．この2次方程式の解は220と-200の2つあるが，負の国民所得はありえないので $Y = 220$ が解となる．これを，(13.4) 式もしくは (13.7) 式に代入すれば，$P = \frac{20}{33}$ となる．

13.6 期待インフレ率とフィリップス曲線

　以上の総需要－総供給（AD-AS）モデルの分析では，財市場にさまざまな理由で変動が起こったとき物価水準の変化が起こることがわかりました．インフレーションの弊害については第10章で議論しましたが，それ以外にもたとえば予期されていないインフレーションは実質賃金を下げてしまいます．そこで，人々は将来のインフレーションをなるべく正確に予想しようとしますし，それによって実質賃金が下がらないようにするはずです．このように期待インフレ率は人々の行動に影響を与えますから，人々の持つ期待インフレ率がマクロ経済に大きな影響を与えているのではないか，という考え方が1970年代からマクロ経済学に広がりました．

　期待インフレ率の重要性はフィリップス曲線に戻って議論するとわかりやすいと思います．フィリップス曲線は，労働市場の需給関係を反映したもので，失業率が高い（低い）と名目賃金上昇率が低い（高い）という関係を表していました．正確には，13.3節で紹介したフィリップス曲線はあくまで，同時点での失業率と名目賃金上昇率の関係を表していました．

　ところで，賃金は労働者と企業との契約によって決まります．契約によって決まるのは名目賃金ですが，労働者にとって本当に重要なのは実質賃金です．なぜなら，その賃金で実際に買えるものの量は，名目賃金を物価水準で割った

実質賃金が表しているからです．期待インフレ率が高ければ，労働者は一定の実質賃金を確保するため高い名目賃金を要求するでしょう．企業にとっても，期待インフレ率が高いということは将来の収入が多いと予想していることでもありますので，高い名目賃金の要求を受け入れ，現時点での名目賃金が上昇します．名目賃金とインフレ率は同じように動くと考えられますので，

期待インフレ率の上昇 → 名目賃金の上昇 → インフレ率の上昇

という関係が生まれます．これは，現在の失業率の水準に関係なくインフレ率が上昇しているので，図 13.13 においてはフィリップス曲線をより上方にシフトさせることになります．つまり期待インフレ率の大きさによって，フィリップス曲線の位置が決まっているのです．期待インフレ率が高ければ，フィリップス曲線は上方に位置し，期待インフレ率が低ければフィリップス曲線は下方に位置します．ある一定の期待インフレ率のもとで描かれるフィリップス曲線のことを**短期フィリップス曲線**（short-run Phillips curve）といいます．図 13.13 では，曲線 A が期待インフレ率が低い場合の短期フィリップス曲線，曲線 B が期待インフレ率が高い場合の短期フィリップス曲線を表しています．

人々の期待インフレ率が一定のもとで，政府が総需要を増加させるような政策を行ったとします．これは総需要−総供給曲線の図で，国民所得を増加させるとともに物価水準を上昇させます．これは図 13.13 では，短期フィリップス曲線上で失業率を減らし，高いインフレ率のところに経済が移動することを意味します．

失業率を低下させる一方で，高いインフレ率が生じています．失業率を低下させるために，どれくらい高いインフレ率を許容できるかは，そのときの社会の判断に依存しますが，右下がりのフィリップス曲線を前提にすれば，政府の総需要管理政策により，望ましい失業率とインフレ率の組み合わせが実現可能です．このように，右下がりのフィリップス曲線は，経済状態を政策により適切な状態に調整すべきというケインジアン（11.4 節参照）的な考え方（**ファインチューニング**〈fine tuning〉といいます）と相性が良い事実なのです．しかし，期待インフレ率の変化を考慮するとケインジアン的な政策の効果に疑問が生じます．どういうことでしょうか．

もし，失業率が低下する一方で高いインフレ率が続けば，人々の期待インフ

図13.13　短期のフィリップス曲線

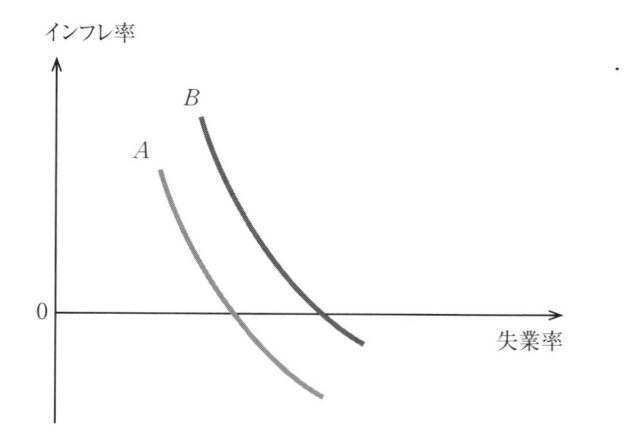

レ率も高く修正されます．十分時間がたてば人々の期待インフレ率が現実のインフレ率と等しくなるでしょう．そして，インフレ率（および期待インフレ率）の大きさに関係なく，労働者も企業も満足する水準に実質賃金が調整され，失業率は自然失業率と一致します．したがって，長期におけるインフレ率と失業率の関係は垂直の直線として，図13.14のように描かれます（u^nは自然失業率を表しています）．このような関係を**長期フィリップス曲線**（long-run Phillips curve）といいます．

　垂直な長期フィリップス曲線は，失業を減らすような総需要管理政策の効果は，人々の期待インフレ率が実際のインフレ率に調整されるまでの「短期間」しか続かないことを示唆しています．ある期待インフレ率のもとで，低い失業率を実現しようとして高いインフレ率を実現したとしても，時間がたてば人々は期待インフレ率を高く修正するでしょうから，短期フィリップス曲線は上方シフトします．期待インフレ率が現実のインフレ率に調整されれば，失業率は自然失業率と等しくなります．

　したがって，長期でも失業率を下げるためには，ケインジアン的な総需要管理政策ではなく，職業紹介事業などによる職業のマッチングを効率的に行うことや，職業訓練によって労働者の技能や知識を高め企業のニーズにあった能力

図13.14 長期フィリップス曲線

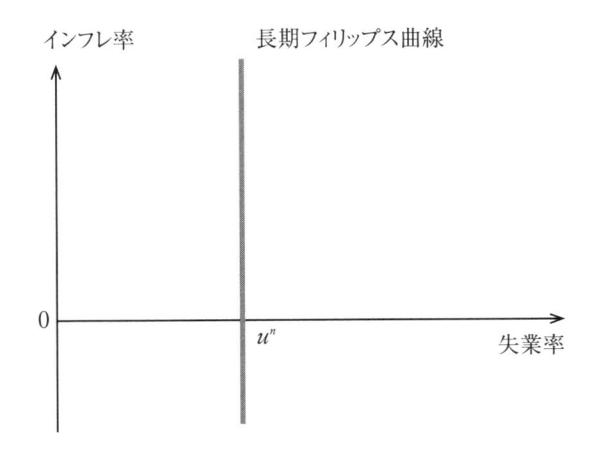

を持たせることが必要でしょう.

以上の議論の出発点は,労働者も企業も将来高いインフレが起こるという期待を持っていると,現在の賃金の上昇を引き起こし実際にインフレーションが起こることでした.これは,インフレーションやデフレーションに対する期待が, **自己充足的予想**(self-fulfilling prophecy)であることを示唆しています.自己充足的予想とは,「そう予想することによって本当にそれが起こってしまう」ということです.もちろん,人々が何の根拠もなくインフレやデフレが起こると予想することはないでしょう.たとえば,これまで中央銀行の消極的な経済政策でデフレが続いてきたという実績があれば,人々が今後もそれが続くだろうと判断するのは当然です.ひとたびこのような予想が成立してしまうと,デフレを解消するためには,大胆な政策変更(たとえば中央銀行の総裁を変更する,インフレ脱却への強い意欲を示す等)が必要でしょう.

例題13-2

フィリップス曲線が次の数式で表されるとする.

$$\pi = \pi^e - \beta \cdot (u - u^n)$$

自然失業率 u^n は5パーセント，$\beta = 0.5$ とする．

(1) 現在のインフレ率が1パーセント，今期の失業率が8パーセントのとき，期待インフレ率はいくらであったか．

(2) 中央銀行が2パーセントというインフレ目標を掲げて人々がそれを信用したとする．実際に中央銀行が2パーセントのインフレーションを達成したときの失業率を求めなさい．

解説

(1) 与えられているフィリップス曲線に条件を代入して，$\pi^e = 2.5$ パーセント．

(2) $\pi = \pi^e$ となっているから失業率は u^n と同じ5パーセントである．

本章のまとめ

1 物価水準と産出量を結びつけるモデルを総需要 – 総供給モデル（AD-AS モデル）といいます.

2 総需要曲線は財市場と資産市場の均衡条件から導かれました.

3 フィリップス曲線およびオークンの法則で示されている現実経済の動きを説明するためには，右上がりの総供給曲線が必要です.

4 右上がりの部分を持つ総供給曲線を導く経済主体の行動について，名目賃金硬直モデルなどのさまざまな考え方があります.

5 総需要 – 総供給モデルでは，総需要の変化が原因のディマンド・プル・インフレーションと総供給の変化が原因のコスト・プッシュ・インフレーションを区別することができました.

6 期待インフレ率の変化はフィリップス曲線の位置を変化させます．ある一定の期待インフレ率のもとで描かれるフィリップス曲線のことを短期フィリップス曲線といいます.

7 長期的には，期待インフレ率と現実のインフレ率が等しくなり，失業率が自然失業率と等しくなると考えられます．このような関係は，垂直な長期フィリップス曲線によって表されます.

本章のキーワード

総需要曲線　総供給曲線　オークンの法則　名目賃金硬直モデル　中期モデル　ディマンド・プル・インフレーション　コスト・プッシュ・インフレーション　期待インフレ率　短期フィリップス曲線　長期フィリップス曲線　自己充足的予想

演習問題

1 以下の(1)〜(6)について，空欄に当てはまる語句を答えなさい．

(1) 総需要曲線は，縦軸に物価水準，横軸に総需要をとると（　　）の曲線として描かれる．

(2) 総供給曲線は，縦軸に物価水準，横軸に総供給をとると垂直部分を持つ（　　）の曲線として描かれる．

(3) フィリップス曲線は当初は（　　）と（　　）の関係として見出されたが，現在（　　）と（　　）の関係を表すものとも解釈されている．

(4) 実質マネーサプライの増加は総需要曲線を（　　）にシフトさせ，国民所得を（　　）させ，物価水準を（　　）させる．

(5) 期待インフレ率の低下は短期フィリップス曲線を（　　）にシフトさせる．

(6) 人々の期待インフレ率が常に現実のインフレ率と等しければ，総需要管理政策は失業率を（　　）．

2 次の数式で表される経済を考える．

消費関数 $C = 20 + 0.7 Y_d$
投資関数 $I = 80 - 500 r$
実質貨幣需要関数 $L = 0.3 Y + 150 - 1000 r$
総供給関数 $Y = 20 + 330 P$

税額は50，名目マネーサプライは125，潜在的産出量は350とする．

(1) 潜在的産出量を実現させるために必要な政府支出の大きさを求めなさい．

(2) 政府支出を90とする．潜在的産出量を実現するために必要な名目マネーサプライの量を求めなさい．

3 以下の問(1), (2)に答えよ.
(1) マクロ経済分析において「期待」を考慮することの重要性について論評せよ.
(2) 硬直賃金モデルでは名目賃金が硬直的であった. 硬直性の原因を労使間の長期契約であると考えよう.
　(a) 物価水準の変動が激しくなった場合, 労働者には短い契約期間と長い契約期間のどちらが望ましいであろうか？
　(b) もし, 契約期間が短くなったら, 総供給曲線にどのような変化があるだろうか？　労働が唯一の生産要素であるとして考えなさい.

コラム フィリップス曲線は日本の形をしている？

　そもそもフィリップス曲線は，データから経験的に導かれるものでした．日本のフィリップス曲線はどういう形をしているのでしょうか．日本のそれは，きれいな右下がりの形状をしています．これは，インフレ率が下がって，たとえばデフレになると失業率が増え，デフレから脱却してインフレ率が上がると失業率が下がることを示します．

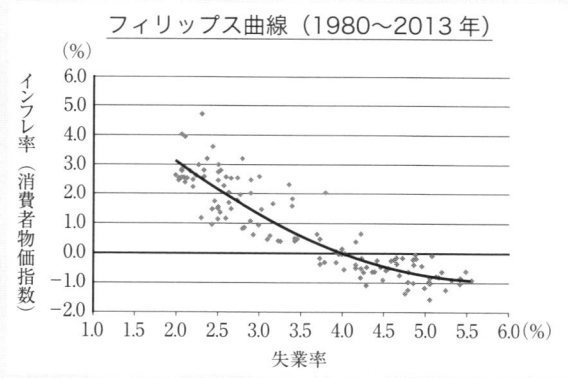

フィリップス曲線（1980〜2013年）

（出所）総務省統計局データから飯田泰之氏作成．

　しかし，この図，何かに似ていませんか．カナダのグレゴリー・スミス（クィーンズ大学）という経済学者は，横軸の失業率を大きい数字から順に原点から並べてみました．そうしてみると，フィリップス曲線の形はなんと日本列島の姿にそっくりではないですか！（Gregor Smith（2006）"Japan's Phillips Curve Looks Like Japan." http://qed.econ.queensu.ca/working_papers/papers/qed_wp_1083.pdf）

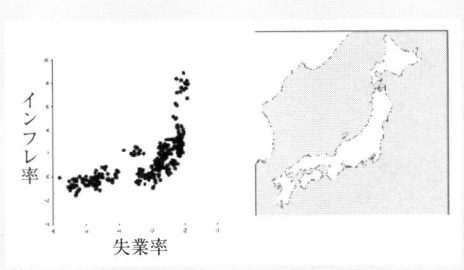

(出所) Smith (2006).

　もちろん日本のフィリップス曲線が日本列島に似ているというのは冗談です．経済学者もこういう冗談を思いつくこともあります．冗談はさておき，大事なことは日本でフィリップス曲線が成り立っているという事実です．

第14章 経済成長

本章では，経済成長について学びます．ここで扱われる経済成長とは，主に所得（GDP）の変化のことです．以下で概観するように，何十年にも渡ってGDPが伸びつづけている国もある一方で，GDPが減少していたり停滞している国もあります．また，同じ国でもある時期には高成長を達成していたのに，その後成長率が低くなってしまうこともあります．このような現象がなぜ起こるのかを探るのが，本章の目的です．

これまで学んだ長期モデル，中期モデル，短期モデルでは，資本や労働などの生産要素や技術水準は一定と考えていました．

生産要素や技術水準が一定であれば，総供給は最大でも潜在的産出量までしか実現できませんので，経済成長を説明することはできません．したがって本章では，生産要素や技術水準の変化がどのようにして起こるのかを考えることになります．

14.1 データで見る経済成長

まず主要国のGDPの水準を概観しましょう．2012年におけるGDP上位10カ国は表14.1のようになっています．

表を見ると，アメリカの経済規模が圧倒的に大きいことがわかると思います．しかし，GDPは一国全体の経済活動の指標としては標準的なものですが，その国に住んでいる人の豊かさの指標としては適切ではありません．人口が多いほど国全体の労働力も大きくなり経済活動の規模が大きくなるのが普通だからです．その国に住んでいる人々の豊かさを表すには，1人当たりGDPのほうが適切です．同じ2012年の1人当たりGDP上位10カ国は，表14.2のようになります．

ランクの顔ぶれが，がらっと変わっています．ちなみに日本の1人当たり

表14.1　2012年GDPランキング

（単位：US兆ドル）

国名	GDP
アメリカ	16.2
中国	8.2
日本	6.0
ドイツ	3.4
フランス	2.6
イギリス	2.5
ブラジル	2.3
ロシア	2.0
イタリア	2.0
インド	1.8

（出所）IMF, *World Economic Outlook Database*.

表14.2　2012年1人当たりGDPランキング

（単位：USドル）

国名	1人当たりGDP
ルクセンブルク	106,407
カタール	104,756
ノルウェー	99,170
スイス	78,881
オーストラリア	67,305
デンマーク	56,426
スウェーデン	54,814
カナダ	52,300
シンガポール	52,052
アメリカ	51,704

（出所）IMF, *World Economic Outlook Database*.

GDPは12位，中国は88位です．一国全体の経済規模が，必ずしもその国に住んでいる人々の豊かさを表していないことがわかります．

次に，さまざまな国々の1人当たりGDPの成長率を見てみましょう．ある変数Xの今期の成長率は以下のように計算されます．

$$今期の成長率 = \frac{今期のXの値 - 前期のXの値}{前期のXの値}$$

たとえば名目GDPの成長率を計算するには，Xに各期のGDPの値を代入します．

図14.1は，戦後日本の1人当たり実質GDPの成長率をグラフにしたものです．みなさんは「失われた10年」（もしくは「失われた20年」）という言葉を聞いたことがあるのではないでしょうか．日本の経済成長率が1992年に急激に低下しその後10年ほど低成長が続いていたことがわかると思います（2002年の景気回復は結果的には一時的であったので，その後の低成長も含めて「失われた20年」といわれることもあります）．一方，1960年代から1972年までは年率10パーセントを超すような年も珍しくないほど高い経済成長を経験しています．この時期は高度経済成長期と呼ばれ，第2次世界大戦で大きな損失を被った日本経済が，回復そして先進国の仲間入りをするまで経済発展を遂げた時期に当たります．

図 14.1 日本の 1 人当たり実質 GDP 成長率

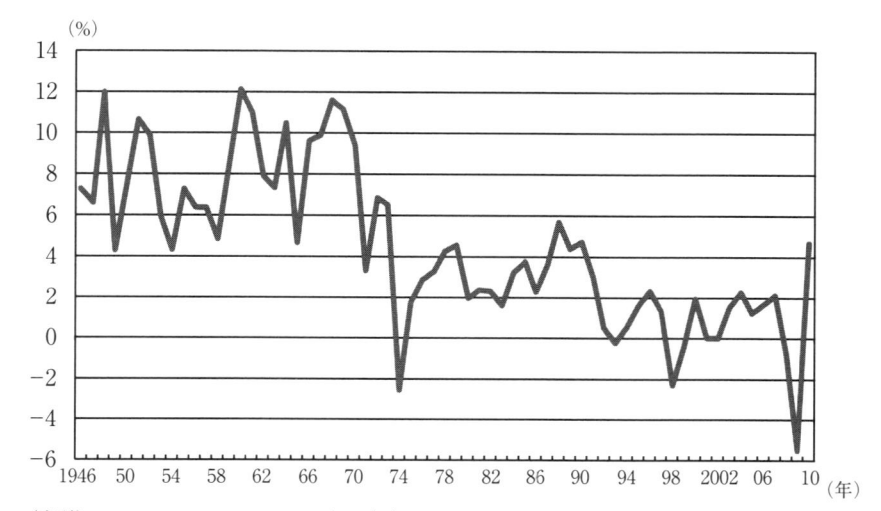

(出所) Bolt, J. and J. L. van Zanden (2013) "The First Update of the Maddison Project; Re-Estimating Growth before 1820," Maddison Project Working Paper 4.

表 14.3 さまざまな国における 10 年ごとの経済成長

(%)

年\国名	1960～69	1970～79	1980～89	1990～99	2000～09
アメリカ	3.4	2.8	2.3	2.3	0.29
イギリス	2.2	2.4	2.1	3.1	0
日本	9.1	5.5	3.1	2.1	0.01
中国	−1.3	3.2	4.7	5.6	8.3
チリ	3.3	0.16	0.72	3.5	4.3

(出所) Feenstra, Robert C., Robert Inklaar, and Marcel P. Timmer (2013), "The Next Generation of the Penn World Table," available for download at www.ggdc.net/pwt

表 14.3 は日本を含めた 5 カ国の，10 年ごとの 1 人当たり実質 GDP の平均成長率をまとめたものです．

このように，同じ国でも経済成長率が高い期間や低い期間があります．また，同時期であっても世界には成長率の高い国，低い国が混在しています．たとえ

第 14 章 経済成長 481

ば，日本が低成長に陥っている最近でも，中国は高い成長率を達成しています．チリは1960年代には比較的高い成長率を実現していましたが，その後の軍事独裁体制のもとで経済は停滞しました．1990年以降再び，経済成長率が高くなっていますが，これはさまざまな経済改革によるものと考えられています．

アメリカやイギリスなどの先進国は，1960年以降はそれほど高い成長率を経験していないように見えます．せいぜい平均成長率3パーセント程度です（2000年からの10年間の経済成長率が極端に低いのは，2007年の経済危機の影響です）．

3パーセントという成長率が高いか低いかを判断するには，何らかの基準を持ってこなければなりませんが，ここでは「その成長率のもとで一国のGDPが2倍になるのに何年かかるか」という基準を使いましょう．経済成長率が3パーセントということは，今年のGDPを1とすれば来年のGDPが1.03，再来年のGDPが1.03^2で1.0609になっています．3パーセントの経済成長率のもとでGDPが2倍になる年数は，$1.03^x = 2$となるようなxで表されます．$1.03^{24} \fallingdotseq 2.03$ですので，およそ24年間でGDPが2倍になります．経済成長率が1パーセントのもとでは$1.01^{70} \fallingdotseq 2.00$ですので，GDPが2倍になるのに70年もかかります．3パーセントと1パーセントの経済成長率では，最初の数年はGDPの水準にほとんど差はありませんが，その差が累積していくと大きな差になってしまうのです．

このように経済成長はとても重要です．これまではGDPの「水準」がどのように決まるかについて学んできました．第9章の長期モデルでは生産要素の量と生産関数で表される技術水準によって，第11章や第12章の短期モデルでは総需要の水準によって決定されました．しかしながら，これまでの分析ではある1時点のGDPの決定しか表せませんでした．上で見たような，時間を通じたGDPの変化を説明するには新しい分析方法が必要になります．

時間を通じた経済の変化を分析することを**動学分析**（dynamic analysis）といいます．経済成長の分析である経済成長理論は典型的な動学分析で，かつマクロ経済学における重要なトピックの一つです．ケインズの『一般理論』の出版は1936年ですが，1939年にはイギリスの経済学者ロイ・ハロッド（Roy Harrod, 1900〜1978）により，経済成長理論に関する論文が書かれています．

ハロッドはケインズの弟子とも目される経済学者で，また『一般理論』の草稿にも目を通していました．ハロッドが，『一般理論』の出版後すぐに経済成長を論じたことは，経済成長理論がマクロ経済学において重要なトピックであるということを表しています．

　本章では，まず経済成長の源泉とは何かを考えます．経済成長は長期的な現象ですから総需要の大きさが重要であった短期モデルではなく，供給能力が生産水準を決定する長期モデルをもとに考えます．次に，経済成長の様子を表すことのできる経済成長理論を学びます．経済成長理論は，なぜある国の成長率が高くなったり低くなったりするのか，成長率を高くするために必要な政策とは何かということを分析することに役立ちます．

14.2　経済成長の源泉

　経済成長とは数年もしくは数十年にわたる GDP の変化ですから，考えている時間の長さは物価水準が調整するのに十分な長さです．したがって，短期モデルではなく第 9 章で学んだ長期モデルをもとに考えることが適切です．長期モデルは，物価水準の調整が完了している状態を考えており，生産量がその経済にある生産要素の量と技術水準によって決まっていました．具体的には，

$$Y = F(\bar{L}, \bar{K})$$

という生産量でした．$\bar{L}$ は全労働サービス量，$\bar{K}$ は全資本量を表しています．生産量は労働，資本，生産関数で表されている技術の 3 つの要因によって決定されています．

　したがって，GDP が長期的に変化しているならば，労働サービスや資本量などの生産要素が変化している，もしくは生産関数で表されている技術水準が変化しているはずです．一つ一つの要因についてどのような要因で変化していくのか探ってみましょう．

■ 労働

　労働とは人間が提供する生産要素です．したがって，その国の全労働サービ

スは働くことのできる人の数に大きく依存します．一般に人口が多ければその分働くことのできる人々は増えます．通常，短期的には一国の人口は急激に変わることはありませんが，子どもを産むことや人が死ぬこと，また移民によって変化します．

労働サービスの大きさは人口だけで変化するわけではありません．まずは，一人一人がどれだけ働くかによっても変化します．日本では戦後間もなくは週48時間であった法定労働時間が，1997年から週40時間まで減少しています．これにともない，労働者1人平均年間の労働時間は1960年の2164時間をピークに，現在は1800時間程度まで減少しています．1960年の労働人口がおよそ4500万人，2013年がおよそ6500万人ですから，日本全体の全労働サービス量はほとんど変わっていないように見えます．

一方，労働サービスの量は人数や労働時間だけでは測りきれないとも考えられます．この本を読んでいるみなさんは，経済学を身につけようとしているはずです．その結果得られた知識や考え方は，勉強をしなかったときとくらべて，みなさんの人生にプラス，もっと端的にいえばより高い賃金を得ることに役立つはずです．また，同じ日本料理の料理人でも，手際が良くよりおいしい料理を作ることのできる人のほうが，当然高い賃金をもらっていそうです．このような高い賃金をもらっている人たちは，他の人より多くの価値を生み出している，つまり生産性が高いのです．経済学では，人々が身につけた知識や技術のことを**人的資本**（human capital）と呼びます．

これまで資本とは機械や生産設備のようなもの，つまり投資によってその量が徐々に変化していくものを指していました．知識や技術も，教育や訓練によってその量が徐々に変化していくという性質を持っているので，資本という言葉が使われています．その国の全労働サービス量がどれだけの大きさを考えるには，人口，労働時間だけではなく人的資本の量まで考慮しなければなりません．人的資本が高ければ，人口や労働時間が変わらなくても，生産への貢献は高くなります．人的資本は直接目に見えるものではないので，測るのは簡単なことではありません．代表的な計測方法としては高等教育の進学率や就業年数で測る方法があります．高等教育を受けていれば授業やゼミを通じて高い知識を身につけているはずですし，就業年数が長ければ職場で他の人から教え

てもらったり自ら技術を磨いたりして，人的資本が高まるだろうという考えです．

■ 資本

これまで，機械や生産設備のような生産要素のことを資本と呼んできましたが，上で説明したように人々が身につけた知識や技術に対しても資本という言葉を使っていますから，正確には**物的資本**（physical capital）と呼ぶべきです．

これまでは，経済に存在する物的資本の量は一定として考えてきましたが，長い期間には投資により変化します．これまでも投資は，総需要の一部として短期モデルのなかで重要な役割を持っていました．短期分析では総需要の大きさで GDP の大きさが決まっていたからです．経済成長を考えるときには，投資の持つ別の役割，供給面への影響を考える必要があります．

投資により資本の増強が進みますが，一定期間生産に使われば棄損していきます（8.3 節の「分配面から見た GDP」の項で説明した固定資本減耗にあたります）．また，同じ 1 台もしくは同じ金額であっても，10 年前のパソコンと現在のものではその性能に雲泥の差があります．現在稼働している資本量を求めるには，何十年にもわたる投資と資本減耗を考慮し，さらに質の差も考慮しなければなりません．

■ 技術

技術とは，生産要素を組み合わせて生産を実現させるために必要なものです．同じ生産要素の量でもたくさんの生産が可能になることを，技術進歩といいました．ここで考えている技術とは，設計図のようなものに書かれている知識や技術（経済学では「アイデア」ともいいます）だと考えてください．労働者が教育や訓練によって自分のなかに取り込んだ技術は，上で説明したように人的資本として計測されるべきです．

さて，技術の計測ですが，これは労働や物的資本の計測以上にやっかいなものです．労働や資本にも計測上の問題点はありましたが，基本的には人間や機械のように具体的なイメージがあるものでした．技術は具体的な形のないもの

ですから，それを計測することにもともと困難があります．マクロ経済学でよく使われている技術水準の計測方法は，以下で説明される**成長会計**（growth accounting）という方法です．

　上で説明したように，生産量は労働，資本，生産関数で表されている技術の3つの要因によって決定されています．技術進歩は同じ生産要素の量でも，より多くの生産が可能になることでしたから，労働サービス量 L や資本量 K が変化したとき，その変化から想定される変化以上に生産量 Y が変化していたら，技術水準の変化だと考えることができます．労働サービス量 L や資本量 K のデータは原則として入手可能です．生産量 Y，すなわち GDP のデータも手に入ります．これらのデータから得られる，労働サービス量や資本量の変化と生産量の変化をくらべることにより，技術進歩を計測できることができますが，実際には，資本と労働サービスの生産に対する重要性（寄与度）の違いを考慮しなければなりません．成長会計といわれる技術の計測方法では，以下のような式を利用します．

　　　技術進歩率＝GDP 成長率
　　　　　　－資本分配率×資本量の変化率
　　　　　　－労働分配率×労働サービス量の変化率

　資本分配率とは，GDP のうち資本の所得（たとえば株の配当等）として分配される割合を表し，**労働分配率**とは GDP のうち労働サービスの所得（たとえば賃金です）として分配される割合を表しています．生産は，経済全体では必ず所得と等しいですから，資本分配率と労働分配率は足して1となります．この式を導くには，少しむずかしい数学の知識が必要ですので，ここでは導出方法は説明しません．所得とは，生産された価値が生産要素に分配されたものでしたから，各分配率の大きさは，資本や労働の生産への貢献を反映していると考えることができます．各生産要素の生産への寄与度に生産への貢献度合いを利用していると考えると，右辺の計算が理解しやすいと思います．

　このように計算された技術進歩率は**ソロー残差**（Solow residual）ともいわれます．ソローとは，経済成長理論の分野で多大な功績を残し1987年にノーベル賞を受賞したロバート・ソロー（Robert Merton Solow, 1924～）です．

彼は，経済成長の源泉を求めるには技術水準を計測することが不可欠であると考え，「残差」として技術水準を測ることを提唱しました．ソロー自身が1909年から1949年のアメリカ経済について分析したところ，この期間の成長の，じつに90パーセント近くが技術進歩によるものだと測定されました．

ソローの研究以降も，さまざまな国で改良を加えながら技術進歩の測定が行われています．たとえば日本では独立行政法人経済産業研究所が日本産業生産性（JIP）データベースという名前で毎年，生産要素量や成長会計に関するデータを更新しています．このデータによれば，1970年代の日本のGDP成長率は4.64パーセントで，技術進歩率は2.14パーセントでした．2000年から2010年までのGDP成長率は0.64パーセントで，技術進歩率は0.49パーセントでした．

例題14-1

資本量の成長率が4パーセント，労働サービス量の成長率が1パーセント，資本分配率が30パーセント，労働分配率が70パーセントとする．GDPの成長率が3パーセントだったとき，成長会計の手法を用いて技術進歩率を求めなさい．

解 説

$$\text{技術進歩率} = \text{GDP成長率} - (\text{資本分配率} \times \text{資本量の変化率} + \text{労働分配率} \times \text{労働サービス量の変化率})$$

であるから，

3パーセント − (0.3 × 4パーセント + 0.7 × 1パーセント)
　= 1.1パーセント

となる．

14.3 伝統的な経済成長理論

　ここからは，経済成長を描写するための理論モデルの説明をしていきます．これまで見たように，経済成長は生産要素の増大もしくは技術進歩によって起こります．ですから，経済成長理論は，どのように生産要素や技術進歩が変化していくのかを描写する必要があります．まず，1950年代に発表された伝統的な経済成長理論について説明します．

■ 新古典派生産関数

　モデルをなるべくわかりやすくしていくため，以下ではさまざまな仮定をおいていきます．まずは生産関数についての仮定です．一般的な生産関数は，

$$Y = A \cdot F(L, K) \qquad (14.1)$$

と表されます．ここで A は技術水準を表しています．

　通常，マクロ経済学において生産関数には，規模に関して収穫一定（一次同次性），限界生産力が逓減する，という2つの性質を仮定します．「規模に関して収穫一定（一次同時性）」や「限界生産力」についての説明はミクロ編の第2章で説明されていますが，もう一度確認しておきましょう．

規模に関して収穫一定（一次同次性）
生産要素をたとえば2倍にしたときに，生産量も2倍になる生産関数は規模に関して収穫一定という．

限界生産力が逓減する
他のすべての生産要素の量を固定しておいた場合，ある生産要素の量を増やせば生産量は増えるが，その増え方は減っていくようなとき，限界生産力は逓減するという．

　第2章では，資本量を固定して労働の限界生産力が逓減していくような生産関数を考えていました．

　以上2つの性質を満たす生産関数を**新古典派生産関数**（neo-classical

production function）といいます.

以下では生産関数を,

$$Y = A\sqrt{L \cdot K} \tag{14.2}$$

と特定化します．この生産関数は2つの性質を満たしていて，新古典派生産関数と呼べることを，以下の例題で確認してください．

例題14-2

生産関数が（14.2）式で与えられている．

(1) 資本量 K および労働サービス量 L がそれぞれ t 倍されたとき，生産量が t 倍になることを示せ．ただし t は正とする．

(2) 労働サービス量 L を固定して，資本量 K が連続的に変化したとき，資本の限界生産力が逓減することを確認しなさい（注意：必要に応じて，第3章3.4節の表3.5を参照せよ）．

解説

(1) K, L をそれぞれ t 倍すれば,

$$A\sqrt{(t \times L) \cdot (t \times K)} = t \cdot A\sqrt{L \cdot K}$$

となる．生産量も当初の t 倍になったので，規模に関して収穫一定であることが示された．

(2) 生産関数は,

$$Y = A\sqrt{L \cdot K} = A\sqrt{K}\sqrt{L}$$

と変形できる．表3.5より，生産関数が $\sqrt{l}$ の場合の限界生産力は $\frac{1}{2\sqrt{l}}$ であることがわかっている．同じように考えれば，資本の限界生産力は $A\sqrt{L} \times \frac{1}{2\sqrt{K}}$ となる．したがって，限界生産力が正であることが示された．また，K が大きくなると，$A\sqrt{L} \times \frac{1}{2\sqrt{K}}$ が小さくなることは明らかだから，限界生産力は逓減する．

第14章 経済成長

■新古典派成長理論（ソロー成長理論）

　伝統的な経済成長理論は新古典派生産関数に基づいています．したがってこのような経済成長理論を**新古典派成長理論**（neo-classical growth theory）といいます．また**ソロー成長理論**（Solow growth theory）ともいいます．ソローとは成長会計を考えた前出のロバート・ソローです．

　14.2節「経済成長の源泉」で説明したように，経済が成長していくということは，技術進歩が起こったり生産要素の量が増加したりして，生産量が増えていくことです．したがって，経済成長理論とは，どのように技術進歩が起こるのか，どのようにして資本や労働などの生産要素が増えるのかを考える分野といえます．とりあえず，技術進歩の変化については考えないことにして，生産要素の変化に注目していきましょう．

　まず，労働サービスの変化について考えます．労働サービス量は，人口，労働時間，人的資本量によって決まりました．以下では労働サービスは人口のみによって決まると考えます．労働時間の変化を考えない理由は，分析の簡単化のためです．実際の労働時間は消費者の労働供給と企業の労働需要が等しくなるように成立するはずですが，このような分析を導入するのは本書の範囲を超えています．労働人口を L で表し，単純化のため，すべての人々の労働時間は1と考えます．人的資本の分析には，どのようにして人々が知識や技術を学び身につけるのかについての考察が必要です．これについても本書の範囲を超えていますので，ここでは一人一人が持っている人的資本の大きさも1とします．すると，経済全体の労働サービス量は $L \times 1 \times 1 = L$ となります．

　人口の変化も私たちの意思決定によって生じるものですが，簡単化のため労働人口は一定率 n で増加していると考えましょう．来期の人口を L' で表しますと，

$$L' = (1 + n) L \tag{14.3}$$

という関係が成立します．

　以下で技術水準や人口成長率の変化が経済成長にもたらす影響を分析しますが，そのときでも「なぜ」技術水準が変化するのか，「なぜ」人口成長率が変

化するのかについては問わないでおきます．結局，技術と人口が外生変数で，物的資本のみが内生変数ですので，ここからは物的資本量の変化について考えていきます．

資本蓄積は投資量によって決まります．第9章 (9.8) 式に表されているように，政府活動がない場合（$T = G = 0$）閉鎖経済では投資量は貯蓄量に等しいので，資本蓄積の過程を考えるには消費者の貯蓄行動を考えればいいことになります．新古典派成長理論では，消費者が所得の一定割合 s だけ貯蓄をすると考えます．一方，資本は利用されることで一定率で減耗していきます．資本減耗率を δ で表しましょう．結局，経済全体の資本量は，

$$s \cdot A\sqrt{L \cdot K} - \delta \cdot K$$

だけ増えることになります．

経済成長理論では時間を通じて変化していく変数を扱っていきます．ここでは，まず人口が成長しています．それにともない経済全体の生産量も成長していくことが予想されます．このようなときは，さまざまな経済変数を人口1人当たりで表すと分析しやすくなります．経済全体の資本を人口 L で割った変数 K/L を k と表しましょう．k は1人当たり資本量です．私たちが考えている (14.2) 式のような生産関数では，以下のような関係が成立します．

$$\frac{Y}{L} = \frac{A\sqrt{L \cdot K}}{L} = A\sqrt{\frac{L \cdot K}{L^2}} = A\sqrt{\frac{K}{L}} = A\sqrt{k} \qquad (14.4)$$

つまり，技術水準が一定のとき，1人当たり生産量は1人当たり資本量によって決定されます．これは生産関数が規模に関する収穫一定の条件を満たしているからです．

私たちが知りたいのは，1人当たり生産量の「変化」ですが，(14.4) 式は1人当たり生産量が1人当たり資本量に依存していることを示しています．したがって，1人当たり生産量の変化は，1人当たり資本量の変化によって決定されます．それでは，1人当たり資本量の変化はどのように表されるでしょうか．

経済全体の資本の変化量は $s \cdot A\sqrt{L \cdot K} - \delta \cdot K$ でした．しかし，これを L で割った，$s \cdot A\sqrt{k} - \delta \cdot k$ が「1人当たり資本量の変化」とはならないことに注意してください．なぜなら，1人当たりの資本量は，人口成長の影響を受け

第 14 章 経済成長　491

るからです．

具体的には，以下のように1人当たりの資本量の変化は計算されます．K' を次期の資本量とします．すると，経済全体の資本量の変化は，

$$K' - K = s \cdot A\sqrt{L \cdot K} - \delta \cdot K$$

となります．これを次期の人口 L' で割ると，

$$\frac{K'}{L'} - \frac{K}{L'} = s \cdot A\frac{\sqrt{L \cdot K}}{L'} - \delta \cdot \frac{K}{L'} \tag{14.5}$$

となります．人口成長率が n で一定である，つまり $L' = (1+n)L$ が成立していますので，これを使って左辺を書き換えると，

$$\frac{K'}{L'} - \frac{K}{L'} = \frac{K'}{L'} - \frac{K}{(1+n)L} = k' - \frac{k}{1+n}$$

となります．一方，右辺は (14.4) 式も利用すると，

$$s \cdot A\frac{\sqrt{L \cdot K}}{L'} - \delta\frac{K}{L'} = s \cdot A\frac{\sqrt{L \cdot K}}{(1+n)L} - \delta\frac{K}{(1+n)L}$$

$$= s \cdot A\frac{1}{1+n}\sqrt{k} - \frac{\delta}{1+n}k$$

と変形できます．結局，(14.5) 式は，

$$k' - \frac{k}{1+n} = s \cdot A\frac{\sqrt{k}}{1+n} - \delta\frac{k}{1+n} \tag{14.6}$$

となりました．この式には，今期の1人当たり資本量 k と次期の1人当たり資本量 k' 以外は，貯蓄率 s，人口成長率 n，技術水準 A という定数だけしか存在しません．したがって，今期の1人当たり資本量がわかれば，次期の1人当たり資本量がわかります．さらに，次期の1人当たり資本量を利用すれば，同じ式からその一期先の1人当たり資本量もわかります．つまり，1人当たり資本量の，時間を通じた変化はこの式だけを見ればわかるのです．(14.6) 式の両辺から k を引くと，さらに次のように変形できます．

$$k' - k = \frac{1}{1+n}\left\{s \cdot A\sqrt{k} - (n+\delta)k\right\} \tag{14.7}$$

左辺が，1人当たり資本量の変化を表していますので，もし (14.7) 式の右辺

図 14.2 新古典派成長モデル

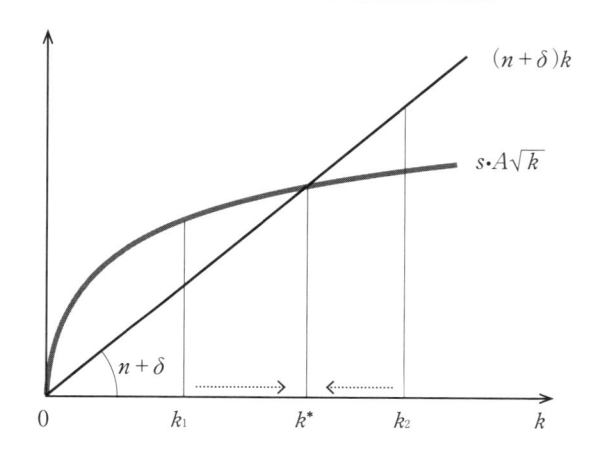

が正であれば，1人当たり資本量は増加し，負であれば減少します．(14.7) 式で表されている経済の様子は，図 14.2 を見るとさらに，わかりやすいでしょう．

図に描かれている2つの線のうち，曲線のほうは $s \cdot A\sqrt{k}$ のグラフです．k が0のとき $\sqrt{k}$ は0となりますので，0を通ります．また，k が大きくなるにつれてグラフの値は大きくなりますが，増加する大きさは小さくなります（資本の限界生産力が正で逓減という性質を反映しています）．一方，直線のほうは $(n+\delta)k$ の値をプロットしたものです．この直線は0を通り，傾きは $n+\delta$ です．図を見れば明らかなように，2つのグラフは必ず0ともう一点で交わります．0以外の交点における1人当たり資本量を k^* で表しています．

いま，この経済1人当たり資本量が，k_1 という k^* よりも小さい資本量であったとしましょう．そのような資本量では，$s \cdot A\sqrt{k} > (n+\delta)k$ が成立しています．したがって，(14.7) 式の右辺が正となり，次期の1人当たり資本量は今期より大きくなります．次期の1人当たり資本量が k^* よりも小さい資本量であれば，さらに次の期にかけて1人当たり資本量の増加が起こります．横軸に書かれた右向きの矢印は，1人当たり資本量が k^* よりも小さい限り，時間がたつにつれて徐々に増加していくことを示しています．

逆にいま，1人当たり資本量が，k_2 という比較的大きい資本量であったとしましょう．そのような資本量では，$s \cdot A\sqrt{k} < (n+\delta)k$ が成立していますの

で，1人当たり資本量は小さくなっていきます．結局，現時点の1人当たり資本量がどのような水準であっても，遠い将来には1人当たり資本量はグラフの交点であるk^*に一致します．交点では(14.7)式の右辺が0になっていますから，1人当たり資本量はk^*から変化しません．このような状態のことを**定常状態**（steady state）といいます．

以上の議論をまとめると，

　　新古典派成長モデルでは，1人当たり資本量は必ず定常状態に到達する．

となります．

定常状態の性質をよりくわしく見てみましょう．定常状態では1人当たり資本が一定となっていました．人口は一定率nで増加していましたから，定常状態では経済全体の資本Kはnの率で成長しています．資本と労働という2つの生産要素が同率のnで増加しているということは，規模に関する収穫一定の性質から生産量Yもnの率で増加していることになります．まとめると，

　　新古典派経済成長理論の定常状態では，人口成長率と同じ率で経済全体の資本量と生産量も成長する．

となります．本章の冒頭で述べたように，国民の厚生を測るには1人当たり生産量（GDP）が適切です．新古典派成長理論では，技術進歩がなく人口成長率が一定という想定のもとでは，1人当たりのGDPは定常状態では一定になると予想されています．

■ 貯蓄率の変化

図14.3を使うことにより，これまで一定と考えてきた定数が変化したときの変化を調べることができます．まず，貯蓄率sの変化を考えてみましょう．当初s_0であった貯蓄率がs_1に上昇したとします．これにより，$s \cdot A\sqrt{k}$のグラフが上方にシフトしますので，交点は右に移動していきます．貯蓄率の増加により定常状態の1人当たり資本が増加することになります（図14.3ではk^*からk^{**}へ移動）．貯蓄率が上昇すれば貯蓄が増え，それにともない投資も増え資本蓄積が進むためです．1人当たり資本が増加していますから，1人当たり生産量も以前より増えています．ただし経済全体の資本と生産量の成長率は，

図 14.3　貯蓄率上昇の影響

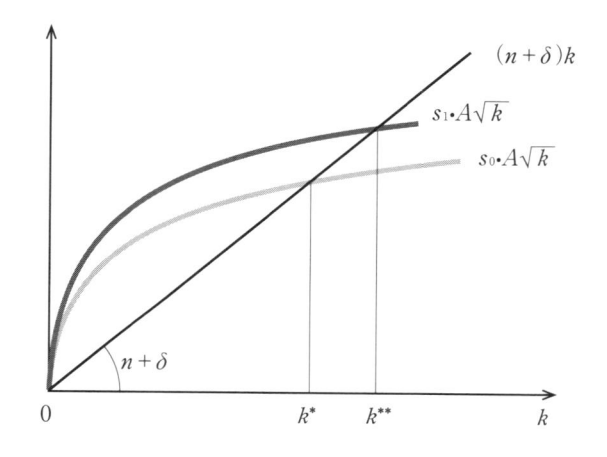

定常状態では相変わらず人口成長率と同じ率です．

■ 技術進歩

技術水準 A の上昇を考えてみましょう．A の上昇は，曲線を上方シフトさせますのでグラフの変化は，貯蓄率の上昇の場合とまったく同じです．つまり，技術水準 A の上昇により定常状態の 1 人当たり資本が増加します．技術進歩により，同じ生産要素量のもとで生産および所得が増えます．貯蓄率一定のもとでは，所得が増えれば貯蓄量も増えますから，これは投資を増やし資本蓄積を促します．そのため，定常状態の 1 人当たり資本が増えるのです．ただし，この場合でも定常状態では 1 人当たり生産量は一定となっており，経済全体の資本量や生産量の成長率は人口成長率と同じです．1 人当たり生産量が継続的に上昇するには，技術進歩が絶えず起こることが必要です．

■ なぜ 1 人当たり GDP が異なるのか

新古典派成長理論の分析をもとに，なぜ 1 人当たり GDP が国々で異なるのか，なぜ豊かな国と貧しい国が存在するのかを考えてみましょう．新古典派成長理論から，私たちは経済状態を定常状態とそうでない状態に分けることができることを学びました．豊かさの違い，とくにある国がなぜ貧しいのかを考え

るとき，まずその国が定常状態にあるのか，それとも定常状態に達していないのかを区別することが重要です．

その国が，定常状態に達していないのであれば，1人当たりGDPが低いことはそれほど深刻な問題ではないかもしれません．なぜなら，その国は定常状態にむかって徐々に資本量を増やしていき，豊かになっていくことが期待されるからです．たとえば日本の1950年代から70年頃までの高度経済成長期は，敗戦により経済的に貧しくなった状態から，定常状態への移行過程という一面があったと考えることができます．このあいだに，欧米諸国との所得差は急速に縮みました．

一方，すでに定常状態に達しているのに貧しいという国については，そのままでは経済状態は変わりません．表14.3にあった1970年代，80年代のチリは定常状態にあったといえるでしょう．

このようなとき，政策などによる抜本的な対処が必要です．たとえば，上の議論でわかったように，貯蓄率の向上は定常状態での1人当たり資本を増やします．ですから，たとえば，貯蓄からの利子率に対する課税を減税するなどの貯蓄促進政策が効果的です．また，技術水準を上昇させるためには，海外から進んだ技術を導入するということが効果的でしょう．チリの場合は，1990年代に銅山開発に外資系企業が参加できるようになって，資源開発の効率性が高まったことが近年の経済発展の理由の1つと考えられています．

例題14-3

生産関数が次のように与えられている．

$$Y = \sqrt{L \cdot K}$$

貯蓄率を0.3, 人口成長率を0.04, 資本減耗率を0.02とする．

(1) 定常状態における1人当たり資本量および1人当たり生産量を求めなさい．

(2) 貯蓄率が0.4であるときの，定常状態における1人当たり資本量および1人当たり生産量を求めなさい．

> **解 説**
>
> (1) 本文 (14.7) 式から，定常状態では，
>
> $$s \cdot A\sqrt{k} - (n+\delta)k = 0$$
>
> が成立していることがわかっている．問題文に与えられた条件，$s = 0.3$，$A = 1$，$n = 0.04$，$\delta = 0.02$ を代入して計算すれば，$k = 25$ と求められる．このときの，1人当たり生産量は $\sqrt{25} = 5$ である．
>
> (2) $s = 0.4$ として計算すれば，$k = \dfrac{400}{9}$ となる．このときの，1人当たり生産量は $\sqrt{\dfrac{400}{9}} = \dfrac{20}{3}$ である．いずれも(1)の答えよりも大きいから，貯蓄率が上昇すると定常状態の1人当たり資本量および生産量が増加することが確認できた．

14.4 新しい経済成長理論

　新古典派成長モデルは，1950年代に発表された理論ではありますが，比較的現実の経済成長をよく表しているので，現在でも経済成長理論の基本モデルとなっています．たとえば，定常状態において K も Y も同じ成長率になることから，資本と生産の比率（K/Y）が一定になります．定常状態において k が一定であることから，資本の限界生産力が一定になります．これらの特徴は現実のデータと合致しています．

　ただし，本章の最初で見たアメリカのように，継続的に2〜5パーセントの成長をしているような状態を説明するには，技術進歩や人的資本の蓄積が継続的に起こっていると考える必要があります．このような状況を説明するために，1980年代後半から技術進歩や人的資本蓄積の要因に関する研究がさかんになりました．一連の新しい研究は**内生的成長理論**（endogenous growth theory）と呼ばれています．

■ 継続的な経済発展の要因

「技術進歩」とは同じ生産要素でより多くの生産を実現することでした．ひと言で「技術進歩」といってもさまざまな形態がありえます．たとえば，1908年にアメリカで発表されたT型フォードという自動車は，初の大衆車として，人々の生活を劇的に変化させました．T型フォードの大量生産の実現には，部品の正確な製造，パーツの規格化，製造過程の流れ作業化などがあったといわれています．また，そもそも自動車の製造を実現するには小型の内燃機関（エンジン）の発明が必要でした．

現在でもより燃費のいいエンジン開発が行われていますが，このようなものは，**研究開発（Research and Development, R&D）**と呼ばれ，民間企業が多額の研究開発費と多数の研究者を投入した結果，生まれてくるものでしょう．民間企業は，いい製品をより安価につくることにより，利益を高めようというインセンティブがあります．アメリカや日本，ドイツなどの先進国では1年間にGDPの2～3パーセント程度を研究開発に費やしています．

一方，製造過程の効率化などには，意図的に効率的な作業方法を見出す場合と，仕事を行っているうちに何となくコツをつかむなどして知らず知らずのうちに効率的に作業を行えるようになっていくという場合があります．T型フォードにおける製造過程の流れ作業化やトヨタ自動車のカンバン方式と呼ばれる在庫管理は前者の例です．後者は**経験による学習（learning-by-doing）**と呼ばれています．たとえばノーベル経済学賞受賞者であるケネス・ジョセフ・アロー（Kenneth Joseph Arrow, 1921～）は1962年の論文で，労働者が飛行機の組み立てに費やす時間は，それ以前に同型の飛行機を組み立てた時間が長いほど減少するという例を紹介しています．（Arrow, Kenneth J. (1962) "The Economic Implications of Learning by Doing," *Review of Economic Studies* 29 (3))．経験による学習で得た技術は労働者に身につくものですから，人的資本の蓄積と解釈すべきでしょう．

人的資本の蓄積は経験による学習だけではありません．企業では入社時にはほとんど必ず，その後も機会があれば社員に研修という形での教育を行います．研修を受けた社員は新しい知識や技術を学んでいますので，人的資本が高まっ

ています．もちろん，企業内での教育だけではなく，入社前の義務教育過程や高校，大学，専門学校で受けた教育も人的資本を高めるはずです．

　ホールとジョーンズは1999年の論文（Hall, R., & Jones, C. (1999) "Why Do Some Countries Produce So Much More Output Per Worker Than Others?," *Quarterly Journal of Economics* 114（1））で，豊かな国々と貧しい国々の所得差の原因として，技術進歩と人的資本どちらがより重要かを探りました．各国の所得，物的資本量，人的資本の量，全要素生産性のデータを使って分析した結果，1人当たり所得の差のうち，およそ6分の1が物的資本の差，およそ4分の1が人的資本の差，残りが全要素生産性で表されるような技術の差であるという結論を出しました．かなりの部分が技術水準の差であるということです．一方で，マニュエリとセシャドリは最近の論文（Manuelli, R. E., & Seshadri, A. (2014) "Human Capital and the Wealth of Nations," *American Economic Review* 104（9））で，人的資本の計測方法を変えると，技術水準よりも人的資本などの生産要素の違いのほうが所得格差の原因として重要だと主張しています．技術進歩と人的資本どちらがより重要かについてはまだまだ決着はつきそうもありませんが，技術進歩と人的資本の蓄積，この2つが継続的な経済発展，ひいては人々の豊かさにつながることは間違いないでしょう．

■ 経済発展を促進するには

　では，どのように技術進歩率や人的資本の蓄積のスピードを高めればよいでしょうか．

　技術革新の主な担い手は民間企業です．企業は利益の一部を研究開発に回し，新しい技術を生み出そうというインセンティブを持ちます．コストをかけて何かを生み出すという意味では，普通の財の生産と同じように見えますが，じつは大きな相違点があります．それは，技術や知識の持つ「公共財」としての性質です．公共財については第7章でくわしく説明されていますが，「非排除性」と「非競合性」という通常の財にはない性質を持っています．新しい技術が書かれている設計図を想像してください．その技術を，それを発明した企業が利用していても，コピーすることができる（非排除性）のであれば別の企業が同

じように利用することができます（非競合性）．ですので，だれでも利用してもいいのであれば，そもそもそのような新しい技術をコストをかけて生み出そうという企業はないでしょう．そこで，多くの国には**特許**（patent）という制度があり，新しい技術を開発企業が独占的に使える権利を保障しています．

第5章で独占について学んだ人は，上の議論を不思議に思ったかもしれません．第5章では，独占により生産が過小になり社会厚生が悪化すると学んだのに，ここでは経済発展のために独占状態にすることが必要であるといっているからです．内生的成長理論は，技術や知識の公共財的な性質を考慮することにより，独占にもメリットがあるということを見出しました．もちろん，過少生産によるデメリットも存在しますから，独占の期間にはちょうどよい長さがあるはずです．

特許権がいつから整備されてきたかにはさまざまな意見がありますが，17世紀初頭にイギリスで成立した専売条例は現在の特許制度の原型であると考えられています．専売条例は特許が認められる対象を明確化し，特許期間も最長14年と制限しました．これにより発明家たちのインセンティブが高まり，蒸気機関などの画期的な発明が生まれ，産業革命を促したと評価されています．

人的資本の蓄積には教育の役割が重要でしょう．教育を受けるには，学費や教材費のような直接的なコストや，働いていれば得られた所得（機会費用）をあきらめなければならないという間接的なコストを払います．そのコストと教育を受けることのメリット（その多くは賃金の上昇でしょう）をくらべてどれくらい教育を受けようか決めるはずです．たとえば，会社帰りや週末に英語を勉強しているビジネスパーソンは，英語を勉強することによる昇進や賃金上昇のメリットが，コストを上回っていると考えているでしょう．

一方，多くの国では義務教育制度を敷いており，少なくとも初等教育については教育を強制的に受けさせています．これは，人的資本の蓄積には外部性が存在すると考えられるからです．たいていの生産活動はグループを組んで行いますが，ある人が読み書きもおぼつかないようであれば，そのグループ全体の生産性は高くないでしょう．もし，この人が基礎的な知識を身につければ，他の人も作業がやりやすくなります．つまり，ある人が初等教育を身につけることは，他の人のパフォーマンスにも影響を与えますので，初等教育には正の外

部性が存在するということです．このような場合，個人の意思決定だけで教育を受けるか受けないかの判断を行っていると，他の人のパフォーマンス向上を考慮に入れないので，教育を過小にしか受けないことになってしまいます．義務教育制度には国民に均等な教育機会を与えることによって，社会全体の人的資本を効率的な水準まで高めるという意味もあるのです．

■ 政府の役割

経済成長の要因である技術進歩や人的資本には，公共財的な性質や外部効果がありました．上で見たように，このようなときには，特許制度の整備や義務教育制度の確立のように政府が積極的に行動することが望まれます．これ以外にも経済成長のために望まれる政府行動があります．

たとえば，港湾，空港，鉄道，道路などのインフラストラクチャーです．このような施設や設備がなければ，物流は滞り成長は望めません．しかし，このような巨大な施設の建設には巨額の固定費用がかかり，民間企業の経営では利潤が期待できません．国営などで政府が供給すべきものです．

また，飛行技術やインターネットのように，当初は軍事技術として多大な国家予算をつぎ込まれた技術がその後民間活動に使われ，生産活動に役立っている例もあります．たしかに，政府の経済活動は失敗に終わることも多いですが，民間企業よりも潤沢な資金を長期的に投入できることによって，民間企業ではできないような技術革新を行ってきたことも事実です．

最近の研究では，特許制度のような経済的なインセンティブに直接働きかけるような制度だけでなく，より民主的か否かというような政府のあり方そのものが経済発展に与える影響の分析も進んでいます．

14.5 さまざまな成長の要因

本章では，経済学で想定される標準的な生産関数をもとに，経済成長の要因を探りました．その結果，経済成長の要因として資本量，労働サービス量の変化および技術進歩が挙げられました．その他にも，経済学者やその他の分野の専門家から，経済成長にとって重要だと指摘されている要因があります．

■ 文化

　一人一人の労働量の違いが，単にその人の知識や能力によるだけではなく，その人の勤勉さによっても変化するということに異論はないでしょう．それが，国やグループによっても違うのではないかと考えられる場合があります．

　このような考え方の起源の一つとして，マックス・ウェーバー（Max Weber, 1864～1920）の著書『プロテスタンティズムの倫理と資本主義の精神』が挙げられます．ウェーバーは，この本のなかで，西欧やアメリカなどの経済発展は，キリスト教のなかでももっとも禁欲的であるといわれるカルヴァン主義の考え方により，貯蓄を促し資本蓄積を進めたことが原因であると論じました．また，1970年代から90年代にかけての台湾，韓国，シンガポール，香港などの急激な経済成長（「東アジアの奇跡」と呼ばれます）の要因には，勤勉や貯蓄を尊ぶアジア人の価値観があるのではないかと，指摘されることがあります．ただし，経済理論として「文化」を取り込むには，それをどのように測るかという問題を克服しなければなりません．

■ 地理的要因

　地理的要因がその国の豊かさや経済成長に影響を与えるという考え方もあります．具体的には気候，土壌，天然資源などがその例として挙げられます．

　たとえば土壌や気候に恵まれていると，とくに農業の発展には有利に働くことは明らかでしょう．しかし，現代の先進国であるヨーロッパや北米がアジア地域にくらべてとくに，気候に恵まれているとはいえません．現代の経済発展は主に工業化の恩恵です．農業生産に優位性を持っていると，農業生産に資源が多く投入され，自国の製造業は衰え工業製品を輸入に頼るようになります．このような産業構造自体は，自国の得意な産業に特化するという意味で経済的に合理的な状態と考えられます．しかし，長期的な経済成長の視点から見ると，技術進歩が起こりやすい製造業の衰退は，その国にとってマイナスの効果をもたらします．

　天然資源についても，多くの人は天然資源が豊富なほどその国も豊かになっていると考えるかもしれません．しかし，実際は経済成長と天然資源量の関係

はそれほど単純ではありません．本書の読者にとっては，日本や韓国の経済発展が天然資源に頼っていないことは周知の事実でしょう．サックスとワーナーは 2001 年の論文で，天然資源輸出量が多い国（天然資源が豊富な国と考えられます）がむしろ低成長であるというデータを提示しています（Sachs, J. D., & Warner, A. M. (2001) "The Curse of Natural Resources," *European Economic Review* 45 (4-6)).

　資源の豊富さがむしろ，工業化や経済発展を停滞させていると考えられる現象を**資源の呪い**（resource curse）といいます．その原因にはいろいろ考えられますが，やはり天然資源が豊富であると，技術進歩が起こりやすい製造業が衰退してしまうことが大きいでしょう．実際，1960 年代に天然ガス田の開発を進めたオランダは，その後製造業が衰退し，経済成長は停滞しました．このことから，天然資源の開発がかえって経済成長に有害となっているような状況を，**オランダ病**（the Dutch disease）ということもあります．

　以上のように，一見すると経済成長にプラスに影響しそうな要因も，長期的に見るとかえって悪い影響をもたらすことがあります．経済成長の原因を探るには，理論分析だけでなく詳細な長期データを収集しなければなりませんので，まだまだ継続的な分析が必要でしょう．

本章のまとめ

1　経済成長の要因としては，物的資本や労働力の増加もしくは技術進歩が考えられます．

2　技術水準を測るには，成長会計という方法を使ってソロー残差を計算します．

3　新古典派成長理論では，成長の源泉はおもに物的資本の蓄積です．

4　新古典派成長理論では，長期的には経済は定常状態に到達しました．定常状態において，1人当たり生産量の成長率は技術進歩率と等しくなりました．

5　内生的成長理論では，技術や知識の向上がどのようなメカニズムで起こるのかを明示的に考えます．

6　内生的成長理論の知見によると，経済成長には，政府が積極的にインフラストラクチャーの整備，特許権や義務教育などの制度確立のために行動することが重要です．

本章のキーワード

動学分析　　人的資本　　成長会計　　ソロー残差　　新古典派成長理論（ソロー成長理論）　　定常状態　　内生的成長理論　　研究開発　　特許　　インフラストラクチャー　　資源の呪い

演習問題

1 以下の(1)〜(10)について，空欄に当てはまる語句を答えなさい．

(1) 時間を通じた経済の変化を分析することを（　）という．

(2) 経済成長の源泉としては主に（　），（　），（　）の3つが考えられる．

(3) 人々が身につけた知識や技術のことを（　）といい，経済成長の源泉の1つと考えられる．

(4) （　）は投資により増加するが，（　）の分だけ減少する．

(5) 成長会計で測られた技術進歩を（　）という．

(6) （　）と（　）という性質を満たしている生産関数のことを新古典派生産関数という．

(7) 新古典派成長理論において1人当たり資本量が一定となっているような状態を（　）という．

(8) 新古典派成長理論の定常状態において，技術進歩がない場合，経済全体の資本量と生産量の成長率は（　）と等しい．

(9) 継続的な経済成長を説明するために，1980年代後半からさかんになった一連の研究は（　）と呼ばれる．

(10) 継続的な経済成長にとって必要なのは主に（　）と（　）である．

2 生産関数が，

$$Y = \sqrt{L \cdot K}$$

と与えられている．貯蓄率が0.4，人口成長率は0，資本減耗率が $\delta = 0.04$ で与えられているとき，次の問に答えなさい．

(1) 定常状態における1人当たり資本量を求めなさい．

(2) 今期の1人当たり資本量を49とする．以下の表を完成させなさい．計算には電卓もしくは表計算ソフトを使い，各項目の答えは四捨五入により小数点以下第2位まで求めなさい．

	1人当たり資本量	投資量 ($s \cdot A\sqrt{k}$)	資本減耗 ($\delta \cdot k$)
今期	49	2.8	1.96
1期後			
2期後			
3期後			
4期後			
5期後			

(3) 今期から1期後にかけての1人当たり資本量の成長率と，4期後から5期後にかけての1人当たり資本量の成長率をくらべて，この経済が定常状態に向かう様子について説明しなさい．

3 以下の問(1), (2)に答えよ．

(1) 先進国から発展途上国へ，毎年1000億ドル（11兆円）以上の援助が行われている．もし，この援助が援助受入国のインフラストラクチャーの整備のみに使われるとしたら，この国の長期的な経済成長にどのような影響を与えるであろうか．

(2) 援助によって長期的な経済成長を達成するためには，どのように援助を利用するべきであろうか．

> コラム

ゼロ成長は望ましいのか

　本文では，経済成長の要因の分析という実証的な問題の議論をしましたが，そもそもなぜ経済成長が望ましいのかどうかという規範的な問題については議論しませんでした．

　世界の大部分の国は，政策目標として経済成長を目指しています（ブータンは国民総幸福度の増大を目指しているといわれますが，ブータン政府は国民総幸福度のなかに経済成長も組み入れています）．そうであれば，なぜ経済成長が望ましいのかという議論が必要になります．また最近は低成長，あるいはゼロ成長を前提とした「定常型社会」を目指すべきだ，という議論もあります．この場合のゼロ成長が1人当たりのGDPを指すのか，それとも経済全体の規模を指すのかはややはっきりしないところがありますが，いずれにせよ成長は必要ない，ゼロ成長は望ましいと結論づける前に，次のような事情を考慮する必要があるでしょう．

　第1に，物質的な意味での経済成長は，人々の衣食住，栄養状態，衛生環境に影響を及ぼすのできわめて重要です．ことに開発途上国（developing countries）では経済成長はもっとも切実な問題です．なお，先進国と発展途上国の区別については，明確な定義はありませんが，国際機関の1つである世界銀行では，1人当たり国民総所得（GNI）が1万2746ドル以上を先進国に分類しています（2013年現在．http://data.worldbank.org/about/country-and-lending-groups）．現在開発途上国にとって貧困解消は最優先の課題です．成長をしないと貧困状態にとどまり，貧困は栄養失調，ひどい場合には飢餓をもたらします．その結果，乳幼児死亡率も高く，多くの発展途上国では平均寿命はたいへん短いです．1人当たりGNIの3年平均値が992ドル以下である後発開発途上国（least developed countries）の男女の平均寿命は，50～60歳前後です（2012年時点）．たとえば，アンゴラは51歳，モザンビークは50歳，ウガンダは59歳です．対して，世界でもっとも平均寿命が高い国である日本は，83歳です（http://data.worldbank.org/indicator/SP.DYN.LE00.IN）．

　その日本でも貧困が問題になっています．経済成長率が低迷した1990年以降，日本では，貧困層が増えています．2014年に発表された厚生労働省

の国民生活基礎調査によると，2012年7月時点で「子どもの貧困率」（平均所得の半分以下の世帯に属する18歳未満の子どもの割合）は16.3％，大人も含めた貧困率は16.1％と悪化しています．図は，所得階層を5つに分けていちばん低い所得分類（第1五分位）の中央値と，経済全体の所得の中央値の関係を見たものです．1985年以降，経済成長で所得の中央値が増えるといちばん低い所得層の所得が増え，経済成長が鈍化して所得の中央値が減るといちばん低い所得層の所得が減ることがわかります．ここから，貧困層の所得は経済全体の所得と密接な関係があることがわかります．経済成長は貧困層に恩恵をもたらすのです．

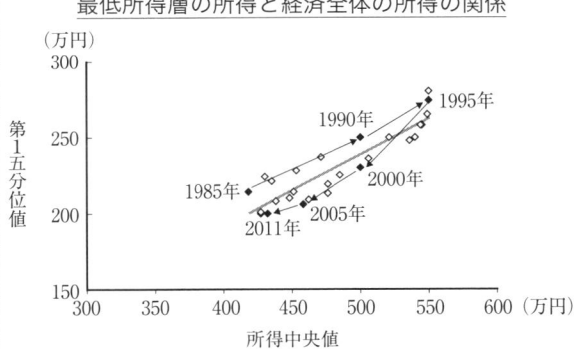

最低所得層の所得と経済全体の所得の関係

第2に，雇用の問題があります．第13章で見たように，実質GDP成長率と失業率の間には負の関係があります（オークンの法則）．この関係によれば，実質成長率が下がれば，失業率が上がります．

第3に，政府サービスの維持の問題があります．国防・警察・司法といった基本的な政府サービスから，公共財の提供，社会保障サービスの提供まで，その提供には税収が必要です．その税収は経済の規模に依存します．

第4に，社会の安定性の問題があります．産業構造や就業構造，農村から都市への人口移動といった社会変動には犯罪率の上昇といった緊張がともないます．経済成長は人々に新しい活躍の場と機会を与えることで，そうした緊張をやわらげます．

第5に，政治体制との関係があります．経済成長と民主主義の進展の関係は複雑です．民主主義が経済成長を促すとも，経済成長が民主主義の進展

を促すとも限りません．しかし，先進国には民主主義国家が多いのも事実です．

第6に，環境との共存が挙げられます．環境問題を解決するためには技術革新が必要で，その開発・導入には費用がかかります．廃棄物の削減，資源のリサイクルには多額の投資が必要になります．たとえゼロ成長であっても経済活動の水準が変わらないので環境への負荷も変わらないことになります．経済成長と地球温暖化の関係はなかなか解決がむずかしい問題です．しかし，風力，太陽光など再生エネルギーの利用を進め，経済成長しながら温暖化ガスの発生を減らした国も世界にはあります．新しいエネルギー源の開発にも資金が必要で，その資金は経済成長が生み出します．

成長が望ましいのかそうでないのかは，最終的には規範，価値観の問題ともいえます．けれども，そういう結論を出す前に成長の費用と便益，ゼロ成長の費用と便益を検討してみるべきでしょう．

EPILOGUE

終 章　**今後の学習のために**

　　　　この章では，経済学の入門を果たした人のための今後の学習の指針を示します．経済学といっても，現在の経済学はこれまでの多くの先人たちの知的営為の積み重ねです．これまでの経済と経済学の歴史を振り返り，経済学の世界の広がりを学びます．それから，これからの経済学の学習について，用途に応じて学びましょう．

1　経済と経済学の歴史

　この本で経済学の入門を果たしたみなさんは，次にどのように学習していけばよいのでしょうか．この教科書の「序章」で強調してきたように，経済学の学習には積み重ねが大切です．この積み重ねはこれからも続いていきます．ただし，人によって必要な経済学の程度は異なるでしょうから，これから先は必要に応じて学んでいくことになります．今後の経済学の必要度をイメージしながら，考えていきましょう．なお，それぞれについて勉強を進めるには「さらに学習するための読書案内」を参照してください．

　この節では，経済と経済学の歴史を簡単に振り返ります．第一の目的は予備知識の提供です．経済学は現実の経済の発展とかかわっています．とくにマクロ経済学を理解するには，世界史の知識が不可欠です．世界史の知識に不安があるという人は，マクロ経済学入門を学ぶ前に，この節に目を通すとよいでしょう．第二の目的は，経済学には歴史があることを理解することです．現代の教科書にまとめられている知見は，これまでの先人たちの知的営為の積み重ねであり，現代の経済学も何度かの変化を遂げてきた結果です．これから経済学を学ぶときにも，今後経済学が変わりうるものということを理解しておくことが重要です．第三の目的は，経済学には教科書にまとめられている以外のものがあることを理解することです．歴史を見ると，過去の学説であっても現代に影響力を持っているものがありますし，忘れられた学説のなかに将来の発展

の種が隠されていることもあります（これについてくわしくは経済学史の講義で学ぶことになります）．

■ 生誕

　晴れた夜に空を見上げると星が煌めいています．あれはいったい何なのでしょうか．ときに嵐がやってきます．その原因は何でしょうか．水に熱を加えると煙のようなものが立ち上がります．これはどうして起きるのでしょうか．歴史を通じて人間はこういう問いかけを行ってきました．そのきっかけは純粋な好奇心かもしれません．けれどもその探求の成果は実生活にも大いに役立つものでした．天文観察は洋上航海へ，気象観測は天気予報へ，蒸気は動力機関へと応用されていきました．

　経済学はいつ生まれたのでしょうか．経済を財やサービスの生産，分配，消費としてとらえるにせよ，希少な資源の最適配分としてとらえるにせよ，経済は人間の生活そのものに密接にかかわっています．したがって，経済についての人間の思考も，ほとんど文字の歴史と同じくらいの歴史があります．それはこの世界を理解しようとする人間の知的努力のなかに，経済現象を理解することも含まれているからです．たとえば，ユダヤ教，キリスト教，イスラム教，仏教といった主な宗教の経典，ギリシャ哲学などにも経済についての言及があります．その内容はあえて要約するならば，個人の欲求の制限と道徳の優位，市場や商業の役割への警戒と懐疑，経済成長という概念の不在としてまとめられます．さらに昔から権力者たちは人々を支配するための統治の技術を必要としていました（経済の語源となっている「経世済民」とは統治術を指しました）．いかにすれば富を蓄積し税収を上げ，軍隊や官僚機構を維持できるのか．そのためにはただ支配下にある人々を搾り取るだけでなく，支配対象をよく理解する必要があります．

　経済についての思想・技術は人類の知の歴史とともにありましたから，その歴史は西欧に限定されるわけではありません．しかし，体系的な経済学の誕生というときには西欧のある時期から始めるのが妥当です．それはルネサンスから始まる思想上の一大運動のころです．

　ルネサンスと啓蒙の時代に，理性によってこの世界を理解し改善しようとい

う知的伝統が次第に力を増してきました．もちろんこういう思想は抵抗なく受け入れられたわけではありません．むしろ，こういう思想は既存の秩序の根拠を問い直すのでしばしばきわめて危険な思想でした．けれども「知は力なり」．有用な知識はそれに対する需要をつくり出します．

さらに 16 世紀になると西欧では富と栄光を求める国家間競争が激しくなります．大航海時代以降，植民地にされた新大陸（南米）からの貴金属流入の影響もあり，経済活動が活発になります．競争相手に勝つためにはより良い知識が必要です．君主に政策を売り込む政策プロモーター，宮廷に仕える官僚，企業家・商人といった実務家だけでなく，哲学者たちが積極的に経済現象を研究し，そこで得られた知識を利用し始めます．

この時代から 18 世紀まで，支配的な経済思想は**重商主義**（mercantilism）でした．過去形で書きましたが，実際のところこの思想の影響力は現代でも絶大です．これは君主＝政府が国内産業を選別，保護育成して自国の生産力を高め，輸出を増やして輸入を減らすことで国富を獲得しようとする思想です．ここには貿易相手国である他国を敵と見なす発想があります．

この重商主義に対抗するようにして，18 世紀の初めころから，後に**レオン・ワルラス**（Marie Esprit Léon Walras, 1834〜1910）が「偉大なる伝統」と呼ぶものが誕生します．この伝統は変化しつづける複数の思想の集合体で，必ずしも特定の思想とだけ結びつくわけでもありません．たとえばこの時代はなるべく人々の活動は自由にすべきだ，という経済的自由主義とのつながりが強かったのですが，後になるとそのつながりは弱くなります．当時の代表的な論者は，リチャード・カンティロン（Richard Cantillon, ?〜1734），フランソワ・ケネー（François Quesnay, 1694〜1774），A.-R.-J.・チュルゴ（Anne-Robert-Jacques Turgot, 1727〜1781），デイヴィッド・ヒューム（David Hume, 1711〜1776）といった人々です．

「真に偉大な学者は自明に思われているものに驚く」と言います．彼らが発見したのは，一見したところ個々人が勝手に自分の好きなことを追求しているように見えながら，経済に秩序が形成されていることでした．普通の人には自明のことを，驚きをもって受け止めたときに，経済学は産声を上げたといえるでしょう．その代表として，ケネーがいます．教科書では，**重農主義**

(physiocracy) と呼ばれる学派を創立した人ですが，physiocracy とは「自然の秩序」を意味します．

　彼らは，市場経済を通じて，人々が必要とする財が生産され分配され消費されることに注目します．仮にどこかで不足しているものがあれば，利益を上げようとする商人がそれを別のところから持ち込んできます．そうして価格の変動を通じて，市場経済は財をうまく循環させます．また，市場での取引・交易・貿易はそれに従事する双方にとって利益をもたらすことを強調します．ですから，他国の発展を嫉妬の目で眺める必要はありません．豊かな隣国との取引は自国にとっても利益をもたらします．この取引を円滑に進める道具として，貨幣は有用な役割を果たします．短期的には貨幣量を増やすと実物経済も活性化するという効果がありえます．ただ，だからといって貨幣量を増やしつづけても長期的には物価を引き上げるだけです．これは本書第 10 章で取り上げた貨幣数量説です．

　また，素朴な重商主義は輸入する以上に輸出を行い，貿易収支の黒字獲得を望ましいとしました．しかし，そのように黒字を溜め込むこと自体に意味はありません．ヒュームが明らかにしたように，貿易収支の黒字によって貨幣が溜め込まれると，物価が上昇します．そうなると自国の輸出財の価格が上がってしまうので，結局輸出が減って輸入が増え，貿易黒字はなくなってしまいます．貿易黒字の獲得よりも重要なのは「圧倒的な大部分の人々」，貧しくて労働をしている人々が消費できる財の量，すなわち国民の生活水準です．

　この時代の記念碑的著作といえば，やはり**アダム・スミス**（Adam Smith, 1723〜1790）の『国富論』（初版 1776 年）にとどめをさします．この本は，この時代までのさまざまなアイデアをうまくまとめたところに特色があります．彼は「圧倒的な大部分の人々」にとって経済発展がどういう意味を持つかに関心を寄せ，経済発展が望ましいのはこうした貧しい大部分の人々の生活が向上するときだとしました．経済発展の原動力は，それぞれが自分にとって得意なことに専念する分業によって生産性が向上することと，その分業をするために必要な資本蓄積の 2 つがお互いを支えあうことにあるとしました．この 2 つを結びつけるものが市場経済です．しかし，現実には支配者や特権者たちが市場での取引を独占したり制限したりしています．こうした不正義をただすことこ

そ，大部分の人々が豊かになる道だとスミスは考えました．

とはいえ，現実にある政府を批判することは政府の役割までを否定することではありません．スミスは『国富論』の最後で，政府の果たすべき適切な役割について論じています．それは，全体にとっては利益がありながら，民間ではできないことをすることです．たとえば，国防，司法，公共事業がそうです．つまりスミスは，本書第I部「ミクロ経済学」で学んだような，外部性や公共財が存在する場合には，政府の役割が存在すると考えていました．しかし，市場経済に政府が介入しすぎることは望ましくありません．ですので，スミスは重商主義を激しく批判しました．スミスの『国富論』には，今でも通用する，市場経済と政府の適切な役割についての原則が書かれているのです．

なお，アダム・スミスは生涯で2冊の本しか書いていません．もう1つの著作『道徳感情論』（初版1759年）は，現代にも通じる人間行動の原理を扱っているものとして，最近とみに注目を浴びています．

■ 確立

「偉大なる伝統」は，19世紀の前半になると，1つの学問としての輪郭をはっきりとさせていきます．この時代の論者は，イギリスの**トマス・ロバート・マルサス**（Thomas Robert Malthus, 1766～1834），**ジェイムズ・ミル**（James Mill, 1773～1836），**ナッソー・シーニア**（Nassau William Senior, 1790～1864），**ロバート・トレンズ**（Robert Torrens, 1780～1864），**ジョン・R・マカロック**（John Ramsay McCulloch, 1789～1864），フランスの**J.-B. セイ**（Jean-Baptiste Say, 1767～1832）たちです．彼らはアダム・スミスとあわせて古典派経済学者と呼ばれます．しかし，スミスと彼らには大きな違いもあります．すでに経済学の革新が始まっていたのです．

19世紀前半の西欧社会最大の政治的事件は，18世紀末のフランス革命から始まるナポレオン・ボナパルトの台頭によるヨーロッパ全土を巻き込んだ戦争でした．戦争によって大きな制度変動が起こりました．イギリスはそれまで維持してきた金本位制度（金の一定分量に通貨の価値を結びつける制度であり通貨は兌換通貨と呼ばれる）を20年以上停止しました．さらに戦争が終わるとイギリスには不況がやってきます．

この時代を代表するのは傑出した理論家**デイヴィッド・リカード**（David Ricardo, 1772〜1823）です．その名前は本文ですでに出てきました．彼の主著は『経済学および課税の原理』（初版1817年）です．リカードの関心は，経済成長によって労働者，資本家，地主といった社会階級に一国の生産物がどのように分配されるかにありました．ただし，経済成長の行く末についてあまり言及することがなかったスミスとは異なり，リカードは技術に変化がないかぎり，収穫逓減の法則（労働と資本の投入が増えると，追加的に得られる生産物の量が少なくなる傾向のこと）と人口法則（賃金が上がると人口成長率が増える）の2つの法則の働きにより，経済成長はいずれ終焉を迎えると論じました．また，国際貿易論では現在でも受け継がれている比較生産費（優位）理論を編み出し，自由貿易の望ましさの理論的証明を提供しました（これはすでに本書第1章で学びました）．さらに金本位制の問題をめぐって貨幣数量説を発展させました．

　リカードの友人でもあったマルサスはやや異色の人物です．もともとマルサスは『人口の原理』（初版1798年）での人口法則や収穫逓減の法則の発見によって，古典派経済成長理論の基礎を築いた経済学者でした．人口法則によれば，賃金が生存水準を上回ると人口が増えます．そうなると賃金がやがて下がっていき，結局賃金は生存水準に戻ります．けれどもマルサスは既存産業であり国家体制の支柱であった農業と，新興産業であった工業の間のバランスを政府が意識的にとるべきと考えました．そこから農業保護を唱えたため，自由貿易を唱える大部分の古典派経済学者たちと対立しました．また，ナポレオン戦後の不況についても，同様の産業間のバランスの観点から一定の政府介入を望ましいと考え，後にケインズが不況の理論の源流の1つとして評価することになります．

■ 挑戦と反応

　経済学には誕生とほぼ時期を同じくして，多くの批判が寄せられました．19世紀の中ごろには，現代でも見られる経済学批判の類型がおおむね出そろってきます．そのうちもっとも激烈なものは文学者によるものでした．ロマン派の詩人や，小説家，文芸批評家のなかには，理性そのものを批判する人々がいま

した．また，19世紀前半からイギリスをはじめとする西欧諸国でいわゆる**産業革命**（industrial revolution），工業化が起きます．彼ら文学者たちは市場経済が工業化をもたらし，それが既存の権威・社会秩序を破壊することに脅威を覚えました．経済学は時に「陰鬱な科学（dismal science）」と呼ばれますが，最初にそう呼んだのは文芸批評家の1人である**トマス・カーライル**（Thomas Carlyle, 1795〜1881）でした．

そして新しく台頭する国の思想の観点からの経済学批判も起きました．ナショナリズムがその一例です．現在ドイツと呼ばれる地域は，当時は統一されていませんでした．そうした現状に危機感を抱いた**フリードリッヒ・リスト**（Friedrich List, 1789〜1846）は，国民を単位とする経済学を構想し，自由貿易に対して保護貿易を主張しました．「偉大なる伝統」は経済学に国境はないと考えたのに対して，リストは経済学に国境があると主張したわけです．彼の発想は，普遍的な経済理論よりも国ごとの個性と歴史を重視する**歴史学派**（historical school）に影響を与えます．

しかし，経済学批判の代表といえば，**カール・マルクス**（Karl Marx, 1818〜1883）の名前をはずすわけにはいきません．盟友フリードリッヒ・エンゲルスとともに書いたパンフレット『共産党宣言』（1848年）で有名な思想家です．経済学のみならず社会科学，そして学問全般に——良かれあしかれ——多大な影響を与えました．その『資本論』（第1巻1867年）は，既存の経済学を批判することで，その分析対象とする経済——マルクスは資本制経済と呼びました——そのものを批判し，変革しようとした野心的な著作でした．科学的社会主義を標榜するマルクスは，産業革命の意義を真正面から受け止めた経済学者の1人でした．彼は資本制経済が生産性を飛躍的に向上させ，人類全体に豊かさをもたらす可能性を認めながらも，搾取，貧困，労働条件の劣悪さ，生産現場での民主主義の欠如，そして景気循環の激化という，資本制経済の問題点を徹底的に指摘しました．こういう問題は資本制経済に固有のものなので，問題を根本的に解決するには革命を通じて資本制経済から新しい経済体制——共産主義——に移るしかないとマルクスは結論づけました．マルクスは資本制経済の問題点を理解しないとして，既存の経済学を激しく批判しました．経済学史上の最大の経済学批判者として，マルクスに魅力を感じる人は今でも少な

くありません.

これらの批判に対する古典派の対応は，ジョン・スチュアート・ミル（John Stuart Mill, 1806～1873）の『経済学原理』（初版 1848 年）に見てとることができます．本書は，古典派の前提とする方法論，人間観を明らかにし，合理性の仮定は学問の必要性に基づく仮定であることを明確にしています．また，競争的市場だけでなく他の資源配分メカニズムについても論じています．さらにミルは，保護主義の利益が費用を上回りかつ政府介入が必要不可欠な場合に限って，保護主義を認めました．けれども，ミルは一部の文学者，批評家たちの反理性主義，反合理主義には決して譲歩しませんでした．当時の経済学が「陰鬱な科学」と呼ばれたのは，経済学が既存の社会秩序を認めないものとされたからでした．しかし，ミルは秩序という美名のもとに，多くの人々（非白人，女性）が抑圧されていると考えました．たとえばカーライルは，産業革命による混乱を収拾するために軍隊に範をとった，家父長的かつ非民主的な階層的秩序の構築を構想していました．そういう社会構想にミルは決して同意しませんでした．

ミル自身はマルクスを知っていたかどうか明らかではありません．ただ，そのころすでに力を増しつつあった社会主義に対しては，労働者の生活の向上を目指す思想として，一定の共感を示しています．しかし，ミルが選んだのは革命による体制の変更ではなく，利潤を資本家と労働者が分け合うことや，協同組合の発達によって少しずつ改革していく道でした．

■ 転換

1870 年代ごろから，経済学の分析手法に大きな革新がもたらされます．代表的な経済学者はフランスのレオン・ワルラス（Marie Esprit Léon Walras, 1834～1910），オーストリアのカール・メンガー（Carl Menger, 1840～1921），イギリスの W・S・ジェヴォンズ（William Stanley Jevons, 1835～1882），そしてアルフレッド・マーシャル（Alfred Marshall, 1842～1924）です．彼らはみな大学人であり，この頃から経済学が大学で教えられる学問として認知されたことがわかります．それぞれの就職した大学，場所にちなんで，ローザンヌ学派，オーストリア学派，ケンブリッジ学派が成立することになり

ます．

　この時代に起きた革新は，**限界革命**（marginal revolution）と呼ばれます．本書でも学んだ限界分析の由来はここから来ています．限界というのは，「追加的」，あるいは「微小な変化」を意味します．これ以降，微分・積分といった数学が経済学に本格的に導入されるようになります．

　ただし，限界革命については2点ほど注意が必要です．第一に，あらゆる革新同様に，ジェヴォンズらには先駆者たちがいました．なかでもすでに本文で紹介したフランスの**A・A・クールノー**（Antoine Augustin Cournot, 1801～1877）は，1830年代というきわめて早い時期に複占の理論を展開しています．第二に，この当時の革新を「革命」と呼ぶべきかどうかは議論の余地があります．内容面ではこれまでの「偉大なる伝統」や古典派との連続性もありました．とりわけ国際貿易論，貨幣金融論といった領域では連続性が強かったのです．

　そういう連続性を代表するのがマーシャル『経済学原理』（初版1890年）です．現在では**新古典派**（Neo-classical）というと主流派経済学の代名詞となっていますが，そもそも新古典派という用語は，古典派との連続性を意識してマーシャルによってつけられた名前でした．マーシャル自身は数学の出身であり，『経済学原理』の本文には数式を使っていないものの，明らかに数学を利用して議論を進めており，付録では数式を用いています．その議論の要点は，これまで整理されていなかった，財やサービスの価格はどのように決まるかという価格理論を，需要供給理論の枠組みのなかで整合的に説明したことでした．

　それまで歴史的には供給側の費用で価格が決まるという理論と，需要側の効用で価格が決まるという理論が混在していました．そこで彼は，まず需要側については，効用概念に基づいて需要曲線を定義し，需要の価格弾力性を用いて曲線の形状の違いを明らかにしました．一方で，供給側については短期・長期といった期間の区別を導入して，費用概念を短期と長期に分類し，供給曲線の形状の違いを明らかにしました．彼が使ったのは「鋏の刃」のたとえです．鋏が紙を切るときに，上の刃と下の刃とどちらが切っているのでしょうか．もちろん，答えは両方の刃です．これと同じように，価格を決めるのも需要か供給かのどちらかではなく，どちらも価格を決めるのにかかわっているのです．

　また，マーシャルの弟子の**A・C・ピグー**（Arthur Cecil Pigou, 1877～

1959）は，人々の暮らしぶりを経済学的に分析する厚生経済学を創始し，現在でいう市場の失敗の例について分析を進め，市場が失敗する場合に税や補助金を用いると市場の機能を回復できることを分析しました．ピグー税は，現在でも環境経済学で用いられています．私たちがミクロ経済学と呼ぶものの基礎は，この時代に形成されたといってよいでしょう．また，レオン・ワルラスは，経済全体の市場の相互連関を同時に考える着想を**一般均衡理論**（general equilibrium theory）として定式化しました．

　もちろん，こういう経済学だけがすべてではありません．主流派の経済学がどのような経済にもあてはまる経済の論理を追求するのに対して，非主流派は国ごとの歴史に基づく制度の個性を強調しました．ドイツでは，歴史学派が学界を支配しました．イギリスでも，歴史学派に近い思想運動が起きます．また，アメリカでは19世紀を通じて古典派の摂取時代が続きましたが，19世紀末になると**ソースティン・ヴェブレン**（Thorstein Veblen, 1857～1929）というユニークな経済学者が登場し，後の**アメリカ制度学派**（American institutional school）の形成に大きな影響を及ぼします．

■20世紀

　20世紀は，2度にわたる世界大戦（1914～18年の第一次世界大戦，1939～45年の第二次世界大戦）と戦後の冷戦，1917年のロシア革命による社会主義国の成立と1990年代の崩壊，1929年からの**大恐慌**（Great Depression）とそこからの回復，政府が失業・疾病・老齢による貧困に対して社会保障サービスを提供する**福祉国家**（welfare state）の建設，地球規模での経済成長と発展が起きた激動の時代でした．この時代に経済学も大きな変化を経験します．ことに前半と後半の断絶には大きなものがありました．

　20世紀の前半までは，国ごとの経済学，学派という分類がおおまかに通用していました．それが後半になると経済学の均質化が急激に進みます．現在では世界で共通に用いられる標準的な教科書があり，どこでもほぼ同じ内容の経済学が教えられています．20世紀になると研究発表の媒体は書籍から論文に移っていきます．

　20世紀後半になると経済学は自然科学に準ずる扱いをうけるようにな

す．また，アメリカの世紀と呼ばれるように経済学研究の中心地はアメリカになり，現在でもそれが続いています．1969 年に設立されたノーベル経済学賞は，正確にはアルフレッド・ノーベル記念経済学スウェーデン国立銀行賞と呼びますが，正式なノーベル賞に準ずる扱いを受けています．その受賞者にはアメリカで活躍した経済学者が多数を占めます．けれども，それは必ずしも経済学がアメリカのものであることを意味しません．20 世紀の経済学を構成する要素はアメリカが起源というわけではなく，第二次世界大戦前後から多数のヨーロッパ出身の経済学者たちが渡米したことの結果です．これまでヨーロッパ各地で進行してきた経済学の成果がアメリカで合流し，それがアメリカを中継基地として全世界に広がり加速したというのが実情に近いでしょう．

20 世紀後半の経済学は，①理論・モデルを開発し，②対象領域を拡大し，③実践への影響力を増大させてきました．

第一に，理論の革新はとどまることを知りません．20 世紀前半の課題は，マーシャル『経済学原理』の見直しでした．1930 年代には，寡占，独占的競争といった不完全競争についての新しい分析が進みました．他方，この時代にはヨーロッパを中心として一般均衡理論が浸透し，経済学の数理化が進みます．この時代の到達点は，イギリスの**ジョン・R・ヒックス**（John Richard Hicks, 1904～1989）の『価値と資本』（初版 1939 年）と，アメリカの**ポール・A・サムエルソン**（Paul Anthony Samuelson, 1915～2009）の『経済分析の基礎』（1947 年）に示されています．

20 世紀前半のもっとも画期的な理論的革新は，マクロ経済学の成立です．マクロ経済学は通常，イギリスの経済学者**ジョン・メイナード・ケインズ**（John Maynard Keynes, 1883～1946）の『雇用・利子および貨幣の一般理論』（1936 年）の出版をもって成立したといえます．たしかにケインズの影響は決定的に重要でした．しかし，ちょうどアダム・スミスの『国富論』がそれまでの先人たちのアイデアを総合したように，ケインズにたどり着くまでは，ケインズ自身が認めているようにスウェーデンの**クヌート・ヴィクセル**（Knut Wicksell, 1851～1926），アメリカの**アーヴィング・フィッシャー**（Irving Fisher, 1867～1947），イギリスの**ラルフ・ホートリー**（Ralph George Hawtrey, 1879～1975），**デニス・ロバートソン**（Dennis Holme Robertson,

1890～1963)といった経済学者による貨幣理論をめぐる長い知的格闘がありました.

ケインズたちが格闘したのは,貨幣と景気の関係でした.第一次世界大戦から第二次世界大戦の時期は,貨幣・金融面で大きな変動が起きました.これまで長年にわたって欧米列強の間で維持されてきた金本位制が第一次世界大戦によって停止され,インフレが起きました.第一次世界大戦後,各国が金本位制に復帰していく過程では,かつての高い為替レートで金本位制に復帰した国はデフレ政策をとり,不況になりました.大恐慌では物価が激しく下がるデフレと失業者の大量発生が同時に起こりました.

やがてケインズらは「合成の誤謬」という問題にたどり着きます.不況のときには,収入・所得が減少するので,家計や企業は支出を引き締めようとします.そうすることは,個々の経済主体にとってはきわめて合理的な行動ですが,全員が同じ行動をとると経済全体の支出は減り,不況はますますひどくなってしまいます.このような場合,不況から脱出するためには個々の経済主体のことを考えるミクロの次元ではなく,経済全体のことを考えるマクロの次元で支出を増やすことを考えなければなりません.たとえば政府は政府支出を増やし,中央銀行は経済に流通する貨幣量を増やすことによって総需要を増やすことが必要になります.かくして成立したマクロ経済学は,マクロ経済政策という役割と責任を政府・中央銀行に付託することになります.

20世紀後半になると,需要供給分析を基礎とする伝統的ミクロ経済理論はほぼ完成の域に達したのに対して,1970年代には各種の革新が始まります.まず情報の経済学は,経済主体の行動や特性についての情報は隠されており,情報入手には費用がかかるということから,情報問題を解決する仕組みとしての制度(保険や保証書や長期の契約関係)の意義を発見することになります.代表的な研究者は,ジョージ・アカロフ(George Arthur Akerlof, 1940～),マイケル・スペンス(Andrew Michael Spence, 1943～),ジョセフ・E・スティグリッツ(Joseph Eugene Stiglitz, 1943～)らです.

20世紀後半におけるもっとも目覚ましい革新は,ゲーム理論の爆発的普及です.ハンガリー出身のジョン・フォン・ノイマン(John von Neumann, 1903～1957),ドイツ出身のオスカー・モルゲンシュテルン(Oskar

Morgenstern, 1902～1977）の『ゲームの理論と経済行動』（1944年），アメリカ出身のジョン・ナッシュ（John Forbes Nash, Jr., 1928～　）の1950年代の業績以降，一時停滞していた時期もありました．しかし，1970年代後半から理論の進歩だけでなく，産業組織論や国際経済学への応用が進み，現在では経済学そのものを書き換えるほどの影響力を及ぼしつづけています．この理論によって，経済主体は相手の出方を思い測りながら行動するという，戦略的関係を記述することが可能になりました．また，相手の出方に対して経済主体が形成する期待が重要になり，理論の対象範囲が広がりました．さらに，心理学の知見を参照しながら，経済学における合理性の再検討が進んでいます．人間は常に合理的に行動するわけではなく，いわゆる非合理的な活動が継続的に観察されます．ここから発展してきたのが**行動経済学**（behavioral economics）であり，その代表が**ダニエル・カーネマン**（Daniel Kahneman, 1934～　），**エイモス・トヴェルスキー**（Amos Nathan Tversky, 1937～1996）です．

　ケインズ以降のマクロ経済学では，現実経済の展開にあわせて論争が繰り返されてきました．1960年代にはマクロ経済政策における金融政策と財政政策の有効性をめぐって，主流派のケインジアンとマネタリストの間で論争が起きました．ケインジアンの代表が**ジェイムズ・トービン**（James Tobin, 1918～2002），**フランコ・モディリアーニ**（Franco Modigliani, 1918～2003），マネタリストの代表が**ミルトン・フリードマン**（Milton Friedman, 1912～2006）でした．この論争では，ケインジアンの側が主に裁量的な財政政策の有効性を唱えたのに対して，マネタリストの側が裁量的政策の恣意性を批判し，ルールに基づいた金融政策の重要性を説きました．1960年代後半から70年代にかけて，先進国でインフレ率が2ケタ台にまで高騰するという大インフレーションが起きたことは，マネタリストの議論への支持を強めました．

　また1970年代以降には，**合理的期待**（rational expectation）という考え方が大きく学界を席巻しました．これは，経済主体は入手可能な情報を最大限に利用しようとするという考え方で，これによると政策の有効性は，政策そのものではなく人々が政策についてどのように予想しているかに依存するとされました．代表的な論者である**ロバート・ルーカス**（Robert Emerson Lucas, Jr.,

1937～　），トマス・サージェント（Thomas Sargent, 1943～　），ロバート・バロー（Robert Joseph Barro, 1944～　）らは新しい古典派と呼ばれました．1980年代以降になると，よりミクロ経済学とのつながりを重視したリアル・ビジネス・サイクル理論，ニュー・ケインジアンの理論が登場します．

　このように見ていくと，マクロ経済学の歴史は論争の過程のように思われます．けれども論争の結果としていくつかの合意事項が形成されていることも忘れてはなりません．たとえば現在では，マクロ経済学とミクロ経済学の間に，何らかの統一的理解が必要という点については合意があります．また，マクロの経済現象を説明するのには何らかの形で価格・賃金の硬直性を導入する必要があることについても合意があります．さらに，貨幣がどうして実物経済に影響をもたらすのか，この古い問題がいまだに新しい問題でもあることについても合意があります．もちろん，異論がなくなっているわけではありません．マクロ経済学の基礎として必要なのはどのようなミクロ経済学なのか，硬直性をどのように組み込むべきなのかについては今でも議論は絶えません．

　第二に，経済学の対象領域は拡大の一途をたどりました．大恐慌後と第二次世界大戦後に社会主義経済が世界的に拡大しました．西欧諸国でも政府規制，計画化，国有化の要素が増大し，失業・疾病・年金といった社会保障を国家が提供するいわゆる福祉国家が成立しました．しかし，次第にその問題点や限界が明らかになりました．1970年代に入るとソ連や東欧諸国の経済は停滞し，中国は市場を志向する改革を実行します．西欧諸国でもイギリスのマーガレット・サッチャー政権，アメリカのロナルド・レーガン政権のように，政府規制の緩和，市場経済への一部回帰が進んでいきます．1930年代にいったん学界の主流から忘却されたオーストリア生まれの経済学者**フリードリッヒ・ハイエク**（Friedrich August von Hayek, 1899～1992）は再評価されました．また，政府の過剰な介入に警鐘を鳴らしたミルトン・フリードマンの思想も影響力を持ちました．ただし，現在では経済学の対象は市場だけではありません．ゲーム理論と情報の経済学の発展によって，企業，組織，法律，政治，犯罪，結婚などの，制度，慣習，社会規範とそれらの進化も経済学の対象となっています．

　第三に，経済学の実践的な影響力が増しています．ちょうど自然科学に理学（理論・モデルの構築）と工学（理論・モデルの実証と応用）という区別があ

るように，経済学のなかにも工学的部分があります．現在では，経済学を利用する機関は，政府，中央銀行，国際機関（世界銀行，国際通貨基金），民間企業と広範囲に及んでいます．経済学の応用例も，費用便益分析からオークション理論まで広がっています．また，マクロ経済政策は一国の経済運営に大きな役割を果たしています．

　このような応用を可能にしたのは，**計量経済学**（econometrics）の発展です．計量経済学とは統計学の手法を経済データに応用する学問です．理論が本当に有用かを知るには，理論的に首尾一貫しているかどうかだけでなく，実際にはどうなのかを検証しなければなりません．そのためには，データに基づく実証分析が必要不可欠です．20 世紀後半には統計的分析手法の発達，統計データの整備，コンピュータの登場による計算処理能力の飛躍的向上によって，さまざまな計量分析，シミュレーションが可能になりました．また，経済理論の検証手段としては，**実験経済学**（experimental economics）があります．これは実際に被験者を集めるなどして経済現象についての実験を行う研究手法です．

　このように 20 世紀の後半は主流派の力が増す時代でした．とはいえ，主流派に対する異議申し立てが消滅したわけではありません．それどころか異端ないしは非主流派も活発に活動しています．独自性を主張するという意味での学派という言葉が残っているのは，現代では異端派のほうかもしれません．マルクス派には搾取という問題意識を持ちながらも，数理的手法，ゲーム理論を積極的に導入し，1970 年代以降さかんになった公共哲学との連携を図る動きがあります．ポスト・ケインズ派は，貨幣経済が経済にもたらす不安定性を重視し，階級間の所得分配を重視しています．さらにヴェブレンの延長上に制度と進化を考察しようという制度学派もいます．他方で，市場経済を積極的に評価する異端派もいます．現代オーストリア学派と呼ばれる人々です．彼らは競争と企業家活動を重視し，政策については主流派よりも政府の役割を限定的にとらえる見方をしています．

■ 歴史から未来へ

　かくして現代にたどり着きました．もちろん現在の経済学は終着点ではあり

ません．完全でもなければ問題がないわけでも限界がないわけでもありません．そのことを痛感しているのは，知識のフロンティアで格闘している経済学者たちでしょう．また理論と政策の対応は単純ではありません．特定の政策の権威づけのために経済学を悪用することすらありえます．また経済政策を理解するためには，普通の人々がある程度の経済学を理解しなければなりません．しかし，専門化が進んだ経済学を普通の人々がどう理解すればよいのかは大きな課題です．

今後経済学はどのような変貌を遂げるでしょうか．未来は不確実です．アダム・スミスは，現在の経済学の姿を予想だにできなかったでしょう．将来は認知科学を軸として心理学や他の社会科学との融合が進み，ひょっとしたら経済学という学問分類すらなくなるかもしれません．

けれども確実なこともあります．学問は革新と摂取，異論と合意形成の絶え間ない連続であり，また有名無名の無数の人々の知的営為の結果です．経済学はこれまでの歴史を遺産として受け継ぎ，共通の知見を積み重ね，さらに知のフロンティアを押し広げる努力を絶え間なく続けています．理性によってこの世界を理解し，そして改善しようという人々の努力が途絶えないかぎり，経済学者たちの営みも途絶えることはないでしょう．そしてその先人たちの偉大な努力を引き継いでいくのは，ほかでもない，これから経済学を学び始めるみなさんです．

2　入門以後の学習

■「教養としての経済学」を身につけたい人

誰もが，生計を立てずに生きていくことはできません．経済は人々の生活の基礎であり，経済学はその経済の背後にどのような論理があるかを探るものです．また，政府や中央銀行が決める経済政策は生活に大きな影響を及ぼします．経済学の入門教科書を読み終えた人は，経済学の骨格は学んだといえると思います．後は，学んだ内容を忘れず，アップデートをし，肉づけをしていくことが重要です．そしてできれば入門の経済学の知識を定着させるためにも，それ

よりも上級の教科書を学ぶ必要があります．

けれども，そこまで時間がないという人は，日ごろから新聞，TV，インターネットなどで経済情報に触れ，そしてそれを鵜呑みにすることなく批判的に読み解くことが役に立つでしょう．そうするためのスキルとしては，以下のものが挙げられます．

　　○論理的文章の読み方
　　○統計の読み方
　　○英語の読み方
　　○会計の読み方

どれも経済学に限らず普通に社会で暮らすための知識です．論理的文章の読み方は，すべての基礎になることです．また，統計の読み方は経済のみならずこれからの社会で必須の知識です．経済ニュースについては，何といっても英米のメディアが中心となっており，世界的な世論形成にいちばん影響力があります．できれば英語でのニュースに直接触れてみることをおすすめします．雑誌でいえば *The Economist*，新聞でいえば *The Financial Times* がおすすめです．日本での海外ニュースの紹介は翻訳を介しているので，時として正確さに欠けることがあります．最後に，会計の知識は企業に勤める場合にも自分で企業を運営する場合にも役に立ちます．

具体的な経済情報としては，マクロ経済学入門の第8章で挙げた統計（3カ月に1回発表される国内総生産（GDP）の成長率，1カ月に1回発表される消費者物価指数の変化率，完全失業率）に加えて，株価，対ドル為替レート，長期金利の3つを見ておくといいでしょう．また，現在の世界経済を理解するには外国の指標も重要です．アメリカ，ユーロ圏，中国というあたりの経済指標にはいつも気をつけておきたいものです．

■ 経済学部・経済学科卒業を目指す人

経済学部・経済学科の学生は，入門以降も経済学を学ぶことになります．素晴らしく楽しい世界が待っています．

経済学部の場合，必修科目には理論科目と統計科目，数学科目が置かれています．たとえば，理論科目には，ミクロ経済学とマクロ経済学が置かれています．ミクロ経済学とマクロ経済学もやはり数学的になります．

また，基礎科目として統計学，計量経済学の比重が大きくなっています．序章では，経済学は演繹法の性格が強いと述べましたが，現代の経済学では帰納法的な研究も増えています．実証分析の時代です．実際にデータによって理論を検証するだけでなく，データから経済現象のパターンを見つけ出していく作業が続いています．また，経済学部・経済学科卒業生が他の学部・学科卒業生に対して優位性があるのは，経済データの計量分析ですので，しっかりと勉強していきましょう．

次にいわゆる応用科目や経済史，経済学史などがあります．応用科目というのは，産業組織論，金融論，ファイナンス，財政学，公共経済学，国際経済学，労働経済学，環境経済学，開発経済学・経済発展論といった科目のことで，基礎的な経済理論を広い範囲の経済現象に応用するという意味があります．応用科目は，理論と実証の双方が重要になります．多くの場合学問は専門分化によって発展しますから，分野が次第に細分化されていきます．経済史は，経済の歴史を研究対象とします．経済学史は経済学説史とも呼ばれ，経済学の歴史を研究対象とします（2つはよく間違えられがちですが，別の学問です）．人間の経験は限られていますから，過去に何が起きたのかを明らかにする経済史は経済学にとって重要で有益な情報源です．経済学史は，過去の経済学を対象とし，経済学がいかに発展してきているのかを理解することで，現在の経済学を理解するものです．

勉強の仕方としては，通常の講義以外に，演習（ゼミナール）があります．これはドイツの大学の仕組みを日本に輸入したもので，アメリカの大学などにはない仕組みです．少人数でじっくりと学ぶ良い機会ですので，経済学を真剣に学びたいという人はぜひ受講することをすすめます．そのときに重要なのは，自分の研究している分野に熱意を持ち，教育熱心な人につくことです．ことに，大学院への進学を考えている人は研究者としての道を示してくれる人を選ぶべきでしょう．

経済学部を卒業し，それ以降経済学に触れないという人にも，「教養として

の経済学」で述べたことが当てはまります．ただし，きちんと経済学部で勉強するならば入門の経済学しか学んだことのない人とは異なって，深い理解が得られるはずです．

■ 卒業後，大学院を目指す人

　経済学の研究者になりたい人，あるいは大学学部までの勉強では物足りない人は大学院に進むことが必要です．ここまで来ると生活は経済学漬けの毎日になり，がっちりと経済学を勉強することになります．数学，統計学の必要性はさらに強くなります．教科書よりは論文を読むことが中心になり，次第に勉強というよりは研究に重点が変わっていきます．勉強と研究の違いは，勉強は「既存の結果を理解すること」であり，研究は「新しい結果を生み出すこと」の違いとしてまとめられるでしょう．経済学の場合，新しい結果は論文という形で発表されます．その論文も，雑誌などに刊行される以前のワーキングペーパーやディスカッションペーパーと呼ばれるものでまず発表されます．

　大学院から経済学者を目指す人には，経済学教科書で著名なN・グレゴリー・マンキューハーヴァード大学教授の助言が役に立ちます（http://gregmankiw.blogspot.jp/2006/05/advice-for-aspiring-economists.html）．それは，以下のとおりです．

1　理解できる範囲で，数学と統計学の講義をできるだけ多くとること．
2　経済学の科目の受講選択については，講師が重要です．とくに教えている科目に熱意を持っていて，教育熱心な講師を選ぶことが重要で，どの科目をとるかは無視して良いです．講師によって経済学は面白くもなるし，つまらなくもなります．
3　夏休みを使って，経済学を別の角度から経験してみるのもよいと思います．たとえば教授の研究助手をしてみるとか，政府の政策当局で働いてみるとか，民間部門で働いてみることです．
4　暇な時間には，楽しみのために経済学の読み物を読みましょう．
5　経済ニュースを追いかけましょう．
6　研究セミナーに顔を出してみましょう．大学院が設置されている大学で

は，研究セミナーが開かれています．これは内外の研究者が研究成果を発表する場で，論文になる前の研究が発表されることもあります．そのほとんどはチンプンカンプンでしょうが，こういうセミナーも数多く聞いていると多くを学ぶことができます．そうしたセミナーに潜り込んで聞いてみましょう．

こうした助言には，助言者の主観がどうしても入ってきます．講義・演習を通じて知り合いになった講師に聞いてみることをすすめます．

さらに学習するための読書案内

　ここでは，この教科書から次の段階くらいまでを目標にして，さらに学習するための本を紹介します．複数の本を取り上げているのは，2つの理由があります．まず，人の好みはそれぞれ違いますから，本にも相性があります．本を読むコツは自分にしっくりくる本を見つけることです．次に，知識は繰り返し学ぶことによって定着します．いくつかの本を読むと，この教科書で学んだことがさらによく理解されるようになるでしょう．

　ただし，ここで挙げている本がすべてではありません．さらに上級の本については，ここで挙げている本の読書案内をさらに参考にしてください．また，英語の本は版を重ねることで修正が加わることがあります．この読書案内では英語の本は取り上げていませんが，学習が上級に進むにつれて英語の本を読むことが必要になっていくことを忘れないでください．なお，この読書案内の作成にあたっては，統計学，経済統計の部分については西郷浩教授（早稲田大学政治経済学術院）のご助力を仰ぎました．記して感謝いたします．

1　入門書の手前で読む本

　基礎としてまず指摘しておきたいのは，論理的思考法の重要性です．というのも，論理的思考法ができていなければ経済学に限らず，学習の効果は上がらないからです．ではそうした思考法をどのように築き上げるかですが，以下の本が参考になります．

[1] 野矢茂樹『新版　論理トレーニング』産業図書，2006 年．
[2] 飯田泰之『ダメな議論——論理思考で見抜く』ちくま新書，2006 年．
[3] 飯田泰之『経済学思考の技術——論理・経済理論・データを使って考える』ダイヤモンド社，2003 年．

　[1] は記号論理学を用いずに論理的思考法をわかりやすく解説した名著の改訂版です．文例はさらに豊富になりました．実際の文章に例をとった興味深い課題問題を友人たちと議論したりするとよいでしょう．[2] は視点を変えて，

「ダメな議論」とは何かという観点から論理的思考を学ぼうという，興味深い試みです．経済学者の手によるものだけあって，ダメな議論の実例として経済に関するものが多数挙げられていることも経済学の学習者には便利です．[3] は，もう少し教科書的な体裁をとっています．論理的思考を経済学的思考とつなげるための架け橋としてうってつけだと思います．

2　入門書

　入門書は良書が多数あって選定に迷うのですが，ここでは本書と同じくらいの難易度の，特色のある本を挙げてみました．

[4] J・E・スティグリッツ，C・E・ウォルシュ（藪下史郎ほか訳）『スティグリッツ　入門経済学（第4版）』，『スティグリッツ　ミクロ経済学（第4版）』，『スティグリッツ　マクロ経済学（第4版）』東洋経済新報社，2012-14年．

[5] N・G・マンキュー（足立英之ほか訳）『マンキュー　入門経済学（第2版）』，『マンキュー経済学　I　ミクロ編（第3版）』，『マンキュー経済学　II　マクロ編（第3版）』東洋経済新報社，2013-14年．

[6] ポール・クルーグマン，ロビン・ウェルス（大山道広ほか訳）『クルーグマン　ミクロ経済学』，『クルーグマン　マクロ経済学』東洋経済新報社，2007-09年．

[7] 伊藤元重『入門経済学（第4版）』日本評論社，2015年．

　海外の教科書は，説明が懇切である分だけボリュームのある著作が多く，数学的分析は少ないが考えさせる練習問題が多いので一読をすすめます．[4] はジョセフ・スティグリッツ（2001年度ノーベル経済学賞）による世界的に定評のある教科書です．私たちの教科書では長期モデルまで説明しましたが，この本では長期モデルの背後にある，労働者や企業の行動もくわしく説明しています．[5] は，これまた世界的に定評のある教科書です．こちらは3分冊ですが，ミクロ編とマクロ編を読めば入門経済学は不要です．[6] はノーベル経済学賞受賞者であり，*The New York Times* のコラムニストとしても積極的に発言しているクルーグマンの教科書です．[7] は日本の経済学者によるわかり

やすい教科書です．

3　経済学読み物

　がっちりと経済学を学ぶための本を紹介する前に，経済学の読み物を紹介しておきましょう．序章や第1章，第8章を読んだうえで，こうした経済学の読み物を暇な時間に読むようにすると，経済学についての理解が広がります．

[8]　P・クルーグマン（山形浩生訳）『クルーグマン教授の経済入門』ちくま学芸文庫，2009年．

[9]　ゲーリー・S・ベッカー，リチャード・A・ポズナー（鞍谷雅敏ほか訳）『ベッカー教授，ポズナー判事の常識破りの経済学』東洋経済新報社，2011年．

[10]　ラッセル・ロバーツ（佐々木潤訳）『寓話で学ぶ経済学――自由貿易はなぜ必要か』日本経済新聞社，1999年．

[11]　ラッセル・ロバーツ（沢崎冬日訳）『インビジブルハート――恋におちた経済学者』日本評論社，2003年．

[12]　ダイアン・コイル（室田泰弘ほか訳）『ソウルフルな経済学――格闘する最新経済学が1冊でわかる』インターシフト，2008年．

[13]　S・レヴィット，S・ダブナー（望月衛訳）『ヤバい経済学――悪ガキ教授が世の裏側を探検する［増補改訂版］』東洋経済新報社，2007年．

[14]　S・レヴィット，S・ダブナー（望月衛訳）『超ヤバい経済学』東洋経済新報社，2010年．

[15]　ティム・ハーフォード（遠藤真美訳）『まっとうな経済学』ランダムハウス講談社，2006年．

[16]　竹森俊平『世界経済の謎――経済学のおもしろさを学ぶ』東洋経済新報社，1999年．

[17]　大竹文雄『経済学的思考のセンス――お金がない人を助けるには』中公新書，2005年．

[18]　中島隆信『これも経済学だ！』ちくま新書，2006年．

[19]　伊藤秀史『ひたすら読むエコノミクス』有斐閣，2012年．

[20] ダン・アリエリー（熊谷淳子訳）『予想どおりに不合理——行動経済学が明かす「あなたがそれを選ぶわけ」』ハヤカワ・ノンフィクション文庫, 2013年.

[21] ウリ・ニーズィー，ジョン・A・リスト（望月衛訳）『その問題，経済学で解決できます。』東洋経済新報社, 2014年.

　この手の読み物といえば，最近までポール・クルーグマン（プリンストン大学教授）の独壇場でした．彼の著作はどれも面白いのですけど，1冊を選ぶとなると［8］でしょうか．貿易や国際競争力をめぐって俗説を論破していく迫力には並ぶものがありません．［9］は現代のシカゴ学派を代表するゲーリー・ベッカー教授（1992年度ノーベル経済学賞受賞）とリチャード・ポズナー判事が，経済問題を取り上げ，経済学を用いて解説します．ブログをもとにしていますので，たいへん読みやすいです．最初に読むと驚く人が多いと思いますが，経済理論をどのように応用するかを学ぶうえでもたいへん面白い本です．

　普通の経済書でもむずかしいという人は多いと思います．いわゆる経済小説は経営のことを扱っているものが大多数ですし，経済について議論していてもあまり参考にならないことが多いです．かといって，これまでの小説形式の経済書に成功しているものはほとんどありません．そのむずかしい課題に挑戦したのがラッセル・ロバーツ（ジョージ・メイソン大学）教授です．［10］は，自由貿易論の祖ともいえるリカードの幽霊が現代アメリカに蘇るという寓話，［11］は，高校の経済学教師が同僚の英文学教師と恋に落ちる過程で，普通の人々が抱いている誤解を解いていくというもの．経済学小説ではもっとも成功しているといえるでしょう．なお，［10］の翻訳は初版に拠っていますが，原著はすでに3版を重ねています．3版では，アメリカの貿易摩擦相手国が日本から中国に変わっていて，時代の変遷と問題の共通性を示唆していて興味深いです．［12］は，最近の経済学の動向を伝えてくれる本です．マクロ経済学に限らず最近の経済学，経済史をよく展望しています．

　そうした経済学の発展を受けて，イキの良い経済学読み物が続々と出版されています．［13］は本書で注目を浴びたシカゴ大学教授であるレヴィットがジャーナリストと組んだ本で，経済書としてはアメリカでも異例（?）のベストセラーとなりました．その内容は読んでみるしかないともいえますが，これ

が経済学か？という疑問を抱く読者には，これこそ経済学だ，と答えたいと思います．[14]はその続編です．[15]はイギリスの経済ジャーナリストによるもので，[13]ほど意外感はないものの，身の回りの事例から経済学へと入っていく構成はよくできています．

日本の経済学者も負けていません．[16]はヘッジファンド，バブル，経済危機など，入門教科書では避けて通りますが本当は重要なことを数式はいっさい使わず解説しています．より深く勉強したい人には原論文も紹介されているところなど目配りが行き届いています．[17]，[18]も非常に面白いです．とくに[18]では，大相撲，お寺，障害者といった一見経済学とは思えない題材を取り上げています．[19]は，企業論の専門家による副読本で，ゲーム理論，情報と不確実性の経済学，マーケット・デザインなど最新の経済学の骨格がわかるように工夫されています．

[20]，[21]は，最近の最先端でもある行動経済学の入門的読み物です．

4　数学と統計学

経済学をさらに深く学ぶためにはどうしても数学と統計学の知識が必要となります．もっとも，ただただ数学や統計学を学ぶことは，大部分の人にとっては苦痛でしょう．経済学との関連を考えながら，必要に応じて学んでいくことが重要でしょう．なお，ここでは計量経済学についての教科書は挙げていません．数学と統計学を学んだうえで，さらに学んでください．

(i) 数学

入門から中級くらいまでの経済学のために必要な数学（経済学部・経済学科では「経済数学」と呼ばれることが多いです）について，定評のある本を挙げておきます．

[22] 尾山大輔・安田洋祐編著『(改訂版) 経済学で出る数学——高校数学からきちんと攻める』日本評論社，2013年．

[23] 三土修平『初歩からの経済数学 (第2版)』日本評論社，1996年．

　[22]は高校レベルから復習しながら学びたい場合におすすめです．[23]

はもう少し自信がある人向けです．

[24] 佐々木宏夫『経済数学入門』日経文庫，2005 年．
[25] A・C・チャン，K・ウエインライト（小田正雄ほか訳）『現代経済学の数学基礎（第 4 版）上・下』シーエーピー出版，2010 年．

　[24] は思い切って内容を微分・積分と確率に絞り込んでいて，厳密さを失わずにわかりやすい説明を行うという入門書執筆の難問に成功しています．ただし，練習問題はつけられていないので，[25] などを読む必要があります．
　[25] は世界的に定評のある教科書で，動学分析まで網羅しています．

（ii）統計学
[26] 稲葉由之『プレステップ統計学 I　記述統計学』弘文堂，2012 年．
[27] 西郷浩『初級　統計分析』新世社，2012 年．

　どちらも記述統計学をていねいに学ぶための教科書です．ワークブック式で取り組みやすくなっています．[26] は基本的なこと（グラフの題名のつけかた）などもきちんと書いてあります．[27] は対数の使い方（弾力性）などの説明もあります．

[28] D・ロウントリー（加納悟訳）『新・涙なしの統計学』新世社，2001 年．
[29] P・G・ホーエル（浅井晃・村上正康訳）『初等統計学（原書第 4 版）』培風館，1981 年．
[30] 刈屋武昭・勝浦正樹『統計学（第 2 版）』（プログレッシブ経済学シリーズ）東洋経済新報社，2008 年．
[31] 加納悟・浅子和美・竹内明香『入門　経済のための統計学（第 3 版）』日本評論社，2011 年．
[32] 倉田博史・星野崇宏『入門　統計解析』新世社，2009 年．
[33] 森棟公夫・照井伸彦・中川満・西埜晴久・黒住英司『統計学』（New Liberal Arts Selection）有斐閣，2008 年．

　これらは学部 1・2 年生用の教科書です．やさしい順に挙げてあります．[28] は数式をほとんど使わないで，統計学の基礎をやさしく説明しています．[29] は，数式は出てきますが，数学はあまり使っていません．統計学の教科書のなかでもっとも売れているものの 1 つです．[30] は経済分析に必要な統

計学を意識して書かれていて，統計分析のための MS Excel の使い方も解説しています．[31] はノンパラメトリック検定なども扱っています．叙述はやさしいけれども，内容は結構むずかしいです．[32] は統計学の基本を一通り解説してあり，分散分析なども含みます．[33] は時系列分析も含みます．

[34] 小暮厚之『R による統計データ分析入門』朝倉書店，2009 年．

[34] はソフトウェアを併用した教科書で，内容は初心者用です．無料で入手できる統計ソフトウェア R を用いた統計の入門書です．データの分析を併用しながら統計の基礎が勉強できます．

[35] D・ハフ（高木秀玄訳）『統計でウソをつく法——数式を使わない統計学入門』講談社ブルーバックス，1968 年．

最後に統計学の読み物を紹介しておきましょう．[35] は，数学を使わない統計の入門書として世界的に定評があります．基礎的な教科書の文献を読んでからのほうが，面白く読めます．「ウソをつかない」ための本ですので，念のため．

(iii) 経済統計

[36] 御園謙吉・良永康平編『よくわかる統計学 II　経済統計編（第 2 版）』（やわらかアカデミズム・わかるシリーズ）ミネルヴァ書房，2011 年．

[37] 廣松毅・佐藤朋彦・高木新太郎・木村正一『経済統計』（新経済学ライブラリ）新世社，2006 年．

[38] 清水雅彦・菅幹雄『経済統計——産業活動と物価変動の統計的把握』培風館，2013 年．

[39] 松井博『公的統計の体系と見方』日本評論社，2008 年．

[40] 梅田雅信・宇都宮浄人『経済統計の活用と論点（第 3 版）』東洋経済新報社，2009 年．

[41] 作間逸雄編『SNA がわかる経済統計学』有斐閣アルマ，2003 年．

経済統計の作成の仕組みと利用方法が説明してある教科書で，やさしい順に並べています．[36] は基本的な経済統計の作成と使用方法がやさしく説明してあります．[37] は人口統計を含めた経済統計の基本をきちんと説明していて，玄人好みの本といえます．[38] は調査票の質問項目まで細かく解説して

いるところに特徴があります．実証分析をするための手引きとして役立ちます．[39] は，政府等が作成する統計（公的統計）の体系を解説した教科書です．自分が知りたいデータがどこにあるのかを探すのに役立ちます．[40] は，経済統計を利用する際の注意点を論じています．[41] は SNA（国民経済計算）の入門書です．

[42] 一般財団法人日本統計協会編『統計でみる日本』日本統計協会，各年．

　最後に紹介する本は，統計からみた日本の姿を現したものです．およそ30章で，データを使って日本の現状が素描されています．見開きで，解説と図表とが一望できるスタイルで書かれています．

5　理論

（ⅰ）ミクロ経済学

[43] 岩田規久男『ゼミナール　ミクロ経済学入門』日本経済新聞社，1993年．

[44] 清野一治『ミクロ経済学入門』日本評論社，2006年．

[45] 八田達夫『ミクロ経済学　Expressway』東洋経済新報社，2013年．

　本書と同レベルのやさしい教科書です．ミクロ経済学は無味乾燥としていてつまらないと思われがちですが，[43] は豊富な応用例を挙げて，理論が現実を説明するのに役に立つことを力説しています．[44] は，ミクロ経済学を現実分析の用具として用いるのに最低何を学ぶべきかに留意して絞り込んだ教科書．豊富な練習問題もたいへん役に立ちます．[45] は2分冊で刊行されている『ミクロ経済学Ⅰ』，『ミクロ経済学Ⅱ』（プログレッシブ経済学シリーズ，東洋経済新報社，2008-09年）の要約版です．環太平洋経済連携協定（TPP）や電力事業の民営化など，現代日本の重要な政策的課題を解くためのミクロ経済学という視点が鮮明に出ています．いずれも数学の準備はさほど必要としません．

[46] 矢野誠『ミクロ経済学の基礎』岩波書店，2001年．

[47] 矢野誠『ミクロ経済学の応用』岩波書店，2001年．

　[46] と [47] は，もう一度，ミクロ経済学の基礎からじっくり腰を据えて

読むべき名著としてすすめられます．少々大部ですが，説明はていねいであり，独占禁止法や知的所有権など類書にはない応用例も多く挙げられています．

［48］梶井厚志・松井彰彦『ミクロ経済学――戦略的アプローチ』日本評論社，2000 年．

［49］神取道宏『ミクロ経済学の力』日本評論社，2014 年．

［48］，［49］は独特の切り口を持つユニークな教科書です．とくに［48］はゲーム理論的な視点を多く取り入れています．また［49］は数学的な分析を避けずに，しかし直感的に説明している好著としてすすめます．ただしどちらも入門レベルをやや超えています．

［50］西村和雄『ミクロ経済学』東洋経済新報社，1990 年．

［51］奥野正寛・鈴村興太郎『ミクロ経済学Ⅰ』，『ミクロ経済学Ⅱ』（モダン・エコノミックス）岩波書店，1985-88 年．

学部在学中に挑戦してみるべき本として［50］と［51］を挙げておきます．かなり前に出た教科書ですが，いまだに学ぶべき点があります．どちらも学部上級から大学院修士レベルなので，今の段階では覗いてみるだけでも十分ですが，経済学部・経済学科生は卒業までにこの内容が理解できるように頑張りましょう．

(ⅱ) ゲーム理論

本文でも少しだけ触れたゲーム理論は，現在では経済学全体を書きなおすほどの大きな影響力を及ぼしています．高学年になるにつれて，また経済学を真剣に勉強しようとすればするほど，ゲーム理論の理解は欠かせません．また最近は，経済学に限らず，経営学，政治学，社会学，法学，さらには生物学といった多様な分野で応用されています．

［52］梶井厚志『戦略的思考の技術――ゲーム理論を実践する』中公新書，2002 年．

［53］川西諭『ゲーム理論の思考法』中経の文庫，2013 年．

［54］川越敏司『はじめてのゲーム理論』講談社ブルーバックス，2012 年．

［55］船木由喜彦『はじめて学ぶゲーム理論』新世社，2014 年．

［56］武藤滋夫『ゲーム理論入門』日経文庫，2001 年．

[57] ジョン・マクミラン（伊藤秀史・林田修訳）『経営戦略のゲーム理論』有斐閣，1995 年.

[58] R・ギボンズ（福岡正夫・須田伸一訳）『経済学のためのゲーム理論入門』創文社，1995 年.

[59] 佐々木宏夫『入門　ゲーム理論――戦略的思考の科学』日本評論社，2003 年.

[60] 神戸伸輔『入門　ゲーム理論と情報の経済学』日本評論社，2004 年.

[61] 渡辺隆裕『ゼミナール　ゲーム理論入門』日本経済新聞出版社，2008 年.

　[52] から [54] は初心者向けに，ゲーム理論の基礎にある考え方を教えてくれます．[55] と [56] は非協力・協力ゲームから，不完備情報，そして進化ゲーム理論まで幅広い題材を扱っています．簡単な計算以上の数式は出てきませんし，事例も豊富で親しみやすいつくりになっています．[55] の巻末の詳細な参考文献目録は，さらに学習しようという人にとって格好の案内になるでしょう．[57] と [58] はゲーム理論が経済学にどのように応用されるかを知りたい人向けです．とくに [57] は数学をまったく用いていません．[58] は数学を用いています．ゲーム理論を実際に使ってみる人は必読の文献です．それから先の理論を理解したい人には，[59] がていねいな説明で良いでしょう．[60] は情報の経済学とあわせて学ぶことができるという利点があります．[61] は教科書として網羅的で優れています．

(ⅲ) マクロ経済学

[62] N・G・マンキュー（足立英之ほか訳）『マンキュー　マクロ経済学Ⅰ　入門篇（第 3 版）』，『マンキュー　マクロ経済学Ⅱ　応用篇（第 3 版）』東洋経済新報社，2011-12 年.

[63] O・ブランシャール（鴇田忠彦ほか訳）『ブランシャール　マクロ経済学（上・下）』東洋経済新報社，1999-2000 年.

[64] C・I・ジョーンズ（宮川努ほか訳）『ジョーンズ　マクロ経済学Ⅰ　長期成長編』，『ジョーンズ　マクロ経済学Ⅱ　短期変動編』東洋経済新報社，2011 年.

[65] 福田慎一・照山博司『マクロ経済学・入門　第4版』有斐閣アルマ，2011年.
[66] 吉川洋『マクロ経済学（第3版）』（現代経済学入門）岩波書店，2009年.
[67] 岩田規久男『基礎コース　マクロ経済学（第2版）』新世社，2005年.
[68] 齊藤誠・岩本康志・太田聰一・柴田章久『マクロ経済学』（New Liberal Arts Selection）有斐閣，2010年.

　やや［5］と似ていて題名がまぎらわしいのですが，［62］は世界的に定評のある「中級」のマクロ経済学の教科書で，一時代を画しました．［5］よりも難易度は上がります．それとほぼ同じ難易度なのが［63］です．マクロ経済学の勘所である「期待」の役割をていねいに説明しています．［64］は，経済成長論で著名な著者らしく，新しい成長理論の説明がくわしく書かれています．［65］から［67］は，いずれも版を重ねていることからわかるように，日本において定評のある教科書です．［67］は実証研究との対比も豊富で，マクロ経済学を学びながら日本経済についても学ぶことができます．この教科書の第8章では主に国民経済計算についてくわしく説明しましたが，［68］は，入門から学部上級までを網羅し，国民経済計算以外の資金循環表や産業連関表などのマクロ統計についてもくわしく説明しています．

6　応用

　本来，経済学はすべて応用経済学ですが，分野によって特有の事情を考慮する必要があります．もちろん，ここでの案内は網羅的ではなく，ここで挙げた以外にも資源・食料経済学，都市経済学，医療経済学など，さまざまな分野がありますので，1つの参考にしてください．

（i）産業組織論・企業論
[69] 泉田成美・柳川隆『プラクティカル産業組織論』有斐閣アルマ，2008年.
[70] 小田切宏之『新しい産業組織論――理論・実証・政策』有斐閣，2001

年.
[71] 小田切宏之『企業経済学（第2版）』（プログレッシブ経済学シリーズ）東洋経済新報社，2010年.
[72] P・ミルグロム，J・ロバーツ（奥野正寛ほか訳）『組織の経済学』NTT出版，1997年.

　産業組織論は応用ミクロ経済学の花形で，応用経済学の基礎理論のような位置づけがあります．[69]は初心者向けの教科書で，ゲーム理論の解説もあります．[70]は実証研究についてもまとまっています．[71]は最近発展の著しい企業の経済学への入門書です．[72]はビジネス・スクールで用いられる世界的に定評のある教科書で，豊富な話題を誇りますが，内容は高度です．本当に理解するためには上級のミクロ経済学，ゲーム理論の知識が必要になります．

(ⅱ) 公共経済学・財政学

[73] J・E・スティグリッツ（藪下史郎訳）『スティグリッツ　公共経済学（第2版）（上・下）』東洋経済新報社，2003-04年.
[74] 須賀晃一編『公共経済学講義——理論から政策へ』有斐閣，2014年.

　[73]はいささか大部ですが，この分野の入門としては最適です．（上）では公共支出の理論，（下）では租税の理論，地方財政，マクロ財政政策まで広範に論じています．説明はやさしく，アメリカ経済を実例にとっていますが，日本経済が抱える多くの問題を考える上でも大いに参考になります．[74]は，理論の解説だけでなく，年金，医療と介護，地方財政と地方分権，教育といった応用編の充実が光ります．

[75]『図説日本の財政』東洋経済新報社，各年.

　日本の財政についての基礎データは，財務省のホームページからとることができます．本としては毎年財務省の担当者が執筆する[75]があります．

(ⅲ) 金融論

[76] 吉野直行ほか編『入門・金融（改訂2版）』有斐閣，2003年.
[77] 岩田規久男『テキストブック金融入門』東洋経済新報社，2008年.

[78] 岩田規久男『金融』東洋経済新報社，2000 年.
[79] 小野善康『金融（第 2 版）』（現代経済学入門）岩波書店，2009 年.

[76]は日本の金融システムと貨幣・金融理論の入門編です．[77]は金融システムや貨幣・金融理論の入門編です．本書の第 10 章では省略した，リスクの存在するときの資産選択についても説明しています．[78]は金融政策を含んだ包括的教科書です．[79]は，著者の独自の理論を展開しています．伝統的なマクロ経済学は物価の硬直性を不況の原因としますが，そうでない考え方もあります．この本は，人々の「貨幣への飽くなき欲求」が不況の原因と考える経済モデルを提示しています．

[80] 日本銀行金融研究所『日本銀行の機能と業務』有斐閣，2011 年.

本教科書の第 10 章では中央銀行の役割について概説しました．より具体的な業務内容はこの本で知ることができます．なお，日本銀行のホームページで全文を読むことができます（http://www.imes.boj.or.jp/japanese/pf.html）．

（iv）国際経済学

国際経済学は国際貿易論と，国際金融論の 2 つから成り立ちます．本教科書の第 10 章で学んだ国際マクロ経済学は国際金融論と密接に関連しています．

[81] P・クルーグマン，M・オブズフェルド（山本章子訳）『クルーグマンの国際経済学——理論と政策（上　貿易編，下　金融編）』丸善出版，2014 年.
[82] R・E・ケイブズ，J・A・フランケル，R・W・ジョーンズ（伊藤隆敏監訳）『国際経済学入門〈I〉国際貿易編，〈II〉国際マクロ経済学編』日本経済新聞社，2003 年.
[83] 石井安憲ほか『入門・国際経済学』有斐閣，1999 年.
[84] 若杉隆平『国際経済学（第 3 版）』（現代経済学入門）岩波書店，2009 年.
[85] 岩田規久男『国際金融入門（新版）』岩波新書，2009 年.
[86] 藤井英次『コア・テキスト国際金融論（第 2 版）』新世社，2014 年.

どれもこの分野の定評ある教科書です．[81]，[82]は世界的に定評ある教科書で，この順番にやさしくなっています．[83]は国際貿易論，国際マクロ

さらに学習するための読書案内　543

経済学の基礎から，体制移行の経済学まで，幅広い話題を取り上げています．[84] は企業の観点を加えており，さらに上級者向けです．[85]，[86] は，リーマン・ショック以降の経済危機といった最近の話題まで入れている国際金融論の入門書，教科書です．

[87] ポール・ブルースタイン（東方雅美訳）『IMF──世界経済最高司令部 20ヵ月の苦闘（上・下）』楽工社，2013 年．

現実の経済で政策に携わっているのは国だけではありません．国際機関も重要な役割を果たしています．[87] は 1997〜98 年のアジア経済危機の際に国際通貨基金（IMF）がどのように対処したかを生々しく描いています．国際マクロ経済学，国際金融論の本を読んでから手に取ると理解が増すでしょう．

(ⅴ) 労働経済学

理論と応用のバランス，取り扱う問題の身近さから労働経済学は近年大きく発展しました．

[88] 大竹文雄『労働経済学入門』日経文庫，1998 年．
[89] 古郡鞆子『働くことの経済学』有斐閣ブックス，1998 年．
[90] 清家篤『労働経済』（やさしい経済学シリーズ）東洋経済新報社，2002 年．
[91] 大橋勇雄・中村二朗『労働市場の経済学──働き方の未来を考えるために』有斐閣，2004 年．

どれも数学の知識は必要としません．[88]，[89] で基礎を固めて，経済構造の変化や高齢者雇用の問題を応用編として扱っている [90]，リストラ，フリーターといった日本経済の重要問題を扱っており，実証分析を豊富に紹介している [91] に進むとよいでしょう．

(ⅵ) 環境経済学

[92] 日引聡・有村俊秀『入門 環境経済学──環境問題解決へのアプローチ』中公新書，2002 年．
[93] R・K・ターナー，D・ピアス，I・ベイトマン（大沼あゆみ訳）『環境経済学入門』東洋経済新報社，2001 年．

[94] 栗山浩一・馬奈木俊介『環境経済学をつかむ（第2版）』有斐閣，2012年．

環境問題の重要さは今後ともますます増し，注目が集まることでしょう．この問題を分析するためにも経済学が必要です．［92］は簡単なミクロ経済学の復習から始めて，環境問題に経済学を応用するという視点を学ぶのによいでしょう．［93］，［94］は環境経済学の定評のある教科書です．

(vii) 経済成長論・開発経済学

貧困の克服は人類長年の課題ですが，近年理論と実証データの整備が進み，もっとも発展の著しい分野となっています．

[95] C・I・ジョーンズ（香西泰訳）『経済成長理論入門——新古典派から内生的成長理論へ』日本経済新聞社，1999年．

[96] デイヴィッド・N・ワイル（早見弘ほか訳）『経済成長（第2版）』ピアソン桐原，2010年．

[97] M・P・トダロ，S・C・スミス（森杉壽芳ほか訳）『トダロとスミスの開発経済学（原著第10版）』ピアソン桐原，2010年．

[98] W・イースタリー（小浜裕久ほか訳）『エコノミスト　南の貧困と闘う』東洋経済新報社，2003年．

[99] ポール・コリアー（中谷和男訳）『最底辺の10億人』日経BP社，2008年．

[100] アビジット・V・バナジー，エスター・デュフロ（山形浩生訳）『貧乏人の経済学——もういちど貧困問題を根っこから考える』みすず書房，2012年．

［95］は，成長理論についてのわかりやすい入門書です．「新しい成長論」についても解説しています．必要な数学については付録で説明をしています．［96］の著者は経済成長の実証で有名な研究者です．経済成長に関する理論やデータをていねいに説明しています．［97］は開発経済学の世界的に定評のある教科書です．［98］は開発援助がなぜうまくいかなかったかを経済学の観点から反省したものです．［99］は多くの国が開発途上にあることを踏まえて，貧困から抜け出せない国の問題を地理的政治的要因に求めています．経済成長

論はマクロ経済学的視点から一国の貧しさの原因を探る学問といえますが，近年ミクロ経済学的視点から貧困の問題を扱う開発経済学の発展に目覚ましいものがあります．［100］は開発経済学の最新の成果をわかりやすく説明しています．

7　歴史

　ここでは歴史をどのように見るかという点で知的好奇心を刺激する本を挙げてみました．

［101］ロンド・キャメロン，ラリー・ニール（速水融監訳）『概説世界経済史　Ⅰ・Ⅱ』東洋経済新報社，2013 年.

［102］岡崎哲二『コア・テキスト　経済史』新世社，2005 年.

［103］ウィリアム・バーンスタイン（徳川家広訳）『「豊かさ」の誕生——成長と発展の文明史』日本経済新聞社，2006 年.

［104］J・R・ヒックス（新保博・渡辺文夫訳）『経済史の理論』講談社学術文庫，1995 年.

［105］D・C・ノース（大野一訳）『経済史の構造と変化』日経 BP クラシックス，2013 年.

［106］D・アセモグル，J・ロビンソン（鬼澤忍訳）『国家はなぜ衰退するのか（上・下）』早川書房，2013 年.

［107］J・ダイアモンド（倉骨彰訳）『銃・病原菌・鉄——1 万 3000 年にわたる人類史の謎（上・下）』草思社文庫，2012 年.

［108］D・ヤーギン，J・スタニスロー（山岡洋一訳）『市場対国家——世界を作り変える歴史的攻防（上・下）』日経ビジネス人文庫，2001 年.

［109］猪木武徳『戦後世界経済史——自由と平等の視点から』中公新書，2009 年.

［110］飯田泰之『歴史が教えるマネーの理論』ダイヤモンド社，2007 年.

［111］竹森俊平『世界デフレは三度来る（上・下）』講談社，2006 年.

　［101］は，大部ですが，世界的に定評のある教科書です．日本も含めた世界経済史としては標準的といえるでしょう．［102］は，時代順の通時的な構

成をとらずコーディネーションとモティベーションの2つの概念を軸に，制度と組織を中心として記述した斬新な教科書です．経済成長理論との接合もよく考えられています．ただし，中級の経済理論までを学ぶ必要があります．［103］は最近の経済成長理論の成果を生かしながら経済成長の源泉を制度（私有財産権の保全），思想（科学的合理精神），市場（近代的資本市場），技術（運輸通信手段，動力）の発達に求めた読みやすい本です．［104］と［105］は，［102］，［103］に影響を与えた，この分野の古典ともいうべき本です．［104］の著者ヒックスは1972年度ノーベル経済学賞を受賞した20世紀を代表する偉大な理論経済学者です．市場の勃興を鍵に経済史を単純な概念を使って分析する切れ味が売りものです．［105］の著者ノースは1993年度ノーベル経済学賞受賞者．所有権などの制度が西欧社会の経済発展に果たした役割に注目しています．［106］は経済学者と政治学者の共作で，制度形成に果たす政治体制と歴史的偶然の役割を強調しています．経済成長・経済発展論の本としても読めます．他方，［107］は人類の経済発展における地理・気候の役割を強調し大きな反響を呼びました．最近の歴史については，市場と国家の役割を中心として第二次世界大戦後の世界経済の変貌を描いた［108］，［109］も役に立つでしょう．［110］と［111］は，通貨を中心とした歴史です．［110］は16世紀の西欧に起きたインフレ（物価革命）から大恐慌のデフレ，日本の江戸時代といった貨幣の変動を理論の解説とともに描いています．［111］は19世紀後半から2000年代半ばくらいにいたる世界・日本経済と経済学の歴史を描いた大作です．その後，2007～08年に起きた世界金融経済危機以降の展開については，著者の他の本を読んでみましょう．

8 古典

　現在の経済学が過去の「正しい」要素をすべて取り込み，「誤った」要素をすべて取り除いているならば，ことさら古典を読む必要はないでしょう．せいぜい骨董趣味といったところです．けれども古典にはいまだ汲み尽くされていない豊かな発想があります．そのような発想を以下に挙げる優れた古典から学んでください．

[112] アダム・スミス（大河内一男監訳）『国富論』中公文庫，1978年（原著初版1776年）．

[113] アダム・スミス（村井章子ほか訳）『道徳感情論』日経BPクラシックス，2014年（原著初版1759年）．

[114] カール・マルクス（岡崎次郎訳）『資本論』大月文庫，1972-75年（原著初版1867-94年）．

[115] ジョン・メイナード・ケインズ（塩野谷祐一訳）『普及版　雇用・利子および貨幣の一般理論』東洋経済新報社，1995年（原著初版1936年）．

[116] J・A・シュムペーター（中山伊知郎・東畑精一訳）『新装版　資本主義・社会主義・民主主義』東洋経済新報社，1995年（原著初版1942年）．

[117] ミルトン・フリードマン（村井章子訳）『資本主義と自由』日経BPクラシックス，2008年（原著初版1962年）．

いずれも説明のいらない名著です．ただし，昔の古典ほど読むのには骨が折れますので，時間をかけて味読することが重要です．古典を読む案内として以下の本を挙げておきます．

[118] R・L・ハイルブローナー（八木甫ほか訳）『入門経済思想史——世俗の思想家たち』ちくま学芸文庫，2001年．

[119] 八木紀一郎『経済思想（第2版）』日経文庫，2011年．

[120] 小田中直樹『ライブ・経済学の歴史——〈経済学の見取り図〉をつくろう』勁草書房，2003年．

[121] 間宮陽介『市場社会の思想史——「自由」をどう解釈するか』中公新書，1999年．

[122] 堂目卓生『アダム・スミス』中公新書，2008年．

[123] 松尾匡『「はだかの王様」の経済学——現代人のためのマルクス再入門』東洋経済新報社，2008年．

[124] 吉川洋『ケインズ——時代と経済学』ちくま新書，1995年．

[125] 間宮陽介『増補　ケインズとハイエク——〈自由〉の変容』ちくま学芸文庫，2006年．

[118]は世界的に定評のある経済思想の入門書です．[119]は短い紙数のなかで現代に至る経済学の歴史を手際よくまとめています．[120]は「分配」，

「政府」,「失業」など主題別に分類した構想が冴えています．[121] は主題別に経済思想史を取り上げた「問題史としての経済思想史」です．個別の経済学者を取り上げたものとしては，[122] はスミスの2つの著作を時代背景とともに明快に分析しています．[123] はマルクスの現代的な意義をわかりやすく解説しています．[124] は日本のマクロ経済学者によるケインズのコンパクトな伝記，[125] はケインズと並ぶ20世紀の思想家ハイエクとの相違点と共通点を指摘していて興味深いです．

9　異なる経済学

　本章1節「経済と経済学の歴史」でも述べましたが，経済学は1つではありません．標準的な経済学を学習することの重要さは強調してもし足りません．しかし，異なる経済学からは発想の違いを含めて多くを学ぶことができるでしょう．

[126] カール・ポラニー（野口建彦・栖原学訳）『新訳　大転換』東洋経済新報社，2009年．

[127] J・K・ガルブレイス（鈴木哲太郎訳）『ゆたかな社会　決定版』岩波現代文庫，2006年．

[128] ロベール・ボワイエ（井上泰夫訳）『現代「経済学」批判宣言——制度と歴史の経済学のために』藤原書店，1996年．

[129] 森村進『自由はどこまで可能か——リバタリアニズム入門』講談社現代新書，2001年．

　[126] はハンガリー出身のカール・ポラニーの代表作．市場経済についての評価の違いを [112]，[117] とくらべてみましょう．ガルブレイスは第二次世界大戦後のアメリカできわめて大きな影響力を持った経済学者で，著作も数多いですが，ここでは彼の名声を不動のものにした初期の作品 [127] を挙げておきます．アメリカが空前の戦後好況に沸いていたころに，「豊富のなかの貧困」を問題にした批判意識に注目してみてください．[128] の著者はフランスを中心とする「レギュラシオン」学派の代表格．現在，主流派，非主流派を問わず「制度」をいかに分析するかが課題になっていますが，この本はレ

ギュラシオンの立場からの議論をまとめています．非主流派のなかには，市場経済に信頼を寄せながらも，標準的な経済学の形式的な議論に反対しているものがあります．[129] は，そのような立場を代表する現代オーストリア学派の議論を紹介しています．

索引

A～Z

AD 曲線　453
AS 曲線　453
GDP　288
GDP ギャップ　338
GDP デフレーターの計算式　301
GNI　293
IS 曲線　400
IS-LM 分析　398
IS-LM モデル　401
LM 曲線　400
R&D　498
SNA　287
1 次関数　19
2 次関数　19
45 度線分析　380

ア　行

アメリカ制度学派　520
暗黙の契約理論　462
異質寡占　165
異質財　165
一次同次　61
一次同次性　488
一物一価の法則　130
一括税　148
一般均衡理論　520
インサイダー・アウトサイダー理論　462
インセンティブ　4, 5
インターバンク市場　418
売りオペレーション　362
演繹法　24
オークンの法則　459
オランダ病　503

カ　行

買いオペレーション　362

外貨準備　298
外国為替市場　418
外生変数　31
買い手独占　166
外部性　45, 249
価格　8, 31
価格競争　197
価格支配力　129
価格受容者　44
拡張的金融政策　405
拡張的財政政策　385
家計　29
貸付資金説　319
可処分所得　313
寡占　165
株価　32
株式　32
株式市場　32
貨幣　341
貨幣供給量　354
貨幣乗数　358
貨幣数量説　345
貨幣の中立性　322
貨幣の流通速度　346
可変費用　64
環境経済学　264
関数　14
完全競争　44
完全競争均衡　137
完全競争均衡の効率性　156
完全競争市場　129, 130
完全雇用産出量　311
機会費用　4, 8
企業　30
企業フィランソロピー　259
技術進歩　310
希少性　4, 7
基礎消費　313
期待値　210

551

期待値の公式	211	限界貯蓄性向	314
期待便益	212, 213	限界費用	93, 118
期待利潤	214, 215	限界費用逓増の法則	95
規模に関して収穫一定	58, 488	限界分析	80
規模に関して収穫逓減	58	限界便益	103, 104, 122
規模に関して収穫逓増	59	限界便益逓減の法則	105
逆需要関数	172	研究開発	498
逆選択	219	現金通貨	344
供給	30	公害	253
供給曲線	79	公開市場操作	362
競合性	250	交換	29
共有地の悲劇	278	公共財	44, 250
切り上げ	420	公共部門	31
切り下げ	420	厚生分析	140
均衡	4, 10	硬直価格モデル	463
均衡価格	137	行動経済学	213, 523
均衡国民所得	380	購買力	287
均衡数量	137	効用	29
均衡予算乗数	388	合理性	4
金融収支	297	効率的	157
靴底コスト	364	合理的期待	523
クラウディング・アウト	405	合理的経済人の仮定	9
クールノー型複占モデル	182	国際金融	420
クールノー均衡	187	国際収支統計の項目変更	298
クールノー＝ナッシュ均衡	245	国際収支の危機	421
計画経済	28	国際マクロ経済学	420
経験による学習	498	国内総生産	288
経済主体	4	国民経済計算	287
経済変数	3	国民所得三面等価の原則	288
経常収支	297	国民総所得	293
計量経済学	4, 525	誤差脱漏	298
ケインズ型消費関数	313	コスト・プッシュ・インフレーション	468
ゲーム理論	243	コースの定理	262
減価	323	固定為替相場制	418
限界	16	固定費用	63
限界革命	519	古典派の二分法	322
限界収入	173	個別供給関数	99
限界収入の公式	173	個別供給曲線	99
限界消費性向	313	個別需要関数	108
限界生産物価値	86	個別需要曲線	108
限界生産力	82	雇用	30
限界生産力が逓減する	488	コンソル公債	391
限界生産力逓減の法則	83		

サ 行

財　8
債券市場　391
最終財　288
財政赤字　317
財政黒字　317
財政支出　31
裁定取引　420
最適反応関数　185
最適反応曲線　183
財の同質性　131
サービス　8
差別化　132, 203
産業革命　517
産業組織論　30
参入退出の自由　132
死荷重　140
自給自足経済　34
資金供給　319
資金需要　319
シグナル　232
資源の呪い　503
自己充足的予想　472
事後的実質利子率　333
資産市場　389
資産市場のワルラス法則　393
資産需要　350
死重的損失　140
市場　28
市場供給関数　133
市場供給曲線　132
市場経済　28
市場原理主義　38
市場主義　38
市場需要曲線　134
市場の失敗　239
市場の情報集約機能　39
自然失業率　311
事前的実質利子率　333
自然独占　180
実験経済学　9, 525
実質　287

実質GDP　300
実質為替レート　323
実質賃金　88
実質利子率　317
私的限界費用　258
私的財　251
私的費用　258
自発的失業　311
資本　55
資本移転等収支　298
資本分配率　486
社会的限界費用　258
社会的費用　258
収穫逓減の法則　61
従価税　147
私有財　45
重商主義　513
囚人のジレンマ　243
収入　56
重農主義　513
従量税　147
需給ギャップ　338
シュタッケルベルク型複占モデル　182
シュタッケルベルク均衡　191
需要　29
需要曲線　79
需要の価格弾力性　160
瞬間変化率　19
準公共財　251
準備預金　355
準備率　355
純便益　73
純便益最大化条件　107, 122
小国開放経済　325
乗数　384
乗数効果　382
消費　29
消費者　29
消費者価格　144
消費者余剰　73, 108
情報が非対称的である　44
情報の非対称性　204
新古典派　519

索引　553

新古典派生産関数　488
新古典派成長理論　490
人的資本　484
人頭税　148
信用創造　355
水平和　133
数量競争　197
生産　30
生産関数　56
生産者　29
生産者価格　144
生産者余剰　68, 96, 101
生産要素　30, 289
成長会計　486
正の外部性　250
政府　31, 139
政府支出乗数　386
政府余剰　144
説明変数　14
潜在的産出量　311
先導者　190
戦略　243
増価　323
総供給曲線　453
総需要管理政策　403
総需要曲線　453
総費用　64
租税　147
租税乗数　387
租税の転嫁　150
粗利潤　68
ソロー残差　486
ソロー成長理論　490

タ　行

大恐慌　520
対顧客市場　418
多数の経済主体　132
ただ乗り　44
短期　57
短期生産関数　57
短期フィリップス曲線　470
逐次手番　182

中央集権　27
中間財　288
中期モデル　465
超過需要　136
長期　57
長期生産関数　61
長期フィリップス曲線　470
賃金　32, 55
追随者　190
通貨　417
通貨危機　421
定常状態　494
ディマンド・プル・インフレーション
　　466
データ　3
デット・デフレーション　367
動学分析　482
導関数　19
投機的需要　350
投資乗数　384
同質財　165
同質的　131
同質複占　165
同時手番　182
投入物　30
独占　44, 165
独占市場均衡　170
独占的競争　165
独占利潤の最大化　174
特化　37
特許　500
取引需要　349

ナ　行

内生的成長理論　497
内生変数　31
ナッシュ均衡　245

ハ　行

排除的　251
ハイパワードマネー　357
パーシェ指数　302
発行市場　391

パレート効率的　12
パレート的改善　12
比較優位理論　34
非競合性　250
ピグー税　260
ピグー的課税政策　260
非効率的　157
非自発的失業　311
被説明変数　14
非対称情報　209
非伝統的金融政策　408
非排除的　251
微分係数　19
費用関数　63
ファインチューニング　470
フィリップス曲線　458
フェアな契約　224
フォロワー　190
付加価値　288
不完全競争市場　165
不完全情報モデル　463
福祉国家　520
複占　165
物的資本　485
負の外部性　250
フリーライダー　267
フリーライド　267
プレイヤー　243
分業の利益　37
分権　27
平均　16
平均可変費用　91
平均固定費用　91
平均消費性向　313
平均生産力　80, 81
平均総費用　91
平均変化率　18, 114
ベルトラン均衡　200
ベルトラン＝ナッシュ均衡　245
ベルトラン・モデル　199
便益　29, 73
便益関数　71, 73
変動為替相場制　418

貿易赤字　324
貿易黒字　324
補助金　147
ポートフォリオ選択　389
ポリシー・ミックス　408

マ　行

マクロ経済学　13
摩擦的失業　311
マネーサプライ　354
マンデル＝フレミングモデル　429
ミクロ経済学　13
民間部門　31
名目　287
名目GDP　300
名目為替レート　323
名目賃金の下方硬直性　366
名目利子率　317
メセナ　259
メニューコスト　364
モデル　2
モラルハザード　226

ヤ　行

有効需要の原理　380
予期せぬ所得の再分配　364
予期せぬ増税　365
預金通貨　344
欲望の二重一致　343
予備的需要　351
四大公害病　253

ラ　行

ラグ　409
ラスパイレス指数　302
離散的　112
利潤　55
利子率平価条件　429
リーダー　190
利得　232, 243
利得表　232
流通市場　391
流動性　350

流動性の罠　407
冷静な頭脳と熱い心　45
歴史学派　517
レモン市場　216
連続的　112
労働　55
労働経済学　30
労働市場　32
労働需要関数　115
労働分配率　486
労働力　32

ワ 行

割引現在価値　392
ワルラス的調整　137

人　名

アカロフ，ジョージ　216, 522
ヴィクセル，クヌート　521
ヴェブレン，ソースティン　520

カーネマン，ダニエル　523
カーライル，トマス　517
カンティロン，リチャード　513
クールノー，A・A　182, 519
ケインズ，ジョン・メイナード　284, 521
ケネー，フランソワ　513
コース，ロナルド　262

サージェント，トマス　524
サムエルソン，ポール・A　521
ジェヴォンズ，W・S　518
シーニア，ナッソー　515
シュタッケルベルク　182
スティグリッツ，ジョセフ・E　233, 522
スペンス，マイケル　228, 522

スミス，アダム　514
セイ，J.-B.　515

チュルゴ，A.-R.-J.　513
トヴェルスキー，エイモス　523
トービン，ジェイムズ　523
トレンズ，ロバート　515

ナッシュ，ジョン　245, 523

ハイエク，フリードリッヒ　524
パレート，ヴィルフレド　12
バロー，ロバート　524
ピグー，アーサー・セシル　260, 519
ヒックス，ジョン・R　521
ヒューム，デイヴィッド　513
フィッシャー，アーヴィング　521
フォン・ノイマン，ジョン　522
フリードマン，ミルトン　523
ベッカー，ゲイリー　41
ホートリー，ラルフ　521

マカロック，ジョン・R　515
マーシャル，アルフレッド　45, 518
マルクス，カール　517
マルサス，トマス・ロバート　515
ミル，ジェイムズ　515
ミル，ジョン・スチュアート　518
メンガー，カール　518
モディリアーニ，フランコ　523
モルゲンシュテルン，オスカー　522

リカード，デイヴィッド　33, 516
リスト，フリードリッヒ　517
ルーカス，ロバート　523
ロバートソン，デニス　521

ワルラス，レオン　513

【著者紹介】
金子昭彦(かねこ あきひこ)
早稲田大学政治経済学術院教授. 1969年生まれ. 早稲田大学政治経済学部経済学科卒業. 大阪大学大学院経済学研究科博士課程中退. 博士(経済学).
主な論文に,"Terms of Trade, Economic Growth and Trade Pattern: A Small Open-Economy Case," (*Journal of International Economics*, 2000), "The Consumption Tax and the Economic Growth in an Overlapping Generations Model with Money Holdings," (共著, *Journal of Economics*, 2009)等.
第8章〜第14章担当.

田中久稔(たなか ひさとし)
早稲田大学政治経済学術院准教授. 1974年生まれ. 早稲田大学政治経済学部経済学科卒業. 早稲田大学大学院経済学研究科博士課程単位取得退学. ウィスコンシン大学マディソン校Ph.D.
主な著書に,『経済数学』(共著, 培風館, 2012年),『Rによる実証分析』(オーム社, 近刊)等.
序章, 第1章〜第7章担当.

若田部昌澄(わかたべ まさずみ)
早稲田大学政治経済学術院教授. 前日本銀行副総裁. 1965年生まれ. 早稲田大学政治経済学部経済学科卒業. 早稲田大学大学院経済学研究科, トロント大学経済学大学院博士課程単位取得退学.
主な著書に,『昭和恐慌の研究』(共著, 東洋経済新報社, 2004年. 日経・経済図書文化賞),『危機の経済政策』(日本評論社, 2009年. 石橋湛山賞),『経済学者たちの闘い[増補版]』(東洋経済新報社, 2013年), *Japan's Great Stagnation and Abenomics* (Palgrave Macmillan, 2015)等.
はじめに, 終章, さらに学習するための読書案内, コラム担当.

経済学入門(第3版)
2015年4月16日　第1刷発行
2025年2月10日　第9刷発行

著　者──金子昭彦・田中久稔・若田部昌澄
発行者──山田徹也
発行所──東洋経済新報社
　　　　〒103-8345　東京都中央区日本橋本石町 1-2-1
　　　　電話＝東洋経済コールセンター　03(6386)1040
　　　　https://toyokeizai.net/

ＤＴＰ…………森の印刷屋
装　丁…………吉住郷司
印　刷…………港北メディアサービス
製　本…………積信堂
編集担当………中山英貴
Printed in Japan　　ISBN 978-4-492-31456-2

本書のコピー,スキャン,デジタル化等の無断複製は,著作権法上での例外である私的利用を除き禁じられています. 本書を代行業者等の第三者に依頼してコピー,スキャンやデジタル化することは,たとえ個人や家庭内での利用であっても一切認められておりません.

落丁・乱丁本はお取替えいたします.